DE PARIS

Domício da Gama

DE PARIS
Domício da Gama

Franco Baptista Sandanello
Estabelecimento do texto, notas e introdução

Transcrição
Wellem Assunção Araújo
Franco Baptista Sandanello

alameda
COLEÇÃO GARIMPO DOS EDITORES

Grafia atualizada segundo o Acordo Ortográfico da Língua Portuguesa de 1990, que entrou em vigor no Brasil em 2009.

Edição: Haroldo Ceravolo Sereza
Editora assistente: Danielly de Jesus Teles
Projeto gráfico, diagramação e capa: Danielly de Jesus Teles
Assistente acadêmica: Tamara Santos
Revisão: Vanessa de Oliveira Temporal e Franco Baptista Sandanello
Imagem da capa: *The Eiffel Tower: State of the Construction,* Louis-Émile Durandelle, 1888.

CIP-BRASIL. CATALOGAÇÃO-NA-FONTE
SINDICATO NACIONAL DOS EDITORES DE LIVROS, RJ

G176D

Gama, Domício da, 1862-1925
De Paris : Domício da Gama / Domício da Gama ; estabelecimento do texto, notas e introdução Franco Baptista Sandanello ; transcrição Wellem Assunção Araújo, Franco Baptista Sandanello ; revisão Vanessa de Oliveira Temporal, Franco Baptista Sandanello. - 1. ed. - São Paulo : Alameda, 2020.

Inclui bibliografia e índice
ISBN 978-65-86081-15-2

1. Gama, Domício da, 1862-1925. 2. Crônicas brasileiras. 3. Escritores brasileiros - Biografia. I. Sandanello, Franco Baptista. II. Araújo, Wellem Assunção. III. Temporal, Vanessa de Oliveira. IV. Título.

20-65188 CDD: 869.8
CDU: 82-94(81)

ALAMEDA CASA EDITORIAL
Rua 13 de Maio, 353 – Bela Vista
CEP 01327-000 – São Paulo, SP
Tel. (11) 3012-2403
www.alamedaeditorial.com.br

Sumário

O correspondente internacional no fim do século XIX

Haroldo Ceravolo Sereza[1]

Este livro é uma preciosidade, garimpado nas páginas do jornal *Gazeta de Notícias* por Franco Baptista Sandanello. Domício da Gama, um dos "autores esquecidos do século XIX"[2], cujo estilo e inteligência o leitor tem a possibilidade agora de conferir, é uma figura literária importante, que circulou em muitos meios e foi, em diferentes épocas da vida, amigo bastante íntimo de dois escritores que encimam o cânone literário de língua portuguesa, Eça de Queiroz e Machado de Assis. Apesar disso, e talvez até por isso, esse autor negro[3] preocupou-se pouco com a tarefa de verter para uma forma mais perene sua produção jornalística: o que vai aqui estava esquecido na coleção da *Gazeta de Notícias* da Biblioteca Nacional.

Para além do interesse literário, temos o interesse histórico, o que faz dessa preciosidade também um documento: para os jornalistas, porque consolida o trabalho de anos de um longevo correspondente internacional do talvez mais influente periódico brasileiro do final do século XIX; para os críticos e professores de literatura, por expandir enormemente a produção publicada em livro de um respeitado escritor da época, que só cuidou de

---

1 Haroldo Ceravolo Sereza é editor da Alameda e doutor em Letras pela Universidade de São Paulo. Trabalhou na *Folha de S.Paulo, O Estado de S.Paulo* e *UOL*. Desde 2010, é diretor de redação do site *Opera Mundi*. Foi correspondente em Paris da *Folha* em 1999.

2 Para outros escritores esquecidos do período, sugiro a leitura da revista Soletras nº 34, cujo dossiê, com este título, foi organizado por Leonardo Mendes, Maximiliano Torres e Peggy Sharpe, em <https://www.e-publicacoes.uerj.br/index.php/soletras/article/view/31270/22246>.

3 Domício da Gama é tratado por Eça de Queiroz e por Gilberto Freyre como "mulato rosa". Freyre, em *Sobrados e Mucambos*, utiliza seu caso para ilustrar o capítulo que trata do "bacharel mulato".

lançar dois livros de contos, *Contos a meia tinta* (1891) e *Histórias curtas* (1901), sendo o segundo uma reedição modificada e ampliada do primeiro; preciosidade também para historiadores, que encontram aqui reunidas uma série de informações e impressões colhidas a quente na e sobre a Europa de 1888 a 1893, época da Exposição Universal de Paris e da Proclamação da República no Brasil; e, finalmente, este livro resgata um período de formação de um dos mais influentes diplomatas brasileiros no início do século XX, quando, profissionalmente, Domício trocaria a vida de jornalista e escritor pela representação oficial do país, atuando como embaixador em Washington, nos Estados Unidos, entre 1911 e 1918, sucedendo Joaquim Nabuco, por escolha do Barão do Rio Branco, e depois, entre 1920 e 1925, em Londres, e alcançando, ainda que brevemente, em 1918-1919, o posto de chanceler durante o governo de Epitácio Pessoa.

Essa dupla trajetória de Domício, de jornalista/escritor e de diplomata, foi bastante estudada, respectivamente, por Franco Sandanello, autor de *Domício da Gama e o impressionismo literário no Brasil (*EdUFMA, 2017), e por Tereza Cristina Nascimento, em tese de doutorado defendida na UnB em 2007 intitulada *Self made nation: Domício da Gama e o pragmatismo do bom senso.* O prefácio a seguir, de Sandanello, cuida de apresentar a figura de Domício e de explicar os detalhes desta edição. Assim, vou me deter sobre algo que me interessa pessoalmente: por um breve período, nos fins do século XX, em 1999, cem anos depois de Domício, fui correspondente em Paris, do jornal *Folha de S.Paulo* e, desde 2010, dirijo um site de notícias internacionais, o *Opera Mundi*. E é sobre o papel do correspondente internacional que vou escrever algumas linhas, que, de algum modo, acredito, podem, subsidiariamente, interessar ao leitor.

A segunda metade do século XIX viu os projetos jornalísticos ganharem, progressivamente, um caráter de grande negócio, para além da defesa de posições políticas. Não que elas sejam abandonadas, pelo contrário: articulam-se com o projeto empresarial. Mas é essa nova configuração que permitirá ao jornalismo se reconstruir socialmente, trazendo novas formas de apresentar as informações, de empregar escritores – e um tipo especial de escritor, o repórter –, e de estabelecer uma relação com o público leitor. Vendido nas ruas por vinténs e trazendo anúncios das mais diversas mercadorias (inclusive, vergonhosamente, no Brasil, da mão de obra escrava enquanto ela não foi abolida), os jornais precisam informar, entreter e cativar o leitor. Projeto capitalista por excelência, o jornal no século XIX torna-se o espaço da defesa da modernização capitalista e do avanço científico e tecnológico, combinando diferentes tempos de produção e não escapando, evidentemente, do caráter transformador, mas bastante precário ainda, da profissionalização do jornalismo.

Nesse ambiente, o cabo ou telégrafo, que ligou o Brasil à Europa em 1874, tornou a difusão no país de notas curtas e urgentes uma *commoditie* para os jornais. Além das folhas locais, os jornais estrangeiros, em português, francês e inglês, circulavam no Brasil, e escritores como Ramalho Ortigão e Eça de Queiroz tinham seus textos, ficcionais ou não, publicados ou republicados no Rio de Janeiro e jornais das capitais das províncias. Mas a circulação internacional das ideias passou, progressivamente, a contar também com uma outra figura, a do correspondente internacional, categoria em que Domício da Gama, com sua coluna intitulada *De Paris*, ocupou, nas páginas de *Gazeta de Notícias*, de 23 de novembro de 1888 a 29 de janeiro de 1893.

Segundo o *Dicionário de Jornalismo* de Juarez Bahia (Mauad, 2010), correspondente é o "repórter que tem por função cobrir determinada área externa dentro ou fora do país e mandar suas informações para o veículo a que pertence". Cabe, nesta definição, deixar de lado alguns anacronismos inevitáveis em qualquer dicionário e fixar-se nos verbos, que indicam uma condição já aplicável a Domício: "cobrir", palavra bem conhecida no jargão jornalístico, complementada por "determinada área" indica o vínculo com um tempo não episódico e com o espaço fixo – Domício não está em Paris para acompanhar um fato ou evento singular, mas para escrever sobre a França e a Europa por um certo tempo, compondo uma narrativa que não se encerra em cada coluna; "mandar" é a palavra mais obviamente associada a "correspondente" – na época de Domício, as notícias curtas podiam atravessar o Atlântico por telégrafo, mas os textos mais longos seguiam de navio, o que exigia que ele sobrevivesse à passagem do tempo.[4] Finalmente, a curiosa e, por que não dizer, infeliz escolha do verbo "pertencer", cuja herança escravocrata é mal disfarçada, indica o vínculo fixo com um periódico, no caso a *Gazeta de Notícias*, ainda que Domício, eventualmente, também escrevesse em outros jornais.

Domício da Gama, assim, se enquadra na definição do verbete correspondente internacional, que a bibliografia brasileira sobre o tema,[5] consoante com a norte-americana, trata como um ponto alto da carreira jornalística e especialmente de repórter até os dias de hoje. Embora não seja o caso de Domício, que assumiu o posto numa cidade especialmente central na época, é preciso relativizar essa condição: uma anedota contada nos corredores da *Folha de S.Paulo*, onde trabalhei de 1994 a 2000, provavelmente baseada em fatos reais, dizia que o então proprietário da empresa, Octavio Frias de Oliveira, recebeu diversos correspondentes no Brasil, de diferentes veículos, e foi perguntado como ele via os profissionais estrangeiros que atuavam no país. Segundo o anedotário, Frias teria respondido: "Meus filhos, se você fosse dono de jornal, você mandaria seus melhores repórteres para o Brasil?" Do mesmo modo, ser correspondente em Paris em 1889 é bem diferente de sê-lo em 1999 ou 2019, pois há outros centros concorrentes, considerados mais importantes pelos jornais e pelo público leitor, como Nova York, Washington e Londres – ou mesmo Buenos Aires, se pensarmos em 2009.

Mas voltemos a 1888, quando Domício passa a representar a *Gazeta de Notícias* em Paris. A data não parece ocasional: a ideia do jornal de Ferreira de Araújo era ter um correspondente durante as comemorações do centenário da Revolução Francesa, 1889, ano em que também seria realizada a Exposição Universal e inaugurada a Torre Eiffel. Paris era, nesse momento, uma espécie de "capital do mundo", e uma capital do mundo em festa.

---

4 É curioso que ainda hoje usemos a palavra correspondente para tal função, apesar dos avanços tecnológicos (telex, e-mail, uploads) que reduziram a diferença de tempo entre a produção e o envio das notícias. Esse fato sugere a permanência do prestígio e de uma função que, apesar de tudo, não se confunde com a da produção apenas de notícias simples.

5 Ver, por exemplo, os livros de João Batista Natali, *Jornalismo Internacional* (Contexto, 2004), de Carlos Eduardo Lins e Silva, *Correspondente internacional* (Contexto, 2011), e de Luciane Fassarella Agnez, *Correspondente internacional – uma carreira em transição* (Appris, 2017).

Contar com um correspondente regular na cidade, um brasileiro, capaz de escrever de lá com a formação de cá, era um sinal de prestígio para a publicação. O Brasil, além disso, passava pela turbulência da campanha republicana, o que fazia de Paris também um modelo político, ainda que Domício não escondesse sua preferência pela monarquia e seu respeito pela figura do imperador D. Pedro II.

A cobertura de Domício desses anos mostra, sobre o papel do correspondente, que ele não é apenas um transmissor da cultura e das notícias de um país para o outro. Longe de ser um tradutor cultural "apenas", o correspondente é um ressignificador do próprio país.

Nesse sentido, talvez valha a pena pinçar algumas abordagens que Domício faz da chegada da República, direta ou indiretamente. A mais reveladora da sua posição política e da leitura do cenário que faz, a meu ver, é a publicada a 3 de setembro de 1889 (e assinada com a data de 5 de agosto), quando escreve sobre a festa republicana da Exposição Universal, ápice da comemoração dos cem anos da grande revolução republicana francesa. Domício registra que não faltaram cabeças coroadas na festa antimonárquica. A coluna começa assim: "Uma cançoneta de Paulus afirmava arrogantemente que, apesar da reserva em que os reis se conservaram, quando se tratou da grande comemoração republicana, o espetáculo incomparável da exposição de 89 não ficaria sem reis que o viessem ver." Pouco à frente, ele completa, com um discurso sarcástico e expressando um certo colonialismo: "Os reis vieram. Cá estiveram o príncipe de Gales e o rei da Grécia, cá estão o Xá da Pérsia e uns reizinhos pretos da África. O rei da Grécia, que nada tem de exótico, que nem ao menos é grego, que tem todas as recomendações da grandeza do nascimento, das alianças políticas e de uma perfeita afinação pela civilização ocidental, entre a qual nasceu, viajava incógnito. Assim divertiu-se mais". Na mesma crônica, Domício procurará destacar que "D. Pedro é o que mais na Europa se conhece do Brasil", "todos o admiram, todos o veneram", e comentará uma biografia do imperador brasileiro publicada na França. O texto afirma a preferência pela monarquia de Domício, é verdade, mas também aponta para a possibilidade de estabilização futura de um regime republicano: afinal, os reis, ao fim e ao cabo, aceitaram e se divertiram na festa republicana.

O respeito de Domício por D. Pedro II se mantém, mesmo após o fim do regime monárquico, e vai aparecer diversas vezes ao longo das colunas. Mas o jornalista e escritor jamais adota uma postura restauracionista: pelo contrário, enfatizará diversas vezes a normalização da vida política brasileira, o que, sabemos, não foi uma absoluta realidade neste período. E é interessante notar como o tema da convivência de regimes retorna no texto publicado em 12 de setembro de 1891, já depois de proclamada a República no Brasil. "Na semana passada, Paris hospedou os reis da Grécia e da Sérvia, o ex-rei da Sérvia e o futuro rei da Inglaterra, sem contar o futuro bei de Túnis e outros príncipes de menor grandeza e majestade", escreve, para completar: "Mas os reis já aqui vêm às claras, sem reservas nem incógnitos, e vão cumprimentar o presidente com um certo *empressement*, que enche de desvanecimento os democratas radicais." Mais do que falar da França, Domício está apontando para a possibilidade de o Brasil também ser tornar uma república respeitada por outras monarquias. Há, portanto, um diálogo permanente entre as duas realidades, a do local de onde se escreve e a do país para onde se escreve. As pautas brasileiras fazem o correspondente olhar de uma maneira especial para a realidade francesa.

A França, nesse momento, quase desnecessário repetir, é o grande modelo, e o correspondente tem também a função de reforçar essa característica, nas mais diversas frentes. Uma delas é a literária, e são frequentes os obtuários de escritores que os brasileiros supostamente leram. O autor mais citado, como não poderia deixar de ser, é Émile Zola. Seu nome aparece 19 vezes neste livro, algumas de modo bastante crítico, como ocorre em 8 de abril de 1890, quando Domício registra o lançamento de *A besta humana* ("Estudado como poema, tem sempre o grande sopro épico do mestre. Analisado literariamente acentua cada vez mais os defeitos de linguagem, de sentimentos etc., o profundo mau gosto do autor. Tem capítulos, páginas, situações soberbas, nunca um período que se possa chamar de estilista, de artista"), e em 24 de setembro de 1892, quando é noticiada a viagem a Lourdes (Portugal), onde Zola faz pesquisas para um novo livro:

"Há pessoas que fazem fortuna a descobrir terras descobertas. Em literatura também..." Algumas tentativas frustradas de Zola de entrar na Academia Francesa também servem de assunto a Domício, e com algum humor, ele registra os dez votos inesperados que Zola obteve em uma delas.

Como 2020, quando escrevo estas linhas, é o ano da pandemia, cabe destacar os surtos de gripe e cólera registrados por Domício. A crônica lembrada acima, que se encerra com o episódio da viagem de Zola a Lourdes, começa falando do medo da chegada do cólera à França: "Aí vem o cólera, da Santa Rússia e pela *Germania mater*. E não há fechar-lhe portas com quarentenas e desinfecções, que a facilidade de comunicações na Europa também se entende com os micróbios. De Hamburgo e de Berlim a Paris, ou por mar ou por terra, o terrível flagelo nos ameaça por dias." Neste cenário, não são os escritores as figuras públicas admiráveis, mas os cientistas: "Os navios de guerra não escaparão às medidas de precaução e isolamento, no caso de se declarar a bordo de um deles o cólera, *morbus* ou *nostras*. É que o algarismo de 800 casos com 300 óbitos, que o professor Koch comunica de Hamburgo, com a tendência a aumentar, faz um frio pelas costas". Koch, no caso, é o alemão Robert Koch, descobridor do bacilo causador da tuberculose e pesquisador da bactéria causadora do cólera. Em 26 de janeiro de 1890, a doença era outra, mas as medidas de isolamento social já se faziam presentes: "Corre a Europa, de S. Petersburgo a Madrid, uma epidemia de constipações violentas, a que dão os nomes esquisitos de *febre dengue, influenza* e outras. Dizem que é contagioso o mal e que o tempo frio e úmido favorece-o. Começa por uma febre violenta, dor de cabeça, quebramento de todo o corpo, grande prostração e não passa disso. Mas obriga ao repouso. Isso faz que nos internatos, colégios, liceus, escolas militares e quartéis, as enfermarias estando cheias, dão-se férias extraordinárias até que diminua o número dos doentes".

No trabalho de correspondente, Domício utiliza uma variedade grande de técnicas de escrita. Pode descrever a Paris ao modo de um pintor impressionista ou, em outros momentos, fazer relatos que são muito semelhantes à reportagem com que estamos acostumados. O exemplo mais claro dessa tarefa aparece quando cabe a ele, como correspondente, registrar a presença de brasileiros ilustres. A coluna do dia 19 de agosto de 1891, por exemplo, é toda dedicada a relatar cuidadosamente as presenças e os discursos do banquete em homenagem a Manuel Pinto de Souza Dantas, o conselheiro Dantas, presidente do Conselho de Ministros de 1884 a 1885, ainda no regime monárquico. À festa, segundo Domício, compareceram mais de cem pessoas. O recorte do discurso de Dantas, um servidor da monarquia, expressa novamente a posição política de Domício: Dantas afirma que, embora não tenha contribuído para o regime republicano, entende que não deve empreender uma guerra contra ele e "faz votos para que a República sele e engrandeça o espólio do regime passado, que, próspero e florescente, lho abandonou".

Se o papel de correspondente obrigava Domício a registrar os convescotes da elite brasileira, não sem manter algum humor de inspiração machadiana, o jornalista também tem olhos para uma outra Paris, menos glamourosa e em permanente conflito. "Paris que sofre, trabalha e estuda, Paris que na luta escura para viver e fazer viver, é hoje o campo aberto às contemplações mais profundas", anuncia, na quarta coluna, publicada em 10 de fevereiro de 1889. A palavra socialismo aparecerá repeditamente ao longo do livro, muitas vezes de maneira negativa, mas nem sempre. Numa dessa aparições, em 30 de maio de 1890 (escrita após o 1º de maio, no dia 3), o jornalista, novamente com um componente duplamente irônico, registra um fato importante na história das negociações entre capital e trabalho. Passado o medo de um grande confronto entre trabalhadores e policiais, ocorre um fato marcante: "O que não foi pouca coisa, foi a apresentação à câmara dos deputados, da petição socialista para a decretação das oito horas de trabalho diário aos operários. A delegação operária compunha-se de alguns deputados e de delegados das câmaras sindicais dos vários grupos de ofícios. Mas, para que eles entrassem pacificamente na secretaria da câmara, foi preciso pôr de prontidão e em armas, sessenta mil soldados. Isto dá grande valor moral ao ato. Subindo os degraus do palácio Bourbon aquele punhado de homens obscuros e quase anônimos, pensaria talvez que a sua ascensão era a do socialismo triunfante. Ainda não, mas perto está".

E, por fim, acho que vale chamar a atenção para a cobertura das pequenas tensões políticas francesas. A ascensão do populismo antissemita do general Boulanger, apoiado pelos católicos restauracionistas, as sessões parlamentares que descambavam para a troca de tapas, as investigações sobre o canal do Panamá etc. Como um correspondente, Domício escreveu sobre muita coisa. Para algumas delas, falta-nos o contexto, que, a depender do interesse de cada um, pode ser investigado e aprofundado. Não falta nunca, no entanto, o olhar atento do jornalista e o capricho da escrita.

São Paulo, junho de 2020

Curso de Parisiologia

Franco Baptista Sandanello[1]

No início de sua vida adulta, Domício da Gama teve, como tantos outros, de enfrentar a dura realidade de uma vida alheia às letras, sabendo-se, desde sempre, literato. A relação difícil com o pai foi, ainda, mais um empecilho: um período forçado de estudos na Escola Politécnica, onde havia fatalmente de fracassar no terceiro ano, deu ao velho Domingos Forneiro motivos de sobra para cortar o sustento ao filho, que, a partir de então, passou a sobreviver de aulas particulares de geografia. Mal sabia que o filho faltava às aulas para frequentar um grêmio literário que se organizava ao lado da oficina da *Gazeta de Notícias*, preferindo, assim, à vida acadêmica, o cismar no "Jardim de Academus".

Raul Pompeia, amigo de longa data de Domício, dizia n'*O Ateneu*: "Cada mocidade representa uma direção. Hão de vir os disfarces, as hipocrisias, as sugestões da habilidade, do esclarecimento intelectual; no fundo a direção do caráter é invariável. A constância da bússola é uma; temos todos um norte necessário: cada um leva às costas o sobrescrito da sua fatalidade". Não havia como negar a vocação de Domício; bastava adequar as experiências às aptidões naturais, de forma que seus dons pudessem ter um uso que não fosse em detrimento de si. Da Politécnica, conservou as sutilezas do traço e a educação da mão; do "Jardim de Academus", guardou o amor ao diálogo e à vida do intelecto.

---

1 Franco Baptista Sandanello é professor adjunto da Academia da Força Aérea (AFA), professor permanente do Programa de Pós-Graduação em Estudos de Literatura (UFSCar) e professor colaborador do Programa de Pós-Graduação em Letras Bacabal (UFMA). É doutor e pós-doutor em Estudos Literários pela UNESP, tendo cursado estágios pós-doutorais na Univ. Sorbonne Nouvelle e na Univ. Lyon II Lumière.

Esse conjunto de experiências fez de Domício alguém fora do comum. Machado de Assis, certo dia, leu os contos do jovem numa de suas tardes na Garnier e profetizou que ele viria a fazer geografia – mas geografia "do coração humano". De pouco em pouco, a polidez e a erudição do jovem fez impressão entre os conhecidos, que o foram apresentando a outros amigos. Por meio desse lento processo de reconhecimento, as pessoas começaram a perceber a proporção de seu talento, e interessaram-se por desfazer as tortuosidades de sua vida.

Pompeia apresentou Domício a Capistrano de Abreu; Capistrano apresentou-o a Eduardo Prado e ao barão do Rio Branco; ambos apresentaram-no a Eça de Queirós. Sem embargos de vaidade, todos foram seus amigos para a vida toda. Inclusive, literariamente, Domício foi fiel a seus amigos do início ao fim: seu primeiro volume de contos foi uma homenagem a Pompeia, que lhe sugeriu o título *Contos a meia tinta*, e seu último conto publicado, "João Chinchila", foi dedicado à filha pequena de Eça, de quem Domício foi tutor. Como se não bastasse tamanha facilidade de convívio, escreveu ensaios sobre a obra de cada um, ensaios que fariam qualquer um tomar a justa medida de seu caráter, não fosse o desazo de estarem perdidos ainda hoje em edições de mais de século atrás. A única discussão que teve em vida foi com Rodrigo Octávio... para ver quem tomaria o nome de Pompeia por patrono de suas cadeiras na Academia Brasileira de Letras.

Tamanho caráter não passaria desapercebido do barão do Rio Branco, que logo o nomeou secretário, fazendo-o, a partir de então, seu companheiro inseparável. Talvez para não desagradar o amigo, Domício seguiria a carreira diplomática até o topo, chegando a chanceler do Brasil entre 1918 e 1919. No meio tempo, conseguiu achar tempo para dirigir um atlas e publicar outro volume de contos, *Histórias curtas*. Porém, a carga da vida diplomática o desviou gradualmente da literatura, muito em detrimento seu. Em carta a Mário de Alencar de 1911, lamentou o curso de sua vida itinerante: "Aqui nem sequer sabem que sou escritor. E pouco lhes interessaria saber. Mas não pense que eu me considero mais diplomata do que escritor. Ao contrário, se como diplomata eu não posso ter individualidade, se apenas na apresentação física tenho personalidade e assinatura, o desafogo de tanta compreensão moral seria a escrita literária, a obra de arte sincera. Aí sim, há respeito pelo assunto e estima pelo resultado do esforço, avaliado pelo receio do insucesso. E depois essa certeza da retirada garantida, que é a ironia, e a defesa contra as acusações à obra definitiva, que sempre nos guardamos de compreender."

Não há, porém, como entender as duas ocupações de Domício – a de literato e a de diplomata – sem entender a fonte que lhe permitiu toda sorte de acesso ao futuro: o jornalismo. Foi por meio das colunas da *Gazeta de Notícias* que seu nome alcançou os olhos de tantas mentes ilustres. A qualidade de seus contos impressionou a Ferreira de Araújo, fundador e redator-chefe da *Gazeta*, que o escolheu para correspondente do jornal em Paris, quando da Exposição Universal de 1888.

A partir do relato quinzenal de suas percepções do dia-a-dia na capital do século XIX, é possível observar o amadurecimento de seu talento, assim como a lenta transição dos assuntos estéticos aos assuntos políticos. Entre 1888 e 1893, Domício assina a coluna "De Paris", que consiste, hoje, de uma rica via de acesso, ainda inexplorada, ao cotidiano oitocentista.

Em "De Paris", Domício transpõe ao papel o *fin-de-siècle* em toda sua diversidade. E assume diversas facetas, conforme o assunto que trata: por vezes, é acusador, como quando aponta a parcialidade dos jornalistas e o poder influenciador da mídia oitocentista (que, em casos policiais, podia aumentar ou diminuir a pena dos réus, influenciando a opinião); em outros casos, assume um tom analítico, como ao fazer o necrológio de pessoas injustamente desconhecidas ou ilustres etc.

Apesar de seu comedimento, Domício não fecha os olhos às contingências do *fait-divers*: dos amantes surpreendidos e mortos por maridos ciumentos, dos suicídios escandalosos de famílias inteiras legadas à fome e ao frio... Fala também das alterações climáticas e do marasmo das semanas sem notícias, tudo de maneira pessoal o bastante para que se lhe perceba a fineza da escrita, mesmo sob a vagueza ocasional dos temas.

"De Paris" excele, porém, em duas contribuições maiores: o relato da vida política e o da vida artística parisiense.

De um lado, Domício observa a instabilidade dos primeiros anos da Terceira República, decorrente das cicatrizes deixadas pela guerra franco-

-prussiana; a ascensão e o declínio do boulangismo; a recorrência das greves frente à desigualdade social alarmante; a ameaça de atentados anarquistas; os escândalos financeiros ligados ao Panamá; a falta de decoro e as agressões mútuas dos parlamentares da câmara; os efeitos da proclamação da república brasileira na Europa etc.

De outro, testemunha o declínio dos *Salons* e a ascensão das exposições independentes; visita teatros e óperas, pautando seu juízo na qualidade dos textos e da representações; acompanha as celebridades e resenha os livros do momento; surpreende a dança das cadeiras no *Institut de France* etc.

É de especial interesse, dentre tantos tópicos, a crônica publicada a 28 de julho de 1889, em que relata sua visita a uma exposição de Monet. Tal crônica serve de contraponto à crônica de Louis Leroy que, depois de diversos revezes, acabou por "nomear" indiretamente o grupo impressionista ("*L'exposition des impressionnistes*"). O texto de Domício reencena um diálogo entre o cronista e um amigo imaginário (em Leroy, *Père Vincent*; em Domício, anônimo), servindo de ocasião para uma série de écfrases das telas que mais o impressionam. A crônica serve de exemplo da argúcia do cronista, que, já em 1889 – i.e., somente três anos após a última exposição impressionista –, desvenda as principais qualidades estéticas de Monet: "A sinceridade fanática da representação dos aspectos de luz rapidamente cambiantes, a orgulhosa honestidade de artista intransigente obriga-o a uma rapidez de trabalho, que impressiona mal ao espectador profano. Com as placas de tinta justapostas, com os seus toques duros, os borrões que realçam e contrastam asperamente, o seu aspecto eriçado e escabroso, o desprezo da linha e a única preocupação do tom fisionômico, que é preciso sentir para entender, a pintura de Cláudio Monet lembra uma construção incompleta, muito bela para os entendidos, que sabem apreciar uma arquitetura ainda coberta com os seus andaimes".

De certa forma, é possível dizer igualmente que a escrita de Domício da Gama, em "De Paris", é também "uma arquitetura ainda coberta com os seus andaimes", pois o escritor fez-se literato e diplomata nos entrementes das crônicas que enviava à *Gazeta*: seu primeiro livro de ficção, assim como seu ingresso na diplomacia (mediante serviços na Superintendência de Emigração), datam de 1891, ano equidistante aos marcos temporais dos textos aqui coligidos. Suas contribuições se encerram, aliás, em 1893, quando retorna brevemente ao Rio para rever a família e os amigos, em férias que durariam pouco mais de três meses; em maio do mesmo ano, Domício seria nomeado secretário, em missão especial nos Estados Unidos (mais tarde conhecida como a "Missão de Palmas").

"De Paris" corresponde, assim, a um momento valioso da formação de Domício da Gama. É, pois, bastante significativo que se edite, pela primeira vez em volume, o presente conjunto de 84 crônicas, abrangendo o período de 23 de novembro de 1888 a 29 de janeiro de 1893, verdadeira ponte para a reedição de sua obra, como um todo.

Diz o autor, humoradamente, no primeiro texto da coletânea: "O leitor ignora que se me seguir neste curso de Parisiologia ficará um sábio por fim. Mas com tempo."

Seja como fonte de sabedoria, seja como oportunidade de redescoberta de miríades de pontos de contato entre o Brasil e a França do século XIX, que o leitor aproveite a presente edição, sobretudo, para (re)descobrir o nome de Domício da Gama – autor, doravante, não apenas de contos, mas de uma extensa obra, que abrange crônicas, ensaios, discursos, poemas, excertos de romance, além de farta correspondência.

Não há melhor maneira de redescobri-lo, senão lendo-o em suas próprias palavras. Que possa viver Domício hoje, a partir da revisão de sua obra, como afirmou em crônica de 25 de fevereiro de 1891: "Enquanto um homem vive, por grande homem que seja, parece-nos que ele não faz mais do que a sua obrigação, e só temos voz para a censura dos seus defeitos e dos seus erros. Mas, em morrendo nós sentimos, pelo claro que deixa, o lugar que ele ocupava na nossa vida, na vida do nosso tempo. Depois, os erros e defeitos do personagem vão se esquecendo, e dele só fica, resumida pela Morte que simplifica, pela Morte que poetisa, pela Morte que é a *legendeira* irresistível, a sua obra, que um nome evoca, logo brilhante de prestígio das coisas que foram."

***

Para a presente edição, foram selecionadas as crônicas da coluna "De Paris" da *Gazeta de Notícias*, i.e., excetuando-se as demais crônicas do autor enviadas ao jornal, para além da coluna em questão. É o que ocorre ainda, e por exemplo, com textos (raramente) indicados sob o título de "Colaboração europeia". Foram igualmente excluídas as crônicas enviadas de maneira isolada para outros jornais, como o *Correio Paulistano*, ainda que denominadas mais aproximadamente de "Carta de Paris".

***

A presente transcrição e revisão dos textos respeita uma série de pressupostos:

• A pontuação respeita o estilo do autor, que, por vezes, chega a uma completa ausência de vírgulas em trechos mais efusivos, seja sobre determinados personagens, seja sobre eventos políticos sensíveis. Foram respeitados, assim, esses "descuidos", como forma de melhor surpreender o autor em sua intimidade intelectual. Trata-se de opção em detrimento da correção gramatical, como nas diversas ocasiões em que ele separa sujeito de predicado com vírgula, ou em que inicia a oração com pronome oblíquo átono etc.;

• Igualmente, foram atualizadas as palavras de acordo com a grafia atual e com o recente acordo ortográfico;

• Foram corrigidos os usos incorretos do plural de palavras compostas, assim como recorrentes questões de concordância;

• Em casos de palavras sem sentido claro, ou sem aplicabilidade no trecho em que aparece, foi mantida a grafia do original, com esclarecimento em nota de rodapé;

• Foi mantido o uso do original para substantivos, advérbios ou expressões cuja grafia admite duas ou mais formas vernáculas (e.g. "a meia voz");

• A citação de nomes de artistas, políticos et al. foi corrigida, quando necessário (embora sejam reproduzidas variantes gráficas recorrentes, como [Ernest] "Rénan" e "Renan", "Victoria" e "Vitória" etc.);

• Foram mantidos os pronomes de tratamento originais (M. e Mme., sem atualização para Sr. e Sra.);

- Foram mantidas as grafias originais de diversas palavras estrangeiras ("*grève*", "*réclame*", "*restaurant*", "*club*", "*club-man*", "*troly*", "*comité*", "*cliché*", "*maximum*", "*toilette*", "*chic*", "*grisou*", "*maire*", "*baccarat*", "*cercle*", "*entresol*", "*wagon*", "*echo*", "*pantheon*", "*reporter*", "*gendarmerie*", "*bookmakers*" etc.), assim como as formas abrasileiradas de termos estrangeiros ("faubourgo", "speeche", "Escola dos Altos Estudos", "ouvertura", "razziado", "gendarmaria" etc.) e as opções lexicais do autor para nomes de lugares ("Bethléem", ao invés de "Belém"; "Munich", ao invés de "Munique"; "Algéria" ao invés de "Argélia" etc.).

Como se vê, os critérios de transcrição foram tomados no sentido de manter a maior fidelidade possível ao texto do jornal. As opções expressivas de Domício foram, sempre que possível, mantidas, "para não atenuar-lhes a quentura de eloquência" (como fez o próprio escritor na crônica de nove de julho de 1892, ao transcrever um discurso do bispo de Verdun).

Igualmente, optou-se por não acrescer o texto de uma série intérmina de notas, que faria pesada a leitura de um autor, de si, tão leve e natural. De fato, há aí uma pletora de nomes e referências, a princípio, "desconhecidas"; no entanto, tal levantamento escapa ao propósito da presente edição, cuja finalidade é, sobretudo, de divulgação. Cabe, pois, ao leitor buscar possíveis referências, conforme lhe forem sendo desconhecidas ou interessantes, de forma a completar *ativamente* seu "curso de parisiologia".

***

Finalmente, para a transcrição e revisão dos textos, recebi o apoio de duas pessoas sem as quais não seria possível o preparo desta edição. Quanto à transcrição, tive a ajuda valiosa de Wellem Assunção Araújo, de quem fui orientador na Universidade Federal do Maranhão; quanto à revisão, contei com a leitura atenta e as observações de Vanessa de Oliveira Temporal, minha parceira de escrita e de vida.

De maneira mais abrangente, o projeto de transcrição da obra de Domício da Gama, bem como de estudo do impressionismo literário no Brasil, teve a ajuda de diversas pessoas. São elas: Arley Beatriz Lopes Vieira, Marcelo Luiz dos Santos Moreno, Émilly Silva Oliveira, Luiza Natalia Macedo Marinho e Ana Paula dos Santos Silva.

Os textos transcritos seguem o levantamento que fiz em *Domício da Gama e o impressionismo literário no Brasil*, livro publicado em 2017 pela EDUFMA, em versão digital. O conjunto de textos foi posteriormente acrescido de digitalizações compartilhadas pela inestimável Tereza Cristina Nascimento França, especialista em Domício da Gama com quem dialogo há anos – e que sempre tem preciosas informações sobre o "Dodô".

Em tempo, é lícito destacar que os jornais foram consultados via Hemeroteca Digital Brasileira (Fundação Biblioteca Nacional). Felizmente, o período da *Gazeta de Notícias* entre 1880 e 1890 encontra-se aí fartamente digitalizado, razão pela qual foi possível levantar tantas crônicas inéditas do autor.

Faço ainda duas menções: uma, ao escritor Ronaldo Costa Fernandes, autor de um estudo biográfico sobre Domício, com quem tive o prazer de conversar durante um congresso no Maranhão; e outra, ao pesquisador Haroldo Ceravolo Sereza, autor de um ensaio recente também sobre Domício, que generosamente dispôs-se a editar o presente volume.

A todos, meus sinceros agradecimentos.

1888

1
De Paris

(23 de Novembro de 1888)

Sumário: Nova Bizâncio. Gansos Imaginativos. Nomes por ideias. A imprensa contra a Questura da Câmara. Boulanger-Redemptor. Pepa. Cabotinismo. Da comédia moderna. Questão a discutir.

Paris chama-se indiferentemente Babilônia moderna ou Atenas, conforme querem achá-la a mais corrompida ou a mais artista das cidades modernas.

Bizâncio ninguém diz que ela é. Bizâncio é uma espécie de nome sujo, que traz logo à memória dos bacharéis discussões pueris entre retóricos, uma imperatriz sem *savoir-vivre*, um circo tão grande que podiam matar dentro dele trinta mil pessoas de pancada, Belisário cego e mendigo e as apoquentações dos bárbaros devastando as províncias do império e ameaçando a própria capital.

Entre estas coisas há algumas que o nosso tempo não permite: a majestade das alturas e o terror do ridículo impoem a circunspecção e o respeito de si mesmo aos que estão de cima, nos circos só morre quem cai do cavalo na carreira ou desaba do trapézio ao chão e os generais da república são aposentados com ordenado inteiro, mesmo antes de ficar cegos.

Mas os dois flagelos mais graves, que são as discussões entre os retóricos e a ameaça constante dos bárbaros, persistem sempre.

A França acha-se completamente isolada no meio da Europa inimiga e a Europa é inimiga da França por causa dos seus retóricos – dos seus homens de estado, dos seus jornalistas, dos seus homens-de-estado-jornalistas.

Basta ler seguidamente meia dúzia de jornais e revistas para ficar convencido do bizantinismo infrene que por aqui vai. Faz-se um tal alarido a propósito de coisas frívolas que não se ouve mais a voz dos que são razoáveis e têm bom senso prático. A gente delicada, que se fatiga facilmente, torna-se indiferente às questões mais graves da causa pública, que os deveriam preocupar exclusivamente. O ruído que fazem os intrigantes convence aos de boa fé que o capitólio está bem vigiado, pois que os gansos não cessam de grasnar.

Esse grasnido impertinente é o que mais irrita e incita os bárbaros contra a república. (Não é preciso explicar que bárbaro é tudo o que não é francês). Esta nova espécie de gansos tem imaginação, o que é um defeito neste caso. Eles inventam e veem inimigos imaginários, mesmo entre si. Daí a possibilidade de um pânico na hora do perigo. Bem sabemos que o francês é a personificação da coragem e do patriotismo. Mas sem direção e sem ordem de que vale a energia cívica?

Toda agitação social que não é feita em torno de uma ideia é improfícua e vã. Aqui entre os partidos políticos não há uma ideia que se imponha dominante, nem mesmo duas que se debatam nos espíritos. Há nomes.

Mas entre um nome que corresponde a uma pura abstração para esta sociedade aristocrática e perdida de vaidade e os nomes que têm apenas o prestígio da legenda, a ingênua classe média hesita um pouco e por fim escolhe o médio termo, para ela representada no nome do general burguês, ideal de transição entre a monarquia vexatória e opressiva e a república demasiadamente lassa e não formalista. O povo tem a intenção da unidade política necessária e para esse fim faz a sua escolha deste ou daquele nome, a que atribui valores arbitrários. E os diretores intelectuais da nação, em vez de esclarecer-lhe a eleição ensinando-lhe o verdadeiro valor de uma ideia, definindo-lhe mais a forma um pouco vaga da República, vivem ocupados consigo, sonhando políticas anacrônicas e impossíveis ou discutindo questões de pura formalidade, bizantinas.

A questão agora na câmara dos deputados não é a revisão, nem o imposto sobre a renda, nem os orçamentos esmagadores da guerra e da marinha; é saber quem vence na luta travada entre a mesa da câmara e os jornalistas que importunam os deputados, entre os quais eles têm muitos colegas de imprensa. Madier de Montjan vai perdendo o apoio dos seus; a imprensa ferve contra ele... Mas é bizantino isto ou não é?

E o povo vai-se preparando para eleger Boulanger, novo Heráclio que há de ir contra os bárbaros de leste e destruí-los. Na volta fá-lo-ão imperador ou qualquer outra coisa assim. Então os decadentes, que ainda vivem um pouco envergonhados, mudarão os escritórios das suas revistas das ruas transversais para o grande boulevard.

Entrou o frio oficialmente. No último dia de outubro vieram do lado da Inglaterra umas nuvens feias que agasalharam em crepe negro a mágoa do céu de outono. Começou a chover de rijo, começaram a aparecer-me respingos de lama até nas pontas do colarinho, recomeçaram as corizas e bronquites agudas, o Teatro Francês deu a sua primeira peça nova: estamos no inverno.

Bem fraquinha a tal peça nova! Tão fraca e ordinária que a gente sai triste do teatro, considerando a pobreza de invenção naquele produto imaginativo e a humildade nas exigências estéticas dos espectadores que aplaudem àquilo. É obra de um comediógrafo de nome e de espírito – Henri Meilhac – e de um crítico dramático cheio de talento e de fama, que se chama Louis Granderax e que está destinado a substituir Halévy junto de Meilhac, que parece não poder viver senão em concubinato literário. Pois saiu chocho o primeiro fruto dos seus novos amores!

A comediazinha, que se chama *Pepa* simplesmente porque há lá uma menina com esse nome, é a história banal dos descarados que tornam a querer-se depois da separação. É a quarta comédia que ouço em Paris sobre este assunto e não há dois meses que aqui estou. E há muitas assim. Ora a pobreza das ações morais nas peças do seu teatro que é no entanto o único teatro ainda vivo no mundo inteiro, devia fazer pensar esta gente. Mas não. Faz-se aqui em cada canto de jornal, de revista, de café ou de cenáculo (ainda há cenáculos) uma estética furiosamente difícil, alta, intransigente e dura para as obras primas em qualquer ramo de arte e de noite aplaude-se a pilhéria mais safada no teatro, com os pés, com as mãos, com o *c'est charmant* ou o *c'est drôle, çà*, quando não é com o *c'est rigolo*! São assim os franceses: capazes de pensar com alteza e de impor aos outros a mais bela estética, mas deixando-se levar pela sedução especial do *cabotin*. E afinal de contas o cabotinismo é que é sincero.

Na peça de Meilhac e Granderax há um bom tipo de ex-presidente de república do Sul da América, que corrije-se a todo o instante a si e aos seus das exagerações espetaculosas com o terror da opereta que os espreita

– *l'operette nous guette*! O *rastaquouère* é um cabide de ridículos e, quase tanto como a sogra, um elemento de sucesso na baixa comédia parisiense. Os comediógrafos atiram-lhes às costas todos os defeitos que a circunstância do exotismo do personagem pode justificar da sua exageração de máscara. Egoísmo, imprudência, bazófia, descaramento em questões de moral, uma quase inconsciência do bem e do mal, que facilita os maiores destemperos em matéria de sentimento, tudo adoçado por muita bonomia tornando amável o personagem, cada um dos espectadores acha nele um pouco de si ou antes um pouco dos amigos e conhecidos e interessa-se por essa psicologia fácil, transparente, toda de primeiros movimentos, que caracteriza os tipos simples, mesmo quando eles vivem numa civilização complicada.

É a mim, é ao vizinho, é a todos nós que a opereta espreita, a todos os não sinceros, cuja aparência não diz com o espírito, a todos os que por ambições mesquinhas ou por ininteligência do seu valor condenaram-se a uma desafinação irremissível. Mas não é aqui mesmo, nesta bela e harmoniosa cidade, que se encontram os mais belos exemplares, as formas mais variadas ou dolorosas ou cômicas da vaidade humana, que é a desarmonia do querer com o poder? Ridículos não sei se são os impotentes; para mim são lamentosos.

E lamentáveis. Nas horas de depressão causada pelo esforço empregado em aparentar uma energia que não temos, nas ocasiões em que se despe as roupas do personagem que figuramos, nós nos achamos bem tristes e abatidos e miseráveis. Cada um pode sentir em si vinte vezes por dia a aflição de D. Quixote sensato e moribundo. E, como não temos a humildade cristã que dá a paciência e a resignação, sofremos ainda mais. Mais que o cavaleiro da bondade e do amor, mais que o símbolo sublime do ideal combatente. Prometeu vencido tinha o abutre, o renascimento perene das entranhas devoradas, a luta eterna e a esperança. Nós temos o abutre do ridículo, a gargalhada escarninha em vez do coro das Oceânides e o terror indizível da morte para sempre.

Sofremos mais, afirmo. Não há quem não tenha tido a agonia das pequenas misérias que fazem ranger os dentes, acendem lágrimas de fogo nos olhos que não sabem chorar e apertam o coração numa ânsia de vinganças baixas e, com a fadiga dos golpes em vão, nos multiplicam na cabeça os cabelos brancos, precocemente. Há comédia aí? Para os espíritos grosseiros, sim; para os *exteriores* à significação das coisas, que só abala a brutalidade, o impulso quase mecânico do fato material, cru e palpável. Esses, que têm a emoção rudimentar quase animal ainda, são os que no teatro riem de Mercadet em apuros, como no circo ririam do palhaço que leva pontapés e bofetadas.

Há mesmo aí ainda um resto da maldade do homem primitivo. Mas não é esse o fundo do caráter que o teatro procura desenvolver lisonjeando--o. Se o drama nos sacode violentamente e pelo espetáculo da desordem nos inspira o desejo da ordem e da calma e dissuade de veleidades possíveis de rebeldias e desconcertos, a comédia não deve ser senão o espetáculo amável de uma intriga qualquer em que não possa entrar o irreparável sob a forma do crime ou da dor que esmaga. A comédia deve ser luminosa e amena; nenhuma sombra de questões profundas deve enturvá-la. Uma historieta dialogada e ao vivo, eis tudo.

Mas a literatura dramática toma muito a sério o seu papel, hoje anacrônico, de doutrinária. Parece que é isto um defeito inerente ao fato de ser o palco superior à plateia. Seja pelo que for, o teatro hoje é horrivelmente moralista. Não falando de Dumas Filho, em cujas comédias há sempre um personagem que prega, qualquer obra mesmo de um fabricante de operetas como Meilhac, tem uma grande dose de moralidade para impressionar as senhoras e os folhetinistas. Às vezes, mesmo a preocupação da doutrina faz descuidar-se o autor da verdade e propriedade do tipo. Na *Pepa*, por exemplo, a protagonista (?), que é uma americana do sul, ardente e caprichosa, fumando cigarros, roendo chocolate e batendo na criada (cor local), a sobrinha do ex-presidente da república de Tierras Calientes, tem a linguagem e os sentimentos da menina francesa bem educada, figura exemplar de romance honesto.

O tipo é tão contraditório e falso que a Reichenberg, uma atriz de muito talento, admirável em outros papeis (na adorável *Souris* de Pailleron, por exemplo) é completamente nula nesta. Na peça que é muito curta há três tiradas moralistas, bem sem graça.

O público aplaudia. O público aplaude sempre os atores que sabem portar-se bem em cena e são comedidos em gestos e dicção. Ora, no Teatro

Francês cada cena de comédia ou drama mundano é uma lição de elegância e correção de maneiras.

Mas, se há atores de talento e autores e público, por que o teatro vai em tão rápida decadência aqui mesmo em França?

O francês embaraçado por uma pergunta responde às vezes: "*Ah! voilà...*" Eu respondo ordinariamente que seria preciso um longo discurso explicativo. Como agora: falta-me o espaço e o tempo, dois elementos essenciais de qualquer atividade. Mas eu bem sei a causa das causas. O leitor ignora que se me seguir neste curso de Parisiologia ficará um sábio por fim. Mas com tempo.

D. da Gama.
Paris, 5 de novembro.[1]

1 Todos os textos deste volume apresentam duas datas. A inicial, a da data da publicação na *Gazeta de Notícias* da coluna, e a final, indicada por Domício da Gama no texto enviado de Paris.

1889

2
De Paris

(13 de Janeiro de 1889)

Depois de um dia de chuva e dois de nevoeiro, a volta do sol claro trouxe o frio deveras.

Gela.

De noite os lampiões da praça da Concórdia refletem no chão, tornado em imenso espelho. Os carros vão muito devagar, os cavalos tateando a calçada escorregadia e sonora. O vento do norte dói nas orelhas. Passa toda a gente a correr, de mãos nos bolsos, agasalhadas nos *regalos* ou nas trouxas que carregam. Os escritórios de ônibus são um abrigo temporário. Nas primeiras horas da noite há aí o movimento de um formigueiro. Mas à meia-noite *Paris-turbilhão* resume-se na saída dos teatros; o movimento é nos boulevards. E às duas horas aí mesmo é lúgubre. A praça então, deserta e silenciosa, tem a aparência cheia de majestade e graça dos lugares que se imagina como seria na Iônia ou na Hélade – arredores de templos ou cidades monumentais, com arquiteturas vagas no horizonte e perto colunatas, que o luar sereno e frio destaca na sombra das fachadas. A câmara dos deputados ao sul, os terraços das Tulherias a leste, o ministério da marinha e Madalena ao norte, favorecem a ilusão. No centro o *obelisco nostálgico* parece vagamente rosado, de encontro ao fundo azul-escuro do céu muito limpo, onde as estrelas cintilam. As duas belas fontes não jorram, caladas. A avenida dos Campos Elísios, com os seus rosários de lampiões unindo-se para os lados do Arco do Triunfo, parece abrir-se na sombra à passagem de alguma coisa obscuramente solene. Do meio da ponte o anfiteatro luzente do Trocadéro de um lado, e do outro as linhas dos cais para o Louvre e o Instituto, esfumados a leste, aumentam com os reflexos trementes na água negra o brilho da iluminação. A cidade é então como um palácio em festa, onde as luzes brilham mais nas salas vazias, após a partida dos últimos convidados. Há um adormecimento ou uma expectação, conforme sejam cansados ou excitados os nervos do que contempla, pois que está sempre em nós mesmos a sugestão das coisas.

Paris, deixa-se ver melhor assim, a horas mortas, no silêncio e na sombra, do que entre o tropel atarefado dos que andam lidando pela vida. Que nestes dias de frio nem a espécie *flaneur* alegra mais as ruas.

O *flaneur* fino, isto é, o rico desocupado acha sempre abrigo e palestra em qualquer café, *atelier* ou casa de amigos. O pobre, isto é, o vagabundo triste frequenta os museus e galerias públicas, que são aquecidas. Como os bancos não são muitos, alguns cochilam de pé! Encostado ao parapeito de ferro e parecendo mirar com atenção um quadro de flores de Huysum, no Louvre, vi ontem um com os olhos fechados. Tinha-o entorpecido a quentura da sala e hipnotizado o colorido daquela primavera em pintura, talvez.

Os guardas são indulgentes para a pobre gente. Quando algum está para conversa, admiram juntos as pinturas dos mestres, discutindo-as.

É sempre o pitoresco o que faz sucesso. As pequenas telas simpáticas são mais miradas que os quadros solenes. Um Ribera ou um Carrache faz frio, mas um interior de Teniers, uma bambochata flamenga tem calor e vida.

Examinando o público de uma galeria de arte, pode-se fazer uma lição de estética, da sua evolução histórica. Não há lugar para ela aqui: só uma menção curiosa. Na sala, que chamarei da Gioconda, havia um homem estudando um grupo de um Ticiano e cinco mulheres copiando quadros. Dessas, uma moça feia e triste pintava para um leque uma cena de pastoral galante de Watteau, e das outras quatro, velhas, algumas de óculos, uma copiava um Terburg e três copiavam Corregios. Achei dolorosamente significativo o contraste e a seleção daquelas pobres criaturas. Daí, talvez fossem encomendas...

Das visitas aos museus, às salas de bibliotecas, aos gabinetes de sábios e escritores, aos *ateliers* de artistas, aos cantinhos sossegados da cidade, traz-se uma impressão bem diferente da imaginação que se fazia *d'esse turbilhão que se chama Paris*. Às vezes entra-me em casa, à 1 hora da noite, um homem encasacado, enluvado e engravatado de cerimônia. Vem de algum baile ou sarau mundano, bocejando. E em vez de contar *rodelas* e mexericos, em vez de falar-me da festa, de vaidades e mundanismo, conversa sobre o acontecimento político do dia, sobre o livro, sobre a questão social urgente ou sobre civilizações desaparecidas, longínquas ou por vir, com problemas de moral, e estética consequentes. Tal qual numa tediosa *república* em S. Paulo, num banco de jardim no Rio, em escritório de advogado sem constituintes, ou em café de jornalistas teóricos. Uma questão de estética alemã, discutida um dia sentados no meio do mato, entre o som cadenciado do machado e a cantiga dos escravos serradores no estaleiro ao pé, dá uma impressão *exquise* de exotismo, renovada assim entre o ressonar da grande cidade, ouvindo a espaços o tropel do cavalo e o rolar tardonho de um carro que se recolhe, ou a cantiga lamentosa, entrecortada de soluços, de algum bêbado que lá vai! Silêncio e quietação que provam que ao lado do turbilhão sempre há remansos, quando não é o mesmo turbilhão que para sem causa assinalável.

Agora há um quase amortecimento, apesar de ser plena estação para a grande vida parisiense.

Os jornais distraíram-se da política, onde as mesmas questões tornam-se monótonas. Aí só há o fiasco final do Sr. Numa Gilly, que, assustado com a perspectiva de tantos processos que lhe caíram em cima, renega o seu livro, diz que não leu os seus *Doniers*, que toda a responsabilidade da obra cabe aos seus compadres, que lhe impuseram a colaboração e tomaram a assinatura, e finalmente, repudiando o panfleto e acusações nele contidas, faz ato de contrição. Tem esta saída de sendeiro o rompante leonino do tanoeiro *justiceiro*. Aos seus colaboradores (um dos quais, o Sr. Chirac, tem a mancha infamante do julgamento de um tribunal de Marselha, retirando-lhe por indignidade a tutoria dos seus filhos), aos seus sócios nesse trabalho ingente de purificação da pátria, já a opinião pública tinha feito justiça. Restam agora os 22.000 autos e os processos consequentes do Sr. Wilson.

O processo em divórcio do general Boulanger não é um escândalo. A recepção do Sr. d'Haussonville na academia não é um acontecimento. Só a morte da duquesa de Galiera é um luto para muitos. Foi uma santa fidalga, que achou meio de distribuir cerca de cem milhões da sua fortuna em donativos, obras pias e de interesse público. E era imensa a quantidade de pobres socorrida por ela.

Na faculdade de Paris fizeram-se muitos cumprimentos a uma moça polaca de 21 anos, Mlle. Carolina Schultze, que defendeu tese de doutoramento. Dissertou sobre *A mulher médica no século XIX*. Charcot fez-lhe uns elogios irônicos; os estudantes, que iam para rir-se dela, deram-lhe um ramo de flores, e as suas colegas um banquete.

Tão feliz não foi Mlle. Popolin, uma doutora em direito a quem recusaram a inscrição no quadro dos advogados de Bruxellas. Não é *moderna,* a judicatura belga!

Nos teatros houve duas ou três primeiras representações sem brilho algum.

Não é que o espirito francês seja inferior; é que o público exige sensações novas. A mesma frase de espírito repetida enjoa. O bom é o melhor ou o pior.

Quando se diz que uma coisa é ruim, é porque ela não é nova.

Este é o critério da gente que se diverte.

Os livros novos, que são muitos neste tempo, também não são bem novos, parece. Ao menos, falam tão pouco deles...

Interessa-nos um, recentemente publicado. É o *Folk-lore Brésilien* do Sr. Sant'Anna Nery. É obra para crítica de especialistas. O príncipe Rolando Bonaparte, que é um forte no assunto, fez-lhe um prefácio crítico. Depois de falar nos numerosos fatores etnográficos diferentes, que ainda não acabaram (nem jamais acabarão) de constituir o tipo brasileiro, ele conclui: "Um país formado nestas condições deve possuir *evidentemente* tradições populares tão variadas *quanto originais.*" Eu pensava que era o contrário. O que é não entender das coisas! O livro tem cerca de 300 páginas e dá gosto lê-lo, porque é elegantemente escrito e bem impresso. No fim há uns pedações de músicas populares, que ao príncipe Rolando pareceram *d'une saveur étrange.* Entre elas o Bitú.

O acontecimento que dá a nota mais triste, a dominante da semana, é a entrada em liquidação da companhia do Canal do Panamá. Foi ontem votada na câmara a urgência para discutir-se a proposta de autorização do governo para que ela suspenda por três meses o pagamento do seus *cupons.* Há tanta pequena economia ali empenhada e em risco, que essa questão comercial particular constitui uma questão financeira e pública. Há quem peça, e quem argumente [...][2] valiosos, o encampamento da companhia pelo Estado.

O abalo é enorme.

Domício da Gama
Paris, 15 de dezembro.

2 Palavra ilegível no jornal.

3
De Paris

(02 de Fevereiro de 1889)

A sessão do senado, ontem, foi um acontecimento político e uma espécie de festa parlamentar.

Falou Challemel-Lacour, e o seu discurso de uma alta eloquência, persuasiva, lógica e vibrante, foi um resumo do processo de política-radical.

Como já há alguns anos, o senador por Bouches-du-Rhôme conservava-se arredado da política militante; a sua reentrada na liça fazia a grande atração da sessão.

Para arrostar de frente o assalto, lá estavam os membros do gabinete, que no atual regime primeiro representa esta política. Seja dito de passagem que, nesta terra em que a coragem e a valentia não admiram mais a ninguém, o menos que Floquet terá adquirido, deixando o poder, será a justíssima reputação de um Bayard da era nova. Força de convicções, língua amestrada e um bom punho de espada, tudo o que ele põe ao serviço do seu partido e da França, faz dele um campeão bizarro e de respeito.

No entanto bem precária é a sua posição. O orador oposicionista mostrou bem vivamente isto.

Depois de expor o programa republica[3] o que muito louvavelmente quer dar satisfação às principais e mais urgentes necessidades públicas Challemel-Lacour assinala o singular descontentamento que a execução desse programa causa.

Programa e execução são coisas diferentes. É a execução que merece crítica.

"Não creio que entre os adversários das grandes empresas de que acabo de falar, entre os que a combateram desde o começo e os que não ces-

3 A falta de pontuação gera ambiguidades de leitura no trecho. A transcrição respeita o jornal.

savam de criticá-las depois, não creio que haja alguém que lhes conteste a utilidade e mesmo a grandeza.

Ainda mais. Não há um partido, um governo, mesmo sem excetuar o partido e o governo realistas, que possa ter a pretensão de se ter ocupado tanto em melhorar o armamento industrial da França, em aperfeiçoar o ensino popular, em suavizar a sorte dos pequenos empregados.

Mas a República quis fazer de uma só vez mais que todos os outros regimes juntos.

Por que, então, estes projetos, de que tanto se esperava, não deram depois de dez anos senão estas consequências desastrosas?"

A esta questão o orador vai responder impondo silêncio aos seus preconceitos partidários, em pura consciência. Ele estuda o espírito das classes conservadoras, mostra o perigo das conclusões extremas tiradas de ideias absolutas, censura a deplorável confusão de leis abstratas com leis de política.

Perdeu-se de vista, diz ele, a consideração de que os princípios absolutos são belos de ouvir-se, mas que é perigoso, não direi assustar as crenças – ninguém aqui pensou nisso – mas inquietar os hábitos e tradições das populações.

Havia em França um partido não conquistado, talvez irredutível, poderoso certamente, terrível quando fala, perigoso quando se cala; havia sobretudo populações imensas afeiçoadas a crenças, que se podiam supor adormecidas, mas que são sujeitas a recrudescências pasmosas e que tomam na vida da família mais lugar do que a política ocupará jamais.

Esta precipitação nas empresas e estes ataques a opiniões que têm direito a todos os respeitos foram um duplo erro.

Foi a primeira vez que ouvi um republicano fazer a crítica da intolerância republicana, ainda que mal a propósito neste caso, porque defender-se dos partidos, que para conquistar o poder importam-se pouco com a segurança do Estado, não é fazer política vexatória e opressiva.

Mas o fato é que no governo absolutamente impessoal da república há como que uma necessidade de fazer sentir vivamente, energicamente, continua e incessantemente a atividade governativa do que se chama vontade do povo.

Caprichosa vontade que dá motes às bandeiras de todos os partidos e que já deu lição de ceticismo aos homens de Estado! Ninguém mais a toma a sério, intimamente. Mas em seu nome faz-se tudo e cada candidato a piloto da nau do Estado aponta para a sua ventoinha dirigida para um rumo diferente. Há cada salto de vento, que mais parece um sopro de loucura.

Agora a consulta feita por Floquet sobre o modo de eleição responderam 376 (trezentos e setenta e seis) jornais pronunciando-se a favor da moda antiga e 60 sustentando o escrutínio de lista. E lá se vai um dos títulos de glória de Gambetta!

No discurso de Challemel-Lacour há, porém, coisas mais graves.

Depois de falar do descontentamento que seguiu-se a subida do radicalismo ao poder, ele diz:

"Além disso, derrubando sucessivamente os ministérios e com que auxílios! com que alianças! o radicalismo levou a França a desconfiar, senão a desgostar-se do regime parlamentar.

Desde que este descontentamento tornou-se uma preocupação pública, assistimos a este espetáculo inesperado e curioso. De um lado os que fomentaram e exploram o descontentamento dizem que, se tudo vai mal, a culpa é da Constituição; e os que têm a missão de defender esta Constituição como um derradeiro baluarte, repetem como um eco: a culpa é da Constituição. E de outro lado os partidários da ditadura, os antigos e os novos cesaristas, partidários do sabre ou da anarquia, dizem igualmente: a culpa é do regime parlamentar."

O orador defende molemente esse regime, que todos começam a julgar planta exótica, inaclimável, que só na Inglaterra medra e dá bons frutos, mas a espécie de exortação, que a este respeito faz, indica bem os seus receios, a dúvida do seu espírito sobre a proficuidade do parlamentarismo.

"Mas se por acaso estivesse averiguado que o regime parlamentar é impossível de aclimar-se neste país, que os seus homens são incapazes disto, que eles não possuem para o praticar nem bom senso nem o desinteresse necessários, as consequências dessa afirmação seriam terríveis, porque isso equivaleria a convir que tudo que a França sofreu foi em pura perda; e que, depois de ter prosseguido durante tantos séculos a realização da liberdade, depois de tê-la obtido, ela a viu afundar-se em um derradeiro naufrágio. Teríamos de dizer que, depois de ter rompido, há um século, com uma família de grandeza sem igual, a França está condenada a calar aos pés do último dos aventureiros!..."

Aqui o estrondar das palmas e aplausos permitiu ao orador tomar fôlego e arranjar um pouco de bálsamo para a chaga de parlamentarismo.

"Mas, senhores, a França não se acha reduzida a esta vergonhosa confissão. Se o governo parlamentar perdeu a confiança de um certo número de franceses, não é a sua culpa, mas sim dos homens que desconheceram as condições deste governo e que ignoraram a sua natureza."

Pareceu-me que isto é o mesmo que dizer que a luz de uma vela é ruim, não por culpa da luz mas por culpa da vela. Para a gente de grosso bom senso (começa a ser respeitada, essa gente!) é a vela acesa, que não da boa luz, o que deve ser substituído. Ninguém quer saber de luz sem objeto iluminante, nem de parlamentarismo sem parlamentares. Se os franceses não podem ser bons parlamentares, o parlamentarismo não pode dar senão maus resultados em França. E neste tempo em que todos se resignam tão facilmente à perda das ilusões, que muito é perder mais esta conquista da revolução?

Para todas as nações latinas, tão desasadas em matéria parlamentar, a questão é interessante e merecedora de estudos urgentes. Se a França tem perdido o seu tempo com o regime parlamentar, quanto mais as outras!

É provável, porém, que os tateamentos governativos persistam durante longos anos ainda. Porque há um conservantismo mais ferrenho que o que defende as instituições sagradas pelos séculos: é o das conquistas revolucionárias, é o conservantismo *progressista* e liberal.

Daí vem o autoritarismo de novos regimes políticos, que carecem de se impor e de manifestações visíveis, sensíveis, de poder. Daí vem nas nações novas, como no nosso administrativíssimo Brasil, a intervenção constante de todo o aparato da *ordem superior* para a execução de medidas e detalhes mínimos. E à falta de prestígio da ordem jazem sem tradição, nem garantias de duração e coerência.

Perorando, Challemel Lacour pôs em frente da política radical uma política benigna, honesta e razoável, mas de programas vagos, vagos, como o parlamentarismo que exige em primeiro lugar homens capazes. Quando ele desceu da tributa, Léon Say propôs que o seu discurso impresso fosse distribuído por todas as comunas de França. A proposta discutida não foi votada por falta de número.

Floquet respondeu valentemente. Não é dele a culpa, se há descontentamento. O seu programa, que nada tem de misterioso por isso que é o mesmo que o Sr. Challemel-Lacour seguiu por tantos anos, não é posto em prática com a rigidez mística que dizem. A prova é o abandono do escrutínio de lista, que a opinião pública manifestada por esses quatrocentos e tantos jornais pede. E conclui:

"Quiséramos dar à nação armas seguras para que ela se defenda contra a volta nefasta dos salvadores providenciais."

Depois, respondendo a uma pergunta precisa do Sr. Tolain, sobre o boulangismo, ele diz categoricamente:

"Sim, se as leis forem violadas, saberemos fazê-las respeitar; se forem insuficientes, não hesitaremos em pedir novas."

Foi um importante acontecimento esse, mas foi o único. O duelo Clemenceau-Morel, que acabou por uma estocada no célebre duelista, não viveu senão um dia nos jornais.

A primeira representação, ontem, e o fiasco de *Germinie Lacerteux*, de Edmundo de Goncourt, no Odéon, merece uma notícia à parte.

Há o nevoeiro, uma coisa curiosa, que faz de cada encruzilhada de ruas ou praças de muito trânsito um canto de teatro de sombrinhas.

De noite, com o luar, que dá à bruma opaca uma fosforescência mágica, andando pela rua está-se sempre no centro de um circo branco, tela movente em que surgem e desaparecem sombras. O ruído é menor, as aparições são súbitas, caprichosamente distribuídas às vezes e outras vezes como orquestrada por imprecisas cadências compostas na visão. Parece que se está fora do mundo.

Em Londres o nevoeiro é amarelo, sujo, em Paris é branco. Diferença da fumaça do carvão para a da lenha. Mas dizem que cada ano o nevoeiro de Paris escurece mais. Paris decai, então. Ou a lenha torna-se cara.

Domício da Gama
Paris, 20 de dezembro.

4
De Paris

(10 de Fevereiro de 1889)

Não fica bem ao viajante (e sobretudo ao que vem de terras bárbaras) a frieza ante os espetáculos e coisas de entusiasmos consagrados.

O sábio critério do consenso unânime dos povos dá livre curso às maiores falsidades e principalmente às expansões menos sinceras de sentimentos, contanto que se apresentem com etiquetas conhecidas. As frases feitas triunfam, são honestas, têm crédito. Impressões pessoais, discordantes de sentir geral, por explicadas e justificadas que sejam, são sempre impostura de modernismo e ceticismo de mau gosto. Que me importa a mim, leitor ou ouvinte sem pretensões, que um senhor que escreve ou fala tenha a alma fina e sensitividade afinada por este ou por aquele tom, se não é por mim que ele se afina e se não tenho vagares nem disposição para me afinar por ele? Não tenho interesse algum em admitir a verdade mais provável que me não esteja *nas cordas*, isto é, que não seja do meu sentimento, dado que ela não seja necessária. Falem-me em coisas sabidas quando me quiserem interessar sentimentalmente. Classificadas como num estereoscópio aperfeiçoado, estão cá dentro as figurações quase simbólicas, o aparelhamento de cada substantivo com o seu adjetivo legítimo e atributos consagrados a coisas que até já desapareceram, cultos persistentes de religiões mortas.

Mortas para outros, não para mim que careço delas, pelo seu efeito decorativo e clássico. Porque eu, o leitor ou o ouvinte sem pretensões, sou no fundo conservador e clássico. Pois que não sou artista, nem contemplador ativo, para que fatigar-me em desfazer e recriar construções estéticas de cujo valor nunca me passou pela mente indagar?

É de efeito decorativo para mim a concepção que tenho de Paris como uma cidade cujos habitantes, belos e inteligentíssimos, só vivem para os prazeres e alegria. Os primeiros números da *Illustration*, que me mostraram em menino, ocupavam-se de bailes imperiais, *defilés* de Longchamps, caçadas em Compiègne, festas da alta sociedade e festas de 15 de agosto, a alta e a baixa alegria cantando em toda parte perenemente.

Não eram bons os desenhos em geral, e a gravura era péssima; mas aqueles lustres resplandecentes das Tulherias, aquelas fardas bordadas e adornadas e os decotes das mulheres em gala, aqueles cavaleiros hirtos e corretos, espécies de S. Jorges *retour du Bois*, aquelas fantasiosas quermesses populares no Campo de Marte pela festa de seu amado soberano, aquelas perspectivas infinitas dos boulevards e avenidas, que Haussmann rasgava na cidade antiga, dilatavam-me o coração, como um bom sonho. Castelos, que eu porventura fizesse, dessa arquitetura se inspirariam e seriam habitados por tal gente. Fazendo companhia a uma Nossa Senhora do Amparo, vagamente murillesca, vivia no sacrário da minha veneração a Imperatriz Eugénia. Uma no céu e outra na terra... E o povo de Paris e do resto da França era apenas a numerosa comparsaria, que guarnece o fundo e os lados do palco, enquanto no proscênio os principais *papéis* fazem bravuras.

Concepções assim fantasistas estão condenadas a desmerecer e a modificar-se ao atrito das realidades e informações diárias. Os tempos mudaram, as coisas e as pessoas tendo mudado. O império morreu afogado na lama das traições e no sangue das batalhas, a santa de olhos meigos vive no luto e no exílio como uma rainha shakespeareana, as Tulherias arderam como uma fogueira de alegria do povo e a comparsaria avançou ao primeiro plano no alarido ensurdecedor dos fins de ato. Até os desenhos dos jornais ilustrados ficaram melhores, mais artistas. Mas não tão deslumbrantes. Encontro neles agora o chic, a maneira, a execução e não o assunto. Importa-me pouco o povo, a canalha que não é pitoresca, porque embora mudado superficialmente ficou sempre em mim com o romantismo indelével, a admiração servil pelas coisas que não posso ser – rei, artista imperial, fidalgo de sangue ou nome histórico. (Digo isto com franqueza, publicamente, porque sei que tenho muitos confrades nesta religião do esnobismo). Paris democratizada, sem corte, dissipada e sem corrupção esplêndida, é para mim como um templo vazio dos seus deuses. Não posso senti-la assim.

Por isso não me bateu mais forte o coração quando penetrei nos seus muros, por isso vago por ela morno e triste como uma casa cujos donos estão ausentes. Não acho mais emprego para as minhas queridas frases feitas; a exibição dos entusiasmos consagrados e dos grandes sentimentos seria ridiculamente fora de propósito. É preciso dar foros e créditos literários a sentenças e qualificativos novos e apropriados. Árdua e penosa empresa, que seria mal acolhida pelos outros conservadores e cujos insucessos não encontrariam indulgência.

Entretanto é preciso desistir de procurar o interesse da Paris que se diverte. Acha-se aí a monotonia do prazer e a impressão deprimente de todas as pândegas. Basta estudar um pouco a adjetivação das notícias das festas semi-sérias ou orgiásticas. A hipocrisia e a *bonne ténue* corrigem a expansibilidade dos sentidos e cortam as asas às imaginações em delírio. O vício permanece vil, sem expansões de grandeza babilônica. A trivialidade arrasa a pândega.

Paris que sofre, trabalha e estuda, Paris que lida na luta escura para viver e fazer viver, é hoje o campo aberto às contemplações mais profundas. Somente aqui é preciso mudar as lentes dos aparelhos óticos que tenham de examinar, isto é, para fazer investigações sérias, analisar atentamente, microscopizar um pouco.

As barraquinhas do Natal, a imensa feira, que todos os fins de ano funciona sobre os boulevards e certas praças e ruas largas, seria uma sugestão atual de estudo útil a fazer. Muitas dessas lojas volantes expõem à venda unicamente os produtos de trabalho industrial de uma família inteira durante o ano. Brinquedos, bugigangas, objetos úteis ou de utilidade contestável, que muitos dos operários transformados ocasionalmente em vendilhões apregoam persuasivamente – encontra-se ali tudo o que pode produzir a indústria *di camera.*

E se ajuntar-se, como explicação ampliativa, que já há alojamentos de operários com a sala própria para oficina e a competente transmissão da máquina a vapor que trabalha no subsolo e põe a sua força de 200 ou 300 cavalos à disposição da casa inteira, pode julgar-se dos progressos da individualização da indústria em Paris. Pensaram em desviar a família operária da corrupção moral, que traz a promiscuidade e a solidão afetiva das grandes fábricas, os empresários desses alojamentos. Nem tudo é secura de coração e pura ambição de ganho entre os homens de dinheiro, portanto; e isso é outra opinião corrente a modificar.

Outra observação a que um passeio ao lugar das barraquinhas pode servir de verificação, é que não é tão geral e constante, como se diz, a jovialidade e o bom humor franceses. Dentro das lojas há muita fisionomia revelando cuidados e apreensões sobre o resultado da venda que não corre bem e ameaça despesas e o próprio capital, pois que objetos de moda não podem ficar da venda do ano, sem se tornarem alcaides. E fora das lojas *especulando*, há a gente triste, obrigada a economizar nos magros orçamentos para comprar mesquinhos presentes de festas que humilham ao que dá e não são agradáveis ao que recebe. E há o frio que corta, a chuvinha miúda que cria e agrava as corizas e as bronquites e a lama repugnante que parece salpicar-nos até o coração...

Mas como dizer isto com a fraseologia antiga e consagrada, como fazer sentir aos que tanto como eu são conservadores em matéria literária, que Paris hoje não é mais a capital do prazer, porém uma vasta oficina, um laboratório e um mercado onde o rir e o cantar são recreações do trabalho e não gargalhadas e canções de saturnais.

Não posso correr os riscos de inovações perigosas. Melhor é passar por cima disto e dar notícias, o que quer dizer – terminar a carta. Porque nada houve de nota em política, nada em literatura (tudo são livros *d'étrennes* o que há) e, à parte suicídios, notícias de interesse local, dramas domésticos que se desenlaçam violentamente, à parte a fuga e o suicídio de um corretor da praça (Bex) que jogou e perdeu o dinheiro dos outros e fez-se livre pela morte da punição das leis, à parte a execução de Linska de Castillon (Prado) que teve lugar ontem e dá-me ares de um verdadeiro assassinato judiciário, não houve na semana coisa que mereça a preciosa atenção do leitor e o trabalho de uma adjetivação cuidadosa e cerimoniosa para ser contada.

Sim, houve: uma reunião de cerca de quatro mil acionistas da companhia do Panamá, que deliberaram fornecer os fundos necessários à conclusão das obras (faltam apenas 400 milhões!) e continuar a depor em Lesseps a confiança que sempre lhes mereceu, as considerações financeiras cedendo o passo à importância patriótica da obra. Dinheiro entusiasmado é outra coisa moderna. Quando lhes digo que é preciso mudar a fraseologia, é que para a mobília nova do nosso cérebro não podemos aproveitar as capas antigas.

Domício da Gama
Paris, 30 de dezembro de 1888.

5
De Paris

(06 de Março de 1889)

A política diminuiu de ardor; é como uma fogueira que ardeu e à qual é preciso ajuntar lenha para reanimá-la. Anda a gente política ajuntando lenha; o bravo general lá está para o sul em passeio e em campanha, tomando ares, mostrando-se aos seus povos e conquistando adesões com a sua simples presença; *doce* Floquet, contente e com a sua vitória de cinquenta votos na câmara, sacrificou um manejo da campanha, alijou o honesto Ferrouillot e engajou o Sr. Guzot-Dessaigne para ministro da justiça; este na primeira interpelação a que respondeu prometeu que há de ser um *magistrado íntegro*, coisa que no Brasil toda a gente que se destina à magistratura começa a ser desde menino, e todos aproveitam a ocasião para descansar um pouco.

Todos, menos os jornais ultra, que esses, coitados! são condenados a soprar sempre nos carvões mesmo apagados. São uma espécie de foles de indignação, pelo maquinalismo e monotonia das suas críticas desaforadas e pilhéricas, mas feitas a torto e a direita e falhas por isso. A leitura do *Intransigeant*, por exemplo, fatiga e irrita como o espetáculo de um sujeito esbofando-se a querer fazer fogo com lenha verde. Desaforamento contra o governo nem sempre é gracioso e espirituoso, e a propósito houve um homem chamado Henri Rochefort que o tinha todos os dias, no seu bom tempo, e animava com ele os panfletos estrondosos e os jornais oposicionistas, que a perseguição tornava simpáticos. Hoje esse político sentimental, e caprichosa e sistematicamente destruidor de governos, não é senão um nome que vive das suas rendas.

O seu topete embranquecido ainda tem petulância, mas é como os velhos gaiteiros e pelintras, que têm modos e gestos juvenis, contrastando com o quebrado e a tremura da voz e a lentidão senil dos movimentos. O seu artigo de fundo, diário, pago à vista, tem às vezes a rasura e o vazio de uma mofina dos bons tempos d'elas no *Jornal do Comércio*. E é monótono, monótono, que nem sei como os aturam estes nervosos franceses, *chercheurs du nouveau!*

Sim, sei: ele é uma ruína, mas representa a grandeza que foi e estes poetas (que os há mesmo entre os leitores de jornais políticos) veneram, nele o polemista cansado e enfraquecido, assim como nos jogos atléticos antigos, eram acolhidos e aclamados os velhos lutadores legendários.

Paris está cheia destas sombras venerandas, destes inválidos gloriosos. E é uma coisa que entristece duplamente este espetáculo das decadências vivas que não se reconhecem como tal e, explorando a glória e o nome que tiveram e a veneração a que nem sempre têm direito, tomam o lugar dos novos. Duplamente por isto: os novos, se fossem bem novos e fortes, se tivessem o *talento*, não esperariam que estivesse o lugar vazio, empurrariam os velhos e enfraquecidos para os arquivos, para as suas prateleiras funerárias e nem dariam lugar a que eles fossem lembrados. Mas parece que os novos – decadentes, simbolistas, pessimistas, deliquescentes ou imobilistas, incoerentes ou positivistas – são, antes de tudo, negativistas. Analistas – psicólogos, impressionistas, individualistas, dispersivistas, budistas novos, tudo isso é gente que arvora a incapacidade em sistema e tenta instituir a estética da miséria. Miséria da vontade, miséria orgânica, legado de impotência que as gerações civilizadas vão deixando, único que se não esbanja e que se aumenta e se transmite acumulado.

Para obstar a essa maçante capitalização da incapacidade muscular, instituiu-se há tempos (4 ou 5 meses) uma Liga da Educação Física, a que aderiram todos os homens notáveis da França. Já estão marcados lugares que serão campos de jogos atléticos, impõe-se a ginástica obrigatória, etc. Espera-se daí a redenção. Mas não acontecerá a Educação Física o mesmo que aconteceu ao melhoramento da raça cavalar pelas corridas? Entre nós já houve jogos atléticos, ginástica, etc. A preguiçosa e morna Niterói chegou a ter dois clubs *olímpicos*. Mas, depois de um tempo razoável de experiências, convenceram-se de que aquilo fazia suar muito, não tinha grandes atrativos como plástica e graça, era monótono, e às vezes escalavrava os concorrentes. A coisa era artificial: deixaram-se disso.

A liga da Educação Física em França é bem dirigida, tem bons patronos e o apoio dos poderes públicos. Mas não será artificial essa *volta à Natureza*? Já a concessão do lugar onde foram as Tulherias, para campo de jogos, tem uns ares de solenidade, de mau agouro.

A moda estragaria essa boa empresa, porque é próprio da moda o ser efêmero. Também no século passado J.J. Rousseau inventou uma *volta à Natureza*; e tanto ela como a sua tolice caíram na moda. A *volta à Natureza* eram os idílios pastoris à la Florian e à la d'Urfe, Maria Antonieta era pastora no Trianon e as damas davam de mamar aos filhos nos salões... E depois disso ainda houve volta e revoltas contra a Natureza, que se invoca sempre como regeneradora das gentes em perigo de morte, mas que ainda hoje não sabe-se bem o que vem a ser.

O fato é que, segundo todas as aparências, o povo francês cada vez mais dela se afasta. Um excesso de inteligência ou de malícia, um desenvolvimento geral do egoísmo pelo diletantismo, pelo maior apego aos gozos materiais, produz uma espécie de hipertrofia do indivíduo em prejuízo da espécie. O afastamento da natureza já é tão grande que as famílias francesas não têm a prole numerosa, que é uma das mais seguras garantias da vitalidade das nações. Isto não acontece somente nas grandes cidades, onde a vida é mais custosa e mais artificial; mas no campo há igualmente esse terror dos filhos a parir primeiro e a alimentar depois.

Há cerca de quinze dias, um processo na Normandia revelou a existência na província de um ofício novo, moderníssssimo, característico do tempo – de abortador, isto é, um sujeito que ajudava as mulheres a livrarem-se das dores do parto e dos cuidados de mãe. Os maridos e os amantes levavam-lhe as mulheres, as vizinhas ou as que se tinham dado bem com o seu *tratamento*, faziam-lhe *réclame* para longe, como se se tratasse de um bom médico que se recomenda.

Parece que na instrução do processo os juízes foram obrigados a recusar testemunhas e cúmplices, isto é, a não investigar minuciosamente a coisa, para não fazer passar pelo júri metade de um departamento. E os culpados explicavam os fatos tão ingenuamente, mostravam-se tão admirados de que fossem apoquentá-los por tais ninharias, que eu, membro do júri, não os condenaria, atendendo à inconsciência do delito.

Este significativo terror da maternidade, que alguns escritores de curiosidade doentia começavam a explorar, será talvez objeto de estudo especial para a história deste tempo por algum Michelet do futuro. Mas a consolação filosófica, que se pode levar ao espírito dos que lamentam a perda prematura desses candidatos a cidadãos livres, é que eles seriam talvez maus filhos, maus cidadãos, maus filósofos mesmo, maus poetas certamente, pessimistas, deliquescentes, com um aleijão qualquer no cérebro, causado pela má vontade dos seus progenitores em vê-lo vir sentar-se ao seu lado, conviva importuno, no banquete da vida, banquete que para muitos é indigesto, mas que para ninguém é opíparo. Quer crer que Schopenhauer foi um dos tais, gerado e dado à luz de má vontade.

Falei acima em Rousseau: erigiram-lhe a estátua há dias, ao pé do Pantheon. Lá não fui. São sempre de apertões essas festas e parecidas com as outras que já vimos. É outro ruim e antipático esse moralista imoral, é outro que, se eu fosse pai dele, me faria arrepender bem... disso.

Chove, venta, cai neve, gela, degela, há lama, faz frio, faz escuro no céu e n'alma, vêm notícias lamentosas de todo o mundo, naufrágios, desastres de trens, suicídios imperiais, agonias de povos... A cidade jovial tem para mim alguma coisa das câmaras em que se velam agonizantes.

Domício da Gama
Paris, 9 de fevereiro 1889.

6
De Paris

(10 de março de 1889)

Votou-se ontem no senado a lei sobre o escrutínio uninominal, isto é, decidiu-se que o escrutínio de lista não deu bons resultados como experiência política. Entre 282 votantes, só 54 pronunciaram-se contra o projeto. A enorme maioria que obteve a nova lei eleitoral, prova, senão a favor dela, ao menos contra a outra. O relator do projeto disse: "Raramente tem sido reclamada uma reforma com tal energia, com tal espontaneidade. O escrutínio de distrito permite ao eleitor apreciar melhor os títulos dos que aspiram a representar o seu país: é um escrutínio de verificação e de boa fé." Todos o têm sido, na ocasião em que são propostos e adotados. Mas há sempre quem os desvie dos seus bons destinos. A boa fé serve assim à má fé dos interessados.

O que, parece-me, prova melhor esta desconsoladora renúncia ao escrutínio de lista, é que a nação ainda não tem, nem terá jamais, a conveniente educação política para saber haver-se com o regime parlamentar. Um dos senadores que criticaram o projeto, no seu caráter de defesa contra os perigos que atualmente ameaçam a república, chegou a dizer que o presidente do conselho desconfia do sufrágio universal e do país. Não é a eleição por distrito que convém agora. A eleição por distrito é própria dos períodos de calma. E a França atravessa agora um período de tal perturbação, de tão grande desconcerto moral, de tanto desconcerto na direção política, que não é o escrutínio de distrito, com todas as suas mesquinhezas de política local, o que pode exprimir no parlamento as verdadeiras e grandes correntes da opinião nacional. A nova lei eleitoral é um pobre expediente, inventado para obstar a falência do regime parlamentear. Mas o adiamento dessa falência não exclui a desmoralização dessa instituição exótica. A moralização das assembleias deve fazer-se pela dos indivíduos que a compõem, quando a representação nacional for uma função, e não uma posição.

Começa hoje na câmara dos deputados a discussão do projeto de revisão constitucional. O governo faz da sua passagem questão de confiança. Passará. Há onze oradores inscritos contra qualquer revisão em geral, quatro contra o projeto do governo especialmente, e apenas cinco o defendem. Mas a organização atual da câmara não permite duvidar do resultado da votação, sejam quais forem as razões aduzidas contra a mudança da constituição. Com Floquet ou sem ele, vai haver novidade na política francesa.

Fazer um apelo à nação será fazer-lhe o balanço político. A liquidação deste fim de século não será lisonjeira para os últimos administradores; mas, pela importância da massa, que resiste a todos os esbanjamentos, será uma garantia de seu valor e prosperidade *quand même*.

A França, depois dos Estados Unidos, nos ensina que não é o governo o que felicita uma nação; que isto de *instituições que felizmente nos regem*, só nos regem felizmente, quando já somos felizes por nós mesmos. Eis aqui: a França é rica e *posée*, assente, estável; a massa da nação é conservadora, resistente e forte; agitada por esta ou por aquela facção política, nunca é tão grande o abalo que a desmonte das suas bases; inclina-se para um lado e para outro, oscila constantemente, mas é como um bom navio ao balouço oceânico; a riqueza particular, o ouro dos pés de meia, como os títulos de renda dos capitalistas, serve-lhe de lastro e segurança, para que não soçobre durante a tempestade que o embate de correntes de aspirações contrárias produz na vida social. E esmiuçando bem as coisas... Mas não esmiucemos.

A liquidação do fim do século, já foi aqui dito, assinalará um insignificante haver em espécie de grandes homens. Os grandes que havia, estão se acabando. E cada vez que aparece um novo, a gente acha-o pequeno, e sobretudo velho.

Velhos em presunção, em vaidade, em metafísica pueris; velhos como o passado, esses homens do futuro: alguns fazem pensar que havia mofo no ventre da senhora sua mãe.

Prova-se que havia. Na história das civilizações, os ciclos de grandes homens são seguidos de períodos de repouso, ou antes de trabalho obscuro e anônimo, como nas árvores após a frutificação. É então que se aproveita a obra deles e se vive da renda do seu glorioso e opulento legado, aumentando-o sempre, capitalizando, preparando terreno e recursos aos por vir.

Nós estamos agora nestas condições. A maravilhosa colheita do século está quase a findar. Cuidemos, pois, de armazená-la e utilizá-la. Não pensemos na nova, para a qual ainda nem trabalhamos, nem temos consumidores. E fiquemos contentes de sermos nós os herdeiros, os felizes para quem trabalharam todos esses pobres grandes homens, juntos com a turba obscura do passado. Sejamos conservadores, pois que os nossos pais foram liberais, para que nossos filhos sejam como os avós. E não nos desconsolemos de não possuirmos heróis como no passado houve. Um herói é sempre um flagelo, para combater outro flagelo, embora; é uma espécie de medicamento venenoso para debelar um mal terrível. Um herói aparece nas crises. A Bíblia diz: "suscitou-lhes Deus um libertador"; substitua a palavra Deus pela palavra Necessidade, a coisa é exata para todas as misérias, intelectuais como sociais e morais.

Nós não carecemos de libertador, de quem nos livre e nos purgue de misérias e impurezas profundas: ninguém, nada suscita contra nós ditaduras desastrosas e humilhantes. Nem em política, nem em ciência, nem em religião, nem em arte, nem em literatura, temos dominações opressivas e absorventes. Ainda bem!

Mas os críticos não entendem assim. Os críticos são gente de respeito. Mas são respeitosos, sobretudo. Eles tratam tão asperamente as obras novas, porque elas não são parecidas lá com os seus ideais. Mas o ideal de um crítico, criatura de invenção pobre ou nula, não pode ser senão alguma concepção alheia que o domina, a estética, filosofia ou doutrina de algum grande homem, cuja autoridade é para ele irrecusável. Donde se conclui, sem paradoxo, que o crítico mais feroz e intransigente é no fundo uma alma humilde, como a de um cantor de elogios de príncipes.

E o mal que eles fazem!... Tão por miúdo dão a receita para gênios, que os artistas menos bem dotados perdem grande parte do seu tempo e inutilizam muito esforço em tentativas para lá chegar. São os menos capazes os que tentam isso. Daí a quantidade de obras esquisitas, monstruosas, entristecedoras, que em todas as artes, mas sobretudo em literatura, aqui se produz. Verso, prosa, romance, conto, invenção ou mesmo crítica, todas as obras têm a pretensão de ser novas, isto é, originais, isto é, geniais, podem chegar a ser curiosas para o amador de quedas do pau de sebo da Glória; mas para quem se interessa pelo esforço, são deprimentes ou horrivelmente fatigantes.

Eu me tinha disposto a falar de alguns livros em prosa e verso, e de alguns autores nestas condições. Mas alonguei-me demais na preparação do estudo. Para outra vez será e com mais precisão.

Domício da Gama
14 de fevereiro de 1889.

7
De Paris

(15 de Abril de 1889)

Uma semana rica de acontecimentos, cada um dos quais seria uma mina para ser explorada por um cronista de talento, foi esta.

O caso da Liga dos Patriotas vem em primeiro lugar. Há nele matéria para considerações instrutivas.

A Liga dos Patriotas foi fundada em 1882 com o fim de trabalhos pelas reivindicações nacionais, reconquista da Alsácia-Lorena, etc. Mas parece que a coisa mais importante que ela até hoje tem feito foi tornar célebre o seu chefe, promotor, bandeira ou coisa que o valha, o ilustre Déroulède.

Até a criação da tal liga sabia-se apenas em uma pequena roda que havia um descendente de Rigault Lebrun e sobrinho de Emílio Augier, que tinha escrito um drama medíocre, mediocremente representado na Odésse. Era um poeta sabendo fazer versos, sem inspiração, mas por isso mesmo capaz de explorar um assunto rigorosamente, um desses tantos de que se não pode desdenhar em absoluto, mas que não podem ser estimados pelos que só atendem às individualidades acentuadas e sinceras. Associou-se com Mme. Adam, e os dois criaram para si uma especialidade de patriotismo e de proteção à honra da França.

Os jornais ilustrados deram a leitura do seu drama *La Moabite* em casa de Mme. Adam. A representação da peça na Comédie Française foi proibida pelo governo. Paul Déroulède perdeu a cabeça. Todo homem medíocre, que supõe ter sobre si os olhos da multidão, transforma-se em *cabotin*. O cabotinismo de Déroulède teve o seu primeiro sucesso por ocasião dos funerais de Gambetta. Atrás dos soldados, das sociedades de ginástica e dos franco-maçons, lá ia ele, de cabeça erguida, nariz ao vento, olhos luzentos de patriotismo, recebendo os aplausos meio irônicos, meio insensatos da multidão, sentindo que ele ali representava ao mesmo tempo a angústia e as esperanças da pátria.

A Liga dos Patriotas, que, como promotora de exercícios ginásticos, de esgrima, tiro, etc. tinha toda a adesão não oficial do governo, começou a querer emancipar-se e a fazer política. Fez eleições de Boulanger, fez oposição escandalosamente, organizou-se de modo a mobilizar os seus membros, e por esse modo atuar energicamente sobre todo o país; tornou-se perigosa, em suma.

Explorando as simpatias da Rússia pela França, lá foi Déroulède procurar uma aliança contra a Alemanha. Todos riram-se do novo Pedro Eremita da cruzada antigermânica, mas contra o fanatismo não há ridículo que valha. Agora, finalmente, rebentou a história por causa de Atchinoff.

Atchinoff é uma espécie de Derouléde russo. Diz-se chefe, hetman ou ataman de trinta e três mil cossacos, como Derouléde diz-se chefe de todos os patriotas franceses, isto é, da França inteira. A ênfase cresce do oriente para o ocidente, em bola de neve. Os dois conhecem-se e admiram-se mutuamente, trocaram mesmo fotografias com dedicatórias épicas.

Na Rússia, terra de crentes, a religião vale o patriotismo da França. Atchinoff montou nesse cavalo. Fez-se cavaleiro em cruzada para a Abissínia e organizou como pôde a sua lança, com popes miseráveis, alguns fanáticos, uma guarda de Tcherkenes, Geórgios e Cossacos, e finalmente um punhado de aventureiros, gente sem fé nem lei, que o engodo do ouro, das terras férteis e dos cavalos à vontade seduzia. Saiu de Odessa com a sua gente escondida, fretou um návio austríaco em Port-Said, desceu o Mar Vermelho, e foi desembarcar a algumas milhas de Obock, num lugar chamado Lagallo, ainda em terras de possessão francesa. Aí hasteia ele o pavilhão russo e declara aos indígenas admirados que o território pertence-lhe e que dentro em breve irá expulsar os franceses de Obock.

Então vieram os franceses e, depois de preliminares e intimações que, por mais que eles digam, devem ter sido muito sucintos, desalojaram-nos do forte com dois ou três tiros de canhão, que mataram e feriram dúzia e meia de cossacos, homens, mulheres e crianças (porque havia de tudo na tal expedição religiosa) e fizeram prisioneiros Atchinoff e os seus cento e sessenta homens. Explicou-se logo o caso ao governo russo e não se falaria mais nisso, se Déroulède, que, além de monopolizar o patriotismo francês, entendeu também ser paladino dos brios russos, não começasse a desculpar a França perante a Rússia, desrespeitando a autoridade do governo francês.

Mas o novo ministério Tirard, que começou o seu governo por um ato de energia, recusando receber as delegações dos operários, entendeu que era ocasião de acabar com esse elemento de perturbação, mandou dar uma busca na Liga dos Patriotas, e fez procurar os três signatários do tal protesto, Laguerre, Derouléde e outro, que por enquanto ainda não foi rolado bastante para adquirir o polimento e o brilho dos nomes gloriosos. E o deroulèdismo é uma coisa tão artificial e fatigante que não houve protestos sinceros e duráveis contra o ato do governo, e que talvez mesmo na Liga haja membros que estimem livrar-se dele por esse desfecho. O processo será ligeiramente ruidoso, e a França afirmará mais uma vez a sua tendência para a ordem, a respeito da autoridade e para a sua unificação política. E os déroulèdes do futuro terão mais trabalho para trepar ao pedestal da glória.

Concorreram muito para que não falasse mais da Liga dos Patriotas o suicídio do diretor do Comptoir d'Escompte e o abalo na praça e a corrida que sofreu o mesmo banco em consequência desse desastrado ato de M. Denfert Rochereau. Foi o caso que o pobre homem tinha comprometido a sua fortuna e a fortuna do banco que dirigia em sindicato de metais, um desses negócios colossalmente ruinosos, de que nenhum financeiro honestamente empreendedor deveria jamais lembrar-se. Imagino que o leitor sabe mais Economia do que eu, e passo adiante.

A produção do cobre não diminuiu, e o sindicato, tendo comprado às grandes companhias cerca de 150.000 toneladas por ano, não tem vendido mais que 10% e possui hoje um stock formidável, que crescerá sempre até 1891,[4] prazo do seu contrato. Entretanto prosseguiam-se negociações para diminuir a produção e facilitar o escoamento do metal armazenado, e duas horas depois da morte do banqueiro chegava um telegrama de Londres noticiando a conclusão e assinatura de um acordo para a redução de 25% na produção da União das Minas, e demora de três meses nas entregas ao sindicato, facilitando-lhe o escoamento do stock.

4 No jornal, "1791".

Denfert-Rochereau já não era, porém deste mundo. Tinham-lhe feito tantas recriminações, tanto o criminavam as queixas dos que no entanto tinham entrado no negócio por livre vontade e decididos a enriquecer fabulosamente no gigantesco monopólio, que ele perdeu a calma e liquidou-se com uma bala de pistola na cabeça. Quiseram esconder o suicídio. O *prestimoso Figaro* contou com todos os pormenores de uma reportagem pasmosa, a morte por apoplexia, bem motivada e fundamentada. Mas os outros jornais e a própria polícia deram com a língua nos dentes.

O *Figaro* teve de confessar que o honesto ardil tinha falhado, e toda a gente que tem pouco dinheiro e que o tinha confiado ao Comptoir d'Escompte correu a reclamá-lo.

Felizmente o banco teve à sua disposição um reforço para resistir à corrida. O Banco de França abriu-lhe um crédito de 100 milhões e a *Haute Banque*, Rotschild à frente, franqueou-lhe 60 milhões. Os capitalistas, associações e grandes depositantes não se mexeram, conhecendo as condições de segurança dos seus depósitos. Mas os pequenos credores, que não querem brinquedo com seu rico dinheirinho, afluíram e encheram a rua Bergère em caudas intermináveis. Há quem espere pela sua vez desde manhã até de noite. E há também quem alugue lugares desde 50 cêntimos até 10 francos (pedido) e até 2 francos (oferta) conforme a distância de entrada.

Aproveitando a ocasião, vendedores de merendas, carnes frias, pastéis, vinho, tabaco, etc., percorrem as filas. E os que esperam, sem muito mau humor, amenizam a demora conversando pachorrentamente, indo mesmo até a pilhéria, que é quase uma consequência necessária de todo ajuntamento de franceses.

Esses que têm pouco dinheiro, que não poderiam comprar nem mesmo uma ação de 5.000 francos do sindicato, não são os que sofrem com o *krach* dos metais, já duas vezes tinto de sangue. Há dois meses foi o correto Bex, agora é Denfert-Rochereau que o negócio dos metais leva ao suicídio. Quantos serão ainda? Falam-se já de famílias cujos saraus serão interrompidos, de decadências de luxo, vendas, etc. Na aristocracia de sangue a pobreza não importa vergonha. Na do dinheiro, porém, a ruina é falência de tudo. Contra os *parvenus* do ouro acendem-se tantos ódios, que, se eles fraqueiam na luta, a sociedade feroz não dá-lhes quartel. É talvez essa a razão pela qual aqui não se refazem fortunas...

A deliberação tomada pelo governo de ajudar a solução da crise de *Comptoir d'Escompte*, abrindo-lhes um largo crédito no Banco de França, é mais um penhor de bom senso governativo desta gente aparentemente desgovernada.

Outro tanto se lhe pode passar pela revogação do decreto que condenava ao exílio o duque d'Aumale. Publicou-se ontem o decreto revogando o de 13 de julho de 1886, e todos ficaram contentes. Mesmo o general Boulanger, que em 1886 fazia parte do gabinete que fez votar as leis do exílio, declarou a um repórter do *Gaulois*, que sempre se tinha mostrado hostil a essas leis.

Na câmara houve quem quisesse se aproveitar da boa disposição do governo para fazer decretar a anistia geral dos crimes e delitos cometidos nas *grèves*. Mas força ainda restou à ordem e à autoridade. A proposta do Sr. Milleraud foi adiada.

Domício da Gama.
Paris, 10 de março de 1889.

8
De Paris

(07 de Maio de 1889)

No dia 20, às 10 horas da manhã, entrou a primavera. Anuncia-se solenemente que o legendário castanheiro das Tulherias tem os brotos bem turgescentes e robustos. Vai vir o verde novo, vão vir as flores, a alegria e a doçura da vida que renasce, vão voltar as andorinhas do sul, vão se fazer os ninhos, vão recomeçar os passeios pelo Sena, os idílios à sombra do arvoredo, vai-se oxigenar o sangue de Paris, empobrecer à sombra das casas, das longas noites, dos dias escuros, na infecção dos aposentos aquecidos e das salas de espetáculo, vai vir o sol benfazejo, distribuindo luz, calor e alegria a todos.

Não a todos: os que lá estão sob a terra escura do cemitério, esses têm sempre frio, tanto frio que os que os amaram em vida e os beijaram mortos nunca mais podem esquecer a friúra daquelas faces, em que gelou o sangue e que orvalha o suor das agonias. O desaparecimento dos que jazem para sempre nunca é total; deles fica o sinal no luto das roupas, no luto dos olhos pisados de chorar, no acabrunhamento das energias que a dor deprime, no desconsolo que causa a volta periódica das grandes festas da natureza, importunas recordações das alegrias mortas. Dos cemitérios, que formam uma cintura de desolação para as cidades, veio o sopro gélido, que nenhum sol de primavera poderá jamais aquecer.

Sem falar dos mortos que fizeram o seu tempo sobre a terra, nos que tiveram belos dias, glória, nome, celebridade ou simplesmente felicidades domésticas e morreram em paz entre o amor dos seus e o respeito dos estranhos; sem falar de Edmond Scherer, o grande crítico e jornalista, redator do *Temps* e senador de Tamberlick, o tenor incomparável, delícia da geração que se extingue e que morreu antes dos setenta anos, talvez da sua moléstia especial, que era a fama do dó de peito, mas que morreu rico e feliz em casa do seu quase tão célebre genro, o Dr. Galezowki; do almirante Jaurès, ministro da marinha, cujos pomposos funerais desenrolaram um cortejo de cerca de dez mil homens em armas por estas ruas, caminho do cemitério; sem falar nos que não fizeram mal, nos não culpados de morrer, há outros cujas mortes acarretaram não somente desastres familiares como também ruínas de pessoas estranhas.

Amarrada ao cais junto à ponte da Concórdia, está há dias a elegante galeota de recreio, que foi de Henri Bex, o corretor que foi a primeira vítima do Sindicato dos Metais e que, arruinado, perdido, suicidou-se na Suíça, para onde fugira. Nos mastros do iate há flâmulas garridas e o sol claro da manhã cintila nos arabescos dourados da sua proa avançada sobre as vagas; mas naquele lugar por onde apenas passam as barcaças pesadas de materiais de construção e os feios vaporezinhos dos subúrbios, a faceira embarcação dos passeios ao longo das costas encantadas do Mediterrâneo parece envergonhada e triste como um cavalo de luxo amarrado à porta de um ferrador de aldeia, para vender-se.

Na rua de Moncey n. 12 é a casa de M. Secretan que possui a mais rica coleção particular de quadros em Paris. Há ali espalhados pelos salões e galerias cerca de duzentas telas representando um capital de doze milhões. Secretan foi um dos grandes compradores de quadros no tempo em que houve a febre da arte em Paris, quando os franceses entenderam rivalizar com os americanos em preços extravagantes pagos por obras que hoje, passada a voga, não valerão o terço.

No mundo do luxo, o seu nome soava com um tilintar de ouro. Os seus vinte e dois Meissonier valem ainda hoje dois milhões e meio. Muita gente conhece-o menos como especulador e financeiro do que como o possuidor do *Angelus*, de Millet. Um dia recebeu da América pelo correio uma carta com este simples e glorioso endereço.

Pois dentro de alguns dias a coleção Secretan, com o iate de recreio de Bex, passará a outros donos, será dispersa entre as mãos de amadores menos ricos e menos presunçosos que esse rei das finanças, tão cruelmente ferido pela repercussão da bala que matou Denfert-Rochereau. Como poderá Secretan se aprazer d'ora por diante na contemplação da primavera na natureza, ele que até aqui a vira sempre através dos seus Corot, dos seus Rousseau, Trajou, Dupré, dos seus pintores caros?...

Pintores caros já são poucos os que o são em vida; começam a ser razoáveis os amadores, e a calcular sobre a produção provável de um pintor antes de fazer os seus preços. Os vivos de talento vão ser mais modestos agora, não se julgarão mais obrigados a ter casa no bairro de Monceaux, nem se arruinarão em despesas inúteis de representação. Vai deixar a moda de tiranizar a arte, logo que os artistas se resignem ao abandono das imposturas e charlatanices que os diminuem. Então ver-se-á o vazio e a mediocridade de tanta reputação exagerada.

Um dos de nome feito por amigos e sobretudo pela persistência do esforço e número das suas obras, foi esse Feyen-Perrin, cujo espólio expõe-se agora na Escola de Belas-Artes. Ainda que Jules Breton faça-lhe um necrológio entusiasticamente admirativo, ainda que Armand Silvestre (o contador tão sujo e o poeta tão puro) diga que:

Il portait, dans ses yeux aujourd'hui sans clarté,
La douce et l'immortelle image de son rêve,
L'azur profond du ciel, l'or vivant de la grève,
Et la Femme et la Mer unissant leur beauté.

e que um imortal artista sobrevive ao homem morto, Feyen-Perrin pareceu-me simplesmente um amável pintor, mas um artista romântico, sem diversidade e sem pujança, monótono e mole. Ele mesmo, se visse reunida a sua obra e cortasse as repetições do seu pincel pouco imaginativo (digamos pouco conceptivo) talvez sentisse o cansaço nervoso de um jornalista a quem lessem todas as belas frases que por longos anos repisou.

E a comparação vai mais longe do que se pensa. A produção rápida obriga o trabalhador do pincel como o da pena a repetir os seus sucessos, a reproduzir os seus melhores efeitos, a criar para si uma especialidade esterilizante.

Como um jornalista especialista, Feyen-Perrin, consagrou-se a pintar figuras de mulheres à beira do mar. É bonito, porém não se sai de estudos de academias mais ou menos belos sobre fundos de marinhas de valor incerto. Meia dúzia de quadros assim dão melhor a medida de um pintor do que cinquenta artigos de um jornalista que nem sempre pode mudar a sua feição ou escolher o assunto.

Ou então sou eu que não tenho afinação para entender as diferenças sutis de maneiras entre dois quadros de fabricantes de encomendas e dois artigos de encomenda. Somente parece-me árduo e ingrato esforço o de se aplicar em conseguir a afinação para mediocridades. Será talvez mais simples fazer menção das coisas deste gênero como um mercador menciona as fazendas que lhe passam pelas mãos – pelas etiquetas classificativas. E as análises sentimentais, pessoalmente interessantes, serão reservadas para as obras de exceção, geniais, intensas ou, simplesmente, novas.

Domicio da Gama

Paris, 23 de março.

9
De Paris 1889

(27 de Maio de 1889)

O estado de pretendente – seja um lugar de amanuense, uma cadeira de senador ou simplesmente um trono, uma coroa e um reino o que se pretende – tem-se tornado muito penoso nestes últimos tempos. Há tanto exame e tanta concorrência para os empregos de amanuense! Há tantas vontades, tantas antipatias a vencer, tantos interesses a adular, tanta promessa a fazer, tanta honestidade a corromper, tanta dignidade a fingir para a conquista da curul ou da coroa!... As dificuldades aumentam na razão do valor dos resultados finais, naturalmente. Assim é que, se em outros tempos já era difícil estabelecer direitos a supremacias que poucos eram capazes de contestar, torna-se quase loucura pretender fundá-la hoje sobre o terreno instável da crítica, do livre exame e do desrespeito aos heróis. Há ainda uma objeção que os ingênuos opõem às tentativas dos modernos tiranos de opereta: a da igualdade de direitos civis. Mas todos os desentusiasmados de ficção metafísicas sabem que isso foi uma legenda que cumpriu o seu destino, desde que a Revolução se fez.

Infelizmente, a crítica, o livre exame e o ceticismo não têm ação eficaz para obstar o desenvolvimento das ambições ilegítimas nos corpos sociais mal organizados. Nestas nações exaustas, no auge das civilizações, o ceticismo degenera em budismo nas classes superiores.

São no entanto estas as que, vendo as coisas de alto, podem julgá-las melhor e dirigir o quanto é possível a marcha dos acontecimentos. Mas a gente das classes superiores têm, pela sua excessiva afinação nervosa, uma ação puramente negativa, ineficaz, ilusória. Quando um homem muito instruído, muito fino, muito sabedor da razão das coisas, quer agir sobre elas, o resultado da sua intervenção é bem diferente do que se deveria esperar da sua doutrina. É que ao filósofo, ao pensador transformado em administrador ou homem de estado, acontece o mesmo que a um mecânico a quem fossem confiada pela primeira vez uma máquina a vapor em movimento, ruidosa, sibilante, complicada e ameaçadora. Só o cheiro das graxas e óleos aquecidos e as baforadas de vapor dos escapamentos já lhe fazem à roda uma atmosfera que tonteia. Além disso, os sentidos pela primeira vez excitados pela máquina concreta, real, não permitem a abstração rápida para os raciocínios. Há demoras deliberativas prejudiciais, há enganos desastrosos. E a máquina às vezes estropia o maquinista.

Não é, entretanto, o receio de serem engolidos pela máquina social o que dela afasta os homens mais capazes de lhe entender o mecanismo e de a governar: é o que acima qualifiquei gravemente de budismo, e que aqui se qualifica brejeiramente por um neologismo obscuro para o estrangeiro, combinação de sal gaulês e de filosofia cínica – a gente bem-educada o traduz por *jemenfichismo.* A palavra é nova, porém o estado de espírito a que ela corresponde, deve ter sido o do primeiro homem que se habilitou a sentir da vida principalmente o bem que ela nos faz, e a não procurar por fora complicações com a existência alheia e os males possíveis daí provenientes. Apenas há a diferença de hoje para outros tempos, na quantidade desses sábios fruidores do mel da existência. Hoje eles são tantos, que de mãos dadas já podem formar uma cadeia disciplinar, salutarmente imobilizadora do vão querer, dos arrancos desregrados para ideais vagos e incertos. Há quem os chame positivistas, mas o seu positivismo apenas atua negativamente. Todo o trabalho deles consiste em arrancar do seu caminho a ervinha tenra e escorregadia do Ideal, que nos faz levar tantos tombos dolorosos. Arrancam-na chorando, com um grande aparato de desconsolo e mágoa, para que a turba ignara os lastime, e lhes não siga o exemplo e lhes não venha diminuir os lucros e vantagens da posição à parte. Assim fazem casta e têm privilégios, contra a letra dos códigos modernos. E chamam-se os galés do pensamento, mas quem os estudar um pouco, verá que eles não remam, que deixam-se ir à toa, ao correr da água, molemente reclinados nos frouxéis dos seus ninhos de egoísmo. E a turba que lida e pena para manter-lhes os faustosos ócios, sofre-lhes a dominação em vida e erige-lhes monumentos após a morte.

Daqui conclui-se que, na comédia social, havendo sempre enganadores e enganados, e os enganadores sendo sempre os principais papéis e os mais simpáticos, todas as conquistas do direito, toda a orgulhosa enumeração das garantias de segurança pública contra os privilégios e desigualdade no aquinhoamento da fortuna social, são inúteis e vãs. As diferenças injustas aí estão, flagrantes, palpáveis. E nem todos os livros de Drumont contra os judeus ricos, nem todas as queixas dos socialistas e anarquistas contra os argentários e os detentores do capital social, poderiam obter que, dado o caso do nivelamento universal das fortunas, não houvesse felizes a quem fosse dado maior bem-estar por menor trabalho, não houvesse aristocratas.

Mas então, se é uma burla essa história de igualdade e democracia, pois que a abolição dos privilégios nunca se cumpriu nem se cumprirá completamente, se se tem feito a claridade sobre a legenda dos direitos do homem, por que é que não entra tudo nos seus eixos e não acabam essas agitações de gente que não sabe bem o que quer? Ah! é porque não se confessa facilmente um erro que dura há um século (erro conforme o aspecto sob o qual encaremos), nem mesmo que todos fossem capazes de contentar-se com um negativismo sereno. O homem carece de ilusão para viver melhor. Deixar-lha o dever estrito; aumentá-la, embelezá-la, poetizá-la, é obra de benemerência. Além de que, verdade é a ilusão de que todos partilham.

E a ilusão democrática tem tanto poder, que por culpa dela lá anda o bravo Boulanger por terras do exílio, com o receio sempre de que o enxotem do lugar em que tenha feito o ninho, enquanto por cá o senado, constituído em supremo tribunal de justiça... justiça-o.

Pobre Boulanger! Se ele chegar a ser o que pretende, não se poderá dizer que a França custou-lhe apenas um susto e uma carreira, não! Dizem que ele tem uma estrela, que confia nela para o bom sucesso da sua empresa ditatorial. É uma das coisas que ele tem de heroico, de antigo, essa ignorância de pagão que acreditava em vaticínios e presságios, e que, junta com a invulnerabilidade ao ridículo, constitui a sua maior força.

Isso lhe tem valido, isso lhe valerá os próximos sucessos até a hora da prova. Então, o pobre César sem talento será posto de lado e esquecido, como um comparsa que figura de rei num desfilar de ópera.

A ficção democrática tem muita força, tem. A menos que não tenha... Então o homem da barba loura será o tirano e fechará o balanço do fim do século. Será uma era interessante, cheia de novidades velhas e desenterramentos.

Renan pontificará.

Domício da Gama

Paris, 12 de abril.

10
De Paris

(01 de Junho de 1889)

Há três dias faz sol, a primavera reina, as árvores reverdeceram de todo, as ruas se enchem de gente que passeia, as roupas respondem em tons claros e vivos à alegria da luz, há flores por toda a parte e nos jardins em frente os passarinhos cantam; amanhã começam as festas oficiais celebrando o centenário, depois será a inauguração solene do jubileu da indústria; entrou a páscoa dos hotéis e *restaurants* e de tudo o que vive do estrangeiro começam a praticar o seu inglês e o seu espanhol que aprenderam durante o inverno; em qualquer sala pública ouvem-se frases, trechos de conversa em todas as línguas e mesmo em línguas inteiramente novas, de ocasião, os lojistas tentam falar-me espanhol, os cocheiros redobram de insolência e examinam cuidadosamente o dinheiro que se lhes dá, a circulação de carros embaraça-se cada vez mais e certas encruzilhadas se tornam perigosas, os parisienses mais pessimistas dizem que Paris agora é divertida, já que se pode sair sem sobretudo e há mesmo gente de coragem que deixa em casa o guarda-chuva. – Paris é boa...

Os embaixadores vão-se embora para não assistirem às comemorações republicanas, mas ninguém pensa nisso senão eles mesmos, os seus governos e os jornalistas políticos, de cotação muito baixa atualmente. O *Figaro* comunica ao mundo inteiro a graciosíssima nova do primeiro ninho que uma andorinha trêfega edifica no alto da torre Eiffel, primeira consagração utilitária desse esforço da vaidade humana. Bons augúrios daí.

Encostado à torre de ferro, agasalhado à sombra de uma das suas quatro patas gigantescas, o pavilhão do Brasil mostra-se todo faceiro e como contente de estar concluído a tempo. Por dentro vai uma grande azáfama para arranjar e arrumar a exposição, que tencionam inaugurar a 13 de maio. E por todos os outros pavilhões e seções particulares a atividade nos preparativos é febril.

Mas parece que só a seção inglesa estará pronta depois de amanhã. Melhor será assim. A abertura de todas as exposições ao mesmo tempo seria uma coisa tonteante. E para os repórteres a dificuldade de saber por onde começar fica resolvida; o método natural será tratar do que se for fazendo.

Entretanto, apesar da balbúrdia dos últimos preparativos, já é muito agradável um passeio por dentro do campo de Marte. Só a pintura exterior dos edifícios ao sol é um encanto. Os franceses arranjaram uns tons de tintas para pintar paredes, madeiramentos, mastros de bandeiras, balaustradas, etc., que não são vulgares, que dão notas vivas, mas que não gritam, tons ricos de púrpura e de vermelhos apagados, de azul celeste e de ultramar e cinzentos e violetas, com escalas de valores dados com a pintura a fosco e a pintura a verniz, arte na pintura de casas. Se o Luís Fernandes da *Morgadinha* conhecesse e fizesse a pintura assim, talvez se não ofendesse com a ideia de pintar de verde o portão da quinta do capitão-mor.

O palácio das Belas-Artes visto de fora, é uma joia de ornamentação e colorido. E quando os olhos consentem em abandonar tão grato espetáculo e se levantam para o céu, num dia como hoje o céu é azul, de um azul manso e cheio de frescura, sem sol maligno, com repousos de nuvens brancas, em que o espírito pousa, sem pasmos de infinitos.

Parece que é este céu o que inspira a amabilidade da arte francesa. Amabilidade quando nela sente-se a alma do artista, sincera, humana. Não são todos assim; muitos querem fingir exotismos de estéticas, sensibilidades e emoções que não possuem, que não são da alma francesa. Espicham-se então. E a dominante da arte francesa fica sendo sempre a nota amável, clara e serena que inspira as contemplações tranquilas, de uma sensualidade fina, mas sempre equilibrada e saudável, sem morbidezas nem nervosismo excessivo, na afinação média a que a maioria atinge. Este é o sucesso das pinturas medíocres, este é o motivo pelo qual cada Salon anual apresenta uma diminuição de obras de arte absolutamente ruins ao mesmo tempo que de obras-primas, é a razão do aumento progressivo das boas médias, que desejava o burguês presidente Grévy. Do Salon deste ano (que também abriu-se há três dias, como uma flor ao sol) disseram os críticos da arte que ele assinala uma diminuição geral do talento ao mesmo tempo que um aumento de habilidade manual, que em grande número de pinturas sente-se que a arte vai cedendo o lugar ao oficio, etc. Como não sou crítico d'arte não lastimo isto. E sempre consequente com a minha ideia de que a era ideal para a humanidade será aquela em que não possam mais nascer nem Césares nem Michelangelos, já contenta-me bem a certeza de que o advento da aristocracia do pincel e do escopro não terá lugar. Além disto uma ideia escandalosa e que não tem aqui lugar para desenvolver-se é a que contesta a utilidade, os direitos de ser da arte individual. Donde: arte democrática (oficio, se quiserem), *boas médias,* supressão consequente dos críticos d'arte, melhor utilização de atividades disponíveis, elevação do espírito nas contemplações abstratas, educação da imaginação livre da materialidade na forma plástica, uma multidão de coisas insensatas, como são sempre as derradeiras consequências da ideia mais razoável de acordo com a lógica.

Mas, enquanto não vem a oportunidade e a autoridade para afirmar doutrina tão esquisita, vou me deleitando com a ideia de que toda obra d'arte honesta habilmente realizada, sem rangidos de dentes, estremeções de nervos nem fúrias michelangélicas, é sinal de que o seu autor é uma boa alma, capaz de idealização, mas sem voos olímpicos que nos façam vertigens e que nos deixem depois exaustos, com a marca para sempre das suas garras de águia de talento.

O Salon deste ano está cheio de obras destas, defronte das quais a gente para de bom grado, mas que esquece depois na monotonia dos assuntos repetidos e das maneiras semelhantes, inconveniente impossível de evitar-se numa tão grande reunião de discípulos das mesmas escolas e muitos dos mesmos pintores. Paisagens marinhas, naturezas mortas, flores, retratos, pintura sacra, pinturas de gênero e de história, gravuras em todos os gêneros e esculturas são muita coisa para se examinar depressa e sinto-me feliz por não ser obrigado a dizer o que mais me impressionou na exposição anual das artes do desenho.

Sim, impressionou-me a claridade geral do tom das pinturas e o desdém com que a maioria dos visitantes olha para as composições dramáticas. É que elas são falsas pela maior parte, o que é natural, o francês não possuindo o sentimento do drama. Uma *Niobe* de um pintor inglês – Solomon – que figurou na exposição da Royal Academy no ano passado, está agora fazendo figura entre as pobres composições francesas.

Diante de uma pintura representando uma linda figura de mulher sentada, espécie de musa moderna da pintura, uma ilustre senhora brasileira, patrícia pela posição social e pelo espírito, disse que é um quadro aquele para estar num salão de bom gosto. Talvez ficasse humilhado o artista se ouvisse a reflexão. Mas na realidade as preferências vão para aí, e tempo virá em que a gente não corra mais o de ver pelas prisca redes[5] das salas cenas desagradáveis ou horripilantes a pretexto de que são bem representadas. Em que pese à memória de Gautier...

O pobre Gautier ficaria bem triste se assistisse a esta invasão das boas médias. E talvez não fosse capaz de ouvir com paciência a conferência que ontem fez na Salle des Capucines Af. Henri de Lapommeraye. Ali tinha eu ouvido Sarcey debulhar *Le Rêve* de Zola. Sarcey parece-me singularmente espesso e enfadonho: o conferente de ontem era perfeitamente chato. Falava sobre *Revoltée* de Jules Lemaître, que se representa agora no Odéon, e tomando o simples título por pretexto, amontoou sobre ele e sobre nós que o não leríamos por tal preço (2 francos a entrada), tudo o que se pode dizer em folhetim de que só a assinatura espanta o leitor. O auditório aplaudia, eu estudava o auditório. Irei muitas vezes ao Salon e às conferências como esta, e quando tiver entendido bem a estética popular, começarei a escrever sobre a arte democrática. Provavelmente os homens de talento me desprezarão; mas o que são humilhações de amor-próprio quando se tem a missão de propagar a democracia em todas as coisas?

Domício da Gama
Paris, 4 de maio.

---

5 No original, "priscaredes".

II
De Paris

(12 de Julho de 1889)

Por mais que digam os da geração de 67, é difícil imaginar Paris com mais divertimentos do que agora. As festas sucedem-se às festas diariamente, com intervalos de horas ou mesmo fazem-se concorrência, a municipalidade rivalizando com o governo e os particulares na empresa amável de divertir por todos os modos os convidados da grande celebração do progresso.

Para não falar senão de um dia, houve ontem no campo de Marte a inauguração do Pavilhão Norueguês e a do Pavilhão Amazônico, em que o conselheiro Ladislau Neto faz a sua exposição etnográfica e antropológica; no Trocadero, grande concerto e primeira reunião do Congresso Internacional dos Homens de Letras, festa colonial na esplanada dos Inválidos, jantar e recepção no Eliseu, festa comemorativa do Juramento do Jogo da Pela em Versalhes e festa no parque Monceaux, dada em honra aos expositores, com luminárias e fogos de artifício.

Digo que não é ocasião para divertir-se a gente o que falta em Paris, mas não sei bem quem é que se diverte. Eu não sou. E como eu há muitos, que ainda ontem encontrei por vários desses lugares de festa com o ar fatigado e morno de soldados nos intervalos das evoluções de uma parada.

Parada mesmo é o que isto é e não podia ser de outro modo, dado o caráter celebrativo, cultural da exposição. Mas do contato diário com os celebrantes, os oficiantes do entusiasmo a longo jato, ganha-se a fadiga reflexa, pior ainda que a direta, porque não há estímulos, nem aplausos que reajam sobre ela. Nestas alegrias republicanas, democráticas, socialistas, humanitárias, fraternas, etc., é sempre para alguém que se alegram os festeiros. Para alguém que não sabe-se bem quem é, alguém abstrato, povo, humanidade, mundo, o auditório simpático que cada orador fabrica para o seu uso, que engole complacente as maiores araras empalhadas que existem nos armazéns da retórica pretensiosa e vã. Ainda ontem pensei nisso, ouvindo os discursos dos vários delegados da Internacional na Sociedade dos Homens de Letras.

Em uma sala do segundo andar do Trocadero, às 2 horas da tarde, reuniram-se muito graves e muito suados cerca de cento e meio de homens vindos de vários pontos do mundo, para acordarem nos meios de dar-se às obras literárias e artísticas um caráter de propriedade, que garanta ao escritor, ao artista, o justo prêmio do seu merecimento, isto é, o salário do seu trabalho. A coisa era muito simples: Jules Simon a explicou num encantador discurso, cheio de bom senso e de boas frases, com a eloquência sentida de um bom e simples de coração e de espírito que ele é. Pois logo após o discurso de Jules Simon, que acordou um prolongadíssimo eco de palmas na assistência, começaram os discursos vazios e chatos, gaguejados e trôpegos, adubados de chavões, de imagens safadas, gastas, sem a menor originalidade de expressão, que revelasse a correspondente originalidade no espírito, começou o que se poderia chamar a confraternização da bestice universal no que ela tem de mais elevado e genuíno, que são os homens de letras. Apenas dois rápidos discursos de Jules Claretie e do filho do Mickievicz e uma arenga de um espanhol chegado ontem mesmo de Madrid para derramar sobre a memória de Hugo (nunca é tarde na Espanha!) uma lágrima em que sentia-se a ardência do sol ibérico, apenas três oradores estiveram na altura do que deveria ser o mais intelectual dos congressos sem conta que neste ano se reunirão em Paris. Eu comecei por envergonhar-me pela figura triste que fazia o resto da humanidade diante da França, sem compreender as razões que levaram aqueles homens, alguns dos quais mal falavam o francês, a arrostar o ridículo das alocuções desafinadas e grotescas num congresso em que sem dúvida se achariam reunidos os príncipes do bem-dizer. E a única hipótese explicativa que encontrei foi a desse público abstrato, que nós criamos cá dentro, que nos é simpático, que nos aplaude e nos entende sempre mesmo quando nós não nos entendemos bem, que crê no que dizemos mesmo quando a mentira é flagrante, que nos defende, nos honra e nos consola quando o nosso merecimento e o nosso amor-próprio de pequeninos gênios são reduzidos às suas justas proporções e humilhados pelos que têm força e valor. Para esse público bastante fino e sagaz para entender os subentendidos e as lacunas da nossa expressão defeituosa e bastante ingênua para aceitar confiadamente as imposições da nossa interessada interpretação do mundo, é que se escrevem os livros e os jornais em que ninguém acredita e se fabricam as obras de arte inteligíveis ou rasas a que às vezes a moda atribua caprichosamente valias, profundezas e sentidos puramente arbitrários. E – coisa singular, que até certo ponto dá razão aos metafísicos crentes! – esta criação subjetiva tem isto de concretamente real: a força de trabalharem, de viverem sobre esta convenção, ela tomou corpo e vive e dá manifestações da sua existência e toma o lugar da realidade real.

Isto é o que nos perturba e desorienta, a nós outros contempladores simples, que não temos segundas vistas na nossa indagação das relações entre causas e efeitos, e que entretanto só muito raramente encontramos diretamente aplicadas às coisas sociais as leis da lógicas. A nossa simplicidade perde-se na complicação das causas deliberadamente enturvadas pelos sociólogos de hoje, a quem não convence a claridade completa sobre as questões que são do seu domínio. Quem pensasse na fadiga imensa que dá a leitura de grossos volumes de investigações científicas, compilações e interpretações, para daí concluir-se às vezes a simples afirmação de uma verdade correta e popular, não se meteria nesses trabalhos de tão pouco lucro para tanto esforço. Mas não se pensa: sempre o fim da viagem nos parece fácil antes de começá-la, uma vez a caminho, não vale parar antes do fim ou do esfalfamento.

Cinquenta e oito congressos estão anunciados, que se vão reunir em Paris para discutir precisamente tais e tais questões sobre assuntos determinados e de programas organizados e publicados. E de doze outros preparam-se os programas. Há congressos de higiene, de finanças, de direito comercial, de agricultura, de ciências infinitas e de indústria, de associações protetoras e previdentes, de colombófilos, de bombeiros, de artistas, de letrados, de legistas – vai-se estatuir universalmente e o ano da Exposição Universal será o da regulamentação universal. Só por pensar nas alocuções e mensagens dirigidas a esse público, essa humanidade que ninguém conhece e que todos pretendem dirigir, anda-me a cabeça à roda.

Parece que a falta da gente para dirigir essa pobre humanidade, porque em um dos tais congressos de economia política, meteram o mais humilde dos correspondentes que a *Gazeta de Notícias* tem tido em Paris. Individualista e sem [...][6] irá aprender a ser socialista e doutrinário, quem sabe? Para estudar, disseram-lhe...

Estudando tem agora o Brasil muitos dos seus filhos por aqui. Que lhe aproveite o estudo da metade deles, e a exposição de 89 não terá satisfeito apenas o amor-próprio dos franceses que visitaram o campo de Marte, e regalado os olhos dos estrangeiros que de todo o mundo afluem a esta cidade bela entre todas as belas.

Afortunadamente para os leitores da *Gazeta*, entre os peregrinos do grande jubileu da arte e da indústria já chegou o cronista competente destas festas, – homem que sabe ver e descrever de modo a persuadir-nos que vemos pelos seus olhos. Ramalho Ortigão está em Paris. Já tomou o cheiro de boulevard, já passeou a pé pelos Campos Elísios, já conversou com as velhas que ele gosta de encontrar no seu caminho, já viu alguns dos seus amigos, aplaudiu Jules Simon, visitou os pastelistas e aquarelistas, admirou a torre Eiffel... Já tomou notas para tratar da exposição brasileira! E eu, contentíssimo por não meter-me em camisas de onze varas, nem mesmo conto o bom efeito que produz a exposição antropológica de que o bom do Quatrefages faz tantos elogios ao Sr. Ladisláu Netto. O venerando antropologista ficava minutos esquecidos a cismar diante daqueles artefatos da nossa cerâmica primitiva. O que saber! e eu entrando no pavilhão dos Incas, a única sugestão que sofro é a daquela cantiga popular entre os garotos do Rio, em que *nariz de bodoque* rima infantilmente com *Chico chicote* e *caco de pote*... Que o ilustrado e amável diretor do Museu do Rio de Janeiro me perdoe, mas o único congresso de que eu não poderia fazer parte é o de antropologia, em que o Brasil vai ser representado pelo mais autorizado dos seus especialistas. Entre as ciências que não *sinto* está a antropologia.

Mas o melhor dos correspondentes da *Gazeta* sente a antropologia e outras coisas ainda, o que faz com que os nossos leitores não percam nada de que por aqui haja de interessante, que se possa contar honestamente. Desde já ficam sabendo que pouco perdem não lendo o que eu escrevo em grandes

---

6 Periódico retalhado no final da página, perdendo-se uma ou duas linhas do trecho.

parágrafos (e é quase tudo). Mas os largos parágrafos de Ramalho Ortigão são justamente os melhores (e são quase todos).

Ficam prevenidos.

Domício da Gama
Paris, 21 de junho.

12
De Paris

(28 de Julho de 1889)

"...E pelo mar sem fim, duramente azul, serenamente mau, sob a faiscação do sol passam os vapores velozes, como galhadas secas boiando na corrente, visão evocativa de saudades, da nostalgia de outros horizontes.

"O mundo é pequenino, mas o mar é largo e a miséria do homem que depõe à beira dele todos os seus desejos chora na lamentação secular das suas vagas contra a penedia. Dir-se-ia que a zoada confusa faz-se dos queixumes de tanta aspiração vã, a que a brancura das areias marinhas serve de mortalha. Desejos do infinito para as almas ambiciosas, desejos de repouso para os humildes, desejo de melhor para todos quebram-se tantas vezes de encontro a essa barreira!...

"O meu sonho seria agora levantar-me no voo destas gaivotas que a onda embala e ir pousar na antena oscilante daquela barca, que lá na aresta viva do mar destaca-se como um ponto escuro esmorecendo, diminuindo, sumindo-se... Depois daquela, mais longe, há outra; depois outra, depois outra, perdidas na solidão do mar. Mas a gaivota do sonho tem o voo incansável. E, depois do anil do mar profundo, aparece por fim a água esverdeada que assinala a costa, como tingida da esperança da chegada, espalhando o céu benigno, o céu familiar da paisagem serena. Depois, a asa batendo rápida, frechando o espaço, por cima dos campos, por cima das cidades, o tiro direito à torre de misteriosos prestígios cuja bandeira estalando ao vento acena-nos de longe. E aí, beatamente, sentir Paris!..."

Diz-me isto uma carta vinda *de lá*, da nossa costa desolada como uma terra de degredo para quem tem sonhos fora dela, e são tantos os que os têm! Há hoje na alma humana, apesar das acusações de materialismo e falta de ideal que lhe fazem, uma necessidade de expansão, uma ânsia de que bem se poderia chamar *elevação para os lados*. Em vez de misticismo é um sentimento mais prático, mais humano. O protesto do viajante são as curiosidades materiais; o seu estímulo real é a comunhão necessária com as provas que lhe ensinem a vida, a gozá-la, a senti-la bem, a ser feliz, por comparação. De sorte que os brasileiros que por aqui se encontram hoje, aos magotes, das *Folies-Bergère*, nas *Montanhas Russas*, no *Jardim de Paris*, nos cafés em que há ceia até amanhecer o dia, andam fazendo pândega aparentemente, mas, na realidade, andam fazendo sociologia, nem mais nem menos. Sociologia prática, está claro: a teórica aprende-se em casa, nos romances de um franco e vinte e cinco a três e cinquenta o volume e nos folhetins amenamente profundos dos jornais de três vinténs. É digna de ver-se a seriedade com que um brasileiro diverte-se, isto é, estuda o prazer, aproveitando a ocasião para divulgar-nos, propagar-nos, relacionando-nos. Já tenho tido a surpresa de ouvir de pessoas habitualmente pouco conhecedoras de coisas políticas explicações pasmosas da queda do ministério João Alfredo. E hoje, quando no pó de arroz de certas frontes vejo o vinco que deixam as rugas meditativas, desconfio logo que por ali andou brasileiro político, partidário, patriota e ... sociólogo. Por isso, quando os encontro, saúdo-os com toda a altura do braço: são beneméritos.

E circunspectos. Não se abandonam à emoção das impressões novas. Conversando-se com eles, nota-se a reserva de quem não quer parecer inferior, dominado pelo espetáculo novo. Lembram-me uma velha da minha terra que, passeando comigo pelo Rio, não queria olhar para os lados, nem parar a ver as coisas, para não se mostrar *embasbacada, gente da roça*. A um, que encontrei há dias no panorama da companhia Transatlântica, li, com toda a emoção que pude ajuntar na voz para o efeito conveniente, a carta cujo fragmento dou e que ele pudera ter-me escrito muito bem. Mas a ilusão daquela ponte de comando de um transatlântico saindo do Havre não comoveu ao meu ilustre compatriota: ele pôs de parte o lado sentimental da cena para contestar a veracidade de todos os vapores de uma mesma companhia reunidos num porto ao mesmo tempo.

Então, admirando-lhe a argúcia crítica e a sua preocupação de verdade na arte, levei-o a ver a exposição das pinturas de Claude Monet e das esculturas de Rodin na galeria Petit, à rua de Séze.

Monet é um dos impressionistas cuja estética ainda se discute, mas cujo talento já ninguém contesta. Como todo o artista que tem uma ideia, ele começa impressionando-nos pela sua convicção e acaba por nos persuadir de que a sua concepção *também é verdadeira*. Ele entendeu que não é impossível fazer viver as coisas por uma das suas exterioridades aparentes mais relativas e mais precárias, – a cor. E fez-se dela cultor apaixonado, frenético. E em toda a sua obra, que não é definitiva, como genuína obra de fim do século que é, há como vestígios da passagem desse galope furioso da caçada à cor fisionômica.

O artista está sob a possessão da cor na sua aparência irrepresentável, inexprimível, que é a da luz natural. A agudeza da sua visão, exacerbada pela análise e diferenciação constantes das cores principais, transformou-se em nevrose. A sinceridade fanática da representação dos aspectos de luz rapidamente cambiantes, a orgulhosa honestidade de artista intransigente obriga-o a uma rapidez de trabalho, que impressiona mal ao espectador profano. Com as placas de tinta justapostas, com os seus toques duros, os borrões que realçam e contrastam asperamente, o seu aspecto eriçado e escabroso, o desprezo da linha e a única preocupação do tom fisionômico, que é preciso sentir para entender, a pintura de Cláudio Monet lembra uma construção incompleta, muito bela para os entendidos, que sabem apreciar uma arquitetura ainda coberta com os seus andaimes.

Nós, porém, o público pouco imaginativo e construtivo, não temos olho para isso. Queremos ter a obra completa, pronta, bem lustrosa e lisa, pintura que se possa ver de longe como de perto; mas sobretudo de perto, porque nós somos geralmente míopes, dos olhos ou do espírito. Não basta-nos a sugestão: queremos a sensação direta e precisa. Uma facha rosada por cima de uma zona escura com espelhamentos vagos pode representar perfeitamente a alvorada sobre um lago; mas é pouca coisa para nós, que gostamos de ver as coisas claramente, mesmo na noite escura; servem-nos melhor os clássicos efeitos de luar. É que a arte para o público tem de submeter-se às imposições convencionais necessárias, embora falsas. O exemplo mais frisante são as cenas de teatro em que as frases a meia voz têm de ser entendidas pelos últimos ouvintes das torrinhas, que também pagaram com o seu dinheiro para ouvirem tudo.

Este é que é o caso: quem paga tem direitos de exigir. O público que paga exige de saltimbanco em cena que lhe revela as intenções secretas do personagem representado, como exige do borrador da tela que lhe esclareça as intenções sinistras de um borrão de tinta que ali está ao lado de outro, sem dizer ao que veio, só para intrigar-nos e nos dar volta ao miolo.

Em que pese às almas finas... Que, isto aqui para nós, alma fina é coisa que não há. Pelo menos elas são tão raras que não entram em linha de conta para o sucesso.

O que há, sim, para fortuna dos fabricantes honestos, regulares e trabalhadores, é uma estesia democrática, salutar e conveniente. Tenho percebido as suas manifestações nos teatros, nos concertos, nas exposições artísticas de toda a sorte e ando a redigir as notas da nova doutrina, que seria a estética do consenso unânime dos povos, empresa inutilmente heroica ou heroicamente inútil na sua dificuldade.

O meu amigo que tem a preocupação da verdade na arte, toma notas sempre sobre os catálogos, umas a torto e a direito, outras misteriosas.

Do catálogo das 145 telas de Claude Monet, extraí algumas.

"19 – *Boulevard des Capucines.* Mancha amarela à direita, mancha violeta à esquerda, a sombra e o sol, e sobre as duas a agitação formigante do boulevard com as manchas dos vestidos das mulheres, vernizes cintilantes dos carros e arreios e a atmosfera embrumada fazendo harmonia.

"24 – *Pont d'Argenteuil.* Água, reflexos; reflexos vivíssimos dos barcos brancos; reflexos de uma ponte pardacenta e azul-roxo à direita, do arvoredo verde sujo ao fundo, do céu transparente com placas de nuvens claras. É a fisionomia das coisas quietas.

"40 – *Vétheuil dans le brouillard.* Um lago, bruma, um barco a vapor, casas, uma aldeia, igreja, castelo, espelhamentos, luz difusa, o ambiente incerto do sonho, que parece ser característico deste artista.

Engana-se o crítico. Os grandes apuros de sinceridade tocam os confins do irreal. Mas passemos.

"46 – *Les Glaçons.* Embrumado ainda, sente-se a gente deslocada, como sob uma alucinação da visão. O verde cadáver do rio dá um grande prestígio à tela.

"56 – *La Maison du pecheur*. Uma casinha no alto de um morro maninho, amarelento, destacando-se em silhueta sobre o mar verde-azul em que passam brancuras errantes longe. A melancolia das solidões.

"61 – *A Bordighera*. Um pomar, um jardim italiano. Flores e frutas, gritando em cores; céu verde, mar azul, uma convulsão cromática.

"114 – *Sous les pins. Antibes*. Pingos de cádmio, figurando a vermelhidão do crepúsculo entre a folhagem dos altos pinheiros escuros; ao fundo um azul vago de montanhas na turvação da hora. Relevo valente."

E outras. Deixei-o ver a escultura de Augusto Rodin, que prometeu explicar-me. Não há como ser brasileiro e chegar do Brasil para entender as coisas e explicá-las...

Agora para a Exposição já é muito tarde. Faz tanto calor lá dentro; há tanta coisa para ver-se e tanta gente a vê-la! ...

Fica para amanhã.

Domício da Gama
Paris, 5 de julho de 1889.

13
De Paris

(19 de Agosto de 1889)

Uma coleção muito interessante seria a formada com os cartões e bilhetes de convite para as festas sem conta, que neste momento atraem a multidão dos ociosos, e mesmo dos que o não são, de um para outro lado desta cidade tomada de um frenesi de celebrações, inaugurações, confraternizações, de tudo o que consiste em fazer discursos diante de estátuas, ouvir a Marselhesa de chapéu na mão, agitar as bandeiras, gastar vivas a Carnot e à República, aplaudir os regimentos em evoluções e os exercícios das sociedades de ginástica, receber reputações estrangeiras, dar banquetes, dançar e suar, mostrar-se forte, rico e grande ao mesmo tempo que amável, persuadir ao seu povo de que na república em paz também há alegria e prazer e esplendor, como no tempo da monarquia, com o orgulho de ser livre e de cada um pagar a sua parte a mais. Fazer a coleção dos convites e não ir às festas seria o melhor para quem não tivesse grande empenho em adquirir a convicção de que no divertimento mais popular e menos oficial há agora sempre esta *pose* de bem-estar e de segurança pública. Para os que ainda não têm o sentimento inteiramente moderno da *réclame* isto desprestigia a república. É o programa do ministério Tirard realizado a torto e a direito embora com a mais louvável intenção.

De festa da inauguração da estátua da Liberdade que os franceses de Nova York ofereceram à cidade de Paris e que foi ereta na ilha dos Cisnes em Grenel só me chegou o eco de umas bofetadas que um jornalista estrangeiro deu em outro por questões de convites. São maus e ferozes aqui os jornalistas: o exercício perene da mentira, a visão constante da trama grosseira em que se bordam as belas fantasias poéticas dessecam-lhes a alma. Eles vivem numa perpétua irritação contra o mundo, que não é bom porque fizeram-no mau, e o seu maior orgulho é fazerem-se temer. Os que são mais fortes fisicamente são os mais malcriados: esbofeteiam os outros e escrevem logo uma circular comunicando o fato odioso a todos os que nenhum interesse têm em saber disso. Esta é a terceira que recebo, duas de um mesmo sujeito, que não conheço. Só tenho visto os jornalistas em banquetes, em que o presidente com toda a prudência abrevia as sobremesas e os discursos, ou então em salas em que os corpo-a-corpo não são permitidos. Mas se tivesse de tratar com eles diariamente, faria a despesa de mandar vir do Rio um capanga, que estripasse imediatamente o homem que me injuriasse. E por caminho diferente a *Gazeta de Notícias* chegaria a ter o seu Cassagnac em Paris. Como estou de fora, cismo nesta singular volta da natureza humana excessivamente civilizada aos meios brutais da conquista, como se fosse uma prova em favor da teoria revolutiva de Vico.

Ainda ontem na câmara dos deputados, um deputado por Argel, M. Thompson, injuriado por um boulangista, M. Laur, caiu-lhe em cima e deu-lhe uma sova a pontapés e a socos. Depois trocaram duas balas de pistola no plateau de Chatillon e o assobio da que passou por perto do ouvido do Sr. Laur deve tê-lo consolado dos sopapos que tinha recebido duas horas antes. Tanto que ele deu-se por satisfeito e não quis bater-se com outro colega, M. Lettellier, que também tomara a si a injúria coletiva e mandou desafiá-lo. Não é bom brincar com pistolas...

São as últimas sessões da câmara e ela não quer morrer sem dar que falar de si. Os oposicionistas, invocando a liberdade da tribuna, imunidades parlamentares, etc., dizem quanta injúria, atiram quanta calúnia querem contra o governo e depois glorificam-se com as punições que sofrem, como se fossem outras tantas coroas de martírio pela santa causa pública. Outro dia foi um Sr. Lejeune que se fez expulsar da sala por chamar os republicanos de canalhas. Anteontem foi o Sr. Laguerre, boulangista, também excluído do recinto das sessões, por injuriar o Supremo Tribunal da Justiça que tem de julgar Boulanger & C., e isto com grande resistência, escândalo, suspensão da sessão, etc. Ontem foi o Sr. Laur, boulangista, obrigado a retirar uma palavra injuriosa contra a deputação da Algéria que votava contra a anistia dos chefes árabes vencidos na última insurreição. Nos dias de sessão quem tiver pressa não deve passar pelo cais d'Orsay em frente à câmara dos deputados. Além do movimento de carros que vêm e vão para a exposição por esse lado, há sempre ali um poviléu imenso esperando o eco do derradeiro escândalo lá dentro. E de noite, nos cafés em que ainda a massa estrangeira não afoga as conversações dos parisienses, comentam-se longamente os sucessos do dia, fazem-se prognósticos, saboreiam-se as peripécias das lutas políticas, com um sibaritismo de quem reduziu os seus *circenses* às pegas de cara e mais sortes parlamentares.

Depois de encerradas as câmaras, será o verão morno e deprimente, sem mais interesse que prenda em Paris a gente que aí vive habitualmente. Serão as férias para os sedentários, será a invasão completa pelo estrangeiro, o demônio absoluto da exposição. É o tempo em que estudam os mundanos, que no inverno e na primavera as festas absorvem. Na exposição há toda a sorte de assuntos de estudo. A brevidade do tempo e a confusão das impressões são o maior embaraço para os que só têm da indústria e da arte conhecimentos gerais. Mas os especialistas, os poucos imaginativos acham logo aí o material das suas investigações em coleções tão completas como raramente se encontram.

O Brasil tem em Paris uma comissão de estudos encarregada de relatar o que de mais importante, mais novo e mais útil para nós se encontra na exposição universal de 1889 – tarefa heroica confiada a trinta e tantos brasileiros de toda a competência, mais um que nunca se viu em tais apuros. E todas as festas terminadas depois de amanhã, começarão a se encontrar todas as manhãs pelas galerias do campo de Marte, do Tracadero e dos Inválidos as figuras sisudas dos relatores estudiosos trabalhando pela pátria amada. Tanto pior para quem tem curas de águas e vilegiaturas a fazer; é preciso que o relatório da exposição seja impresso antes que o governo ditatorial do Sr. Silva Jardim, esse terrível *tombeur et faiseur de rois* que agora temos, possa submetê-lo à sua rigorosa censura.

Quando digo que depois de amanhã estarão terminadas as festas, enuncio uma esperança, uma aspiração ilusória talvez. A festa de 14 de julho será o auge, não o termo desta colossal quermesse da exposição. Se o voto do povo, mesmo nesta terra de liberdade e luz, fosse um voto esclarecido e livre, um voto ideal como o sonham os parlamentaristas teóricos, poderia parecer que o governo atual quer embriagar o povo e perturbar-lhe o critério eletivo dando-lhe prazer à farta até a hora em que as urnas derramarão sobre a França a onda pacífica e serena ou a torrente de lava que incendiará a Europa. Mas não é provável que pensem nisto os que dão estas festas, que tanto fatigam os que as organizam como os que são convidados obrigados delas.

O presidente da república é um homem bem ocupado neste tempo. Passa dias inteiros na exposição, bisbilhotando coisas, na temperatura tórrida das galerias, entre um continuo apertão de gente que o quer ver a aclamar insaciavelmente, inaugura duas estátuas por semana (ontem foi a de Camilo Desmoulins no jardim do Palais Royal), assiste aos exercícios ginásticos nas Tulherias, vai aos bailes, nunca janta sozinho, aperta milhares de mãos nas noites de recepção no Eliseu e na infinidade de movimentos repetidos dessa representação contínua os seus gestos vão tomando uma expressão de automatismo dolorosa. O seu sorriso amável *arma-se* corretamente como um *claque* de boas molas. O único inconveniente é que ele esquece-se às vezes de desarmá-lo e defronte de uma exposição de produtos brutos, minerais, lãs ou madeiras, os fagueiros pês de galinha nos cantos dos olhos e os dentinhos brancos continuam o sorriso ameno da nova etiqueta presidencial.

Anteontem no baile dos expositores no Palácio da Indústria, olhando da varanda do lado dos Campos Elísios para a tribuna oficial, por entre a turvação do calor terrível que entornavam na imensa sala os 6.500 bicos de gás e a luz elétrica em festões, em lampadários e em lustres equivalendo a 5.000 velas cada um, entre o vapor de todas as respirações de quinze a vinte mil pessoas reunidas, uma mancha encarnada, que era o fitão da grã-cruz da Legião de Honra, e uma brancura vaga, que eram uns dentes a sorrir, assinalavam a presença do presidente da república. Ouviu as cantigas dos estudantes finlandeses, aplaudiu, levantou-se, leu o passeio do rigor pela sala entre o alarido das aclamações e saiu à meia-noite.

E amanhã será o mais terrível dia, o passeio a Longchamps pelo sol, em carro descoberto, horas inteiras de pé na tribuna, as cortesias, o jantar, um horror!...

E um dia ele viverá no seu canto com saudade do bom tempo em que sofria tanto como presidente...

Domício da Gama

14
De Paris

(27 de Agosto de 1889)

Houve muita decepção com a festa do 14 de julho deste ano. Na tarde de 13 Paris encheu-se extraordinariamente. Nos boulevards a circulação era difícil; no recinto da exposição era o movimento dos dias de grande festa. Andava-se lentamente, obrigado a seguir as correntes que se formavam em um ou outro sentido, ondulando a imensa aglomeração do povo. Os *restaurants* tinham fregueses bem singulares: a província dava a maior afluência. Nos teatros, nos cafés-concertos, em todos os lugares aonde se vai buscar divertimento, era impossível achar lugar depois das 9 horas. E até alta noite as ruas ficaram cheias, ruidosas, animadas excepcionalmente nesta cidade que já não tem mais horas mortas.

Por isso os aguaceiros, que começaram a cair no dia 14, por volta do meio-dia, à hora em que todos os que não se achavam em Longchamps estavam em caminho para lá, foram acolhidos com os epítetos mais ou menos injuriosos, que toda a gente que se quer divertir dirige ao tempo que lhe serve mal. Mas a chuva não dissuadiu ninguém de ir à revista militar, cujo grande atrativo seria a carga de cavalaria ensaiada nas vésperas à vista do general Laussier, comandante das armas de Paris. Tudo foi bem, à parte a chuva, o frio, a lama, o atropelo, as disputas de lugar, as longas esperas, os faniquitos das mulheres no meio do apertão, os inconvenientes inerentes às deslocações indisciplinadas de uma população inteira de um lugar para o outro.

A revista era de 32.000 homens e não durou duas horas. As belas linhas das tropas, as evoluções corretas, a parte bizarra da milícia territorial das tropas coloniais com os seus soldados de todas as cores, das escolas de Saint-Cyr e Politécnica, artilharia passando num movimento tão regular que dir-se-ia que as carretas em linha tinham os eixos das rodas unidos, prolongados, da cavalaria, dragões, caçadores, couraceiros, relâmpagos de reflexos quando o sol abria uma estiada rápida, galopadas furiosas outras vezes, afundando-se na turvação dos chuveiros cerrados como visões de batalhas escandinavas – o espetáculo para quem não esperou longas horas em pé, numa tribuna, era realmente belo. E em toda a imensa linha de espectadores a passagem das tropas acendia um rastilho de aplausos intermináveis.

É interessante, estando no meio do povo, ouvir às conversações, os comentários, as predileções, as opiniões, as pilhérias, as asneiras, as manifestações das boas almas que o bom humor revela. Na Inglaterra não é fácil perceber no meio do povo estas gradações pessoais dos sentimentos que um espetáculo qualquer acorda em cada um; talvez isto seja porque os ingleses não são bastante *nuances* – o francês o é infinitamente e nas horas de maior expansão é um prazer ouvi-lo e vê-lo. Durante a passagem das tropas cada um aplaudia o regimento a que tinha pertencido ou onde tinha parentes, amigos, relações. Davam-se vivas aos coronéis e mesmo aos capitães simpáticos, tal qual no Rio à porta do Café de Londres aplaudem-se os amigos à passagem das manifestações cívicas. Uma moça entusiasmada achava lindas até as cabecinhas dos cavalos, uns brutais cavalões de couraceiros. Depois sentou-se na lama, num desmaio, desfalecida de fadiga.

À volta, pela Avenida do Bosque, e pela dos Campos Elísios, o espetáculo dos soldados enlameados até o pescoço não era muito alegre. Mas aplaudia-se ainda. O ato do arco do triunfo tinha uma criação de cogumelos pretos da mesma família dos que esmaltavam as tribunas e as cercas de Longchamps – os terríveis guarda-chuvas com que cada um se incumbe de molhar os pescoços de dois ou três. Mas às 6 horas tudo isso desapareceu. A chuva cessou de todo; as ruas asfaltadas enxugaram-se; as lâmpadas elétricas, os bicos de gás, os copinhos de sebo, as lanternas de cores acenderam por toda a cidade o grande clarão, cujo reflexo no céu assinala Paris de muito longe.

A partir das 8 horas interrompeu-se a circulação dos carros, os músicos subiram para os coretos enfeitados de folhagens e bandeiras, armados nas encruzilhadas, nos largos, nos cantos mais sossegados de cada quarteirão: os bailes começaram. Notei que nos quarteirões populares eles eram mais limpos do que junto da Ópera, na praça da Bolsa, na do Palais Royal, onde eram os mais importantes. Na encruzilhada das ruas La Feuillade,

Petits Champs et la Vrillière, havia um quase familiar. Dançavam valsas, schottisches, mazurcas, os vizinhos desciam sem chapéu a dançar com as vizinhas. Casais limpamente vestidos, que passavam, paravam alguns minutos e dando-se as mãos entravam na roda alegremente. O buffet eram as mesas de pau de uma bodega da esquina, cobertas de biscoitos e copos de cerveja. Era íntimo aquilo.

Do Campo de Marte à Bastilha estrondavam por toda a parte os realejos dos cavalinhos de pau, os tiros aos pombos, os socos nas cabeças de turcos, os mil rumores dos jogos e divertimentos de feira, que faziam de Paris inteira uma imensa quermesse nessa noite. O centro da festa era a praça da Concórdia, ponto de passagem dos que iam para o Bois de Boulogne ou para o de Vincennes às iluminações e aos fogos. O povo de Paris aumentado com os visitantes da província e do estrangeiro dava uma impressão vertiginosa pelo movimento e pelo número. Mas a multidão aqui não inspira receio como no Rio. As rixas são muito raras. Ninguém sai para a rua disposto a fazer *rolo*, como entre nós acontece. A maioria é gente de bons instintos e ajuizada. Faz gosto conversar com uma família de operários, pequenos negociantes ou empregados em passeio: fora do balcão, do escritório, das questões do dinheiro, da luta pela vida, eles são bondosos, amáveis, alegres, encantadores. Os defeitos de vaidade e chauvinismo mesmo transformam-se em qualidades. Esta consideração faz o melhor lado das festas populares aqui.

Mas a imaginação dos que vinham pela primeira vez, tinha-lhes dissipado os nervos em não sei que maravilhosas fantasias de festas ofuscantes de luz, esmagadoras de ruído, de esplendor, de fausto oficial. E o espetáculo da festa, simplesmente feita, como os parisienses entendem, desiludiu-os. Houve quem viesse a Paris ou quem aí ficasse até o 11 de julho só para maravilhar-se – razão para achar-se mesquinha a comemoração popular da tomada da Bastilha.

Encerrou-se a sessão parlamentar e a câmara partiu entre as maldições de todos. Só o *Journal des Débats* mostrou a inconsequência de tais injúrias, de tal ingratidão para com uma câmara que satisfez sucessiva ou conjuntamente as ambições de todos os partidos. Mas isto, que ainda não é história, ainda é política: passemos.

A publicação do auto de acusação de Boulanger, Rochefort e Dillon foi o maior acontecimento da semana e outra prova de que já hoje a exaltação dos ânimos não se mostra em violências. Há um ódio terrível do governo contra esse partido novo que sobe como a escuma suja de ambições baixas, mas o espírito de ordem exige o formalismo necessário à repressão dos maiores crimes. Os boulangistas fingem uma tranquilidade e uma segurança que não têm. Agora dizem que têm dez milhões no Banco de França para as despesas das eleições, que vão ser renhidas e arruinarão muito candidato só nos cartazes de proclamações de fé política e profissões eleitorais. E afirmam afinal que o dinheiro que Boulanger gasta é fornecido pelo Barão de Mackau. Bem mal parada tem a sua empresa esse grande especulador da que chamam aventura boulangista. Se as coisas caminharem sempre ordeiramente como vão, só uma revolução poderá dar ganho de causa ao atrevido aventureiro. E revoluções agora parecem difíceis em França.

Domício da Gama
19 de julho de 1889

15
De Paris

(1 de Setembro de 1889)

Tudo vai bem, em grande calma, apesar da política. Os jornais discutem os resultados prováveis das eleições para conselheiro municipal nas quais Boulanger, apesar de inelegível, apresenta-se candidato em 80 ou 113 cantões. O *Matin* dá cópias em fac-símile de cartas que ele escreveu a um Sr. Buret, que tem andado às voltas com a justiça e que declarou-se seu cúmplice. Essas cartas, se não provam judicialmente contra o seu signatário, provam moralmente contra o partido que assim faz flecha de qualquer pau e que nem sequer tem a dignidade da coerência bem fingida. Um sinal evidente da grandeza moral do nosso tempo, são os embaraços que na opinião pública encontra um ambicioso que não seja honesto por si ou pelas suas relações.

Os *struggle-forlifistas*, os que doutrinam e argumentam com a imoralidade, não querem ver as provas em contrário que encerra um caso destes. Todo o formidável aparelho da propaganda boulangista tem sido impotente para suprir o prestígio que lhe falta e que a má reputação de seus chefes nunca lhe permitirá adquirir. É o *dize-me com quem andas...* oposto à sentença que afirma que o mundo é dos que não têm vergonha. É tão pequeno o mundo dos desavergonhados...

A exposição também serenou. Não há mais balbúrdia lá dentro. A multidão distribui-se com toda a regularidade e mesmo nos apertões há uma certa ordem. Isto não quer dizer que seja agradável andar por ali em certas horas. Para subir à torre é preciso fazer cauda ordinariamente. É preciso fazer cauda para almoçar ou jantar em qualquer dos três Bouillons Duval, para tomar o caminho de ferro Deauville, que agora já vai da Porta d'Orsay à Galeria das Máquinas, para meter nos ouvidos as perazinhas de vidro dos fonógrafos Edison, para obter um número do *Figaro* ou do *Petit Journal*, impressos nas Marinonis à vista do público, para entrar no pavilhão da companhia telefônica e ouvir a Sanderson cantar *Esclarmonde* na Ópera Cômica ou a Escalais no *Romeu e Julieta* na Grande Ópera, é preciso fazer cauda para poder ver, ouvir e sentir os sucessos da exposição.

Mas não é preciso apertar-se a gente para ouvir a música nos quatro grandes coretos do Campo de Marte, em que as bandas dos regimentos tocam trechos escolhidos e variados, nas seções dos pianos e órgãos em que executantes de nomeada fazem valer os instrumentos de Erard, Herz, Pleyel, Bord, etc., nos restaurants chics em que orquestras de tziganes, lautaris, mulheres húngaras, solistas e conjuntos de todos os países fazem alar-se a imaginação do freguês num sonho feito da fumaça de vinhos singulares e da sugestão das músicas exóticas.

Exótica é um adjetivo que já vai sendo escusado para a música em Paris. O que há de música francesa aqui está nos cafés-concertos. As salas do boulevard de Estrasburgo e os jardins dos cantantes dos Campos Elísios são os templos em que se celebra a cançoneta, em que se expande a alma lírica da França. Paulus pontifica, ajudado de outros menos veneráveis, mais ruínas que ele: Debailleul, tenor sem dentes e sem voz, assoprando as canções à la Nadaud, com uma melancolia suspirosa, enternecedora; Clovis, *dizendo* o monólogo salgado e porco, entre dois estribilhos nulos; Subbac, maçante, imbecil, a caricatura do bobo; Paula Brébion, gorda, grande, terna e brejeira; Amiati, Juana, Valti, Bloch, mulheres com pouca voz, pouca afinação e muita arte para acentuar e sublinhar a malícia inocente de uma frase tola de cançoneta, ritmada numa música qualquer.

Há sempre uma concorrência numerosa para ouvir essa gente e não são os estrangeiros que mais afluem a tais espetáculos. São os franceses de Paris e da província, que podem entender e apreciar bem as cambiantes de inflexões imperceptíveis para gente de outras raças e de educações estéticas diferentes. No Eldorado há récitas de cançonetas clássicas: *L'amant d'Amanda*, *La femme à barbe*, *C'est dans l'nez qu'ça me chatouille*, são peças clássicas, que mostram a relatividade do classicismo.

Canções de quartel, cheias de fanfarrices e rufos de tambores e canções inocentes, cheias de cantos de passarinhos, amores puros e pieguices, pátria e amor voltando frequentemente num estribilho rápido, sem altura, sem elevação musical, são em resumo a música popular que os franceses mais finos preferem a qualquer outra cujo gosto tenham adquirido por educação. E cuidam que Massenet, Saint-Saëns, Gounod, Berlioz são músicos franceses e não se convencem de que na Europa não há lugar senão para a música alemã e para a italiana.

Depois de ouvir *Esclarmonde, Romeu e Julieta, Henrique VIII* ou *Hamleto*, a impressão das diferenças secundárias não apaga na memória os traços de semelhança vivíssima com as duas músicas mestras. E as sinfonias, e toda a música instrumental na Europa é da Alemanha que vêm.

Os concertos internacionais do Trocadero mostram bem isso. Executaram-se ali oratórios de Haendel, sinfonias russas, rapsódias escandinavas, marchas heroicas, *quadros musicais,* fizeram-se concursos de instrumentos populares desde a gaita de fole da Escócia até o machete da ilha da Madeira, e só ficou provado que existe uma música, que é a alemã, da mesma sorte que existe uma escultura, que é grega. E como tanto os escultores gregos como os músicos alemães estão impossibilitados de lhes fazer concorrência eficaz, comercial, os franceses reconhecem sem dificuldade a superioridade de outros povos nestas artes cujo apogeu já foi. A consciência da sua superioridade na prosa literária, na pintura, na decoração em geral, nas artes em que o sentimento fino, a estética das nuances predomina, dá aos franceses um certo descuido por essas questões de rivalidades mesquinhas, comuns entre gentes de pouco merecimento, dá-lhes uma tranquilidade de fidalgo seguro dos seus brasões.

O francês está tão certo de que o seu gosto, a sua estética, as suas maneiras e costumes são os únicos razoáveis e admissíveis, que nunca toma o trabalho de explicá-los aos estrangeiros: espera que o estrangeiro os sinta e adote, isto é, aprenda a sentir e a viver como homem civilizado. O que acontece é que há muita gente que não tem tempo para a adaptação e começa desde logo a julgar as coisas sob o ponto de vista pessoal, sincero, [...] ridículo. Uma correspondência [...] *Evening News*, de Manchester, [...] [7] do caderno de notas de um correspondente do jornal de Texas uma apreciação muito original da vida parisiense.

7 Extremidade inferior do jornal mutilada. O trecho afetado corresponde a três linhas.

O rude e singelo americano chega a Paris nos belos primeiros dias de maio, em tempos de festas e escreve logo:

"Em Paris o céu sempre é azul; nunca chove; mas é tal a inclinação dos franceses para o paradoxo que a cidade está cheia de casas em que se vendem guarda-chuva. De noite, os parisienses penduram das janelas lanternas de cores, como os chineses; nos quarteirões ricos há arcos de triunfo com lustres de cristal. Os parisienses não fazem senão comer e beber; os que são sóbrios estão sempre a fumar tomando sorvetes.

A cidade de Paris compõe-se de dois elementos muitos distintos: casas que estão sendo demolidas e casas que estão sendo construídas. Os parisienses moram nas que ainda não foram demolidas e aí vivem apertados como dominós em sua caixa.

Por toda a parte só se veem restaurantes, cafés e teatros. Nos Campos Elísios, onde se toma café ao ar livre, os espectadores são tão alegres, que de vez em quando um se levanta, sobe para o palco e canta ou grita alguma coisa, *dizendo que é feliz*, de improvisos.

Há teatros muito agradáveis onde se representam cenas da vida real. Mas de repente, quando estamos mais cativos da ilusão, começa a música a tocar e vem um bando de gente cantando: À *la fête, Qui s'apprête, Accourons, Accourons, Accourons*, etc. E o dono da casa replica: À *la fête, Qui s'apprête, Accourez, Accourez, Accourez.* etc, etc. Depois, quando estes ficam cansados, a peça vai para diante e às vezes no fim, o rapaz mais bonito faz saltar os miolos ou se envenena. Fica-se desconsolado por não entender coisa alguma. Entretanto o divertimento é tão apreciado que há uma dúzia de teatros a representarem isto e um ciclo inteiro de poetas em número superior a trezentos não fazem outra coisa todo o ano senão escrever versos À *la* fê*te, qui s'apprête, accourons*, etc."

O correspondente do jornal de Manchester diz que Coppertint, o autor destas observações engana-se, porém que é uma alma cândida e um crítico sem preconceitos.

É a primeira vez que vejo uma boa sátira a respeito do teatro francês.

Domício da Gama

27 de julho.

16
De Paris

(3 de Setembro de 1889)

Uma cançoneta de Paulus afirmava arrogantemente que, apesar da reserva em que os reis se conservaram, quando se tratou da grande comemoração republicana, o espetáculo incomparável da exposição de 89 não ficaria sem reis que o viessem ver.

Paulus, que é poeta e cantor, como os vates antigos, vaticina certo às vezes. Os reis vieram. Cá estiveram o príncipe de Gales e o rei da Grécia, cá estão o Xá da Pérsia e uns reizinhos pretos da África. O rei da Grécia, que nada tem de exótico, que nem ao menos é grego, que tem todas as recomendações da grandeza do nascimento, das alianças políticas e de uma perfeita afinação pela civilização ocidental, entre a qual nasceu, viajava incógnito. Assim divertiu-se mais, como se diverte qualquer particular a quem se possam dar jantares e representações íntimas no Eliseu e cativou a todos os que o conheceram pelas suas maneiras afáveis e polidas de humor expansivo, que mostrava em qualquer ocasião. A sua hilaridade, ouvindo as pilhérias e micagens de Coquelin Cadet, distendia até a reserva cerimoniosa do presidente. Mas partiu para a Inglaterra a assistir ao casamento da sobrinha, sem que o povo francês se abalasse por ele, sempre como um verdadeiro rei moderno, que dá pouco que falar de si.

O Xá da Pérsia, esse é um rei antigo deveras e como tal tem o mais completo descuido pelo que seja cortesia e atenção pelos que o rodeiam, que sejam seus ministros ou funcionários estrangeiros. Não sabe nada, não se senta para comer, come com os dedos e como um alarve e atropela o alto pessoal da exposição que tem mais que fazer do que seguir a um homem que passeia sem destino, comprando bugigangas como uma criança, olhando para as coisas mais interessantes como um boi olha para um palácio. Não é pontual, não tem maneiras: é o rei dos reis e não viaja incógnito; tem condução e alojamento grátis para si e quarenta pessoas de comitiva. Deveriam dizer-lhe que ele pode muito bem ser rei dos reis da sua terra, mas que, em terra estranha, os reis não têm tão alta cotação como ele pensa, e que esse título ainda não foi registrado para a dispensa de civilidade para com os outros.

Entretanto vai ele recebendo todas as finezas que lhe fazem como se tudo lhe fosse devido. Divertem-no desde a manhã até a noite. Pagam-lhe almoços na torre Eiffel, em que ele come oito asas de galinha, roendo os ossos e atirando-os depois pela janela do restaurant e ele *dispara* sem se despedir de ninguém. Ontem deram-lhe festa em Versalhes, de dia, e de noite concerto de 1.200 músicos no palácio de Indústria, com hino persa obrigado no repertório. Na sexta-feira foi festa de noite, na exposição, uma daquelas festas em que muita gente se atropela, perde os filhos, as joias, as carteiras e ao cabo de alguns dias, no sossego da casa diz que era muito bonita e interessante. E, quando o rei dos reis voltar para a sua terra, que está destinada a ser absorvida pela Rússia, pensará que a sua majestade deslumbrou todas as populações ocidentais. É que os franceses não regateiam vivas em ocasiões de festa. Quando não dão vivas a Carnot, ou ao Xá dão-nos a Dinah Salifou, que é um preto de Senegal que anda por cá de passeio. O Xá quis que o apresentassem no baile do ministro do comércio e tratou-o por primo. Depois mandou-lhe um sabre rico, no mesmo dia em que o governo francês lhe mandara a Legião de Honra.

O rei preto repetiu sem o saber a frase de M. Prudhomme guarda-nacional: que "aquele sabre era o mais belo dia da sua vida".

- Foi ontem a cerimônia de transladação solene dos restos de Baudin, Carnot, La Tour d'Auvergne e Marceau, para as criptas do Pantheon, lugar fresco e sossegado, onde a pátria francesa se mostra mais eficazmente reconhecida aos seus filhos, grandes homens.

Tiraram aqueles pobres ossos de vencidos por uma vez na terrível batalha da vida do repouso, que eles tão bem tinham ganhado, submeteram de novo aquelas cinzas à análise, à discussão dos merecimentos que depois da morte, são a mais cruel irreverência, para os emparedarem na adega mortuária de um monumento cívico, sobre o qual ainda pesa uma grande cruz, ameaça de transformações futuras, de perturbações da paz dos ossos que ali jazem. Nos seus floridos túmulos da Alemanha, no seu monumento de Montmartre, Carnot, La Tour d'Auvergne e Baudin estavam ao abrigo das futuras revisões da gratidão nacional. Quanto a Marceau, o *magnânimo guerreiro da Marselhesa*, enterrado em Coblentz em 1796, reduzido a cinzas em 1797, cinzas que ladrões profanaram mais tarde, quebrando a urna em que se inscrevia a bela divisa – *Hic cineres, ubique nomen* e mudando uma quarta vez de lugar, quando se construíram as novas fortificações de Ehrenbreitstein, parece que já era tempo de deixar em paz o que resta do pobre grande homem, cujo destino foi fazer a guerra em vida.

A cerimônia foi muito simples e bela. Sob o peristilo havia um grande catafalco com troféus de bandeiras e as muitas coroas que cada associação republicana socialista ou patriótica manda sempre aos funerais nacionais. À roda havia poltronas e banquetes para o presidente da república, famílias dos heróis, ministros, parlamento, tribunais, grandes corporações do Estado, etc. O efeito era muito decorativo. A praça do Pantheon e a rua Soufflot em toda a sua extensão mostravam, por trás de uma dupla fila de guardas republicanos, a multidão compacta, murmurante, tostando-se ao sol quente das 10 horas para verem muito pouco e não ouvirem quase nada. As janelas, os tetos das casas, da escola de Direito, da *mairie*, estavam negros. Os discursos foram pobres e pouco ouvidos, três apenas. Do lugar reservado à imprensa, ninguém os ouviu. Frases entrecortadas, glorificação dos mortos, culto dos heróis, coisas vagas, muito sabidas, era o que nos chegava dos discursos dos Srs. Tirard e Maze. O Sr. Noël Parfait recitou a poesia de Hugo, *Gloire* à notre France immortelle! Estava tão perturbado, que, não sabendo como haver-se (falta de ensaio), voltou as costas ao presidente e ao catafalco e dirigiu-se à multidão, que o aplaudiu como se aquilo não fosse uma cerimônia grave e solene. E, enquanto os funcionários da república una e indivisa suavam pela sua glória, no grupo dos jornalistas a baba da maledicência e da calúnia ia destruindo nos que ainda fossem susceptíveis de entusiasmo a melindrosa flor das ilusões sobre crenças, dedicações, sacrifícios *pro patria*... Depois de ouvi-los falar é bom ler os artigos desses homens, para adquirir o calejamento necessário contra a mentira perene, que é a vida da imprensa em França.

Depois dos discursos foi o desfilar das tropas. Dez regimentos passaram, infantaria, cavalaria, artilharia, os oficiais saudando com a espada, as bandeiras se abatendo na continência aos heróis, entre o alarido marcial dos clarins em fanfarras alternadas. Depois, organizou-se o cortejo e fez-se a transladação para as criptas funerárias ao som da marcha fúnebre de Chopin. Dentro da nave o serviço de ordem era feito por inválidos com as bandeirolas das lanças envoltas em crepe negro.

Voltando do subterrâneo, o presidente colocou a primeira pedra do monumento que no transepto da direita vai ser erigido à memória de Hoche e de Kléber. Depois, ao som da Marselhesa, a assistência escovou-se, os militares e os funcionários foram despir os seus grandes uniformes, as suas fardas bordadas, as suas becas vermelhas e os seus arminhos e os civis mudar as casacas pelas jaquetas sem cerimônia. E entre a vozeria da multidão, o tropel dos cavalos, o rodar dos carros, as cadências das marchas militares, os ouvidos atentos dos que escutam e entendem altas coisas, ouviram sem dúvida os primeiros golpes do buril da História cavando numa página de bronze o monumento da introdução dos quatro heróis à glória do Pantheon.

- As manifestações republicanas no Brasil são ininteligíveis aqui. A que terminou pelo fato absurdo, que os jornais todos deram como um atentado ignóbil contra o imperador, deu a todos uma triste ideia do que são os nossos revolucionários. Foi um ato de estúpida ferocidade que, sem explicações por enquanto, fez muita gente pensar na possibilidade de extinguir-se o Brasil político e de uma nação florescente e de altos destinos não restar mais que a designação geográfica, um pano de mundo em que se guerreassem longamente um punhado de republiquetas mesquinhas.

D. Pedro é o que mais na Europa se conhece do Brasil e por esse motivo o seu garantidor moral. Todos o admiram, todos o veneram. Enquanto não cresce e mostra para o que vale essa nova geração tão pensativa que possuímos, seria um desastre terrível o desaparecimento do único fiador idôneo, que podemos apresentar ao velho mundo, cuja confiança tanto nos esforçamos por merecer.

Um erudito rabino de Avignon, o Sr. B. Mossé, oficial da instrução pública, publicou, ao mesmo em que nos chegava a desagradável nova, uma biografia do imperador, que, pela grande quantidade de informações inéditas, ordem e clareza da exposição e apreciação desapaixonada, imparcial dos fatos, constitui uma verdadeira história do reinado. Aos que se mostram admirados da pasmosa erudição de um estrangeiro, em assunto tão pouco conhecido, responde modestamente o Sr. Mossé que às informações de um ilustre brasileiro, o Sr. Barão do Rio Branco, deve ele o poder de realizar em tão boas condições, de minuciosidade e rigor histórico, uma empresa que sem esse auxílio seria impossível a um estrangeiro.

É assim que facilita-se aos do velho mundo o conhecimento do nosso obscuro canto e que nesse livro podemos nós encontrar, discutidas por um homem desinteressado delas, questões nacionais da maior importância. A última parte do reinado de D. Pedro II, a mais brilhante pelos resultados da sua política, é tratada desenvolvidamente. Mesmo para os nossos políticos (se me fosse permitido, eu diria – sobretudo para eles) não é sem utilidade o conhecimento da maneira por que estudam a nossa política na Europa.

- Parte hoje para o Rio de Janeiro o Sr. Rodolpho de Souza Dantas, outro brasileiro que todo o tempo da sua estada na Europa empregou em preparar-se para melhor servir o Brasil na sua volta. Quando ele foi ministro do império era um dos mais ilustrados ministros; – aqui conheci-o estudando como um aluno de escola. Foi ele quem me mostrou o colégio de França e a Sorbonne. Sentado num daqueles incômodos banquinhos de pau, estreitos, sem encosto, vi-o muitas vezes assistindo aos cursos de economia, ciências naturais, literatura, com uma aplicação de adolescente estudioso. No entanto os cabelos vão-lhe branqueando precocemente.

De homens assim pode a Pátria fiar. São os de boa vontade e não usam trazer pistolas nos bolsos contra os reis.

Domício da Gama
Paris, 5 de agosto.

17
De Paris

(5 de Setembro de 1889)

Será na verdade um rico inventário o deste ano de 1889 na capital dos povos latinos. Os organizadores do festival de cinco meses devem sentir cada dia um arrepio de contentamento, tão bem-sucedidos têm sido todos os atos solenes ou não da grande celebração da república.

É que a festa não é só da república, é principalmente a glorificação do gênio francês, independente de considerações políticas. Agora, nesta concorrência das aptidões de toda a sorte, ele revela-se em toda a sua grandeza. Não há uma aplicação, uma manifestação da inteligência, ou prática ou contemplativa, em que a França não se apresente, não com um ou dois homens de gênio, ditadores intelectuais, sóis que escureçam o brilho dos astros menores, mas com plêiades brilhando por todas as partes do céu da inteligência, sem clarões ofuscantes, contribuindo para a claridade serena, que alumia o caminho aos que querem saber por onde pisam na marcha irremissível aos Destinos.

Não é só aos de casa, aos da mesmo família social, da mesma raça, mesmo sangue e mesma civilização, que a França ensina e alumia os passos. O mundo inteiro vive do seu pão espiritual, que ela tempera, coze e prepara, quando o não fornece inteiramente, desde o grão substancial até o sangue com que o amassa. É assim que toda ideia que a França não adotou, não é uma ideia simpática, não é humana, não é prática. Todos os povos a reconhecem, todos lhe são gratos por isso, política à parte. E em França mesmo, onde o prestígio das grandes coisas feitas assim à vista não é tamanho, há esquecimentos temporários das dissenções políticas, quando se trata dos grandes interesses sociais, humanos.

A festa da inauguração do novo edifício de Sorbonne foi uma destas solenidades pouco interessantes como pormenores, mas profundamente comoventes como simbólica.

Os alunos de Paris tinham convidado os estudantes das universidades e escolas estrangeiras; estes por delegações compareceram e no dia 5 de agosto uma das mais brilhantes assembleias que é dado a um homem ver, reunia-se no grande anfiteatro do tempo novo.

É uma sala para 3.000 ouvintes, disposta em hemiciclo, de uma arquitetura imponente, iluminada por cima, pintada, ornada de maneira que a impressão geral é de calma e recolhimento sem enfado.

A ciência ali aparece sem rugas, nem mau humor; faz-se acolhedora, hospitaleira e ao mesmo tempo séria e amável – é a ciência francesa.

Simplicidade, elegância e firmeza de linhas; luz e harmonia, diz um crítico de arte, é bem aqui que ela ocupa os seus estados.

Mas o destino deste anfiteatro é solene. Não é uma sala ordinária de conferências. Ali se debaterão os mais altos interesses do espírito humano; ali se comentarão os poemas imortais; os sistemas filosóficos serão analisados e discutidos. É necessário, pois, que desde a entrada o espírito do ouvinte prepare-se contemplando as estátuas, de Descartes, Pascal, Rollin, Lavoisier, Robert de Sorbon e Richelieu, os fundadores, os criadores, testemunhas e guardas dos métodos tão fecundos, das fortes tradições e das grandes memórias. E em frente do auditório, ocupando toda a vasta parece do fundo, uma imensa composição resume e evoca todos os altos pensamentos a que o lugar é consagrado.

Pintou-a Puvis de Chavannes com a sua maneira simples e grandiosa, a sua pintura abstrativa, profunda mas não confusa, em que os personagens belos, de uma beleza ao mesmo tempo épica e singela, vivem num ambiente sereno e luminoso de sonho bom. A composição simbólica representa a clareira de um bosque sagrado em que num alto assenta-se a antiga Sorbonne, tendo aos lados dois gênios com palmas e coroas, homenagem aos vivos ilustres, aos mortos gloriosos. Junto e de pé, a Eloquência celebra as lutas e as conquistas do espírito humano. À direita e à esquerda agrupam-se figuras atentas representando as diferentes poesias. Do rochedo em que elas estão, corre a fonte vivificante; a Mocidade bebe, avidamente, a Velhice haure nela novas forças. A História e a Filosofia, gestos de aspiração, gestos de convicção, flores simbolizando a vida efêmera, a transformação contínua da matéria, contemplações de destroços do passado, pesquisas da ciência nova, votos de consagração ao trabalho intelectual, que é a religião do futuro, há de tudo nessa composição que representa a poesia alta, a poesia do estudo. A paisagem é uma floresta elísia banhada pela luz serena de um céu por onde a alma vai, batendo as asas, pairando.... Pode ser maçante o professor que doutrinar da cadeira que fica embaixo: por cima da sua cabeça humilde e mesquinha o olhar do aluno irá às belas figuras da composição de Puvis de Chavannes e a alma não sofrerá a depressão que resulta dos constrangimentos tediosos.

Mas se a lição do professor for alta e vibrante, quanta harmonia resultará da impulsão dos grandes pensamentos ao mundo das belas formas, do céu sereno, infinito em que a alma se difunde na vida de esplendor! E a claridade do tom da pintura se harmoniza tão bem com a claridade que ao espírito trazem os altos pensares...

Como na noite da Idade Média, que não foi tão noite como se diz, a Sorbonne de hoje é e continuará a ser um farol do espírito.

Por isso à inauguração da casa afluíram delegações das universidades mais novas, porém não menos venerandas, veio gente de casas de ensino de que raro se ouve falar. Por trás dos professores, todos de beca, os estandartes das deputações estrangeiras cobriam as paredes do fundo.

Estavam ali as *nações sábias*. Entre a confusão de bandeiras bordadas, multicores, notavam-se a cruz vermelha da Noruega, o leão belga, timbrado do "peristilo de Liège" e emoldurado na bandeira dos estudantes de Gand pelo colar do Tosão de Ouro, as armas de Mons no estandarte da escola provincial do Hainaut, as faixas branco e preto da Zofingia da Basileia, a auriflama verde de Florença, os emblemas e as cores de Edimburgo com a bela divisa: *Nisi Dominus frustra*.

Juntos dos estudantes de Oxford e de Cambridge, com o seu gorro quadrado e envoltos na sua *gown*, entre as delegações de Helsingfords, de Salamanca, de Viena, de Leiden, de Utrecht, de Copenhague, de Pavia, de Bolonha, notava-se a chapa preta de pluma branca, o dólmã justo e a capa talar dos estudantes de Budapeste.

E todos aplaudiam os discursos do ministro da instrução pública, M. Fallières, do reitor da Universidade, M. Gréard, de M. Chautemps, presidente da câmara municipal, e todos davam urras pela França, aclamavam Carnot e Pasteur e ao desfilarem abatiam as bandeiras diante deles.

Depois houve festa no ministério da instrução pública, depois, nos dias seguintes, passeio pela Exposição, ascensão à torre, representação de gala na Ópera, representação no teatro Francês, passeio a Meudon, recepção no palácio presidencial, nova reunião na Sorbonna para a troca das cortesias de rigor entre os estudantes convidados e os que os convidaram... E durante todo esse tempo Paris hospedou, alimentou, divertiu, instruiu quem sabe quantos Dantes e quantos Loyolas do futuro!

Aqui não se presta mais atenção às realezas do presente, quanto mais às do porvir. Há um galope de príncipes pelas ruas da cidade alegre. Partiu o Xá, partiu Dinah Salifou, vieram os príncipes de Tunis e não sei mais que régulos que a Exposição atrai.

Veio também Edison, o rei da eletricidade, o homem muito trabalhador, muito inventivo, muito rico, muito ocupado, condenado a não parar, obrigado a recusar as festas que lhe querem dar, porque mal tem tempo para visitar Paris e um pouco da Europa e voltar muito depressa para a América, ao seu cepo de glória e de estudo.

Antes de partir, o Xá teve a curiosidade de assistir a uma das sessões do processo Boulanger no senado. Era no segundo dia da acusação do procurador geral da República, M. Quesnay de Beaurepaire. O Xá não entendeu nada daquilo, mas parece que achou muita formalidade para condenar um homem. Na Pérsia a coisa é mais expedita.

Não seria muito correto judicialmente o processo Boulanger no supremo tribunal, mas o resultado que o governo procurou – a desmoralização dos acusados – foi plenamente conseguido. Toda a futura corte do pretendente foi mostrada pelo acusador público no seu verdadeiro caráter, na sua intimidade mais baixa e repugnante. Rochefort, o jornalista que mais mal tem feito à França, foi mostrado odiento, medroso e louco.

O trecho do artigo em que ele injuriava o exército francês, foi lido entre as exclamações de nojo e de indignação do auditório. Dillon, o falso conde, perdeu sua legenda. O amável general apareceu baixamente intrigante, rodeado de réus de polícia, de mulheres de má vida, invejoso contra os seus colegas do exército, contra os seus superiores, mesquinho e... e desazado.

Desazado é um adjetivo fraco contra um homem que pôs em risco a segurança da nação para satisfazer ambições ilegítimas, porém, o insucesso da sua aventura só do seu desazo proveio. É preciso mais finura e sobretudo mais prestígio para apanhar a França.

A condenação dos acusados à deportação para um presídio só causou impressão no estrangeiro. No país ela era esperada e, como a pena não será provavelmente aplicada, a chamada aventura boulangista continuará ainda a ocupar a atenção da nação até as eleições de outubro. Nesse tempo a eleição dos revisionistas ou a sua rejeição dará novo impulso ou terminará esta irritante disputa.

Mas até lá Boulanger, Rochefort e Dillon não terão visto a Exposição. E a menos que mais tarde, quando eles forem o poder, não mandem fazer uma de encomenda.

A Exposição agora está completa. Já há engraxadores lá dentro, para não sair a gente com os pés indecentes de lama ou de poeira. O que eles mais me fazem é saudades dos nossos da rua Direita, que dão gosto só na maneira de pegar nas escovas; os daqui são uns desajeitados e engraxam mal; não têm brio no puxar da escova.

As publicações sobre a Exposição estão quase todas prontas. Pode-se encher um quarto com os volumes de catálogos, notícias, memórias, relatórios, guias, etc. Cada exposição parcial, muitos expositores particulares deram que fazer à imprensa. De sorte que é um horror pensar em ler tudo o que se escreveu sobre a Exposição, sobre os países que a ela concorreram...

O Brasil figura nesse biblioteca com três volumes, o último dos quais, *Le Brésil en 1889*, é tão grosso, que não me envergonho de dizer que ainda não li dele senão alguns artigos. Tem 700 páginas in-8º, 25 capítulos, oito dos quais escritos pelo organizador da obra o Sr. Sant'Anna Nery e os outros escritores da maior competência em coisas do Brasil. Dois artigos sobre Arte e sobre Imigração do Sr. Eduardo Prado, um artigo sobre a Imprensa, do Sr. Ferreira de Araújo, um artigo resumindo a história do Brasil pelo barão do Rio Branco e um sobre estradas de ferro pelo Sr. Fernandes Pinheiro: é tudo que por ora conheço dessa obra.

Não sou competente para julgá-la; para sentir-lhe o valor, sim. Há ali informações que mesmo no Brasil não se obtêm. Tem me parecido que é preciso sair a gente da sua terra para aprender a amá-la e a conhecê-la.

Para ali embarca no dia 20 de agosto em Bordeaux um dos brasileiros que mais nos fazem honra no estrangeiro. O Sr. Heitor Cordeiro é um magnífico exemplar do brasileiro bem criado e *fino*. Basta vê-lo e conversar com ele cinco minutos para convencer-se a gente de que o pão do espírito aproveita-lhe tanto como o pão do corpo. Tem a gravidade natural (93 quilos) e um espírito levíssimo, uma agudez singular de percepção ao mesmo tempo que muito senso prático. Aprendeu muito na sua viagem e gaba-se de que emagreceu: as molas dos tílburis no Rio o sentirão. Eu só sinto que não seja maior entre nós o número de homens como ele. A fachada do nosso edifício social poderia contar com belas e seguras cariátides.

Domício da Gama
16 de agosto

18
De Paris

(28 de Setembro de 1889)

Embora pareça ocioso falar de belos artigos publicados pela imprensa parisiense, quando se pode ter a impressão direta das coisas, encontro no inventário da semana dois artigos particularmente interessantes, merecendo menção especial.

Um é o do *Temps* de ontem, que se ocupa do Brasil e da exposição brasileira no Campo de Marte. Nós, que agora atravessamos um período doentio de efervescência política, em que convém às ambições em campo mostrar tudo mau e sombrio no futuro, nós chegamos a nos persuadir de que somos o povo mais atrasado e mais mal governado do mundo civilizado. E como isto é uma persuasão pouco fundada, como não percebemos bem o que nos falta, a nossa irritação ainda mais se agrava com a puerilidade das nossas queixas. Queixamo-nos de não ser tão felizes quanto desejaríamos, como se para o ser bastasse querer vagamente, sem dizer o modo.

Queremos ser o que somos, mais o que outros são e do nosso desejo, ineficaz como um capricho de criança, resulta esse frenesi doentio, prurido de querer sem saber querer. Entretanto o estrangeiro que me compara, diz-nos que vamos bem, que vamos melhor de que muitos outros, ao menos. Dirão que o estrangeiro, não conhecendo bem o país sobre o qual escreve, não tem autoridade para afirmar, para concluir a respeito do nosso movimento social. E quantos são os brasileiros que conhecem o Brasil? Nós temos o defeito das generalizações prontas demais e das particularidades excessivas, de ver as coisas muito pela rama ou muito pelo âmago. O estrangeiro, esse vê os resultados gerais e por eles conclui.

Conclui como o articulista do *Temps* em louvor nosso. Do aumento incessante dos nossos recursos econômicos ele deduz as mais lisonjeiras consequências, elogia-nos o trabalho calmo e sem perturbações políticas.

Não sabe que as queremos ter, para não obrigarmos os historiadores do futuro a nos estudarem diferentemente dos outros povos. Se há macaquice odiosa é essa do revolucionarismo fora de propósito. Mas felizmente nós somos tão pouco ativos que mesmo para as revoluções falta-nos energia. O nosso desenvolvimento se fará fatalmente, a pesar nosso. Crescemos entre a benevolência e a simpatia das nações a que não podemos fazer sombra, e das que nos não veem com bons olhos, que nos importa a má vontade? A hora da peleja entre os irmãos inimigos ainda tarda muito...

Livros em que os estrangeiros aprendam a nos conhecer, já não faltam hoje. O ano da Exposição prestou-nos o grande serviço de estimular a boa vontade dos que são capazes de nos fazer valer. Depois do artigo da *Grande Enciclopédia,* em que tudo o que de essencial foi possível reunir sob o título *Brésil,* vem exposto com a clareza e concisão de linguagem de dicionário, o *Brésil en 1889*, obra promovida e em grande parte feita pelo Sr. F. de Sant'Anna Nery, dá em largas memórias ou em artigos substanciais a informação mais completa que se pode obter do nosso estado econômico e da nossa vida intelectual. De qualquer desses livros a consequência a tirar não é para nos envergonhar: longe disso, quando em algum *toast* de banquete, ou em conferência pública, como ainda anteontem de manhã no grande teatro da Exposição, o Sr. Sant'Anna Nery fala com uma certa jactância meridional da sua imensa Amazônia, do nosso grande Brasil, eu evito encontrar os olhos dos outros para que não percebam nos meus o vaidoso contentamento do elogio, que me toca. É que cada vez mais se propaga a simpatia por nós, é que começamos a sempre aparecer bem, que o tipo do Brasileiro de Meilhac, como o de Balzac, como os de Castello Branco, são tidos afinal por convencionais e falsos, tanto como os heróis antigos nas tragédias do século dezessete, tanto como os românticos de 1830. Não somos mais *rastaquou*ères, que delícia! Não usamos mais diamantes nos dedos e no peito da camisa, não trazemos correntes de ouro com casaca, não usamos gravatas de espantar... Alguns mesmo chegam a não ser da cor da calda do tabaco. E quando o são, são-no tão discretamente que fingem de espanhóis, de rumaicos, de turcos. Só o vagaroso da fala, a falta de fanfarrice na linguagem, a preocupação de cortesia e correção distinguem-nos dos bárbaros do Sul...

Bárbaro é uma palavra de significação relativa e não exprime inferioridade absoluta. Os bárbaros são os povos novos e fortes, de quem é o futuro.

Os cansados dos excessos da civilização, os que sentem a aproximação da morte entre as vertigens do turbilhão da vida, é para eles que voltam os olhos, deles é que esperam a regeneração das raças empobrecidas. É disso que trata o segundo artigo a que acima me referi, que se intitula *L'homme nouveau* e que é assinado por Caliban, pelo fino jornalista e peregrino escritor que é Émilie Bergerat.

O tema do cintilante redator do *Figaro*, é a entrada triunfal de Edison em Paris, ao mesmo tempo que aí morria o conde de Villiers de I'Isle-Adam, que foi o seu primeiro cantor na *Eva Futura*.

"Para quem conhece o Edgar Poe[8] francês, a coincidência da sua morte com a vinda do grande *homem novo*, equivale a um *Ave Caesar morituri te salutant*[9] das Ideias de Sonho à Ideia de Fato, é a saudação suprema dos vencidos ao vencedor.

É natural que Edison nunca tenha lido a *Eva Futura* e sem dúvida o nome do seu poeta é-lhe totalmente estranho. Que o aprenda por este artigo e saiba que durante a sua estada em Paris passou a cem passos do hospício em que agonizava o seu profeta.

Não pertenço, como o pobre Villiers, a essa filosofia, cheia de soberba, aliás, que opõe o crucifixo erguido à invasão da barbaria científica, e há muitos anos já desaprendi o emprego dessa arma inocente de defesa. Mas, como homem das raças ameaçadas, a presença do Americano, que se parece com o Napoleão e que é surdo como Beethoven, enche-me de uma melancolia indizível, porque bem sei também que ele traz nos seus bolsos o futuro."

E discorre o cronista, triste com a consideração de não ser dado à Europa o aplicar as consequências das grandes conquistas do espírito e virem os ignorantes de filosofias turvas ensinar-lhe a vida nova, a prática das liberdades que ela conquistou.

---

8 "Edegar Poë" no original.

9 "Ave César, aqueles que vão morrer o saúdam".

"Edison, homem sem frases, mas agindo, não é mais do que o homem da liberdade praticada. É o civilizado, que prometia 89, descouraçado da velha ferragem das tradições e aliviado de teorias. É o recomeçador ingênuo e sem mestres, a quem a natureza parece inexplorada e que, ignorante de tudo, tudo ousa. Parece-se com o preadamita, que, tendo a coragem do seu espanto diante do sol e da lua, descobre-os. Na sua infantilidade científica está talvez sua força. Glória a ele e que seja bem-vindo entre os povos em aflição, que sabem demais para indagarem ainda. Porque não é da Dúvida que surge o Futuro, e quando o cavalo tem os olhos meio desvendados não quer mais rodar a mó."

São pois os povos novos, os ignorantes sem pretensões de sabedoria, que vão tirar a prova, fazer o grande ensaio do acervo filosófico dos séculos, que vão separar o bom do inútil e do mau e julgar-nos, a nós, os orgulhosos de previsões, de definições, de escavações, que produzem a certeza!...

E os povos novos no mais próximo futuro serão os americanos, os coloniais, os que, não tendo solar de avós para se agasalhar, nem brasões fidalgos para estampilhar a presunçosa indolência, andarão lidando ao sol, sem pensamentos escuros, nem cismas absurdas. E, entre os povos novos, aquele em que o trabalho lento do progresso sem convulsões melhor se consolidará, aquele que se apresentará mais forte e mais seguro da sua força, sem tisne de ódios de raças, sem ressentimentos internos de regimes proscritos em dissensões civis, não vejo por que não seria o Brasil....

Mas, se é forçoso ser como todos os outros povos e se convém, mais que a história resumida de um regime pacato e sem aventuras, um legendário de atrocidades heroicas e de golpes d'armas obsoletos, então também nós teremos uma história bonita como a da Índia antiga. Só os nomes serão mais feios, menos musicais, mais difíceis de reter na memória. Verdade é que assim também nunca chegaremos à grandeza da Índia Antiga.

Domício da Gama

5 de setembro de 1889.

19
De Paris

(4 de Outubro de 1889)

Foi anteontem a assembleia geral do júri superior das recompensas aos expositores.

Esse júri superior foi uma espécie de supremo tribunal para as decisões dos júris de classes e de grupos. A sessão de anteontem foi consagrada à apresentação do relatório da subcomissão encarregada de estudar as questões litigiosas, reclamações, etc., que levantaram numerosos expositores, à medida que iam sendo conhecidas as decisões dos júris inferiores. As revelações extemporâneas das recompensas concedidas ocuparam frequentemente a imprensa com recusas escandalosas de medalhas, declinações de competência, desabafos das vaidades ofendidas, em suma. Foram os artistas os que mais barulho fizeram – o artista é por índole e por educação essencialmente vaidoso – mas foram os inventores mecânicos, os maquinistas e os metalurgistas que maior número de recursos interpuseram. Tudo convicção dos merecimentos próprios e ardor de engrandecer a humanidade por meio dos seus inventos, pela elevação do espírito na contemplação das belezas da arte. O caso foi que a subcomissão teve de estudar setecentas reclamações e gastou quinze sessões, até que o relatório dos seus trabalhos pudesse ser apresentado.

Resultado: os júris de grupos pediam 32.468 recompensas e a subcomissão revisora reclama 33.138 – são 670 de mais. Felizmente para a Exposição as medalhas de ouro e de prata são platônicas, virtuais, honorárias, não são de ouro nem de prata. Nós vivemos num tempo de fazer de conta, de símbolos e abstrações...

A *Gazeta de Notícias* já deu por telegrama o número de recompensas que o Brasil obteve na Exposição de 1889. Ninguém porá em dúvida a extrema amabilidade do júri para conosco. Nós não merecíamos tanto. A exposição brasileira, se não foi pobre e mesquinha, como tantos pensavam (e ainda há quem pense!), se deu uma avantajada ideia dos nossos recursos naturais, que sustentam a concorrência com os produtos naturais das regiões mais ricas do mundo, não deu entretanto bom testemunho da nossa inteligência.

Ora, numa exposição artística, científica e industrial, os prêmios são conferidos ao esforço inteligente. Quando ouço algum senhor de engenho dizer que nas terra dele a cana de açúcar *deita, alevanta, torna a deitar* e *torna a levantar* e comparo o seu açúcar com o de qualquer colônia inglesa, holandesa ou espanhola, lamento que tanto viço produza tal rapadura. A maior boa vontade do júri de recompensas não pôde dar mais de seis medalhas de ouro aos nossos açúcares. O nosso tabaco então só obteve uma medalha de ouro – e o tabaco engrinalda-nos as armas nacionais! Mas é mal cultivado e mal preparado, preparado somente para gasto de casa; não suporta a comparação com os tabacos de países que até aqui nem apareciam nos mercados, como o México, por exemplo.

O café, esse sim, obteve grandes prêmios de honra e medalhas de ouro em profusão. O nosso café é rei. No entanto só a muito custo obteve a comissão central do Rio café para expor e uma casa importadora do Havre completou a exposição que raros fazendeiros de boa vontade fizeram. O mesmo para a exposição de borracha bruta, que obteve um grande prêmio conferido ao único expositor – uma casa de Paris!

A má vontade contra a exposição entre nós foi grande até que o comparecimento do Brasil fosse resolvido, sabe-se. Mas o que admira é que depois disso ela tenha persistido e que grandes industriais, grandes cultivadores, importantes instituições científicas, gente de valor que concorreria valiosamente para mostrar ao mundo os elementos sociais de que dispomos, tenha recusado mandar ao Campo de Marte a sua contribuição. Esses são os que mais duvidam do nosso sucesso, naturalmente, e os que vão achar exagerado o número de quinhentos e tantos prêmios aos produtos expostos no Pavilhão Brasileiro. É verdade que os membros da comissão franco-brasileira, que faziam parte dos júris, trabalharam muito para esse resultado; mas os prêmios concedidos aos açúcares, tabacos, tecidos e outros produtos da nossa indústria inferior mostram que não houve excessiva parcialidade em favor nosso. Nós concorríamos fracamente com o melhor da produção do mundo inteiro, mas os júris tomavam em conta as condições da nossa produção e premiavam-nos equitativamente, pois que em tais compitas o prêmio envolve sempre uma animação, uma manifestação de simpatia pelo esforço feito para melhorar. O principal trabalho dos nossos representantes nos júris foi mostrar-lhes isso. E o resultado dos seus esforços foi o mais lisonjeiro para eles e para nós.

Dentro de mês e meio a Exposição estará terminada. Por isso todo o mundo se apresse em vir vê-la. O número de entradas diariamente não desce de 140.000. Nos domingos a gente dos subúrbios e os provincianos inundam Paris, as entradas sobem então a 350.000 e mais. As ruas são rios de carros, os cavalos dos fiacres estão na espinha e os cocheiros saltam por cima das tarifas e ajustam as corridas; às horas de saída da Exposição há quem os adule para se fazer transportar a quarteirões mais longe que meia hora de trote.

Para ter passagem pelos ônibus, tramways ou barcos no Sena, é preciso ter paciência e poder perder tempo. O mais simples é ir a pé. Corre-se apenas o risco de ser atropelado ou esmagado. A praça da Concórdia é a grande encruzilhada. Quando a rua Royale já dá pouco, a rua de Rivoli despeja-lhe ainda carros aos borbotões... Pelo Cours-la-Reine, obstruído em parte pelo cercado das exposições de porcos, bois, cavalos, etc., o jato é contínuo. Pelas pontes da Concórdia e de l'Alma, há quatro filas ininterrompidas. Em toda a extensão das grandes bulevares de Montmartre à Madaleine os passeios de um e de outro lado estão negros de povo e o centro da rua é perigoso de atravessar. Isso é assim até as horas chamadas mortas.

Nos lugares de divertimento encontram-se tipos de raças e caracteres os mais opostos. Uma noite nas Montanhas Russas, sentado comodamente numa cadeira de braços, sem um olhar para o rebanho de mulheres que lhe passavam ao pé, nem impaciência pelos guinchos das que fingem assustar-se escorregando, um velho paulista, antigo tropeiro e negociante de animais, contava a outro brasileiro as peripécias da sua primeira viagem com uma tropa de mil e duzentas mulas da Vacaria a Sorocaba, e depois os seus três meses de vadiação no Rio, onde gastava com as francesas o que ganhava com as mulas... Não sei se há graus no exotismo, mas aquele homem, que tinha sido ao mesmo tempo tropeiro, amante da Lagrúa e amigo do Tamberlick, ali remoendo recordações e talvez saudades à claridade da luz elétrica, à música de umas canções que ninguém escuta, tão longe do passado, tão longe na distância, pareceu-me mais exótico que o feio japonês, que ao lado dele chupava fleumaticamente o castão da sua bengalinha *chic*.

Há muito estrangeiro por toda a parte; por toda a parte ouvem-se diálogos em inglês, espanhol e mesmo em português, português do Portugal e o outro nosso, que as crianças francesas pensam que é uma língua diferente.

Se os parisienses cuidassem em outra coisa que não fosse a sua política, seria agora a ocasião para eles aprenderem a geografia praticamente para não fazerem mais injuriosas confusões de nacionalidades. No outro dia uma senhora cuidava que eu era de Bucareste. Um homem (caixeiro viajante, esse) perguntou se era uma língua oriental o que eu falava, turco, espanhol, italiano; sempre há quem suponha que são todos os mesmos os morenos, magros, com bigodes pretos e uma roncaria na voz. Agora os marselheses conhecem eles às léguas. É que o marselhês é tão diferente!...

- Enquanto Paris cobre-se e recobre-se de cartazes multicores, apresentando candidaturas eleitorais, as mais ameaçadoras para o governo atual; enquanto Boulanger anuncia que as próximas eleições serão a grande varredura política, vão os que por enquanto serram de cima glorificando-se com o esplendor das festas nacionais.

O que acho de pior na república é que ainda estejam a fazer a sua propaganda. É o que há de mais irritante nos discursos políticos – a banalidade das vantagens que a República e só a República traz aos franceses. Mas agora a propaganda republicana revestiu uma forma que diminuiu-lhe, senão suprimiu-lhe todo o ridículo. Uma jovem compositora de muito talento escreveu uma ode triunfal, uma apoteose da República, e sobre uns versos muito simples e muito musicais escreveu uma música idem. Depois fizeram-lhe na extremidade leste do pátio do Palácio da Indústria um grande teatro, de cinquenta e cinco metro de alto, quarenta e cinco de profundidade, e um pano de fundo de sessenta e cinco metros de largo, pintaram-lhe um cenário e decorações grandiosos, recrutaram novecentos cantores e trezentos músicos e deram anteontem asas ao seu poema musical diante de vinte mil espectadores maravilhados.

Era primeiro o aspecto da sala em que se conservou a ornamentação dos bailes aos expositores, e do banquete dos meres, imensa, cintilante de luzes, com as suas tapeçarias de Gobelins, os festões de louro, o imenso velário cobrindo o poviléu sussurrante como uma floresta ao vento. Depois a música larga, simples, chegando para todos, às ondas, como um mar de harmonia. Depois o cenário – uma paisagem serena, extensa, elevando-se em encosta suave com um altar de pátria no alto. Depois os elementos líricos, de uma simbólica fácil, acessível às inteligências humildes, tocante aos corações simples – glorificação da agricultura pelos coros do vinho e do trigo, da indústria pelos coros dos *compagnons du tour de France*, da defesa nacional pelos soldados, do comércio pelos marinheiros, da mocidade e do amor um idílio a dois coros, que foi bisado, da infância a quem as aves das florestas ensinaram que é preciso viver e morrer pela França, de artistas precedidos pelo Gênio, de sábios guiados pela Razão. Cada uma das teorias é seguida de atributos e de personagens alegóricos, e depois de cantarem as suas estrofes dispõem-se em anfiteatro à roda do altar. Há uma invocação, uma prece geral para que a deusa República Francesa apareça a desencantar uma figura sombria de mulher vestida de luto e acorrentada (Alsácia ou República Universal?) que ali vem, que faz calarem-se os cantos festivos, que separa os pares amorosos. E ela aparece, a redentora, figurada por uma grande mulher, *au* pé*plum d'azur* e canta com uma grande voz que chega até cá ao fundo as estrofes inebriantes da utopia sublime.

E numa arrancada final, delirando, o povo canta:

Trompettes, emportez jusqu'aux cieux grands ouverts
L'Hymne de Joie et de Victorie!
Gloire à toi, fille de la Gloire!
Gloire à toi, Liberté, soleil d'univers!

E o pano de boca fecha-se, e todos querem ver a autora, e ficam muito contentes, porque M. Alphand dá-lhe um beijo ali à boca da cena, e depois vão embora, satisfeitos pela noite fresca e porque não houve desastre algum, como era de recear-se, em tamanho ajuntamento a portas fechadas.

Mais belo do que a música, mais belo do que os versos animados de um sentimento viril e patriota, era o efeito geral do quadro harmonizado num tom amortecido de tapeçaria antiga, a que nem faltava a moldura suntuosa da cena. Parecia uma encomenda dos Gobelins. A comparação teve sucesso numa pequena roda de franceses, um pouco irônicos, que zombavam do *péplum d'azur* da Mathilde Romi, mas ficavam pálidos e de respiração presa em certos trechos mais vibrantes de sentimento cívico.

São assim os franceses...

Domício da Gama
Paris, 13 de setembro

20
De Paris

(30 de Outubro de 1889)

Foi um resultado curioso o das eleições de domingo 22: todos ficaram contentes com elas. E isto pela razão muito simples de, não sendo esse resultado decisivo, não correspondendo nem à metade das esperanças ou das apreensões dos partidos em campo, prestar-se ele a toda a sorte de interpretações que possam servir às previsões dos jornalistas partidários.

Os boulangistas, revisionistas independentes, radicais revisionistas, reacionários, socialistas, possibilistas, a legião oposicionista, contavam varrer o oportunismo conservador que é a guarda fiel do poder e em seguida disputar a presa da campanha. Seria longa a disputa, longa e funesta. Os maus governos que duram têm a vantagem da estabilidade.

Costumam chamar maus governos àqueles que não admitem na gerência do estado a intervenção de todos os governantes ou espíritos governativos em disponibilidade.

Bons são os que não prestam para nada, mas que deixam fazer da administração da coisa pública uma panela em que todos mexem.

O governo atual da França é um mau governo aparentemente, sem o prestígio que lhe devia dar a confiança da nação. Mas governa, resiste e dura. Tem um programa que está nos casos de cumprir, porque para isso tem a primeira condição necessária, que é a de dispor do poder. Os outros, os melhores, mais sagazes, mais patriotas, mais honrados, só têm o defeito de não oferecerem garantias. Nem mesmo estão seguros de vencer! E o eleitorado prefere os que, embora governando mal, governam, aos que talvez não tenham ocasião de mostrar as suas habilidades.

Em resumo: mesmo na culta França, onde ela entra mais ou menos no conhecimento de todos, são os políticos que fazem a política e que declaram os governos bons ou maus. O povo, esse não discute coisas finas, sacode fora os governos que lhe não servem e atura com paciência os que lhe servem mal, com a esperança de que aprendam e melhorem. É o espírito conservador deduzido da lição da história.

Das eleições de 22 o único resultado positivo até agora foi a constituição do partido boulangista com duas dúzias de deputados eleitos em primeiro escrutínio. Os 140 outros oposicionistas – realistas e bonapartistas – não têm a importância desse bando de turbulentos que agravarão na câmara a agitação das discussões. Os monarquistas quase todos são homens de escrúpulo; protestam, mas sempre são comedidos (Cassagnac à parte, que o jornalismo viciou). Porém os boulangistas são aventureiros para quem o fim justifica os meios. Vai ser uma sessão suja a da nova câmara.

Em Paris muita gente, estrangeira principalmente, contava com barulhos; os jornais entretinham esse receio e houve quem não saísse à rua de noite por medo das cargas de cavalaria. Houve cavalaria no boulevard, mas era como se fosse cavalaria descarregada. Iam a passo os dragões, com um ar mais aborrecido do que feroz.

Os que vi mais bem empregados estavam trepados sobre o passeio do boulevard dos Italianos, do lado da rua Drouot e obrigavam o povo a descer para o meio da rua, onde a contínua passagem de carros, muito numerosos até depois de uma hora da noite, impedia os ajuntamentos. É que o *Gaulois*, aproveitando a situação favorável da sua nova casa de esquina, tinha armado uns transparentes magníficos, para publicar as vitórias dos seus partidários. Mas a polícia achou que, embora os transparentes fossem muito bem arranjados, não havia razão para consentir ao *Gaulois*, monarquista e boulangista, o que não se permite aos outros jornais por simples medida de ordem. Mesmo assim, de tempos a tempos, como para experimentar a indulgência da autoridade, lá funcionava o transparente anunciando o *ballotage* de Rochefort, a eleição de Bergerot, a derrota de Jules Ferry... E um comissário de polícia muito pachorrento mandou apagar a lanterna do anúncio luminoso. Assim o *Gaulois* perdeu tempo e feitio.

Na rua Montmartre, onde estão os jornais mais barulhentos, estabeleceram-se cordões de agentes de polícia que os isolavam do povo. Privados do recurso dos transparentes, alguns redatores tentavam satisfazer a curiosidade pública apregoando os resultados das eleições. Mas enrouqueciam logo entre a algazarra dos que pediam que falasse mais alto, dos que diziam que dessem um porta-voz ali ao Sr. Fulano, mal se ouviam uns números quebrados e umas sílabas mais roucantes de alocuções triunfais. Um sujeito com uma vela na mão queria fazer ler os algarismos que escrevia num cartaz; mas a falta de prática fazia-lhe falar o sofisma dos transparentes. Tiveram muito trabalho para pequeno resultado. E no dia seguinte já os jornais estrangeiros davam contentes a notícia do triunfo da República, desta vez sem música, nem versos de Augusta Holmés. Das eleições francesas não virão perturbações da paz da Europa. Ainda bem, que anda um prurido de guerra lá fora!...

- A tudo chamam triunfo da República os republicanos, a tudo o que é triunfo do esforço deste povo perseverante e industrioso como nenhum outro. E são odes triunfais, cortes cívicos, estátuas alegóricas, monumentos de toda a sorte. Ainda no dia 21 foi a inauguração do grupo alegórico de Dalou, o escritor comunista, cuja fuga para Londres no tempo dá-lhe hoje uma certa auréola de mártir pela causa social, muito interessante. O grupo, simbólico a valer, como tudo o que são manifestações socialistas, é provisório, de gesso pintado, como obra em que o material vale realmente menos que o esplendor da ideia. Deram-lhe a roseta de oficial da Legião de Honra em paga e os jornais ilustrados publicaram o seu retrato em mangas de camisa, à la Courbet.

- Ainda será triunfo republicano o festival da distribuição das recompensas da Exposição no Palácio da Indústria, que se fará no dia 29 deste mês. Cumpro o grato dever de comunicar aos leitores que a ordem de colocação no grande cortejo das nações, sendo alfabética, o Brasil virá representado entre as primeiras e o losango de ouro, a esfera armilar, as vinte estrelas, a coroa, o café e o tabaco das suas bandeiras ferirão primeiro a vista das dezenas de milhares de espectadores presentes.

- Começa a diminuir a afluência de visitantes à Exposição e de dias em dias adianta-se de um quarto de hora o fechamento das galerias de tarde, o fechamento geral de noite. Os dias são mais curtos, chegam os frios, as viagens de noite nos carros abertos da Decauville começam a ser desagradáveis. Mas diminuição de afluência não quer dizer que já se anda à vontade lá por dentro. Uma aglomeração constante de mais de cem mil pessoas em superfície de pouco mais de 843.000 metros quadrados não é coisa para tranquilizar a quem não gosta de apertos e de *caudas*. A consolação um pouco amarga de tão ruidoso sucesso é que talvez nos últimos dias encha o vazio das imensas galerias desertas, chore no eco das abóbadas sonoras a melancolia dos lugares em que foram alegrias e festas. Depois a caliça das demolições sepultará saudades e memórias importunas, e Paris, menos colossalmente hospitaleira, será de novo a amável e amena Paris sem febre nem tumultos de festas babilônicas.

Domício da Gama
27 de setembro

21
De Paris

(3 de Novembro de 1889)

A festa da distribuição das recompensas da Exposição foi, como todos esperavam, uma bela solenidade.

Dois dias antes já a Agência Havas declara pela administração que os convites estavam feitos, isto é, que todos os cartões estavam distribuídos. Foi uma desolação geral. Havia cerca de vinte e cinco mil eleitos, entre os centos de milhares que nutriam a ambição de assistir à festa. Talvez fosse o despeito dos não contentes, o que fez enfarruscar-se o dia, um fresco domingo de outono.

À 1 hora da tarde começaram a formar-se longas caudas de convidados defronte de cada uma das portas do palácio da indústria que dão para os Campos Elísios. Avançava-se quatro ou cinco metros por minuto; eu levei vinte minutos a entrar, outros esperam três quartos de hora. Mas ninguém se impacientava apesar do vento frio e da chuva iminente. Contavam todos com os seus lugares marcados e com efeito desde o vestíbulo começava a repartição para os tribunais, para o anfiteatro, para a sala. E à direita e à esquerda, cartazes indicavam os lugares das corporações, magistratura, ensino superior, administração, conselho de estado, academias, imprensa, comissariados. Aos que tardavam em encontrar a sua classificação um pessoal muito prático e escolhido guiava prontamente. Em pouco tempo a vasta nave do palácio das festas atopetou-se e a orquestra composta de oitocentos executantes sob a batuta do regente dos concertos do conservatório começou o programa com a *Marcha heroica* de Saint-Saens.

Às duas horas justas uma formidável Marselhesa entoada por orquestra, coros e bandas militares anunciava a chegada do presidente da República. Aclamações estrondosas, vivas a Carnot, um grande ah! de admiração pela cena magnífica que as cortinas do teatro ao fundo, abrindo-se deixam ver. É uma paisagem de montanhas graduando-se, fugindo numa bruma levíssima azulenta, para o horizonte longe. A claridade do dia que vem do alto, por trás, banha aquilo de um esplendor mais vivo, mais mágico do que as iluminações da mais bela mágica.

No centro em um planalto figuram num pitoresco grupo os negros do Senegal e de outras colônias, cabeças de azeviche, reluzentes, mantos brancos, fachas de cores vivas, turbantes, armas singulares e enfileirados de um e de outro lado até o proscênio os porta-bandeiras das seções, imóveis. O teatro não representa mais um palco de sessenta metros de fundo: cabe ali o mundo, desde os bosques de Meudon até as alturas do Himalaia e a humanidade trabalhadora acha-se ali representada tão bem pelo pintor de leques, como pelo fundidor de canhões, pelo selvagem de cara lavrada como pelo tipo afinado das civilizações extremas.

Soam fanfarras. Nas escadas, no outro extremo da sala aparecem bandeiras: é o cortejo das nações. Ali vem todas elas, menos a inimiga e menos a pobre esmagada pela última guerra da América. Mas não há tempo para fazer contagens, nem para lastimar ausências. Aplaude-se, com os pés, com as mãos, aplaude-se, aclama-se a gente amiga, os representantes dos povos longínquos, por simpatia nacional ou simplesmente as bandeiras mais decorativas. Um jornalista tomando notas pergunta a outro quais são as verde e amarelo, com o escudo, que vêm atrás das da Bélgica. E à resposta ele associa provavelmente na ideia – Brasil, diamantes, calor, D. Pedro e ordem da Rosa. Outras recebem aplausos por assim dizer políticos. Faz-se uma ovação à águia russa da bandeira da Finlândia. Os aplausos rebentam na sala, nas tribunas, por toda a parte caprichosamente, por explosões parciais ou em conflagrações formidáveis.

Enquanto o cortejo desfila, cada bandeira abatendo-se cortês ao passar por diante do presidente, que saúda, a orquestra, os coros executam três a quatro peças do programa musical que ninguém escuta. E quando todas as bandeiras estão nos seus lugares sobre o palco, rodeadas pelas respectivas guardas, e todos os comissários que as acompanhavam, estão sentados nas suas cadeiras em frente do estrado oficial, o presidente levanta-se e lê um discurso. A acústica da sala favorece tanto a audição como se estivesse ao ar livre; mas há silêncio (vinte e tantas mil pessoas!), a voz é forte e a dicção clara. Ouve-se, entende-se, faz-se um fecho de palmas a cada parágrafo. E no fim dura longos minutos o clamor entusiástico.

Depois fala T. Tirard, presidente do conselho, ministro do comércio e dos trabalhos públicos. Eloquência pouco física, pouco audível. Depois de alguns esforços para entender o *ronron*, entrecortado de gritos e arrancos enfáticos, que vêm da estrada oficial como uma música amortecida na distância, os que não estão muito perto põem-se a conversar e a ajuntar de boa vontade os seus aplausos aos dos que são mais felizes que ouvem.

Durou trinta e cinco minutos o discurso de M. Tirard e a proclamação das recompensas feita em seguida por M. Berger (menos voz ainda, sala completamente surda desta vez, alguns começam a sair) e a festa toda, pouco mais de duas horas. Não foi estopada, foi bonita, foi única.

A saída não foi agradável. A poeira que de manhã cegava a gente nos Campos Elísios e na praça da Concórdia tinha-se mudado em lama. Chovia de rijo e ventava e fazia frio. Seria então um gosto para os que não obtiveram convites ver a chusma de peitos brancos se amolecendo às chicotadas do vendo úmido do temporal e o tropel de botas finas patinando na lama fria, encharcando-se na água das enxurradas. Mas foi bonito... E nesse dia, que era domingo ainda, houve mais de trezentas mil entradas na Exposição.

De noite os restaurantes não tinham mais comida ou não tinham mais lugar. A exposição fazia casa cheia como sempre.

Nesse dia foi publicada a lista de 33.000 premiados na grande festa do trabalho inteligente. Mas não vinham ali mencionadas todas as recompensas que o governo francês entendeu dever reservar como distinções especiais àqueles que mais concorreram para a magnificência da grande festa social. O visconde de Cavalcanti, que deve ter embarcado hoje em Bordeaux para o Rio de Janeiro, foi o primeiro, por ordem de data, entre os particularmente agraciados. Tinham se reunido anteontem em um salão do Café Voisin para um jantar de adeus dado em honra do eminente organizador da exposição brasileira cerca de 50 brasileiros, franceses e portugueses, e dispunham-se a passar para a sala do banquete, quando o conde d'Ormesson, introdutor de embaixadores, declarou que era encarregado pelo ministro dos negócios estrangeiros de entregar ao comissário do Brasil as insígnias de grande oficial da Legião de Honra, com que o governo da República entendera dever agraciá-lo. Foi uma surpresa e uma satisfação geral, tanto mais que a parte oficial da manifestação particular em nada quebrava a intimidade da festa.

Achavam-se presentes muitos nomes ilustres entre os representantes da arte, das letras, das ciências, das finanças, dos três países e a cordialidade necessária dos brindes não carecia do aquecimento dos vinhos generosos para manifestar-se exuberante, lhana e sentida. Entre os numerosos discursos um recado de Charcot para o Imperador e um brinde de Pinheiro Chagas mereceram especial atenção. Há tanto tempo não ouvíamos a eloquência meridional, as imagens que brotam como fagulhas ao choque das palavras, as frases ardentes, a convicção momentânea embora dos sentidos que se exprimem por elas, isso que entusiasma e arrasta por mais esquecido que se esteja da música... Aclamamos o poeta, que, há uma semana apenas, pisava pela primeira vez o solo da França e já ali rendia-lhe o seu primeiro preito. O visconde de Cavalcanti não podia ter mais bela despedida.

- Foi hoje na igreja de Magdalena o serviço fúnebre pelo barão do Rio Doce, morto subitamente a 26 de setembro. Fez os convites e representava a família ausente do finado e digno cônsul geral do Brasil em Paris. Achavam-se presentes muitos brasileiros, alguns que conheceram o morto.

A cerimônia foi imponente e solene.

Domício da Gama
Paris, 5 de outubro

22
De Paris

(14 de Novembro de 1889)

A Exposição está nos seus últimos dias.

Há pelos jornais uns fingimentos de saudades antecipadas, mas na realidade estão todos desejosos de vê-la encerrada. Dos rufos de tambores e das fanfarras glorificantes, ficou nos jornais uma espécie de convulsão admirativa, que se manifesta pela desordem dos adjetivos, todos fora dos seus lugares e com valores depreciados pelos excessos laudativos. Vai levar tempo agora a curar-se de exageros quem não era exagerado antes.

Mas quem mais pressa tem de ver terminada a festa, são os festeiros. Os festeiros são os expositores. Nem todos foram recompensados dos seus esforços para aparecer bem, pois que *apenas* foram distribuídos 33.000 prêmios. E é uma tristeza não ser premiado, com os outros. Tristeza para uns, raiva para outros. Houve expositores que afixaram cartazes com coisas injuriosas para os júris, e a administração da Exposição mandou retirá-los. Suprimiram os cartazes, mas não o despeito e a má vontade. A gente que passa sente o ar malévolo das exposições não premiadas. Há descuido, quase abandono, as máquinas trabalham a seco; os agentes não fazem mais demonstrações práticas, estão para ali como empregados mal pagos, esperando que o tempo passe para se irem embora. Nas premiadas há mais calor, porém o cansaço dos seis meses de guarda é bem visível.

Também a influência vai diminuindo sempre. O frio veio mais cedo do que se esperava. Começam a recolher as laranjeiras do jardim das Tulherias, os fogareiros dos vendedores de castanhas já se instalaram nas esquinas em que há casas de bebidas. Os magustos com o *petit bleu* de Paris oferecem-se a cada canto. Os ventos frios do norte apressam a queda das folhas. Já se vê mais longe através das árvores quase nuas dos parques. E nas alamedas menos frequentadas, com um sussurro melancólico, torvelinha a ronda das folhas mortas.

O outono vai adiantado e os que podem preparam-se para o inverno. Na rua de la Paix, e em outros lugares em que há modistas e costureiras elegantes estacionam longas horas em dupla e tríplice fila as equipagens luxuosas das mundanas. Junto das portas da Exposição já são mais numerosos os carros particulares o que fez um redator do *Figaro* dizer que os visitantes atuais são mais úteis aos expositores, porque são os que compram. Mas há dias um sujeito queixava-se de não encontrar nenhum objeto que lhe agradasse, que já não estivesse vendido. Com isso realizava ele uma economia virtual de algumas dezenas de milhares de francos, com a consolação a mais de ter querido comprar objetos que já estavam vendidos ao duque d'Aumale, e a outros amadores de reconhecido bom gosto e de muito dinheiro para satisfazê-lo. A muitos acontece isso, o desejo só se acendendo pela dificuldade ou impossibilidade da posse, e sendo poucas as coisas venais e acessíveis que tenham valor.

A Exposição que dá as suas derradeiras festas vai deixar os jornais se ocuparem inteiramente com as discussões políticas. As eleições complementares do dia 6 introduziam mais 27 boulangistas na câmara. São pois 49 ao todo os representantes de um partido, cujo chefe vai num rápido declínio de popularidade. Através dos [...][10] pensar e escrever, pensando e escrevendo!

- Entre os muitos estrangeiros ilustres que viram Paris pela primeira vez, este ano, figura o grande português Pinheiro Chagas. Passou aqui quinze dias nesta Paris que sem dúvida foi a cidade do seu sonho de mocidade, que ele tão bem sentia que foi por longos anos um dos raros transmissores da sua vida intelectual à nossa pobre civilização. Viu-a tarde, mas viu-a bem, em todo o esplendor de uma festa rara nos séculos. E achou-se bem, no meio de amigos, no meio dos seus admiradores que são todos quantos o conhecerem de o ver ou de o ler e, apesar dos frios do outono, num tépido agasalho, de simpatia e de estima. Achou-se bem e mostrou-o em discursos de uma eloquência em que a exuberância da forma ainda não traduzia bastante a exuberância do sentimento que se pressentia nas suas palavras vibrantes.

Domício da Gama
Paris, 11 de outubro

---

10 O jornal está mutilado em sua metade inferior, impedindo assim a leitura de aproximadamente quatro parágrafos.

23
De Paris

(18 de Novembro de 1889)

Coquelin entra de novo para o Teatro Francês, donde tinha saído brigado e contra cuja sociedade ia pôr uma demanda. Foi Claretie quem arranjou a coisa, com muita habilidade, vencendo a oposição dos outros societários, que, por ciúmes de oficial do mesmo ofício e outras razões igualmente fortes, não desgostavam de ver errar por longe a sombra importuna do grande cômico.

Seria um acontecimento sem importância em qualquer parte essa solução de uma questão entre atores. Mas em Paris o que se passa na casa de Molière, assim como em outras mais ou menos de vidro tem uma repercussão nacional. A fibra *cabotine* de cada coração parisiense vibra longamente aos ecos dramáticos, líricos, coreográficos que cada jornal é obrigado a dar diariamente, minuciosa e abundantemente. Há quinze dias, com a visita do czar ao imperador da Alemanha, o resfriamento cada vez mais acentuado do entusiasmo boulangista e o próximo encerramento da Exposição, a entrada de Coquelin como pensionista da *Comédia Francesa* é assunto dos jornais não exclusivamente partidários.

É melhor assim. As intrigas de teatros são bem mais interessantes que as intrigas políticas. Valem sobretudo pelo tom amável, a *blague* disfarçando e atenuando o que possa haver de ridículo em entusiasmos.... bizantinos. Só a política é que pode levar o francês a excessos de uma ferocidade que lhe não é natural. Só a política torna grosseiro o jornalista mais fino. Nem há literatura que valha contra o incêndio das paixões partidárias, paixões mais ou menos gástricas, mais ou menos struggleforlifistas.

A altura de tom e o azedume das polêmicas políticas, os desmandos de linguagem dos jornalistas militantes e a imoralidade dos recursos vis da mentira e da calúnia, como armas de boa guerra na imprensa francesa, já fazem muitos desejarem a supressão da lei especial para a imprensa e que esta submeta-se ao direito comum. Se eu chamar de ladrão a um homem e o não provar, ele mete-me na cadeia; se eu for jornalista e fizer a mesma coisa, depois de um processo complicado em que acharia meio de pelo menos insinuar coisas mais feias sobre a reputação do queixoso, quem vai para a cadeira é o gerente do jornal: é um sistema de substituição, que faz do jornalista pessoa privilegiada numa sociedade que se gaba de ter suprimido os privilégios de pessoa e classe há um século.

Na próxima sessão da câmara, um deputado jornalista, o Sr. José Reinach, vai propor a simples volta à moda antiga, da liberdade da imprensa com a responsabilidade plena do jornalista e a sua submissão ao direito comum aos demais cidadãos. E assim, como tantas outras, cuja revogação exprime que para o gozo de liberdades não é o bastante a aspiração, é necessário o merecimento, será revogada a lei que o bom do pai Grévy, sancionando em 1881 o voto das câmaras, chamava "a lei da tirania da imprensa".

Da visita do czar a Berlim o que mais agradou aos franceses foi que o russo tivesse feito em francês o brinde ao alemão.

Há um tal fervor, tanta esperança na aliança com a Rússia, que tudo é sintoma, indício favorável, bom agouro para o futuro esmagamento da *Germania mater*, até essa simples lembrança da tradição diplomática, que estabelece o francês para língua europeia em congressos ou ajuntamentos internacionais.

Enquanto o imperador da Rússia assistia na Prússia a jantares, revistas e caçadas, sem entusiasmo, em uma visita de pura cortesia, a princesa Theodora de Schleswig-Holstein, irmã da imperatriz da Alemanha, andava por Paris, visitando a Exposição, divertindo-se de noite a [...] as fontes luminosas e o abrasamento [...] torre do alto da sacada do [...] [11]

[...] a sufocação pelo aperto e pelo cheiro. Oh! o cheiro da humanidade é uma coisa terrível...

Nós outros selvagens tropicais que nos lavamos frequentemente não daremos nunca, por mais almiscarada que tenhamos a pele, uma ideia

---

11 O jornal está rasgado na parte intermediária da folha, ao longo de, aproximadamente, três parágrafos.

do cheiro da gente que mais vezes se enxuga do que se lava, ou que não se lava mesmo absolutamente. Isto por espírito conservador, persistência da tradição medieva, que fazia de mais gentil e namorado cavaleiro um foco de infecção. Nas poltronas do teatro francês, os narizes ainda não civilizados distinguem bem claramente o que no começo eu chamava ingenuamente *catinga*. Nem os portugueses me entendiam... A tradução francesa seria por um vocábulo grande demais, quase bíblico, que nunca ousei empregar. Mas o caso é que nos espíritos em que as ideias se associam sempre com sensações não é agradável andarem juntos *Oedipe Roi* com a nauseante recordação de suor velho e peles rançosas. E nos apertões populares, então, há uma efusão fraternal, a expansão da alegria física, calorosa e trescalante. Quem frequentou literaturas antigas sente ali dentro arrepios de terror sagrado...

Pensando que se prolongará o sucesso quiseram adiar o encerramento da Exposição, e marcaram-no para o dia 6 de novembro, o que faz seis meses justos de duração. Depois, apagam-se as luminárias e só ficarão a Torre Eiffel, a Galeria das Máquinas, o Zimbório Central com a galeria de 30 metros e os dois palácios das Belas-Artes e das Artes Liberais no lugar em que foi a Exposição.

Contam fazer ali uma feira anual, a Feira de Paris, que não será um dos menores atrativos da encantadora cidade.

E durante o Inverno vai-se fazer um pouco mais de política, um pouco mais de literatura, um pouco menos de estudos para inglês ver, vai-se ver Paris sem Exposição. Dizem que a moda será divertir-se cada um por sua conta, cultivar o espirituoso egoísmo de que no entusiasmo das confraternizações com a humanidade iam quase se esquecendo os franceses.

- O vapor das Messageries que sai hoje de Bordeaux leva para o Rio de Janeiro o esquife com o corpo embalsamado do Dr. João Martins da Silva Coutinho.

Às suas exéquias celebradas na igreja de St. Pierre de Chaillot concorreu quase toda a colônia brasileira em Paris, onde foi muito sentida a sua perda. Franceses, estrangeiros das mais elevadas posições sociais assistiam ao ofício fúnebre. Uma força do 141º regimento de linha [12] à saída do caixão prestou ao morto as honras que lhe eram devidas, como cavaleiro da Legião de Honra.[13]

Domício da Gama

12 No jornal, "da 141ª regimento de linha".

13 No jornal, "cavalheiro da Legião de Honra".

24
De Paris

(30 de Novembro de 1889)

Entre os mortos que o outono levou consigo, há muitos ilustres, há três que merecem especial menção, três que ocuparam o seu lugar na memória já tão descuidosa dos seus contemporâneos – Ricord, Metra e Augier.

Ricord, que nasceu no último dia de 1799, foi um legado característico do 18º século ao 19º. Nele reuniam-se bom humor, trabalho inteligente e dedicação.

A velhice não o tornou doente do espírito.

A especialidade da sua clínica fê-lo filósofo, mas não o tornou cínico – era brejeiro, apenas, não mau. Gostava da pilhéria, e a melancolia dos seus clientes habituais, abatidos de nervos, arrasados pela dissipação carnal, dava-se bem com isso.

Curou gente e fez amigos em todas as classes sociais, cobriu-se de condecorações de gratidão, fez trocadilhos à farta, e morreu deixando um nome ilustre sem herdeiros e uma fortuna.

Quando adoeceu, teve notícia de que Metra estava muito mal e fez uma reflexão desolada: "Quem fará dançar agora os meus doentes?" E Metra, ignorante da sua morte próxima, indagava pelo seu lado: "Quem há de curar os meus bailantes, agora?" Morreram ao mesmo tempo. Um cortejo imenso de amigos e de amigas saudosas, gente das letras, das artes, do teatro, comovida, calada, desfilou por diante da sua cova aberta, e em vez das colheradas de cal encheu-a de ramos de violetas e de rosas. À beira do túmulo de Ricord fizeram-se discursos; mais solenidade, menos emoção real.

De um ficam fórmulas e prescrições terapêuticas, memórias de clínica médica: do outro ficam a saudade das suas músicas, *La vague, Les roses, Le tour du monde*, as suas valsas enlaçantes, inebriantes, a memória de uma cabeleira loura arrepiada, sacudindo-se por cima de uma orquestra estrondosa e de um braço com uma batuta martelando as cadências furiosas dos galopes, nos bailes da Ópera.

Do outro morto, de Emílio Augier, ficou alguma coisa mais, ficou a sua obra dramática, a coleção mais valiosa de peças do teatro contemporâneo, a representação ao vivo de muita coisa da alma social moderna. Não cabe aqui fazer a crítica de tamanha obra. Basta dizer, para resumir, que depois dele ninguém mais *criou* no teatro francês, e que o seu teatro tem a feição mais genuína do teatro satírico – crítica lógica e emoção humana.

Em *Maître Guérin*, em *Madame Caverlet* e nos *Effrontés 14* há mais teatro, e, sobretudo, há mais humanidade que em todo Dumas Filho.

Ele pôs em cena, vivendo artificialmente, mas animados por paixões verdadeiras, paixões do tempo, bem definidas, bem generalizadas, bem interessantes, tipos que todos reconhecem sem esforço entre as suas relações.

A vida das peças do teatro é toda feita da vida dos espectadores, do público, por simpatia com a ação dramática e inteligência dos personagens representados. As peças novas têm o defeito radical de não serem originais, isto é, de não despertarem uma emoção nova ou de serem demasiadamente originais, isto é, tratarem de questões particulares, de casos anormais, pouco simpáticos à multidão. Para que viva e dure, a peça de teatro deve ser uma obra-prima, em suma. E parece que não é fácil conceber e realizar obras-primas numa arte que exige o máximo do artifício das representações concretas.

Augier assim o pensou quando após o sucesso dos *Fourchambault*, terminou a sua brilhante carreira de dramaturgo. Ele explicou num prefácio que foi por ter visto um dia um diretor de teatro recusar-se a receber o velho Scribe, decaído ao ponto de ser um autor importuno, que fez tenção de retirar-se a tempo, para que não se retirassem dele. Na realidade, porém, seria a sua consciência filosófica o que lhe impôs a abstenção pela inutilidade de esforço para inventar. Os tipos de caracteres significativos, gerais, definidos e humanos, que se possam apresentar sobre um palco, vivendo numa ação interessante, estão todos criados.

---

14 "*Effrosetés*" no jornal.

As criações atuais seriam de *nuances* – e o teatro tem uma ótica especial para a qual as nuances são imperceptíveis – ou seriam muito individuais, muito analíticas, novas demais – irrepresentáveis, portanto. Aos que pedem um teatro moderno, isto é, atual e novo, com personagens ainda não apresentados, caracteres modernos e ações modernas, eu diria, se para isso tivesse autoridade, que estudassem esses caracteres com um duplo fim: verificar a sua modernidade primeiramente, e a possibilidade da sua representação teatral, depois disso.

Augier retirou-se a tempo, retirando-se no fim, consciente, deliberadamente, quando os outros pensavam que ele ainda poderia fazer muito. Os discursos que Claretie, Copée e Gréard fizeram à beira da sua cova, foram mais ou menos para lamentar a perda para o teatro, do seu melhor fornecedor, que ainda não tinha setenta anos. Esqueceram-se de que há mais de dez ele não trabalhava *et pour cause...*

A morte de Augier não é sensível para o teatro francês, para quem trabalham (menos eficazmente, é certo) tantos homens de espírito. Ainda agora começou a representar-se uma peça de Daudet, com o título muito antipático e um assunto idem.

Nos cartezes o título é *La lutte pour la vie*, com uma explicação entre parênteses, *Struggle for life*, para que todos saibam que é de Darwin mesmo que se trata. Quem acreditar nos cartazes e tiver fé na consciência do autor para a escolha do título, ficará logrado. De Darwin o que há na peça, é uma comparação impertinente, que se repete no fim, mal a propósito.

O drama é uma continuação do *Immortel*. O autor leva Paul Astier para diante, apresenta-o como o homem forte, moderno, senhor de si, sem escrúpulos, galgando posições, vencendo, devastando à roda de si, abrindo caminho para a sua individualidade através dos obstáculos sociais de justiça, de sentimento, de bondade, etc.

Mas quem sai de ver a peça, só se lembra de que viu um canalha, capaz de más ações, incapaz de crime, sem grandeza no egoísmo, pouco inteligente mesmo, ignorante, vulgar em suma, indigno de que bata por ele um coração. Na cena são muitos a bater por ele, de amor uns, de ódio outros, de admiração quase todos. E não se vê razão para isso e os outros personagens desmerecem logo no nosso conceito – mesquinhos, pois que um fraco os domina. A ação é descosida, a peça não se tem em pé senão pelos acessórios, que, esses sim, são modernos.

Modernos e perversos. Daudet é um homem feliz aparentemente; bonito, rico, adulado no mundo e na intimidade.... parece que a sua concepção da vida não deveria ser tão triste. E no entanto, através das suas lunetas de míope, o mundo aparece-lhe doloroso e mau, a realidade amarga. Compreende-se o sentimento, são impressões pessoais, etc., etc. Mas falando sério e sem literatura: lá porque um senhor sofre de dispepsia e tem repugnâncias nervosas, deixa de ser um desaforo que ele cuspa na nossa feijoada? Pois até aqui eram os romancistas, os novelistas que nos estragavam a nossa realidade, a vida em que vivemos, de que vivemos, que nos é indispensável, pois que não há meio de arranjar outra.

A gente de bom senso não lia os romances, porque, perder tempo em leituras, só com livros bons, dizem os entendidos. Mas agora o teatro, que era um lugar de divertimento, vai nos distribuir pessimismo e contemplações deprimentes. Vão vir os morfinistas, os depravados de sentidos e de espírito, os impotentes, os resíduos das civilizações adiantadas, que autores festejados nos darão por elementos e fatores dessas civilizações; vão nos caluniar tanto em cena, que nós não quereremos mais ser modernos, que começaremos a desconfiar das fórmulas novas, das inovações em qualquer matéria que seja, e nos transformaremos em reacionários furiosos. Dará nisto o pessimismo literário.

Não conto a peça, que há de ser presentada no Rio; mal representada, vão ver; pior do que no Ginásio com certeza, que é o segundo teatro francês na realidade. Ali as peças são representadas quase ao natural, tão vivas são as réplicas, justas as inflexões, tão sem afetação os gestos, desde o primeiro até o último ator. Mas também são fregueses os que escrevem para eles. Para os nossos atores, que mal sabem exprimir as emoções correntes no teatro antigo, que não tiveram escola de declamação e não sentem o tom justo da naturalidade teatral, uma peça traduzida do francês sempre será uma peça... francesa. Conto muito com os nossos honrados atores para o insucesso das tais peças modernas. Por esse lado está o Brasil garantido do pessimismo.

- Chove muito em Paris há alguns dias. Isso impede de andar de carro descoberto numa maneira que vêm os novos condecorados da Exposição de mostrar a meio mundo as suas fitas e rosetas vermelhas. Do terraço do café de La Paix era uma delícia ver o desfile de carros com homens recostados, de cabeça bem alta, sobretudo desabotoado, e na casa do sobretudo e na casa do paletó, a fitinha gloriosa, flamejante, novinha, linda. Couberam algumas a brasileiros. Nós não estimamos tanto essas coisas. Tenho certeza de que, se lhes fosse dado passar adiante as suas cruzes, muitos dos nossos cavaleiros e oficiais da Legião de Honra gostariam de fazer felizes aos seus amigos franceses, que vivem suspirando por uma condecoração. É o número dos desiludidos, dos não contemplados na última distribuição, que entristece o encerramento da Exposição, parece.

É amanhã o encerramento. Que delícia!

Domício da Gama

25
De Paris

(27 de Dezembro de 1889)

Decididamente somos uma *atualidade*. Continuamos sempre na primeira linha das questões interessantes, que os jornais estudam ou fingem estudar, questão múltipla, multiforme esta, com as suas faces e facetas infinitas de problema social em via de solução.

Além da vulgar curiosidade que a nossa revolução desperta, ressurgem os problemas de raça e nacionalidades e predomínios, as questões políticas de unidade e federação, questões econômicas, questões sociológicas, questões de princípio, de forma, de destinos, interessando a Europa pensante, que acompanha ansiosamente as fases dessa experiência política feita em grande, em vistas da lição que daí tire.

Ainda não chegaram pormenores sobre o caso, ignora-se o espírito e a tenção do movimento, assim como o sentimento de que a nação se acha animada, as resistências, as adesões, os entusiasmos, os desalentos, os ecos da opinião nacional livremente manifestada, faltam elementos para julgar, e no entanto já começam a tirar da nossa originalidade, do nosso caso singular deduções e argumentos em favor de quanta teoria de política moderna, podem defender os homens de estado... teoristas. E mesmo os não teoristas. Ainda anteontem, num *lunch* que lhe foi oferecido pelo *maire* de Manchester, Gladstone, fazendo a apologia das instituições municipais, mostrava que a calma com que se fez a revolução brasileira era devida à sua influência benéfica.

Se o grande estadista nos conhecesse um pouco e conhecesse, portanto, as nossas instituições municipais, não pensaria em falar de nós para tal fim. Valha-nos, pois, para este como para outros muitos casos o não sermos por enquanto bem conhecidos. E quando o formos, que o sejamos vantajosamente, segundo a fórmula consagrada. É agora o momento.

Aproveitemos o movimento de simpatia e façamo-nos benquistos. É raro que haja tamanha benevolência em torno das originalidades, mesmo políticas. O bem que nos fez essa gentileza, essa cortesia com que foi feita a deposição do único imperador amado do mundo inteiro! O bem que nos faz e que nos fará a moderação na organização do regime novo!

Como era natural, dada a circunstância de jornalistas ignorantes do que somos nós e carecendo de se mostrarem informados sobre a questão do dia, apareceu muita tolice escrita sobre o Brasil. Houve brasileiros que se prestaram a cuspir sobre o cadáver da monarquia brasileira e outros que tentaram embalsamá-la em louvores.

E houve gente de fora que insinuou influências absurdas sobre o que nos aconteceu. Refiro-me aos argentinos. Uma nota publicada no *Temps* e um artigo aparecido no *Matin* do dia seguinte (2 de dezembro) indicam assaz os sentimentos de cordialidade e insinuam as esperanças dos nossos leais vizinhos. Nós somos e seremos nações rivais pelas raças inimigas (digo *raça*, sabendo o valor do termo) e pelos interesses nacionais dentro e fora do território americano. Mas éramos rivais sem ódio, até aqui.

Agora a aproximação, que a igualdade de regime político traz, os contatos mais frequentes e os atritos consequentes nas questões de posse, de repartição e de primazia sul-americanas, abrem a nova era dos ódios seculares passando do velho ao novo mundo e aí acirrando-se, ferozes. Ódios modernos, astuciosos, disfarçando-se, mas tão profundos, tão sinceros como os antigos, que se exalavam em grandes golpes d'armas e façanhas heroicas nas batalhas.

Nós faremos a guerra, talvez, mas da guerra em campo aberto não nos virá o maior dano; sim da guerrilha, contra a qual não valem estratégias nem bravura militar. E como somos nós os *grandes*, os superiores em crédito, em fortuna, é natural que sejamos nós os *logrados*, os vencidos, quem sabe mesmo se os destruídos na disputa do território da América do Sul pelas irmãs inimigas...

Tanta largueza para hipóteses fantasiosas sobre os nossos destinos, abre essa porta escancarada das revoluções!

E só dentro de alguns dias, quando ameaçarem a chegar os jornais brasileiros, cessará a incerteza sobre muita notícia miúda que o telégrafo tem trazido, como de propósito para desorientar os que pretendem julgar com segurança a obra política do novo regime.

Ainda mais, que por tantos dias se disse que, o telégrafo estando em poder dos rebeldes (chamam-se rebeldes todos os revolucionários enquanto não reconhecidos vencedores), as notícias para a Europa eram submetidas a uma censura e, portanto, suspeitas. A escassez de informações, a princípio, e a declaração posterior de que achavam-se novamente franqueadas ao público as linhas terrestres, confirmaram a realidade dessa medida justificável, porém de mau efeito aqui.

O primeiro correio que Stanley recebeu em Upwapwa, chegando do interior onde passara três anos sem notícias do mundo, deu-lhe notícias da revolução brasileira. Parece que entre os muitos que esse acontecimento positivamente surpreendeu os dois a quem ele mais admiração causou foram Stanley e o Imperador. E Emin-Pachá quebrou a cabeça caindo de uma janela abaixo, não sei se por isso.

– De Paris mesmo: temperatura de alguns graus abaixo de zero constantemente, tempo seco, céu limpo, fontes geladas, patinação no Bois de Boulogne, mendigos cantando no fundo dos pátios cantigas amorosas que fazem vontade de chorar, vendedoras de jornais e de violetas com as mãos roxas e gretadas de frieiras. Paz em Paris e na Europa. Neve em Viena, em Madrid. E Coquelin *reentra* amanhã no Teatro Francês...

Paris, 5 de dezembro de 1889
Domício da Gama

1890

26
De Paris

(26 de Janeiro de 1890)

Corre a Europa, de S. Petersburgo a Madrid, uma epidemia de constipações violentas, a que dão os nomes esquisitos de *febre dengue, influenza* e outras. Dizem que é contagioso o mal e que o tempo frio e úmido favorece-o. Começa por uma febre violenta, dor de cabeça, quebramento de todo o corpo, grande prostração e não passa disso. Mas obriga ao repouso. Isso faz que nos internatos, colégios, liceus, escolas militares e quartéis, as enfermarias estando cheias, dão-se férias extraordinárias até que diminua o número dos doentes.

Em Paris a coisa manifestou-se primeiro nos armazéns do Louvre, e a coincidência com a abertura dos fardos de tapetes vindos do Oriente para as grandes exposições do fim do ano, fez logo pensar numa invasão da peste. Os fregueses fugiram e, apesar de num só dia faltarem 600 empregados, os restantes bastaram amplamente para servir aos raros clientes que arrostaram os perigos daquele foco de infecção. Mas logo os médicos definiram o mal misterioso, e hoje que ele se alastra por toda a cidade, sem ter consequências fatais, resignam-se todos a contraí-la mais cedo ou mais tarde, como quem se arrisca a apanhar chuva ou respingos de lama andando pela rua neste tempo. Levantaram-se os interditos, dissipados os terrores da peste sob a influência tranquilizadora dos médicos e dos jornalistas benfazejos e bem informados. Houve um que levou a sua erudição sobre a epidemia ao ponto de dar os nomes que ela tem em várias partes do mundo. Assim no Brasil ela chama-se *febre polka*... É extraordinário o saber dos jornalistas franceses!

Seria para admirar que não falássemos do Brasil, mesmo tratando-se de um simples andaço de febres sem valor, tão na moda continua ele. Quando não é o artigo especial e *bem informado*, são as referências à nossa gloriosa, dando a nota da atualidade ao artigo. Até os jornais financeiros encarecem o nosso crédito e, num estilo grandíloquo, dizem as nossas pasmosas riquezas, a força prodigiosa da nossa nacionalidade, falam da nossa honestidade cívica, e não sei que mais, só para defender ou fazer *réclame* a estabelecimentos bancários que jogam com os nossos títulos e valores. As considerações políticas, essas são sempre muito claras e simples, iluminam a nossa situação com um clarão otimista, gratulatório. Logo que chegou o primeiro correio com os jornais do Brasil, trazendo pormenores do acontecimento, publicaram os jornais franceses cartas dos seus correspondentes no Rio de Janeiro, contando as coisas bem pelo miúdo, à brasileira. E, no entanto, esses mesmos correspondentes tão bem informados desde as vésperas da nossa grande jornada histórica, não souberam valer com telegramas aos seus jornais, ansiosos por notícias e condenados às magras, lacônicas e controversas informações da Havas e aos telegramas e *interviews* com brasileiros ilustres, redigidos na mesa do café, à hora da cerveja ou do absinto. De tudo isto resulta que estão todos com os olhos sobre nós e que é preciso que acompanhe aos organizadores do novo regime a mesma boa fortuna que os ajudou na dissolução do antigo, para que os pequenos erros possíveis sem importância não pareçam faltas irreparáveis, infirmando as bases de um novo edifício político. É que, ainda mais do que entre nós para conferir diplomas de capacidade e merecimento, é fácil a opinião europeia em retirar a sua confiança aos que erram uma vez, embora acertando muitas outras. Assim nos circos a multidão apupa e vaia o saltimbanco que falha uma *sorte* inferior, embora já o tenho aplaudido em outras mais difíceis e valiosas.

Esgotadas as fontes de informações do Brasil mesmo, há quem se divirta com combinações restaurativas da dinastia exilada. Já inventaram várias, de uma fantasia pouco divertida, monótona. O pior é se alguém toma isso ao sério.

– Morreu Champfleury, um romancista que teve glória e nome para fingir de realista no tempo em que Eugênio Sue, Dumas e muitos outros soltavam aos ecos retumbantes da imprensa diária o alarido jovial das suas orgias de imaginação nos romances de aventuras românticas.

Champfleury escreveu *Chien-Caillou*, Victor Hugo mandou chamá-lo à sua casa para conversarem sobre *os que sofrem*, mas, como Hugo tinha um gato muito bonito e Champfleury adorava os gatos, passou-se o serão em anedotas e histórias do animal muito engraçado, mas pouco relacionado com os artistas miseráveis.

Depois que Champfleury ganhou nome e fortuna, *Chien-Caillou*, que era um tipo de verdade, agarrou-se a ele sob o pretexto de ter feito a celebridade do romancista. E sugava-o. Champfleury criou-lhe ódio de morte e lamentou muitas vezes a realidade viva da sua criação, tornada em parasita odioso, Galateia às avessas.

Há muitos anos já Champfleury vivia esquecido no seu emprego na fábrica de porcelana de Sèvres, onde se comprazia a sua paixão pelas louças históricas. As suas obras de colecionador erudito ficaram: a coleção de faianças revolucionárias e a história da caricatura farão mais pelo seu nome do que *Les Bourgeois de Molinchart* e as *Aventures de Mlle. Mariette*, com que ele pretendia ter *criado* o realismo. Ele e os Gouncourt se desprezaram reciprocamente. Tinham razões para isso. Os Gouncourt *criaram* o século XVIII, o japonismo e o documento humano. Champfleury *criou* o realismo, Gustavo Courbet e Ricardo Wagner. Entre os criadores de coisas criadas bem pode haver questões de posse, contestações do direito do que falou primeiro pelo que falou melhor. Casos de legislação difícil são estes de compita de procedências literárias. De um e de outro lado há boa fé na invocação do direito: em criações destas há sempre o que se imagina ser e que não é visível aos mais, aos profanos e não interessados – a parte não criada da criação.

– Em política há calma, tanto na interior como na exterior. Se é precursora de tempestade, terrível será ela, pois, nem uma nuvem tolda a pureza dos horizontes políticos. Nenhuma questão racional nova acha-se em discussão e o ardor dos artigos tem diminuído sensivelmente. Nas câmaras francesas em vez de disputar, legislam, o que é admirável.

Parece que a generalização da *influenza*, harmoniza e pacifica a Europa.

Domício da Gama
Paris, 14 de dezembro de 1889

27
De Paris

(2 de Fevereiro de 1890)

Ainsi va la vie et va la fortune,
Des chansons aux pleurs, des pleurs aux baisers:
Vous vous croyez morts ou martyrisés
Et prêts à tant souffrir que vous gardez rancune
Aux espoirs brisés.

Et puis, va la vie et va la fortune...
La lenteur des jours vous semble importune,
Mais qu'un vent d'amour passe où vous passez,
Voilà tout à coup les cœurs apaisés,
Et c'est une chanson qui danse au clair de lune
Entre deux baisers.

É sobre estes versos silabados e suspirados pela graciosa Réjane que cai o pano no último ato da comédia que se representou anteontem pela primeira vez no Odéon. Por eles e sobre eles pode a imaginação dos poetas arquitetar peças sem conta, variadas de ação e de cenário, que nenhuma valerá mais em gentileza e graça do que o amável *Mercador de Veneza*. É do Sr. Edmundo Haraucourt a tradução, ou antes imitação primorosa, porque há quem diga que Shakespeare é intraduzível. Mas, tradução ou imitação, há na peça nova do Odéon toda a poesia necessária para que uma mulher suspire e sorria.

A intriga é de amor, e as adoráveis bagatelas do grande sentimento ocupam quase todo o tempo a língua dos personagens, entre os quais há três pares de namorados. No teatro, as mulheres dão sempre preferência às peças em que elas sorriam de ternura e estremeçam de terror. O elemento terrível e execrável é o judeu. Mas apenas um peito se descobre diante da sua faca afiada, e a lei e a fantasia humorística do poeta desarmam-no. E o arrulhar dos namorados no último ato canta a vitória da mocidade e do amor sobre a maldade e a dureza da vida.

A comédia tem 300 anos e parece nova. Não tem destemperos nem afetações. Tem esta grandeza Shakespeare, de arrastar tudo o que é menos provável na torrente da sua prodigiosa intuição de poeta. É assim, que todos os seus caracteres são verdadeiros. Nas suas peças há personagens que são alegres sem saber por quê, que são assim fisicamente, ao passo que outros são tristes, e sem explicar dizem que o seu estado d'alma consiste em não serem alegres, simplesmente. A vida jovial, clara e simples para uns; a sombra das cogitações amargas, a complicação dos sonhos irrealizáveis, as ambições latentes, que são um martírio, a luta interior antes da batalha social, para os outros.

Dados os elementos cômicos ou trágicos, a comédia ou a tragédia está feita e verdadeira, exalando-se deles como a nota musical aguda ou grave, segundo a corda vibrada. O que produz a simpatia que eles nos inspiram, é a sua sinceridade e simplicidade. Nós hoje somos pouco claros, porque nos enturvamos de propósito com explicações que nada adiantam à verdade dos nossos caracteres. Um homem que é triste e simpático, torna-se antipático, se explica com muitas finuras vaidosas o estado de sua alma. A decadência romântica, todas as produções da escola psicológica atual, estão eivadas desse narcisismo lamentoso.

Os personagens do teatro de Shakespeare não são assim. O mais contemplativo deles, Hamlet, não é para si que olha, é para o mundo, que ele não entende, que ele não explica, como o fazemos nós outros, igualmente ignorantes e tão mais presunçosos! Demais, é homem de ação, vive o seu sonho, e, sendo piedoso, sabe ser cruel e matar e morrer. Esse tem a tragédia em si, como outros têm a comédia, como outros são a corda idílica da lira do poeta.

São tão amorosos os namorados de Shakespeare! São graves e abandonados nas tragédias, e nas comédias são joviais, maliciosos, cheios de espírito e caprichos, como uma sedução mais. A diferença é que nas tragédias eles se entregam, dão-se todos resignadamente, sacrificam-se ao sentimento fatal, e nas comédias disputam-se, *pro forma*,[15] fazem-se querer. E à hora da cessão,

15 No jornal, "pro formula".

da rendição, não são esses os menos ternos. O último ato do *Mercador de Veneza* começa por um diálogo que tem toda a música subentendida dos duetos de amor sobre os terraços de um jardim florido, ao luar:

LORENZO
Le zéphir glisse et met dans les fenilles des arbres
De courts baisers d'argent qui ne bruissent pas

JESSICA
Le silence est si pur qu'on croit ouir les pas
De quelque seraphin qui marche sur des roses.

LORENZO
C'est pour nous que Dieu fit la volupté des choses;
C'est pour les nuits d'amour qu'il fit la paix des cieux,
Et nous les fit si beaux pour nous voir plus joyeux...
(Sentam-se num banco)
...Sur mon épaule là... Viens... Relève tes voiles,
Et je te bercerai sous les yeux des étoiles...
Les vois-tu scintiller, loin, dans l'azur sans fond?
Ivres de leur lumière, ivres d'être, elles vont
Chantant, chantant l'amour, chantant la nuit bénie,
Et chacune est un chant dans l'immense harmonie.
Elles vont se cherchant, s'aimant, se poursuivant,
Et chacune, d'en haut verse au monde vivant
Un conseil d'être heureux et d'être aimé comme elles.

JESSICA
J'en vois dont le regard me rit dans tes prunelles.

E vão e vão... Depois, ouvindo uma música ao longe, diz

JESSICA
La musique... On dirait un frisson qui nous suit...

LORENZO
C'est la sœur du silence et non la sœur du bruit:
Sens-tu, quand sa voix chante et se mêle à la nôtre,
Qu'on est plus loin du monde et plus près l'un et l'autre...

JESSICA
Oui, ça met des baisers au fond du cœur... Renzo,
La musique, c'est comme un lit, comme un berceau,
Ça berce... On ne sait plus... On est nuage... Il semble
Que l'on voudrait souffrir et rire tout ensemble.
Aime-moi...

LORENZO
Toujours!

JESSICA
Oui, toujours!

É música e poesia o amor. Toda a peça é um suspiro ou uma canção, um conto amável contado ao vivo, dialogado, vestido e com cenários.

Belos vestidos, belos cenários, em que os personagens, movendo-se ou quietos, agrupados, fazem quadros de colorido inefável, de composição artística. Ora uma aquarela de Heilbuth, ou uma *gouache* de Leloir, ora uma tela da Veronese, uma vista do Rialto, um quarto de princesa, um canto de parque – a imaginação passeia contente, com um quase desejo de que os atores se calem.

Os atores franceses não entendem o natural das frases mesmo em prosa, e, quando têm uma tirada em verso, em vez de dizê-la, metrificam-na, cantam-na quase. Só a Réjane, com a sua cara desconsolada e ares de doente, mas atriz como poucas, faz valer os belos versos, ao mesmo tempo que as intenções do poeta. Aplaudia-se pouco; como se tratava de Shakespeare, estavam todos meio desconfiados, procurando o gato...

Nos outros teatros representam-se revistas do ano, cheias de ruas do Cairo, fontes luminosas, danças do ventre etc., ou operetas antigas ou dramalhões. No Teatro Francês proibiram a representação de um atozinho de Coppée, intitulado *Pater*, que ia ser representado por estes dias. Ele já protestou muito irritado, como todo o autor interdito, por mais lírico que seja.

Em arte só há mais um escândalo, uma briga entre membros do júri de Belas-Artes, que deu em resultado a demissão (retirada) de Meissonier, Bonnat, Duez, Cazin, Dagnan, Gervex, Roll, etc. Contestações por vaidades não contentes.

Paz geral no resto. Uma execução na praça da Roquette, um assassinato de um empregado superior na prefeitura do Sena por um louco, poucos jantares, menos bailes, muita tosse, muita queixa do tempo úmido e frio, que produz uma recrudescência da *influenza*.

Na câmara dos deputados, invalidações de deputados oposicionistas, a depuração implacável do boulangismo. A maioria, cônscia da sua força, chega a abusar dela. Enquanto isso, os monarquistas se organizam... não sei para quê. Para se cortarem...

Continua o Brasil a interessar à imprensa francesa. Já esse resultado benéfico produziu a revolução. Agora é o *Temps* que manda um correspondente ao Rio de Janeiro, para estudar de perto os acontecimentos da nossa crise política e comunicar-lhos. Foi um brasileiro, o Sr. Oscar de Araújo, o correspondente escolhido pelo *Temps*, que é o jornal cuja opinião mais pesa na imprensa francesa. O Sr. Oscar de Araújo, conhece bem o Rio de Janeiro, de onde é filho; e na Europa, em Paris, onde viveu dez anos estudando e trabalhando na imprensa, preparou-se para o estudo das nossas coisas. Será ele o segundo intérprete das nossas necessidades e aspirações, o tradutor para a Europa das expressões um tanto obscuras ainda da nossa vontade nacional.

Domício da Gama
Paris, 20 de dezembro de 1889

28
De Paris

(4 de Fevereiro de 1890)

A semana de Natal corre calma e sem acontecimentos. Não chove, não faz muito frio, chega a haver sol de tempos a tempos, um sol de amostra, que se esconde logo por trás da cortina opaca dos nevoeiros. Às vezes ajuntam-se nuvens, e do céu escuro começa a peneirar uma farinha fina de neve, que não dura.

Por baixo deste céu azul pálido ou pardacento parece dar-se por estes dias uma interrupção no trabalho para a História. Os imperadores, reis e chefes de Estado constipados espirram e tossem em coro com os seus ministros. E o mal-estar dos governantes permite aos governados um repouso político, de que todos carecem para festejar o Natal e para cuidar das constipações e bronquites.

Já começa a perder o seu caráter de benignidade a singular epidemia que reina sobre a Europa inteira. Na escola militar de Saint-Cyr morreram dois alunos e alguns criados, pelo mundo morreram alguns velhos catarrentos, alguns tísicos, fracos do peito, e outros para quem todo o mal é de morte. Bastou isso para que a *influenza* servisse de pretexto a quantos se querem esquivar a tarefas importunas, a todas as preguiças que só a falta de uma justificação razoável, verossímil, impede de manifestar-se.

Os teatros, por exemplo, não fizeram *relâche*, mas as mudanças de espetáculo à última hora são frequentes. Há alguns dias ainda, no Teatro Francês deu-se uma representação em que certos papéis foram lidos por atores requisitados à pressa, por falta de comparecimento dos competentes.

E no intervalo das tiradas longas, é um coro de tosses em todos os tons, que faz rir quando não impacienta. Às vezes é o próprio ator que se interrompe para tossir. Mas como todos estão mais ou menos doentes e mal dispostos, não é muito sensível a falta de divertimentos cênicos.

Uma das mais ilustres entre as derradeiras vítimas da *influenza*, foi Jules Garnier, o autor do quadro representando a sessão da assembéia de Versalhes, em que Thiers foi declarado libertador do território, e de outras pinturas que a reprodução pela gravura, oleografia e fotografia tornou populares. Era um homem fraco, raquítico; um desvio da coluna vertebral impedia-lhe o perfeito funcionamento dos pulmões. Foi o que fez com que a simples bronquite se transformasse nele em congestão pulmonar, que o levou para a outra vida, ao cabo de uma noite de sofrimento. Por esse homem fraco, feio e triste de corpo, ilustrou pela pintura, em 160 telas mais ou menos bem tratadas, aquelas epopeia de carnalidade juvenil e triunfante, que é obra de Rabelais.

Parece que o seu sonho de impotente e disforme se comprazia na realização plástica do poema do cura [de] Mendon. Que não há só comezainas e brutalidades ali dentro. Páginas dramáticas, sombrias, ternuras idílicas, golpes de arma heroicos, pombas de cortejos majestáticos, de tudo se encontra na exposição mal visitada do boulevard da Magdalena.

E da palheta do pintor todos os tons do colorido deram harmonia e vida àquelas cenas, tratadas largamente, mais pela composição, pelos grupos e pela luz, do que pela perfeição dos pormenores pitorescos. É a mais rica ilustração que se tem feito para um livro que já conta tantas valiosas.

Era principalmente um ilustrador, Jules Garnier; e isso não amesquinha-o como artista, tanto tem subido a ilustração nestes últimos tempos. Já são raros os pontificantes da *grande arte* que desdenham do trabalho para ilustração de um livro, ou simplesmente de uma publicação avulsa ou periódica qualquer. Ainda hoje o suplemento especial do *Figaro* compõe-se de oito páginas com um conto de Natal e largas ilustrações de Jean Paul Laurens, um dos grandes mestres da atual escola de pintura francesa.

Lucra o artista por dois modos: populariza o seu nome e vende duas vezes os seus desenhos, originais e reprodução. Os colecionadores têm orgulho de possuir originais de ilustrações de sucesso. É o que faz que os editores de publicações artísticas tenham hoje à sua disposição, não só os ilustradores populares e especialistas, como também os pintores de imaginação e produção fácil. Isso produz por intermédio da livraria e da imprensa ilustrada uma espécie de dinamização da arte, de consequências incalculáveis para a afinação estética deste povo e dos que com ele têm comércio literário.

Não são somente o livro e o jornal que se adornam com arte. Os cartazes-anúncios, as ilustrações efêmeras que previnem o bom povo de Paris e os seus numerosos hóspedes da abertura de um café-concerto, de um baile público, de um livro escandaloso ou simplesmente da *invenção* de um medicamento contra as mazelas reinantes, são objeto de uma arte especial.

É preciso saber compor uma figuração nova, original de cada vez, arranjar braços e pernas de dançarinas e de clowns ébrios em movimentos graciosos com verossimilhança (que é dada apenas pelo equilíbrio e proporções no desenho); e com azuis vertiginosos, amarelos mais dourados do que o ouro e vermelhos berrantes, pintar fantasias que possam parecer ao mesmo tempo representações reais e símbolos, que façam cismar depois de nos terem chamado violentamente a atenção, como certas frases explosivas de sinfonias, que nos fazem estremecer primeiro, que nos fazem chorar depois, quando se lhes saboreia o eco inefável. É preciso fazer-se ver, fazer-se lembrar, sustentar a concorrência com as mil distrações da rua, que disputam a atenção do transeunte. Os cartazes de Chéret conseguem isto.

Jules Cheret é o mestre dos *réclames* ilustrados. Fizeram agora uma exposição de alguns dos seus cartazes coloridos, e uma petição assinada por nomes dos mais ilustres entre os artistas e letrados reclama do governo da república para ele a cruz da Legião de Honra. Se as distinções honoríficas conferidas aos artigos só coubessem aos de mais talento inventivo, imaginativo, criador, muitos dos ultimamente agraciados, muitos dos desdenhosos dos pobres brochadores de cromo-litografias não veriam florescendo-lhes à casa do paletó a prestigiosa roseta vermelha. E Chéret, esse seria o Meissonnier do cartaz.

–

Chegam notícias tristes do Brasil. Cada noite, por sobremesa, tenho a leitura dos jornais ingleses, que nos lanham de injúrias e nos salgam de ironia, em artigos longos, longos... e os artigos do *Times*, alternativamente malévolos e otimistas, fazem pensar numa amiga danada que por dois beijos nos desse uma dentada.

Domício da Gama

Paris, 28 de dezembro

29
De Paris

(26 de Fevereiro de 1890)

Um fim de ano sem acontecimentos que saíssem da vulgaridade da vida diária, veio a ponto para estudos do ano findo nos jornais que têm pessoal idôneo para tal fim. Nas horas de inteiro ócio é bom olhar para trás no passado, recapitulando a lição do tempo que passa, dando balanço ao movimento do ano, examinando e calculando as perdas em vista dos lucros, que se têm por certos, logo utilizados e rendendo e capitalizando-se indefinidamente.

Infelizmente, porém, para o jornalismo, o retrospecto deste ano não trouxe surpresas aos seus organizadores. As previsões mais otimistas, que hoje em dia só é licito fazer com provas e documentos à vista, não se acharam, nem prodigiosamente excedidas, nem vergonhosamente cerceadas. O domínio do imprevisto que se restringe, é um bom sinal dos tempos – desenvolvimento do senso prático à custa de ambições fantasiosas, organização cada vez mais ordenada do trabalho sereno, que é o progresso sem convulsões sociais, sem crises reveladas de sentimentos bárbaros de destruição e resistências heroicas, primitivas. Sente-se – e é talvez essa a principal razão do amortecimento da poesia volitiva, aspirativa – que tudo o que se pode querer razoavelmente, honestamente, nos vai sendo dado aos poucos, para que possamos sentir o maior bem, o *novo*, por comparação com o que nos era dado e que já nos fazia felizes. E os contentamentos do bem-estar físico vão adormecendo ambições de conquista, ódios de classes já não fechadas orgulhosamente como castas vão adoçando a aspereza dos desejos pela facilidade da posse, serenando os sentimentos, que só as resistências transformam em paixões.

As necessidades consideradas como falta do que é indispensável à existência física, são quase tão urgentes como antes, como sempre foram. Mas as necessidades morais, reais ou fictícias, são mais facilmente satisfeitas, real ou ficticiamente. Cresce sem cessar o número de satisfações do amor-próprio, que é o principal elemento de resistência da individualidade. O miserável escriba, o empregado esquelético e maltrapilho não troca a sua posição *literária* com o gordo lacaio bem vestido, que da almofada de um carro fidalgo contempla a multidão pedestre com um olhar desdenhoso. E o derradeiro dos foguistas dos *bateaux-mouches* do Sena, ao passar por diante da câmara dos deputados, poderá dizer consigo mesmo que um dos legisladores da nação careceu do seu concurso, da sua humilde e obscura adesão, para que pudesse ali entrar e concorrer também para o engrandecimento da pátria, engrandecendo-se. Se o deputado é um estadista, um grande espírito, um vulto eminente – e são tão raros hoje os que o não são! – o proletário obscuro, que deu o seu voto para elegê-lo, considera-se associado à sua fortuna, sente que para aquela grandeza, aquela glória, para elevação daquele luminar da sua pátria, da sua raça, da humanidade inteira, contribuiu o seu esforço, a sua opinião, a sua vontade, que, por ser menos esclarecida, não é menos necessária ao andamento dos negócios do Estado. Esse sentir-se *alguém* perante a nação não levantará muitas vezes o espírito do proletário, que a vida difícil, a miséria abate? Não é isso um adoçamento, uma pequena consolação atribuída aos mal aquinhoados na fatalmente desigual distribuição da fortuna social?

Estreitam-se mais os laços entre a sociedade e o indivíduo. E até a consideração dos males incalculáveis, que a desordem pode trazer ao corpo social e indiretamente ao indivíduo que dela faz parte, atua como corretivo à expansão das reclamações menos legítimas. A submissão às leis mais injustas não é sinal de impotência nem de servilismo: é sintoma do grande desenvolvimento que tem tomado a vida moral no homem do nosso tempo, acusado no entanto de imoralidade e materialismo.

Tais são as considerações que podem provocar, e as conclusões que se podem tirar da leitura dos breves retrospectos publicados por alguns jornais nestes dias. O leitor desconfiado, encalmado e *mal-humorado*, poderá dizer que muitas outras se podem tirar, e bem diferentes como espírito; poderá argumentar com os gemidos que se fazem ouvir surdamente através do alarido triunfal das civilizações em marcha, com as *grèves*, com as rebeliões contra a Autoridade injusta, com os crimes reveladores da animalidade incoercível.

A discussão interminável assentaria sempre sobre estados de espírito, interpretações dos fatos tão sinceras quanto pessoais, e viciosas portanto. Mas o preopinante otimista teria sempre uma justificação pouco filosófica, ou filosófica demais. Seria ela uma prova pessoal por absurdo:

"Pois sim! e daí?... Quando mesmo ver as coisas pelo olhar quisesse dizer descuido e indiferença egoísta (o que é bem o caso dos pessimistas), não é preferível a deformação para melhor, que não traz perigo algum consigo, pois que não é daí que a ciência deduz os seus princípios, em vez das cogitações amargas reveladoras de hepatites, dispepsias e hipocondrias, que pela sugestão aturada embebem o espírito alheio de fel e de fuligem? Não é preferível notar que o homem é capaz de se eximir às importunações ambientes e compor um mundo mais amável que o da realidade? Não lhe agradece isto o leitor?... Muito fel produziu esse mau fígado para assim azedar-lhe o coração!..."

Domício da Gama
Paris, 5 de fevereiro de 1890

30
De Paris

(16 de Março de 1890)

O mais sério inconveniente que os brasileiros poderiam achar para a sua residência em Paris, que era a falta de notícias, da terra, vai desaparecendo. Os jornais falam de nós frequentemente. Não falam bem, mas falam. Dizem muita tolice engraçada, metem-nos à bulha a propósito de qualquer acontecimento e, como geralmente não entendem o que fizemos e o que fazemos, divertem-se à nossa custa. Chegam a inventar contrarrevoluções, não sabendo que os brasileiros são incapazes de fazer revoluções, quanto mais contrarrevoluções! E dão pormenores horríveis a respeito dos atos de repressão do novo regime contra os que tentam restaurar o antigo. Vamos pouco a pouco adquirindo a reputação do tio de *Pepa*, que se impusera à veneração dos seus governados pelo terror. Entretanto, como entre as mentiras e fantasias sempre aparece uma ou outra verdade, ficamos contentes com as notícias frescas, que por via da Agência Havas ou dos correspondentes no Rio de Janeiro publicam os jornais aqui. Noutro tempo era preciso que se libertassem os escravos ou que se atirasse sobre o imperador, para que a imprensa se importasse com o Brasil. Hoje, a supressão de um jornal de oposição no Rio e a partida de um enviado do governo ao Rio da Prata, são comunicados por telegrama e fazem o giro da Europa. É um grande passo, no ponto de vista jornalístico.

Os decretos do governo provisório são levados à conta de experiências políticas, cujos resultados a assembleia constituinte, exprimindo regularmente a opinião e a vontade nacional, verificará. Ninguém pode atribuir caráter definitivo às ordens indiscutíveis de um poder arbitrário, provisoriamente necessário, mas provisório, em suma.

E nem é estranhável o silêncio da imprensa brasileira perante os decretos que parecem querer poupar à constituinte o trabalho de estudar e preparar as bases sobre as quais a nação se assentará. Os que já atravessaram crises políticas como a que agora sofremos, sabem que a submissão e a disciplina são em tais ocasiões as condições essenciais para a salvação pública. As constituições são feitas para serem reformadas, quanto mais os decretos. E para abolir-se um decreto não há nada como provar que ele não presta. Ora, até à reunião da constituinte há tempo de sobra para reconhecer o acolhimento que o povo fez aos primeiros atos do governo republicano. Se foi bom, se foi mau o acolhimento, a imprensa, livre das peias que um regime de exceção lhe impõe, di-lo-á desafrontadamente e prestará com isso maior serviço à nação do que fazendo muito barulho antes de conhecer a orientação do espírito nacional. A discussão dos atos do novo governo seria ocasião de mostrar-se a independência do jornalismo brasileiro; mas por essa satisfação moral, de tão pouco valor ante os interesses mais graves da nação, quanto embaraço traria ao governo a argumentação sobre os seus atos, começando pela sua utilidade e terminando pela sua autoridade!

Nas crises sociais, quando há muita coisa urgente a atender, o poder discricionário é não só admirável como necessário muitas vezes. A incompatibilidade da liberdade da imprensa com a segurança do estado não é pois um paradoxo, mesmo quando isso é afirmado por um governo composto de vários jornalistas de espírito mais liberal que possuímos.

A imprensa livre tem uns excessos de análise mais próprios para perturbar ideias de governadores do que para esclarecê-las e os seus conselhos, mesmo não sendo interesseiros, são raramente oportunos. Assim, aqui estão todos convencidos de que o governo tinha mais que fazer do que se ocupar com substituições das armas nacionais, e da bandeira e que foram os jornalistas (essencialmente ignorantes de especialidades, como é natural) que compuseram a nova bandeira, de uma estética tão precária e desenharam as armas nacionais, que são como heráldica um escândalo.

Não há no mundo inteiro nação civilizada, cuja bandeira e cujas armas não possam ser lidas e desenhadas sem modelo, pela simples descrição heráldica. Nós saímos da regra, ainda nisto. Não é um escudo d'armas o que o Brasil tem: é uma marca, um rótulo bem combinado como geometria, mas absurdo como brasão. Quem compôs até pensou que em heráldica o ouro é diferente do amarelo. E a bandeira, de um deplorável efeito decorativo, põe em embaraços heraldistas e astrônomos, igualmente. Um astrônomo do Observatório disse que fizemos mal em estender a nossa revolução até as regiões celestes e que a arrumação das constelações na bola azul cintada de ordem e progresso da nossa bandeira nova e pretensiosa, desconcerta aos que supunham ter uma ideia exata de como brilham para os brasileiros.

Do Cruzeiro do Sul os lumes de ouro.

Se a colocação das estrelas no nosso belo firmamento subordinou-se ao bel prazer dos nossos compositores de pendões e escudos de armas, por que não distribuíram logo as 21 no fundo azul, como nos céus de papel pintado?

Aos que me fazem tais questões respondo que não se pode exigir inteira correção nas coisas feitas às pressas, que em tais circunstâncias são sempre os mais ignorantes que são os mais audazes em apresentar os seus bons ofícios e que a decoração externa da República foi confiada a pessoas pouco entendidas, a gente que os sapateiros chamam de barbeiros e os barbeiros de sapateiros. Replicam-me que não era talvez muito urgente a substituição dos móveis no campo dos escudos nacionais e a isso não sei que objetar, pois que nunca senti a necessidade dos símbolos e divisas.

Foi a Ordem e Progresso rotulando o nosso céu azul e encabeçando comunicações e ofícios do *Diário Oficial* e foram umas datas redigidas positivisticamente que deram corpo e fizeram propagar-se na Europa o boato de haver o Brasil substituído a religião católica pela positivista. Então a nossa simpática originalidade revolucionária pareceu tomar um caráter extravagante. A opereta estava conosco. As crônicas humorísticas, os artigos dos jornais, que foram desenterrar das bibliotecas o calendário positivista para explicá-lo aos povos pasmados, cobriram-nos de ridículo, antes que viesse o desmentido do Sr. Rui Barbosa reabilitar-nos.

Grande bem nos fazem perante a culta Europa as retificações feitas pelo Sr. Rui Barbosa às informações caluniosas que por aqui correm a respeito da nova política brasileira. Desde que um jornal publica uma dessas mentiras os outros reproduzem-na. Ficam então os brasileiros esperando ansiosamente o desmentido que nunca vem cedo demais para dissipar a má impressão da falta de notícias oficiais.

Vai sendo difícil fazer carreira pela política militante em França. Os membros do partido boulangista sabem disto um pouco: eles são perseguidos e perseguem-se entre si. Há cinco ou seis dias foram expulsos temporariamente da câmara dos deputados os Srs. Déroulède, Laguerre e Millevoye, por não quererem deixar que falasse o Sr. Joffrin, concorrente feliz do general Boulanger no distrito de Clignancourt. Há dois dias o Sr. Martineau, deputado que foi boulangista, foi chamado a explicar perante os seus eleitores do 19º distrito de Paris a sua renegação.

Mas desde o começo da reunião, ainda bem o Sr. Martineau não tinha acabado de ler um telegrama do general, aconselhando aos seus partidários que infligissem uma correção exemplar ao seu amigo infiel, caíram-lhe em cima os boulangistas e sem querer executá-lo, obrigaram-no a dar a sua demissão de deputado.

E deram-lhe muito soco, cuspiram-lhe na cara, rasgaram-lhe a roupa.

O pobre homem foi feliz em escapar com vida das mãos dos seus danados eleitores. O presidente da câmara não aceitará uma demissão imposta pela violência. Mas pode-se pensar, à vista deste fato, que em certos círculos eleitorais o mandato imperativo é uma realidade.

As costas da França são açoitadas por um temporal terrível, de uma violência rara. E de muitos pontos da província vêm notícias de desastres que o tufão e a chuva causam. Em Paris só de vez em quando cai uma chaminé velha na cabeça de algum cocheiro que passa. A humanidade não sofre com isso. E são agradáveis as alternativas de um céu azul com os negrumes da tormenta furiosa que o vento arrasta.

Domício da Gama

Paris, 25 de janeiro de 1890

31
De Paris

(17 de Março de 1890)

A imprensa livre. Bisbilhotice e luz. Clemência a prazo. O conde d'Egmont. Tragédia e comédia e atores franceses.

É uma excelente coisa a imprensa livre. Serve para injuriar os governos, as administrações, os outros que não pensam como nós, mas serve também e principalmente para os governos, as administrações e os outros que não pensam como nós, tomando as médias razoáveis e fazendo a redução necessária da ênfase retórica e dos efeitos literários, saberem o que quer a gente de que a imprensa é a voz, que é toda a gente quando a imprensa é livre.

Assim aqui ficou o governo perfeitamente informado de que a criançada do duque d'Orléans, vindo entregar-se à polícia para ser condenado a dois anos de prisão e deportação consecutiva, com a simples desculpa de ser francês e querer servir ao seu país no exército, não só não teve intenções políticas como também não teve repercussão política. Os jornais realistas e bonapartistas, *Le Soleil, Le Gaulois, L'Autorité* e outros jornais de oposição fizeram um grande alarido de descomposturas contra as leis de exceção ferindo os filhos da França e outros arrazoados mais ou menos sentimentais, mais ou menos indignados, porém nenhum chegou a descobrir uma razão razoável, que se pudesse invocar em defesa do príncipe preso na Conciergerie e julgado em polícia correcional, não por delito mas por infração de lei especial, quase uma postura da República. Nenhum chegou a trair conhecimento de tenções mais altas do que um simples rasgo cavalheiresco de príncipe adolescente, a quem o exílio e o silêncio em torno do seu nome pesam; ninguém fantasiou conspirações contra a segurança da República, nem mesmo os demagogos, os ultrademocratas, que são como os cães de fila da República, que a defendem, mas que a isolam também.

Se ninguém falou em conspiração, é que tal não havia realmente e todos ficaram tranquilos a esse respeito. Mas houvesse uma censura para a imprensa, não pudessem os jornais encher durante quatro ou cinco dias a sua primeira página com uma reportagem desenfreada, em que tudo passava, desde os menus das refeições do prisioneiro até os brasões das carruagens que passavam pelo cais por baixo das janelas da prisão e donde saíam mãozinhas finas fazendo ao heroico encarcerado os acenos mais expressivos e afetuosos, desde os *interviews* com fidalgos até os mexericos de criados de *restaurant* e serventes de tribunais, não se houvesse esmiuçado encarniçadamente para as necessidades da *cópia* e da curiosidade pública esse escândalo tão simples, de que se não pôde fazer um acontecimento político e pairaria talvez hoje sobre o espírito público a suspeita de que a República tinha sido atacada, de que coisas graves se ocultavam e estavam por acontecer, pensar-se-ia que um grande exemplo seria necessário e quem sabe quais seriam as consequências da ignorância e do receio vago, que tantas vezes tornam o homem feroz e os governos odiosos.

Ao passo que, fazendo-se a coisa como se fez, à grande claridade da imprensa diária, noticiosa, informante, a que cada repórter mais atrevido ou mais imaginoso contribuiu com a sua velinha de bisbilhotice, fica o público tranquilo à espera de que finde o prazo de dez dias para que a presidencial clemência possa se exercer e o príncipe seja reconduzido à fronteira, com recomendação de que não volte, para que lhe não aconteça pior, conforme a ordem cheia de magnanimidade que dá o conde d'Egmont num dos intermináveis diálogos que compõem a peça que se está representando no Odéon.

Foi o único trecho sinceramente, espontaneamente aplaudido da representação do drama de Goethe, a que assistia um público silencioso e enjoado. Não é que a peça não preste – de Goethe, imaginem – é que os atores franceses são dramáticos nominalmente. Falta-lhes a quase todos a fibra necessária para que neles ressoe com fingimento intenso o sentimento das situações graves e dolorosamente interessantes. Não se lhes deve culpar por não possuírem-na: seria querer impor-lhes substituições frequentes, um verdadeiro cosmopolitismo do caráter (que o verdadeiro ator deve possuir, por fim de contas). Mas deve-se tomar-lhes conta do delito estético que cometem quando fingem sem convicção, sem identificação teatral, sentimentos e personagens, que evidentemente não compreendem. É assim que no drama de Goethe (não conto a peça, que tem um século) entram como personagens principais Margarida de Parma, Machiavel, o duque d'Alba, Guilherme d'Orange, o conde d'Egmont e nenhum desses nomes tão vivos na História vive para o espectador sobre o palco do Odéon mais humanamente, mais intensamente do que os bonecos de pau dos teatrinhos ao ar livre nos Campos Elísios. Sai-se do soturno teatro tendo visto uma mulher, vestida de branco como de rigor, envenenar-se, tendo visto as paredes transparentes de uma prisão abrirem-se em visões de pátria livre e amante rediviva fundidas num só vulto, tendo ouvido sentenças anódinas para os tempos que correm do ex-astuto Machiavel e rugidos do duque d'Alba e frases de amor e cantigas por música de Beethoven, e de tudo isso o que se achou de mais interessante foi a música de Beethoven, talvez porque já a tivéssemos ouvido nalgum concerto clássico.

É pouco isto como resultado de um drama, que a música apenas orna e só deve servir-lhe de moldura. Aos diretores de teatro cabe a responsabilidade de tais insucessos, que acabam por desprestigiar os atores aos olhos de público que não queira ver na incapacidade dramática dos atores falta de flexibilidade para todos os gêneros e sim falta de talento.

Porque para outros gêneros teatrais, para a tragédia clássica, por exemplo, tanto como para a comédia de chalaça, o ator francês é inexcedível. Para a tragédia, quanto mais artificial, mais enfática, mais *musicada* é a declamação, mais artística parece, na sã tradição dos séculos em que se enfeitou a arte clássica para adaptá-la à leveza e graciosidade do espírito francês. E é uma delícia ouvir tiradas heroicas e duetos amorosos assim fantasiados nessa linguagem do bom-tom dos tempos que foram. Os próprios atores que pronunciam bem os versos sonoros escutam-se, como os sabiás da mata escutam o eco do seu canto nas quebradas. E a dor e o amor, os grandes rasgos de grandes sentimentos, aí não são mais do que temas para variações, para dar corpo e fundo à música dos versos.

Na comédia de chalaça o francês entra de corpo e alma. Ele entende e ama tanto aquilo que a pilhéria mais batida e a situação cômica mais conhecida fazem sempre o efeito esperado aqui. A razão é a mesma por que a gente se ri com as graças das crianças: a comédia francesa tem o bom humor, a alegria saudável do que é sempre novo. O que há de desagradável na comédia de finuras, de paradoxos, na comédia deprimente, pessimista e imoral, é logo percebido pelo público, que não perdoa aos pretenciosos de talento o não serem simpáticos, isto é, bons rapazes como ele, pouco fino, porém alegre sem segundas tenções. E, quanto mais insensata é uma peça, mais à vontade se acha o público para rir desafogadamente, sem suspeita de que se esteja a rir de qualquer coisa séria e respeitável.

Peça, público e atores simpatizam, afinam-se e compõem a alegria difusa numa dessas pequenas salas de espetáculo, donde se sai cansado de rir e sem pensar, *divertido*.

Domício da Gama
Paris, 14 de fevereiro

32
De Paris

(24 de Março de 1890)

A estrela do Messias. A marcha à estrela. O Rembrandt do Pecq. O carnaval. Um livro de Coppée.

Os astrônomos anunciam a volta próxima da estrela do Messias, a mesma que apareceu aos magos na noite que separou a idade antiga das novas eras.

Diz a legenda que, quando a boa nova foi sabida, a estrela mensageira, depois de demorar alguns dias por sobre o estábulo, desapareceu para os olhos do mundo. Tornaram a vê-la no ano 378, mas deram-lhe pouca atenção. Reapareceu em 756. Depois duas vezes ainda, sempre com 378 anos de intervalo. A derradeira vez que ela fulgiu no céu, para os astrólogos, já quase astrônomos então, foi em 1512. Saudaram-na desde então como a estrela do Messias.

Reconheceu-se no astro errante a estrela viajante da legenda cristã, a estrela promissora da redenção, que iluminou a sombria humanidade e encheu de alegria e consolou aos aflitos e aos humildes.

Entretanto um poeta pessimista pode dar voz à estrela e fazê-la dizer, melancolicamente:

"Quando deixei Bethléem, caminho dos meus destinos, eu ia acreditando no porvir de esperança, cuja vinda anunciei. Mas quando passei de novo, a barbaria ainda fazia os homens se dilacerarem entre si. A escravidão persistia; a vida era áspera aos fracos; a força ditava leis. E até a mim subiam palavras de imprecação e gritos de ódio. Ainda não se haviam realizado as promessas do Messias.

Voltei e tornei a ver o mesmo quadro lastimoso. As cruzes eram mais numerosas; os cristãos haviam vencido. Mas o mal era sempre triunfante. O próprio Pedro empunhava a espada que o divino mestre lhe tinha feito embainhar. A promessa do Messias não se cumprira ainda.

Quando reapareci, em tempos mais tormentosos, espíritos e corações jaziam envoltos em trevas, que por vezes relâmpagos de claridades alucinantes atravessavam dolorosamente. Os que viviam cegos, na sombra absoluta, só tinham a fé na salvação, como recompensa negativa da profunda miséria de viver. Mas os outros que pungiam miragens de mundos novos, a entrevisão de abertas sobre os campos infinitos que o céu negro esconde, espelhamentos da Imensidade dentro dos cérebros mesquinhos, os outros que arquejavam na agonia do incontentamento eram como o encarcerado a quem penetra por uma porta aberta na sombria masmorra uma fisga de céu azul e um bafejo de flores dos campos na primavera.

As promessas do Cristo não só não se haviam cumprido ainda como haviam criado mais aspirações, mais anelos, mais necessidades a contentar, haviam recuado os limites do doloroso ideal. As promessas do Cristo não se cumprirão jamais..."

Os desesperados para sempre e os desesperados de uma hora acolherão de bom grado a lutuosa profecia, que os desobriga de velar a miséria da sua impotência e que lhes permite fingir a derradeira das coragens, a renúncia a uma posse desastrosa, que só lhes rendeu miséria, a posse de viver. Os outros compararão a existência social dos novos tempos com o mundo miserável que o Verbo redimisse e, assinalando as melhorias e acompanhando no decorrer dos séculos a marcha da humanidade para a frente, não verão motivo de desolação nos balanços seculares que a volta periódica da estrela de Bethléem[16] possa inspirar. Verão antes razões para alegrias e regozijos: a sublime promessa será cumprida e foi o Verbo divino que propagou o pensamento afetivo pelo mundo, melhorando os homens e congregando-os para a obra comum da redenção universal. Foi o Verbo, será o verbo: não mais o verbo feito carne, porém o Verbo feito força, que ilumina e que mostra, a um tempo lâmpada e lente.

Não pensam em teses filosóficas, os artistas do cenáculo do *Chat Noir*, senão quando elas se prestam a efeitos estéticos. A legenda da estrela do Messias vale por si só, poeticamente, sem encadeamentos dedutivos nem

16 No original, "Bethlem".

contribuições a sistemas. E o teatro do *Chat Noir* faz com isso um tão belo e original espetáculo que os chefes da crítica Jules Lemaître e Larcey à frente, subiram as ruas ladeirentas de Montmartre para ir ver as poéticas sombrinhas de taverna literária. Deixemos falar Lemaître, que é o mestre das críticas literárias, literariamente feitas.

"Desta vez versos cantados acompanhavam e explicavam a fuga lenta das sombras. A *Marcha à estrela* é ainda um mistério. Ideia simples e grande. Primeiro era o espaço, o céu, uma clara noite e estrelada. No horizonte um astro novo surge. E para ele caminham todos aqueles a quem o Cristo traz a salvação ou a esperança. Pastores acompanhados pelos seus longos rebanhos vêm primeiro através da planície. Dir-se-ia um quadro Millet em movimento. E logo a legião dos miseráveis, dos estropiados, dos leprosos, recortando sobre o fundo claro do céu as silhuetas incompletas, estranhas, os seus corpos contorcidos e deformados, os perfis agudos, o entrecausamento das muletas e os rasgões e as franjas dos seus andrajos.

Depois é a multidão de escravos, que arrastam grilhões quebrados; depois a queixosa teoria de mulheres de corpos flexíveis, com os longos cabelos soltos sobre roupas esculturais, estendendo para a estrela os belos braços suplicantes; depois os reis magos, suntuosos como bispos bizantinos, com um cortejo de servos multicores, e de elefantes carregados com as riquezas da terra. Depois, como se o universo inteiro tivesse estremecido naquela noite, e como se o fluxo do oceano rolasse na direção da estrela, cá vêm sobre o mar calmo barcos de pescadores, orientados por si para o presepe invisível, com os homens ajoelhados à proa, a luz noturna atravessando as malhas das redes suspensas...

Pêcheurs: vous qui prenez pour guides les étoiles,
Quel souffle inattendu gonfle vos blanches voiles?
Quel flot mystérieux vous pousse et vous conduit
Vers cet astre nouveau, qui brille dans la nuit?

E agora é o estábulo divino, o menino aureolado que repousa na manjedoura, Maria e José, o boi e o asno com um recorte de figuras de vidraça de catedral, luzentes como pedrarias; e, tudo à roda, em todos os planos, até aos confins do horizonte, cheio da imensa multidão em prece. E, finalmente, é o Gólgota: a colina, ao pé da qual se agita um formigueiro de cabeças inumeráveis, destaca sobre o céu cor de sangue a sua crista sombria em que se ergue a cruz solitária..."

É grande, simples e comovente. A música dos versos cantados tem uma poesia inexprimível e não é preciso esforço para naquele brejeiro teatro de sombrinhas os corações se elevarem até a religiosidade. São destas às vezes as surpresas que nos reserva a boemia irreverente.

- Paris artista ocupa-se com o aparecimento de um quadro vendido em leilão há dias por quatro mil e tantos francos, e ao qual se atribui um valor de centos de milhares, na ideia de que seja um Rembrandt original. Bonnat, Gerôme, Paul Mantz, conservador do Louvre, Waltner, gravador da *Ronda de noite* e de outras obras do mestre, afirmam que a obra é original. Tony-Robert Fleury, mais outro gravador e vários peritos são de opinião que é uma obra de escola, uma imitação, uma inspiração de Rembrandt, apenas. A discussão vai cerrada e não deixa de ser interessante como comédia na justificação de cada opinião vaidosamente fundamentada com muito pormenor técnico pelos competentes ou tidos por tais.

O mais engraçado é que os herdeiros do quadro querem fazer anular a venda por lesão enorme, desde que a *réclame* deu-lhe grande valor. Felizmente para o comprador o quadro não tem dimensões que o possam classificar entre os *imóveis*, propriedades a que na legislação francesa pode-se aplicar esse caso de anulação de venda.

- O Rembrandt do Pecq ocupa mais as atenções do que a política. No entanto os deputados boulangistas invalidados em Paris foram reeleitos no domingo de carnaval. Mas ninguém se abalou com isso. Paris ainda é a oposição, mas já não será as barricadas...

- Os três dias de carnaval foram claros, serenos e alegres. Para ar de primavera só faltavam as folhas nas árvores. A multidão enchia os *boulevards* e desde as 3 horas da tarde até que horas da noite interrompia a circulação dos carros, para ver meia dúzia de máscaras, aparentemente; é mais de crer, porém, que fosse para ser atropelada. Há gente que sai de casa em dias de festa para *furar povo*, no Rio. Aqui também...

- Publicou-se um volume novo de Coppée, um romance – *Toute une jeunesse*. É um livro triste, como todos os que contam desilusões e dão balanço a mocidades infecundas. Mas como tem muita saudade, feita dessa sentimentalidade peculiar ao poeta dos *Humildes* e das *Intimidades*, que vive na paisagem parisiense e que se inspira das pequeninas coisas familiares e encantadoras quando recordam, como é um livro de poeta que envelhece, a sua leitura não é nem fatigante nem desagradável.

O amistoso *envoi* que da notícia do romance Anatole France, o primoroso literato, faz ao seu autor diz bem o que ele vale:

"Criei-me pelos cais, onde os livros velhos misturam-se com a paisagem. O Sena que corria ao pé de mim encantava-me por essa graça natural das águas, princípio das coisas e fontes da vida. Eu admirava ingenuamente o milagre cativante do rio que leva de dia os barcos, refletindo o céu, e de noite se adorna de flores luminosas e de pedrarias.

"E, porque amava-a, eu queria que aquela água de encanto fosse sempre a mesma. Minha mãe dizia-me que os rios vão ter ao mar, e que a água do Sena vai correndo sempre, mas eu repelia essa ideia por excessivamente triste. Nisto eu mostrava talvez pouco espírito científico, mas era por não abandonar uma ilusão querida, pois que no meio dos males da vida nada é mais doloroso do que o escoamento universal das coisas.

"É assim e graças ao seu livro, meu caro Coppée, que eu me revejo pequenino no cais Voltaire, olhando os barcos que a água levava e respirando a vida com delícias; e é por isso que digo que este é um excelente livro."

É por isto, mas não é por isto. Há no livro interesse mesmo para os que não acham nele recordações da infância, mas muitos outros livros podem valer mais do que os romances de Coppée, que é um mole, sem originalidade, desde o seu primeiro volume de versos, em que se esgotou.

Paris, 20 de fevereiro

Domício da Gama

33
De Paris

(27 de Março de 1890)

Semana vazia de acontecimentos políticos de nota ou de novidades mundanas interessantes. Cansados de espremer o crime Gouffé e os interrogatórios sem fim de Gabriela Bompard, os jornais tentaram *esquentar* um boato de crise ministerial, vagamente fundado em desinteligências entre alguns dos membros do gabinete Tirard sobre pormenores na execução do programa Constans. A coisa caiu por si de inane.

- No domingo houve um duelo à pistola, muito sério, entre um deputado jornalista, Camilo Dreyfus e o marquês de Morès. Deu motivo à briga um artigo do Sr. Camilo Dreyfus, na *Nation,* de que ele é diretor, injurioso, ao que parece, contra o fidalgo, a propósito da questão judia. Como o fidalgo católico se chama Antônio de Vallombrosa, marquês de Morès, ex-tenente de couraceiros, ex-plantador nos Estados Unidos, onde fez exercícios de tiro com os *cow-boys* de Buffalo-Bill, e como era ele o injuriado, as condições do duelo foram excepcionalmente graves. Seis balas, a vinte metros, tiro ao comando. Partiram para a fronteira belga no sábado à noite os dois adversários, as quatro testemunhas, os dois médicos, oito homens ao todo e no domingo de manhã, com todo aquele frio, lá foram para o meio do campo celebrar esse singular sacrifício à honra que, quando os atiradores são bons e se querem mal, é uma jogada em que se *embarca* a vida. Mediu-se rigorosamente a distância, a sorte favoreceu para a escolha do lugar as testemunhas do marquês de Morès, fez-se um ensaio para experimentar a precisão do comando, as testemunhas de chapéu na mão colocaram os adversários e puseram-se de cada lado à direita ou à esquerda dos combatentes, desviados oito metros, comandou-se o fogo e o Sr. Camilo Dreyfus teve o braço direito esburacado pela primeira bala do adversário. Tudo se passou com a maior correção possível. Uma das condições do processo verbal mencionava a doçura de mola das pistolas. Se o Sr. Camilo Dreyfus não tivesse o braço erguido à altura do peito, na ocasião em que recebeu a bala, haveria hoje mais uma eleição a pleitear para deputado. Não havia curiosos no lugar. Mas, escondido atrás de uma árvore, um correspondente do *New York Herald*, com uma câmara-escura portátil, tomava fotografias instantâneas das fases do duelo.

É sugestivo, é *fim de* século o repórter fotógrafo empregado nestes resíduos medievos de juízos de Deus e compitas de valentias sujeitas à fortuna de gatilhos mais ou menos doces e ouvidos mais ou menos atentos ao comando. É um pouco entristecedor também, quando se pensa no desenvolvimento que vai tomando a imagem nos jornais e livros, na imprensa em geral, quando se reflete no barateamento da ilustração com prejuízo da expressão literária. Esgotam-se rapidamente em Paris edições de livros, cujo único valor está nas ilustrações que os ornam, que os compõem quase inteiramente. Esses produtos de livraria são comparáveis às óperas e operetas em que a música é tudo e o libreto é nada. Quem for amador da forma literária não pode deixar de augurar mal dos *empiètements* da imagem plástica no terreno da expressão verbal. São concessões feitas à preguiça das inteligências que só a forma material, brutalmente sensível, sacode. Verão que isso causará por fim uma degradação de espírito incalculável. Porque perde-se o hábito de imaginar, quando não se tem mais do que o trabalho de ver. E nem sempre o que se vê, definido por linhas e sombras e cores, tem correção e dignidade plástica que compensem a falta da amplidão, da riqueza, do povoamento de ideias, que são apanágio da arte da escrita. Sem que pareça tal, a forma plástica tem uma secura, um limitamento excessivos. Os melhores desenhos são expressões atenuadas de visões excessivamente individuais. Sente-se demais a *maneira*, que é a deformação pessoal do objeto a representar, e a nossa contemplação sofre a opressão, a obsessão naquela marca da personalidade de artista. A consequência é admirar-se mais o artista do que a obra d'arte. Dá-se pois um desvio da emoção estética a sentir, coisa que não acontece com a linguagem abstrata das palavras. Aí a expressão verbal, quando é imaginosa, tem a largueza dos símbolos, numa atmosfera de sonho – todo o movimento, todas as ligações das formas poéticas; e, quando é precisa e nominativa, tem toda a compreensão de uma síntese, na exatidão de uma cifra.

Ainda se o desenho fosse sempre uma obra d'arte!... Mas o pior é que, nos livros e jornais ilustrados, os desenhos estão longe de poder suprir a falta da literatura. Geralmente a fotografia é o agente da reprodução dos desenhos para a imprensa. Os ingleses vão mesmo no seu mau gosto a darem simples provas fotográficas coladas, fazendo de estampa à parte. Assim, o que seria arte do desenho, a gravura, a interpretação artística de uma obra d'arte, fica também excluída. De sorte que o que antigamente seria um produto duplamente artístico, que era o livro com gravuras, passa a ser simplesmente uma publicação ilustrada com a qual o público, o pseudoleitor de tal coisa, não aprende a ler nem aprende a ver. E, quando os algarismos fabulosos das tiragens de futuras publicações chamadas artísticas, fizeram crer aos ingênuos que o nível geral da educação estética tem subido muito, os amadores verdadeiros de belas letras e de belas figuras provarão facilmente que ainda nesse terreno a proporção das classes privilegiadas para a massa ininteligente e inferior conserva-se aristocraticamente. O público mal ilustrado, que já faz tão grande consumo de objetos de arte de pacotilha, continuará a supor que a sua alimentação estética é excelente, porque os jornais lhe dão suplementos ilustrados em que vêm retratados interviews com generais ilustres e duelos de tenentes de couraceiros com jornalistas judeus...

- Jean Richepin, o admirável poeta das *Chanson des Gueux*, das *Caresses* e de *La Mer*, acaba de publicar um romance intitulado *Le Cadet*. É, como a revelação de muita capacidade dedutiva a par do grande talento do escritor, e, por isso mesmo, um livro mau. Tem mais maldade do que os chamados livros naturalistas e sente-se por fim que o seu pessimismo não é sincero como nos livros de Zola. Vê-se que é uma tenção de fazer romance psicológico maldoso, como o outro *Braves Gens* é uma tenção de fazer romance de bom humor. Contra semelhantes perversidades literárias não há censura possível. *Le Cadet* é um homem ingrato e desnaturado, que odeia o irmão mais velho que é seu benfeitor, e que acaba por matá-lo. Depois compraz-se em fazer-se chamar de assassino pelos garotos da aldeia e pela velha criada da casa que conhecia a história e acaba morrendo como um lobisomem, num derradeiro abraço bestial contra a terra que fora o seu único amor. Ao chegar à última parte do livro, que seria a mais interessante, o escritor estava cansado com o fluxo psicológico da parte vulgar do caráter do seu personagem, e o livro ficou maçante[17] e chocho do princípio ao fim. Sem contar que é de uma obscenidade completa.

- Um livro interessante publicado nestes últimos dias é *Les prisons de Paris*. O autor é M. A. Guillot, juiz de instrução no tribunal do Sena, o mesmo cuja sagacidade fez cair as cabeças de Prado, Pranzini, Gamahut, etc. É um livro para fazer pensar instruindo. O ceticismo do criminalista e do magistrado, que há quinze anos rebusca em consciências como outros folheiam autos, não nega que a criminalidade cresce como uma enchente de destruição. E, deixando de lado as teorias vãs e inconcludentes dos criminalistas italianos, M. Guillot vai buscar as origens do mal aterrador, que é o maior perigo para as sociedades futuras, no começo da existência moral dada pela família, que se desmorona, na lei do divórcio, na falta de crenças superiores, que substituam a religiosidade desaparecida, etc. Faz pensar que os maiores criminosos são hoje os moços, os apenas adolescentes; que a falta de escrúpulo moral é uma aplicação falsa das teorias científicas mal entendidas e que a vida moderna tem assim uns ardores doentios, como se fosse a febre de crescimento das novas camadas sociais.

Domício da Gama

17 No jornal, "manante", palavra cujo sentido ("corrente" ou "fluente") seria contraditório no trecho.

34
De Paris

(6 de Abril de 1890)

Os dois "Salons". Aquarelistas. Boutet de Monvel e Besnard.

Abriram-se as exposições de pintura e escultura que precedem a abertura do *Salon* anual.

Este ano é preciso dizer dos *Salons* porque serão dois em vez de um, como era dantes. Haverá os *Salon* Bouguereau no Palácio da Indústria, e o S*alon* Meissonnier, que é o dos dissidentes, no Palácio das Belas-Artes, que ficou de pé (e que será conservado) no Campo de Marte. Vaidades, lutas de amor próprio, birras, intrigas de *atelier* e de academias, a propósito das recompensas concedidas pelo júri da Exposição Universal de 1889, que a maioria do *comitê* dos 90 da Sociedade dos Artistas não quis reconhecer, e finalmente um voto mal pensado numa reunião tumultuosa da mesma sociedade, recusando aos medalhados da Exposição as honras e privilégios de entrada *hors-concours* nos *Salons* anuais, determinaram a retirada de Meissonnier e cento e vinte e tantos dos seus partidários. Como era natural, trataram logo os protestantes de assentar as bases de uma nova associação, apesar dos esforços feitos pelos críticos d'arte, homens de letras, ministro das Belas-Artes e outros personagens importantes nesse curioso mundo da plástica, a fim de evitar as calamidades de uma guerra intestina entre a gente do pincel e do escopro. Mas Bouguereau, não querendo ceder a princípio, Meissonnier tornando-se inflexível depois e trabalhando rijo, a Sociedade Nacional achou-se fundada, com regulamento assente e local concedido para as exposições. Local vasto bastante para receber e agasalhar todas as vítimas das exclusões do *comitê*-Bouguereau, que o *comitê*-Meissonnier julgue digno de entrar. Porque no *Salon*-Meissonnier não há medalhas, nem recompensas que importem regalias de entrada franca. Nem será um *Salon* livre, pois que os artistas que fizeram parte do *outro*, não poderão figurar nele. Mas, em todo caso, ele estabelece uma diversão à dependência e sujeição do antigo *Salon*, em que o merecimento do artista que se apresentava à admissão, valia menos que o nome do mestre ou do *atelier* a que ele pertencia. Não haverá assim mais talentos reais que escapem à atração de um dos dois *Salons*. E a legenda, já hoje muito desmerecida, dos talentos, dos gênios que as perseguições abafam e anulam, desaparecerá de todo.

O caso é que todos se queixavam do aumento anual da quantidade de produções de menor valor (ou mesmo de nenhum) que nas exposições anuais do Palácio da Indústria afogavam literalmente o pequeno número das pequenas telas de merecimento. Agora que o *Salon* desdobrou-se, reproduzindo-se por fissiparidade, como certos organismos inferiores, rachando-se ao meio e separando-se, é boa ocasião para ambos escolherem entre os trabalhos novos apresentados à admissão aqueles que ocupem mais dignamente os bons lugares na exposição. O público não se fatigaria tanto a correr os olhos por cima de telas que não dizem nada de novo, nem como invenção, nem como execução, antes de descobrir alguma que lhe interesse por uma ou por outra coisa, pois que a reunião das duas é quase impossível neste fim de século, que parece ser a era dos talentos artísticos incompletos.

A verdade, porém, é que na enorme quantidade de pintores que há em França, e que vai crescendo rapidamente, a proporção dos que tiveram a vocação, dos predestinados, dos possuídos da obsessão representativa da forma das coisas por linhas e cores, para os que exercem essa profissão como exerceriam outra qualquer, honestamente e nada mais, mantém-se sem alteração. A França é a principal fornecedora dos mercados d'arte do mundo inteiro, e a sua imensa publicidade assinala à procura de todos os amadores que os podem disputar, os gêneros de valor real, de mistura com aqueles que um capricho da moda e a intriga dos que dispensam honras e criam reputações artísticas, elevaram artificialmente a cotações respeitáveis. Vendo os *sucessos* fantásticos de alguns pintores hábeis e as pagas mais que justas das obras de merecimento, não há homem capaz de pôr uma figura com relevo sobre um plano, que se não julgue com direitos a competir para a glória e o proveito fáceis aos mais. E vão lá dizer a esses que a cobiça não é vocação, e que para ser pintor é preciso não ser outra coisa!...

Os *Salons* serão dois este ano, mas não se pode esperar que eles exponham o dobro das obras de valor dos outros anos, a julgar pelas exposições parciais dos *cercles* da rua Boissy d'Auglas e da rua Volney e pela dos aquarelistas da rua de Sèze. Deixando as exposições de pinturas a óleo para a revista dos *Salons* de maio, e analisando a exposição dos aquarelistas, só se encontram duas personalidades artísticas novas, ou agora evidenciadas, que são Boutet de Monvel e Besnard. Os outros são os conhecidos de todos os anos, que pintam sempre a mesma coisa da mesma maneira, que são os especialistas: Adrien Moreau e Delart, com as suas romanzas e galanterias; Vibert, com os seus cardeais purpurinos; Worms, com as cenas espanholas; de Penne, com os cães; Lambert, com os gatos; Giacomelli, com os pássaros; Cazin, Duez, Zuber, Detaille, Lewis-Brown, etc.

Boutet de Monvel é ilustrador de livros infantis, e adquiriu nessa especialidade uma reputação como Kate Greenaway. Expõe as aquarelas para ilustrar um livro de Ferdinand Fabre, que são primores do desenho. Ele não é um aquarelista; apenas são coloridos os trabalhos, levemente, como *aguadas* de arquitetura. Mas a pureza do seu desenho, firme, limpo e correto, lembra também a precisão e a harmonia das linhas arquitetônicas. Ele faz a simplificação do simples, e as suas figuras destacam-se com um relevo perspectivo irrepreensível. Entretanto as fisionomias são intensamente expressivas, como máscaras, inolvidáveis. São rostos de meninos, de gente simples, de padres, e há neles uma humanidade impressionante, comovedora.

Besnard, esse é o aquarelista da aquarela, escola pouco seguida, mais difícil. Esse tem a alucinação da cor, brinca com ela, corre escalas, harpeja, faz harmonia, improvisa. E, como tem a inspiração livre, as suas invenções têm uma graça única de quem vive ao natural no seu elemento. Não se percebe esforço no seu trabalho. Uma guardadora de pavões brancos, uma forma branca de mulher entre plumas, quase identificada com o seu rebanho, pavão ela também com o pescoço inclinado, o corpo torcido, com a ondulação rojante das aves suntuosas. E sobre este tema variações inefáveis do colorido transparente de tinta d'água, uma festa.

Outra mulher que se transforma em pavão, uns espelhamentos que são contrastes e harmonia de tons e reflexos opostos e reconciliados, como numa embriaguez de cores, assinalam a Besnard um lugar eminente entre os pintores modernos. Já é uma satisfação descobrir um artista novo numa exposição. Só Paris pode oferecer dessas surpresas *et plutôt deux fois qu'une.*

Domício da Gama
Fevereiro

35
De Paris

(8 de Abril de 1890)

Briga de ministros. Crise latente. Ego Hugo. Tristeza das alegrias. Três fiascos significativos. La bête humaine. La dernière bataille. *Neve e exílio.*

Houve uma briga no conselho de ministros, entre o presidente do conselho e o ministro do interior, este deu a sua demissão ao Sr. Carnot, por cima da cabeça do Sr. Tirard. O pretexto da separação, foi a nomeação política de um magistrado, contra o voto do Sr. Constans e a quase acusação de traição, que o Sr. Tirard lhe fez por essa ocasião. Uma coisa feia. Mas as causas já vinham de longe. Por muitos erros políticos, por fadiga das maiorias, pela desagregação irresistível dos corpos parlamentares, que tantas forças dispersivas agitam, o ministério Tirard, já não inspirava grande confiança ao Sr. Constans. A sua saída foi como as dos ratos que abandonam os navios que vão naufragar: ele sentiu a água que subia no porão da caravela. Substituíram-no pelo Sr. Léon Bourgeois, um antigo funcionário, auxiliar do Sr. Floquet, que lhe dá conselhos. A sua apresentação como ministro da câmara, foi-lhe um triunfo pessoal, para fazer birra ao Sr. Tirard, ouvido em silêncio e sem aplausos. Os aplausos ao Sr. Bourgeois não podiam ser sinceros. O seu programa insignificante, apenas numa forma mais elegante, tinha o vazio e a imprecisão dos nossos discursos acadêmicos. Nem podia ser por menos: uma apresentação da noite para o dia a uma câmara difícil de dirigir, num tempo pouco seguro, só pode ser feita com palavras sonoras, com frases bonitas, mas não comprometedoras. E ninguém se engoda com a *marche en avant*, e as reformas urgentes e necessárias que por fim de contas não são nem urgentes, nem necessárias. Todos sentem as coisas mal paradas, pois que a própria imprensa oficiosa abandona o governo, que por tão longo tempo (longo para a vida efêmera dos ministérios franceses) defendeu-o a todo o transe. Por todo o mar da publicidade, em torno só se veem os ratos fugindo do navio em perigo.

- Um pequeno escândalo a que se acha ligado o nome do grande poeta. Dois usurários, um costureiro de nome e um arquiteto, foram chamados aos tribunais, por terem emprestado 80.000 francos a Georges Hugo e reclamarem dele 240.000. Quando contratou esse empréstimo, que lhe era necessário para levar avante certas empresas galantes, o neto do poeta era ainda menor. Os usurários não pensaram que a família se negasse ao pagamento, para evitar um escândalo. Mas o Sr. Lockroy não se importou com isso e os interesses financeiros prevaleceram.

É um nome esmagador esse de Hugo. Então para quem como o gentil Georges refaz as *Contemplações* à sua moda, sendo contemplativo, chega a ser incômodo para os seus amigos... e até para os repórteres dos jornais mundanos. Um nome que obriga a deveres, que não dá direitos, é um nome escravizador tirânico. A aristocracia do talento encontra para se fundar esse embaraço irremissível, que é a impossibilidade de transmitir o gênio a herdeiros naturais por sucessão direta.

- A vida parisiense tem agora o seu máximo de agitação. Por toda a parte são festas de grande representação mundana, acontecimentos artísticos e literários, de que os jornais apenas dão os ecos e de que eu nem o eco posso dar. Ou antes, o eco que eu delas pudesse dar, seria como de uma lamentosa desolação, tanto acabrunha o espírito a contemplação dolorosa dessa fúria singular de "matar o tempo, que tem a vida tão dura, de acelerar a vida, que se escoa tão lentamente". Por pouco que se detenha a gente a gozar, saboreando um bem, que para ser melhor deve ser efêmero, vem logo ao espírito a sombra com a indagação inquieta, se será o incontentamento, se será a saciedade que nos conduz à morte, pior do que à morte, à ânsia de viver sem saber por quê. E então, pela identidade dos destinos, tanto nos faz uma recepção no Eliseu ou um sarau num suntuoso palácio do bairro de Monceaux ou de l'Étoile, como uma *redoute* do Continental, um bailarico num terceiro andar em Batignolles ou um vaudeville num teatro do boulevard. Lugares e ocasiões de matar o tempo imortal. Há os que passam a vida a matá-lo, e ele é como o veado da legenda germânica, da caçada fantástica, que durou uma noite de cem anos. Depois a funda melancolia da velhice é menos das rugas, que amarguram a boca e desbriam os olhos, do que da imperdoável culpa de ter vivido em vão.

Esses que mataram, não o tempo, mas os seus dias, parecem assim trazê-los, amortalhados em saudade, um por um contados, hora a hora dos prazeres que foram, na sepultura das rugas lamentosas...

- Muitas peças novas pelos teatros, três ou quatro livros por dia, mais duas exposições de pintura, escândalos, mexericos, assuntos graves e leves: só há o embaraço da escolha para o menos noticioso dos cronistas.

Assinalemos primeiro o fiasco de três peças *naturalistas* em três teatros diferentes. Foi primeiro no teatro Livre *Les Frères Zemganno*, tirada do romance de Ed. Goncourt. Quem leu o livro encantador pode logo julgar da representabilidade cênica daquele poema melancólico. Atores só podiam despoetizar a melancólica fantasia do artista saudoso. A peça caiu.

Depois foi no *Odéon*, uma espécie de comédia azeda, intitulada *Grand'Mère*, onde se vê um homem zangado, porque a mãe não deixa que ele se ocupe com o filho que acaba de nascer-lhe. A peça tem três atos, a todo o tempo vive o homem zangado com a avó do pequeno, que não é a sogra, mas a própria mãe. É insuportável. O autor da peça, que na segunda representação rendeu 292 francos, chama-se Georges Aucey.

Finalmente, no *Varietés*, uma comédia de Paul Alexis, tirada de uma das suas novelas intitulada *Monsieur Betsy*. Os naturalistas, que se caracterizam pela falta de imaginação construtiva, conseguem certos efeitos literários, mas as suas obras não podem resistir às pressões teatrais, não conseguem vencer a falta de simpatia de um público desconfiado, embora benevolente. *Monsieur Betsy* trata da velha história de *ménage à trois*, tão finamente tratado por Henry Becque na sua *Parisienne*. Mas a peça de Paul Alexis é grosseira, baixa, inconcludente. A Réjane foi muito aplaudida, assim como Dupuis e Baron; mas a peça caiu. Para quem acompanha com interesse a história do teatro, essas quedas são significativas. Elas exprimem em definitivo este fato, tão simples e natural, que todos os simples de espírito o compreendem, da necessidade de uma cultura especial para cada gênero de arte, da impossibilidade de estender-se indefinidamente uma fórmula feliz por todo o vasto campo da estética. Significam também, menos diretamente embora, porém não menos rigorosamente, que uma obra d'arte não resulta unicamente de uma fórmula dirigindo um trabalho perseverante. O talento artístico continua a ser necessário e independente.

- Publicou-se ontem o novo romance de Zola, da coleção dos Rougon Macquart –*La Bête Humaine*. Trata de caminhos de ferro objetivamente e subjetivamente de criminologia.

Estudado como poema, tem sempre o grande sopro épico do mestre. Analisado literariamente acentua cada vez mais os defeitos de linguagem, de sentimentos etc., o profundo mau gosto do autor. Tem capítulos, páginas, situações soberbas, nunca um período que se possa chamar de estilista, de artista.

- Publicou-se também a *Dernière Bataille* da campanha antissemítica do Sr. Ed. Drumont. Devia-se dizer o último tiro e de pólvora seca desta vez. Repisa e esfalfa. Mais um panfleto à água.

- Chegou hoje a Paris o Visconde de Ouro Preto com a família. Caía a neve furiosamente e a entrada dos banidos não podia ter uma *mise-en-scène* mais adequada. É assim que a gente pensa no Brasil quando lê histórias de exílios e proscrições.

Domício da Gama
Paris, 5 de março

36
De Paris

(17 de Abril de 1890)

O ministério está reorganizado, aceito, apresentado à câmara sem incidentes, apoiado numa moção de confiança votada por uma maioria de 318 votos contra 78. Diz-se que um gabinete que tem Freycinet como presidente do conselho e ministro da guerra, Constans como ministro do interior, e Ribot na pasta de estrangeiros, um gabinete que não desvia-se da política *liberal mas prudente*, que é a política do tempo de paz e calma que a França tão venturosamente atravessa, diz a opinião desinteressada que longos meses se passarão, antes que a ação combinada das forças políticas interiores o derrubem. Foi ainda anteontem a sua apresentação à câmara, e já parece uma velharia jornalística a discussão da sua declaração quase pro-forma.[18]

Um acontecimento de uma gravidade extraordinária enche de tal modo os espíritos nestes dois dias, que sente-se como o envelhecimento dos minutos cem[19] vezes vividos na agitação dos grandes dias. O príncipe de Bismarck abandona o seu posto de diretor da política imperial da Alemanha, e o abalo que a sua retirada produz no mundo inteiro, revolve de novo todas as questões sociais ligadas à sua longa e inigualável existência política. Sente-se que a partida do Chanceler de ferro é mais crise do que todas as crises interiores dos Estados. Receia-se que a era das dificuldades recomece para a Alemanha nova. Começa-se a pensar que mesmo com povos da mesma raça os impérios militares vão sendo absurdos, que Sadowa e Sedan não bastaram para transformar Berlim em urbs, que o ferro se compra com ouro, e que o ouro e o sangue da França não aproveitaram aos que a sangraram cruelmente no peito generoso e inexaurível... Pensa-se, pensa-se... Pensa-se

---

18 "Pro-formula", no jornal.

19 No jornal, "com".

no mal que trazem à humanidade, às nações, às civilizações que os produziram, esses homens de gênio dominador, que presentes são uma opressão aflitiva, e ausentes são a desolação dos edifícios grandiosos desmoronados.

Mas no que mais se pensa, é no perigo que há para a Europa na emancipação completa desse moço ambicioso que é Guilherme II. Dizem que Bismarck retirou-se, porque o jovem imperador quis ser o seu próprio chanceler. E o sucessor de Bismarck não precisa ser um homem de gênio, pois que não lhe deixarão tocar na política com o estrangeiro, nem alterar as grandes linhas do programa do augusto amo. Nem alterar, nem mesmo discutir; apenas lhe incumbirá a aposição da referenda sob os imperiais rescritos, regulamentando as horas de trabalho, as relações dos patrões com os operários nas oficinas, os tratamentos de cerimônias, a forma dos bordados na gola das fardas dos funcionários do império, o estilo dos artigos dos jornais e dos *menus* dos banquetes oficiais, as inversões da sequência lógica e a disposição das pregas elípticas da consciência pública – o disciplinamento implacável do espírito da honesta e livre Germânia.

Houve um grande e belo rei; esse malogrado Afonso XII, cujo filho é hoje a esperança inquieta da Espanha e o tormento da pobre mãe e dos seus médicos, houve um herdeiro do imperador Carlos V, que utilizou os longos ócios, que lhe deixava a sua irresponsabilidade governativa, em legislar sobre o número de vibrações que conviria marcar ao *lá* do diapasão normal, e decretou afinal que para o uso nacional de todas as Espanhas o *lá* não contraria mais que 940 palpitações da asa sonora do silfo da harmonia.

Depois dessa gravíssima resolução, de consequências incalculáveis para o futuro lírico da raça dos Gayarres, pouca música espanhola ouço: as zarzuelas que se cantavam no Rio, ainda pertenciam ao regime antigo de menos ou mais de 940, e a *Gran Via*, que tanto me atormentou os últimos dias que aí passei, foi arranhada e soprada pelas orquestras dos cafés da rua do Ouvidor, assobiada pelos moleques, martelada nos pianos e bimbalhada nos sinos da Lapa dos Mercadores, que a conheci. Perdi de vista a Espanha e suas cantigas, e a voz aspérrima dos caixeiros-viajantes espanhóis que de Edimburgo a Roma tenho encontrado no meu caminho, não poderia suscitar-me cismas sobre a nova estética musical, sobre a renovação lírica que o grande rei promoveu. Ultimamente, porém, numa *redoute* dada pelo *Gil Blas*, ouvi a Helena Sanz cantar. E ouvindo a que dizem ter sido colaboradora ativa e prestimosa do lírico sucessor de Philippe II, compreendi que não havia para reis empresas mesquinhas e de menor valor.

Habaneras e peças sérias, música ligeira e grande música, o canto da Sanz tem uma graça, um encanto especial, que eu, sem as ter contado rigorosamente, atribuo por simpatia às 940 vibrações do *lá*. E a passear pelo campo das cismas, induzindo, deduzindo e concluindo, o desdém relativo que eu tinha pela Espanha atrasada e inculta, acocorada a um canto do mundo, roída de orgulho como de piolhos históricos, enquanto a Europa prossegue na sua marcha gloriosa para a Luz; esse desdém da ignorância mal batida, que é como um resto da poeira das batalhas, dos ódios seculares entra as raças irmãs, ia-se me dissipando pouco a pouco ao vergastar dulcíssimo e sutil das vibrações do *lá* afonsino. Desde então já não me é antipática a ideia de andar um dia pelas terras dos últimos mouros europeus, e quem sabe se mesmo trocar língua com espanhóis. Já não impacienta-me ouvir tratar-me por tal, e ainda hoje um espanhol, meu vizinho de mesa no restaurant, ouvindo-me falar português, veio apertar-me a mão, declarar que ele também tinha a alma brasileira, e, aproveitando a ocasião, perguntar-me se o câmbio não descerá muito abaixo de 20, sem que eu me ofendesse por tal familiaridade. Vejam os senhores como um rei conquista amigos para a sua pátria, brincando.

Imaginem agora a glória que provirá para Guilherme II, da infinita regulamentação das coisas alemães a que ele se entrega de corpo e alma, e que só o Chanceler de ferro impedia de pôr em prática.

Assim, essa conferência internacional operária, reunida em Berlim a convite seu, em que se vai prescrever o repouso dominical, a interdição do trabalho aos meninos de menos de 12 anos, etc., etc., será trabalho de outros, porém glória de Guilherme II. E quando a saciedade dessas glórias pacíficas e humanitárias vier, já estará o mundo acautelado contra o desencadear da ambição militar que compõe o seu velho fundo germânico, e que de tempos a tempos se deixa entrever nos seus discursos singulares, em que, numa salada aspérrima, o óleo do misticismo é cortado por uma abundante dose de vinagre marcial, sob a forma de *espada dos Hohenzollern*, *Deus dos exércitos*, etc.

Hoje da tríplice aliança bismarckiana, só resta o Sr. Crispi por chanceler. Parece pouco...

- Enquanto na Alemanha o Deus dos exércitos tem um culto mais ardente e fervoroso do que nunca, em Paris absolve-se em júri um Sr. Lucien Descaves, que aproveitou o tempo em que foi sargento para escrever um romance em que pouco fica de pé do respeito devido a essa entidade terrível, que é na realidade o cão de guarda dos rebanhos humanos, mas que todos nós carecemos de considerar como o corpo de levitas armadas da religião da pátria. O livro, que se intitula *Sous Offs* (sous-officiers), sendo de um escritor pouco conhecido, tinha sido publicado a 5 ou 6000 exemplares: o processo elevou a publicação a 35.000 e deu nome e dinheiro ao seu autor, e uma tal ou qual desmoralização à *nobre carreira das armas*.

Quem lê *Sous-Offs*, e lê depois aqueles belos poemas da *Servitude et grandeur militaire*, de Alfredo de Vigny, pode pensar que de 1830 para cá a visão moral dos escritores franceses tem baixado muito. E não tem. A necessidade de escrever alguma coisa de forte, que atraia a atenção no meio do burburinho ensurdecedor da produção literária atual, obriga os escritores a estes destemperos de arte.

No ano passado publicaram-se mais de quatorze mil volumes em Paris, quarenta por dia em média. Para ser lido e fazer dinheiro no meio de tal acervo de imprensa, é preciso ser processado ou chamar-se Zola, Daudet, Ohnet, etc.

E Zola que também escreverá sobre o exército...

Domício da Gama

Paris 20 de março

37
De Paris

(14 de Maio de 1890)

A câmara dos deputados trabalha muito. Mal se pode tomar nota do que ela faz. Só o orçamento tem na sua discussão, matéria para volumes de crônicas escritas por outros que não eu. Os ministérios da guerra e da marinha, por exemplo, que absorvem o melhor das rendas nacionais, e isso em nome do medo da Alemanha (que é a forma singular que reveste o patriotismo de certos políticos) forneceriam elementos para uma bela página à la Guerra Junqueiro – a goela formidanda do canhão engolindo a riqueza, absorvendo a vida de todo um povo, etc.,etc.

Eu lastimo não saber fazer destas coisas, e sou obrigado a dizer chatamente as notícias mais relevantes. E a trouxe-mouxe, ainda mais.

- Assinalo como um dos traços puríssimos da passagem de raras almas honestas pelo nosso mundo inteiramente convertido à desonestidade – desonestidade de costumes, de consciência, de espírito, ausência de escrúpulos morais, que a reprodução frequentíssima de fortunas ilegítimas parece aconselhar – assinalo como um caso de consciência, que a opinião *fin de siècle* qualifica de loucura, o suicídio de um pobre alsaciano (os franceses chamam de alsacianos aos alemães com quem simpatizam), empregado em uma casa de açúcares, que não sentiu-se na altura da situação, que o patrão, contente com os seus serviços, lhe fazia na casa. Espírito humilde, da humildade sublime que nós, os orgulhosos e desonestos, não compreendemos, nem mesmo quando lemos nas páginas do *Flos Sanctorum* as anedotas das almas peregrinas que são a poesia do cristianismo, consciência cristalizada em escrúpulo e que os vapores da ambição não puderam enturvar, esse pobre e grande Schwob furou a cabeça com uma bala de revólver, talvez para que o estrondo da sua morte nos sacuda do torpor moral que nos traz a todos perdidos de vaidade, de ambição, de inveja, do sono de inconsciência, que às vezes tem despertamentos tão cruéis.

Almas puras, gentes que não tendes na vossa limpidez de coração, nem suor de escravo, nem lágrimas de órfão e de viúva, nem espezinhamento de amor-próprio alheio, almas honestas e sem pecado, orai pelo pobre refinador de açúcar, que não julgou-se capaz de ser diretor, ele que tão bem soubera ser dirigido!

- No dia 25 de março foi a instalação do novo grão-rabino de França, o Sr. Zadoc-Khan. A cerimônia foi na sinagoga da rua *de la Victoire*, com a assistência de todo o clero israelita francês. Rothschild (Alphonse de) foi quem recebeu o novo dignitário judeu; houve discursos, cantos sagrados (coros e orquestras da Grande Ópera) e o *sepher* foi desenrolado. O sepher é a tábua da lei bíblica, escrita sem pontos nem vírgulas, nem vogais (dizem), sobre um pergaminho enrolado das duas pontas, que tem cem metros de comprido, sobre setenta e cinco centímetros de largo. Desenrolaram-no todo e expuseram-no aos olhos da numerosíssima assistência. Eu confesso que não sei ler aquilo (por humildade pura o confesso, que agora dei nisto), mas sei pouco mais ou menos que ali vêm proibições da parte do Senhor Deus, de furtar, de matar e de cobiçar a mulher do próximo, e que são estas as três coisas que mais se fazem neste mundo. Faz isto pensar que Moisés não entendeu bem o que o Senhor lhe disse no alto do Sinai, quando roncava aquela trovoada tão forte, que todos sabem. Também parece um mau costume este que tem Deus, de só falar quando ronca trovoada. Acabarão por pensar que ele é gago. O caso é que hoje já se trabalha para sistematizar a lei biológica do egoísmo, para dar fim ao desacordo que supõe-se existir entre o mundo físico e o mundo moral. Eu confesso humildemente que não sou judeu, nem tenho os cornos luminosos de Moisés, mas acho que, se Deus pensava assim naquele tempo, ele já pensava bem. Nós somos meia dúzia a pensar desta maneira, prontos a defender Deus sobre este ponto, aqui e no Brasil, por esse mundo. E quando formos para o céu, nós lhe prestaremos o grande serviço de dar-lhe informações sobre muita coisa que por aqui se tem feito de novo, que ele ignora, por mais que digam os seus amigos íntimos e dedicados.

Explicar-lhe-emos Darwin, a filosofia nova, o socialismo e o niilismo, antropologia (isso eu ainda não sei), a eletricidade, o magnetismo e a história e o Tratado do Verbo. Mas será preciso que não morramos cedo, para haver tempo de aprender tanta coisa, para que, postos no limiar dos Novos Tempos, possamos julgar e definir os Antigos. Assim, para o Tratado do Verbo, já o Pompeia tem quase concluído o seu estudo sobre a Vibração Sonora. Daí para a instituição filosófica do símbolo do Verbo Criador, só faltam as teorias das articulações, dos signos, da vontade amorosa e gestativa, a recomposição da metafísica e a teoria dos Destinos. Pouca coisa como veem, se quiser pedantear simplesmente, escrever ou falar como jornalista, por presunções, sem provas, ou com provas no ar, não verificadas. Mas para explicar ao Senhor a necessidade da concentração de todo o esforço, toda a Vontade Divina na conservação da essência das leias por força mesmo da transformação da sua expressão – transformação salutar, que dá a ilusão do novo nos volitivos inconscientes – para persuadi-lo de que a renovação dos símbolos e das formas só exprimiria uma coisa – a imanência do Absoluto, provada pelas variações – seria preciso um trabalho sério. Uma existência inteira não é demais. E ainda é preciso que ela seja consagrada unicamente à observação, à experimentação, ao estudo incessante da Imagem da Voz e do Signo.

Coube-nos por isso, ao Pompeia e a mim, esta função quase levítica de não escrever para o *Jornal do Comércio*, e para a *Gazeta de Notícias*, que são o mais claro exemplo das coisas sempre as mesmas e sempre diferentes. *Deus nobis haec otia freit...* [20] e ao Capistrano. Não escrever, não quer dizer não trabalhar. Ao contrário – no maior número das vezes escrevendo destrabalha-se. O budismo explica esta proposição aos finos, para quem escreve tão grosseiramente, tão imodestamente. O budismo é a teoria da preguiça sublimada. Tempo virá em que todo o Brasil, tão profundamente predisposto para senti-la, adote-a, cultive-a com veneração, receba-a como religião. Da nossa bandeira pretenciosa castrar-se-á então a palavra *progresso* e nos estagnaremos na *ordem*. Seremos a Índia Americana. Uma Inglaterra qualquer tomará conta de nós, nos fará trabalhar para ela, se superporá à nossa raça ilustríssima, mas nós ficaremos sempre os mesmos, brasileiros, preguiçosos, desprezando os conquistadores, os trabalhadores, os miseráveis calcetas do seu estômago, pungidos por não sei que aguilhão misterioso de

---

20 "Deus nos concedeu tal descanso".

ideal, oprimidos sob a carga das suas quimeras, como os viajantes do sonho do poeta, que tinha não sabiam de onde e iam a algum destino, pois que uma invencível necessidade de marchar os impelia, endurecendo-os para resistir ao peso da sua carga esmagadora de sonho. Enquanto nós nos imobilizaremos, nos hieratizaremos na soberba indiferença para com a agitação dos que não entenderam a lição da velha natureza, que ensina a inanidade de todo o esforço para escapar à absorção fatal, à destruição, que é a recomposição... As leis antigas nos bastarão, a nós os contemplativos, as leis que Deus ditou no alto do Sinai e que os escribas hebreus escreveram na tira de pergaminho enrolada das duas pontas, tão comprida que nela caberiam todas estas cogitações e outras cem vezes mais complicadas e tortuosas, que aqui não vão pelo respeito à paciência do leitor.

- Enquanto Israel celebra a instalação do seu grão-rabino, os antissemitas prosseguem na sua campanha furiosa contra o que eles chamam de Bezerro de Ouro.

Para as eleições do conselho municipal de Paris, que se realizarão no dia 27 deste mês, apresentam-se alguns candidatos com esse único título - *anti-semite*. Eduardo Drumont à frente. Mas o movimento contra os judeus em França, não é tão forte como na Rússia, na Alemanha, na Áustria, onde ainda há três dias, em Viena, um ajuntamento de cerca de 20.000 populares invadiu e saqueou vários lojas de negociantes judeus, sem que a polícia pudesse impedir. Socialismo, antissemitismo, niilismo, generalismo, liberalismo, republicanismo, tanto nome para exprimir um só fundo de descontentamento! É como a roncaria do mar contra as pedras – uma fatalidade. Infeliz de quem vê nisso mais do que um belo, um incomparável espetáculo, que é o da agitação da vida – humana e social.

Paris, 12 de abril de 1890
Domício da Gama

38
De Paris

(22 de Maio de 1890)

Paris tem andado morno. Os temporais desencadeados lá pelo sul, que tanto têm amargurado a viagem presidencial enchendo, especialmente para ele, de chuva e de sombra as plagas encantadas, dos sóis de ouro e dos céus de anil, aqui chegaram sob a forma de nuvens pardas, que nos peneiram cinza n'alma, que nos enlameiam o caminho, que neutralizam para nós as alegrias da primavera. Com o belo tempo de últimos dias de março e dos primeiros de abril ela chegou toda faceira, vestida, ornada e perfumada de verdura e de flores novas. Apagou-se o fogo nas lareiras de inverno, abriram-se as janelas, inauguraram-se as roupas frescas, começaram as excursões aos arredores, o hipódromo e o circo de Verão abriram as portas e os teatros apressaram-se em anunciar as últimas primeiras representações da estação quase a findar. Depois, destemperou-se de repente o tempo pelas Espanhas, talvez para apagar os ardores dos generais liberais, que por lá querem mudar de moda, política, e ficamos nós de novo às voltas com os defluxos hibernais e com a tristeza do céu rente com as casas.

Nos restaurantes já se comem espargos e morangos temporãos, mas é com o mesmo gosto com que se comem uvas de estufa em Londres, vendo através da vidraça enturvada pelo frio o céu cinzento que se desfaz em chuva e contemplando a infinita desolação da cidade sombria, com a interminável passagem da sua miséria patinhando lugubremente no negro lamaçal das suas ruas negras. Há momentos de uma turvação crepuscular, que põe véus de crepe nas contemplações mais risonhas. As conversas travadas pelas cinco da tarde, quando ainda há duas horas de sol por trás das nuvens e não se ousa acender as lâmpadas, tomam a tinta da hora desconsolada. E se às vezes o que se diz tem relevo, é o relevo da sombra ambiente que dá vulto e valor, avivando a aresta das coisas. Desce-se escavando a sombra, buscando o profundo enraizamento das coisas sociais no passado e no ainda menos claro substractum da inteligência e das aspirações contemporâneas. O que nos dias claros constitui uma simples observação pitoresca, a notação das exterioridades visíveis, em que mal a atenção pousa um minuto, nos dias escuros como estes representa um sinal dos tempos, traços característico, símbolo, que sei eu! – o rabo do gato, da questão sociológica que ali se esconde... Há dias em que a gente sai de casa com o ouvido singularmente afinado para ouvir queixas dos miseráveis, súplicas de mendigos, disputas a meia voz, que revelam dramas domésticos, com o olho desconfiado imaginando existências atormentadas, reveladas pela máscara de fisionomias comuns, com uma percepção agudamente pessimista, que compõe um fundo de filosofia, interpretativa, temporária embora, não menos sincera do que as que, para se documentarem, exigem existências inteiras. Nesses dias o que se escolhe para ocupação do espírito são as questões mais complicadas, mas *repercutivas*, se se pode assim dizer; aquelas que nos levam mais longe pelas suas relações com o assunto favorito das nossas cogitações.

E isso num tom pedantesco, que quanto mais se esforça por desprender-se e se fazer leve, mais desgracioso parece pelo esforço e pela afetação de se mostrar superior ao assunto.

Vindo da margem esquerda, encontrei hoje o meu mendigo da ponte do Carroussel com um ar de sofrer demais com os aguaceiros tocados de vento que lhe fustigavam as faces. Estava sentado no chão, na lama, encostado ao parapeito e tinha uma grande miséria no olhar e na voz trêmula.

As sombras vagas que me andavam rondando, condensaram-se e me invadiram então. Achei uma ironia o soberbo Apolo de Mercié, que orna a fachada do Louvre, em frente. O galope alado do Pégaso, a elevação divina do poeta, como entenderá isso o mendigo assapado na lama, tiritante ansiando pelos vinténs dos transeuntes menos absortos ou menos pobres?

E daí para pensar em destinos da arte em desigualdades forçadas, aristocratismos fatais na vida social, em coisas que não cabem numa crônica de Paris não foi preciso mais tempo do que o que se gasta para ir do Louvre à Biblioteca Nacional.

A Biblioteca Nacional tem um matizado rodapé de cartazes eleitorais, de candidatos ao conselho municipal que fazem-lhe uma barra de profissões de fé política, instrutivas para a história de Paris municipal como as inscrições encontradas nas ruínas, que mostram aspectos particulares da vida de civilizações mortas. Não tratarei das eleições municipais tampouco, que é assunto largo demais e que nem ao menos nos pode servir de lição, porque o nosso Município nada tem de Município europeu, senão o nome.

Em casa, no *Journal des Débats* o começo de um estudo do Sr. Max Leclerc sobre *o espírito público, o estado social, os costumes e as instituições* do Brasil. O Sr. Max Leclerc esteve no Rio de Janeiro muito pouco tempo para poder documentar profusamente a sua opinião sobre nós e as nossas coisas e os que não pensam como ele podem valer-se disso para contestar-lhe a autoridade e a procedência das apreciações. Mas os que pensam como ele, os que conhecem senão o Brasil, ao menos os brasileiros bastante para sentir senão definir o caráter nacional ainda pouco acentuado, esses acham que o Sr. Leclerc viu mais em quarenta dias de residência entre nós do que tantos homens de espírito, estrangeiros que aí viveram longo tempo ou dos nossos que nos dirigem que nos querem emprestar qualidades e defeitos que não temos.

Severo, sem dureza malevolente, interessado por nós como por um caso simpático na vida das nações, o jovem redator dos *Débats* escreve como quem faz um estudo com a maior independência de espírito. Isso faz que no seu artigo destaquem-se, no alto dos parágrafos, proposições de gravidade destas: "Nada mais raro do que um caráter neste país." "Por uma consequência fatal da escravidão, a família não era a célula social."

Para a documentação de cada uma delas seria necessário um artigo de revista. Por isso o Sr. Leclerc não discute, afirma. E quem discutir, consigo mesmo verá que ele tem razão. Um só traço do nosso caráter, que ele exemplifica, ficou-me. Fala da nossa facilidade para os entusiasmos rápidos, para a embriaguez nervosa e mostra um brasileiro ouvindo um discurso, de olhos molhados, cativo, suspenso dos lábios de um orador. "Levem-no dali, diz o escritor, aquele fogo se apaga de repente e ele lhes dirá que o que falava é um homem sem valor."

Somos nós mesmos, pois não somos! E é triste que sejamos nós... Felizmente não somos só isso.

O Sr. Leclerc reunirá em volume as suas cartas do Brasil. Assunto de meditação proveitosa encontrará ali sem dúvida os nossos homens de espírito, que puserem o interesse nacional acima das suscetibilidades de amor-próprio ferido por apreciações não cegamente elogiosas.

- No dia 21 de abril por iniciativa e sob direção do Dr. Urbano Marcondes um grupo de brasileiros celebrou o aniversário da execução de Tiradentes. Foi no restaurante Lapeyrouse, à beira d'água e à beira do bairro latino, a festa quase íntima, um jantar de vinte e tantos talheres. A *Gazeta de Notícias* teve a sua parte nos brindes da sobremesa. O seu correspondente representava a imprensa brasileira, embora ele pessoalmente fosse suspeito de monarquismo.

Mas o Dr. Lopes Trovão acabrunhou-o de magnanimidade chamando-o de *meu digno amigo* e nenhuma sombra de desinteligência enturvou as claridades da festa republicana e *patriótica.*

Paris, 24 de abril
Domício da Gama

39
De Paris

(30 de Maio de 1890)

A grande manifestação internacional socialista gorou. Ameaçaram tanto com ela, fizeram tanto ruído em nome do socialismo, de reclamações do proletariado que a infame capital explora, prepararam tão minuciosamente divisas, bandeiras e marcaram com tanta precisão o que deveriam fazer os centos de milhares de manifestações na grande jornada da redenção do trabalho, que a manifestação ficou em programa. Há certas festas em que os programas são o que há de melhor. No dia 1º de maio o que houve de melhor, foi um elemento com que os manifestantes parece que não engraçam – a tropa chegou primeiro aos lugares onde os anarquistas poderiam brilhar e impediu-lhes o caminho. Como havia muita tropa e muita poeira (fazia um sol lindíssimo, e, para que a cavalaria não escorregasse, não irrigaram as ruas nessa manhã), os manifestantes foram passear pelos arredores, que já estão muito bonitos neste tempo. Não foram muitos os operários que tomaram folga nesse dia e, mesmo que todos se reunissem na praça da Concórdia, vinte mil homens desarmados não poderiam resistir ao primeiro encontrão da cavalaria. Desaparecida a esperança da manifestação operária, contentaram-se os curiosos com a manifestação militar – mais de sessenta mil homens armados (trinta e quatro mil da guarnição de Paris e vinte e sete mil emprestados pelas guarnições vizinhas), contra a curiosidade do parisiense desocupado. Os que se aproximavam de mais, levavam de vez em quando um pescoção, um pontapé ou uma pranchada... da polícia civil. A tropa apenas impunha respeito, e de tempos a tempos a cavalaria dava um passeio para espairecer e para aumentar a poeira. Houve ainda assim cerca de trezentas prisões, tiros de revólver, punhaladas e outras coisas mínimas. Mas para uma manifestação que só pela ameaça fez com que as ruas ficassem desertas, as lojas fechadas, os ônibus vazios (e Deus sabe se é comum, um ônibus vazio em Paris!), uma manifestação que obrigou as donas de casa a se surtirem de véspera, que fez tanta gente sair de Paris, que fechou os teatros e lugares de reunião, que pôs a cidade num meio estado de sítio, foi pouca coisa.

O que não foi pouca coisa, foi a apresentação à câmara dos deputados, da petição socialista para a decretação das oito horas de trabalho diário aos operários. A delegação operária compunha-se de alguns deputados e de delegados das câmaras sindicais dos vários grupos de ofícios. Mas, para que eles entrassem pacificamente na secretaria da câmara, foi preciso pôr de prontidão e em armas, sessenta mil soldados. Isto dá grande valor moral ao ato. Subindo os degraus do palácio Bourbon aquele punhado de homens obscuros e quase anônimos, pensaria talvez que a sua ascensão era a do socialismo triunfante. Ainda não, mas perto está. E os *clubmen*, representantes da mocidade rica por herança, que guarneciam as sacadas e os terraços dos clubs que dão sobre a praça, bem podiam cuidar da defesa da sociedade antiga, garantidora dos seus felizes ócios, estudando a exata feição da sociedade que aqueles homens fundam virtualmente.

- Para acompanhar o movimento da livraria francesa, é preciso não ler inteiramente os livros que são feitos por capítulos. Destes há sempre alguns que são essenciais ou que não são mais interessantes para nós. Do *Précis de géographie économique* do Sr. Marcel Dubois, recentemente publicado, o capítulo mais interessante para um brasileiro, é naturalmente o que trata da geografia econômica do Brasil. Lida essa parte de uma obra, que deveria ser feita com informações e documentos oficiais, verídicos e não verossímeis, é licito desconfiar do resto dela.

O resto dela se ocupa com o resto do mundo. Mas, quem tiver lido o capítulo sobre o Brasil, onde vêm informações perfeitamente fantasistas, falando da colonização chinesa, como de um fato consumado, de inexplorabilidade da maior parte das nossas riquezas naturais, das *minas* de diamantes nos terrenos *graníticos* de Minas Gerais, das cento e tantas refinações de açúcar francesas na província da Bahia *e nas regiões vizinhas*, dos 9.000 quilômetros de caminhos de ferro *em construção,* do chá do Paraguai que exportamos, da má qualidade do nosso café, que os plantadores (o sábio professor da Faculdade de Letras de Paris chama-os *cafeteiros*) desdenham de melhorar, das más condições do nosso desenvolvimento econômico em geral, quem tiver lido esse capítulo descosido e falso, pode dizer que, a respeito do Brasil ao menos, em geografia econômica o Sr. Marcel Dubois ouviu cantar o galo, mas não sabe onde.

Eu apenas posso afirmar isto e passar a outras leituras mais dignas de confiança. O Sr. Eduardo Prado, porém, fez coisa mais positiva: escreveu uma retificação das informações vagas do Sr. Dubois, e pôs algarismos precisos e documentos oficiais no lugar das falsas hipóteses, de pura analogia com outras regiões tropicais, que os franceses, mesmo da ciência oficial, se habituaram a considerar como a expressão da verdade sobre as nossas coisas.

Representa isto um bom serviço prestado à causa do Brasil na Europa e os futuros estudos sobre essa parte tão mal sabido da geografia econômica, ao mesmo tempo. Não é, porém, esta é a primeira vez que o Sr. Eduardo Prado mostra ocupar-se com perfeito conhecimento de causa daquilo que mais nos interessa no estrangeiro: a substituição da incerteza e da legenda sobre os longínquos Brasis, pela certeza e pela história do que temos feito e fazemos para representar dignamente de povo civilizado. Nem será a última. Uma longa preparação pelas viagens, que lhe predispuseram o espírito para o estudo mais fácil das questões sociais, políticas e econômicas por comparação, que lhe ilustraram as noções das coisas, como as vinhetas fazem aos vocabulários modernos, e depois um período de repouso necessário para o assentamento das ideias e a sua aplicação na crítica dos acontecimentos contemporâneos, fizeram do Sr. Prado um dos brasileiros, cuja presença é hoje indispensável... no estrangeiro. Nós carecemos de ter representantes da nossa intelectualidade nos centros civilizados, em exposição permanente. Ora, às exposições concorrem sempre os melhores produtos. E com o Sr. Prado dá-se a circunstância considerável de ser um produto genuinamente brasileiro. Os que o conheceram em S. Paulo, podem atestar a persistência das suas qualidades intelectuais reveladas desde então. Aperfeiçoou-as, porém, vivendo em terra estranha.

Hoje lhe fazem censura da longa ausência e dizem que ele parte. Compreende-se a impaciência dos amigos; a dos compatriotas não. Mais valeria que ele por cá se demorasse ainda. Já temos brasileiros finos de sobra no Brasil, para que os nossos negócios corram bem. Mas, uma voz no capítulo será um voto simplesmente ou será uma opinião motivada. Inutilidade ou estorvo. Eu sou por menos votantes, mas responsáveis...

O Sr. Eduardo Prado não salvará a pátria: será uma das suas honras e um dos seus bons advogados no estrangeiro. A sua longa demora por cá, não desbrasileirou-o. Todos os que lhe entram em casa, podem ver pelos livros de que estão cheias as suas estantes, que o Brasil é o principal objeto dos seus estudos. Raros são os que os têm em tão grande número, raros conhecem tão miúda e tão largamente as coisas da sua terra. E não é uma cultura egoísta essa do seu espírito; não são gozos solitários, de pura contemplação, as leituras do Sr. Prado. Os que a ele recorrem para informações, para estudos a fazer sobre esses assuntos, podem dar testemunho da sua dedicação por tudo o que nos interessa – patriotismo a seu modo; discreto e pouco ruidoso, mas tão sincero como o que toma outras formas.

No Brasil os homens assim cultivados, são menos diretamente utilizáveis. Nota-se mesmo que, quando postos em atividade, eles não justificam a confiança depositada no seu saber, na sua aptidão teórica. Concorrem para tais fiascos várias circunstâncias: a principal é a pouca idade do Brasil como nação. O espírito público não está arroteado; cada ideia para marchar carece de abrir picada, perdendo tempo, dando voltas desanimadoras, quase desorientada às vezes e às vezes abandonada em caminho. Há além disso a natural indisciplina dos povos novos, contra a qual os homens de espírito, doutrinários e conservadores no fundo, não têm recursos. O aforismo neste caso seria: para gado novo, tropeiro velho. Velho, isto é, não teorista, mas versado praticamente nas manhas e ardis da burrada, que lhe tocou dirigir. Um bom condutor de *four-in-hand* pelas alamedas dos parques da Inglaterra ou da França, perderia a cabeça, se lhe dessem para guiar um troly pelas espantadoras estradas de Minas Gerais. Com a estrada má, o gado indócil e a traquitana ingovernável, ia tudo parar em pouco tempo ao fundo de uma barroca. Descontada a exageração do símile, é este o nosso caso.

Dizem do Brasil, que grande número de homens finos, daqueles que chamamos mais finos do que nós, preparam as suas malas para partir. Alegre-me essa notícia: quando tiverem partido todos, e o Sr. Eduardo Prado estiver de volta com o penúltimo deles, irei eu então para o Rio, a ver se faço figura... Mas verão que nunca se saberá qual é o penúltimo: há tanto brasileiro fino e *distinto*!

Domício da Gama
Paris, 3 de maio

40
De Paris

(16 de Junho de 1890)

O projeto de lei contra a imprensa foi rejeitado na câmara dos deputados, por 347 votos contra 189. Era um resultado previsto, e a discussão, quase *pro-forma*, não tinha o interesse das questões políticas de solução parlamentar incerta.

Apenas um ou outro discurso em que o orador se desviava do assunto verdadeiro, para estudá-lo de mais longe nas suas filiações e consequências.

O discurso do Sr. Paulo Deschanel, logo no primeiro dia da discussão, foi o mais interessante de todos. O jovem deputado foi aluno da Escola Normal, onde lavra a irreverência crítica destruidora da legenda liberal de 1889.

O ponto mais interessante do seu discurso foi o que mostrou o corpo das instituições republicanas fundadas pela grande revolução, como sendo o mais próprio para servir à tirania do primeiro aventureiro feliz, que se aproveite de uma crise de descontentamento popular para, dentro da legalidade, satisfazer as suas ambições pessoais.

Dizem que o Sr. Paulo Deschanel, extremamente estudioso e consciencioso (é filho do instituto), não faz mais do que um discurso por ano. Mas um discurso do valor do seu a propósito da lei da imprensa vale mais do que uma campanha inteira de *leader* de partido.

- O *comité* republicano nacional (leiam – o partido boulangista) na sua sessão de 21 de maio de 1890 pronunciou a sua dissolução. A derrota nas últimas eleições para o conselho municipal de Paris foi decisiva. O exilado de Jersey mandou dispensar os seus fidos e o boulangismo começou a entrar na História. Atendendo, porém, à circunstância de que nas últimas eleições ainda restavam ao malogrado partido cerca de 144.000 votos só em Paris, funda-se uma *Aliança republicana, socialista, revisionista* para recolher-lhe a sucessão.

Entretanto, da *aventura*, boulangista fica uma conclusão pesada de cogitações graves. O último livro de Eduardo Drumont tem umas belas páginas melancólicas a respeito dessa timidez da ação, contrastando com todas as violências da linguagem, do medo da morte, do amor obstinado da vida, da voluptuosidade de sentir-se vivo sobre a terra, que é o grande sentimento das civilizações muito adiantadas.

"Não é mais a explosão, o transbordamento de vitalidade que caracteriza as raças novas, sempre prontas, com facilidade de um pródigo que supõe possuir um tesouro inesgotável, a gastar à larga, a desperdiçar a vida. Em vez disso, é um *vitalismo* de ente cansado e gasto, um *vitalismo* sensualista, amolentado em requintes, qualquer coisa de parecida com a impressão do homem que se acorda de manhã numa boa cama, contente por estar no mundo e receoso mesmo de expor-se ao ar de fora e tomando tempo antes de se meter no banho frio.

Nas massas populares é puro instinto de criaturas sem crenças superiores, animalizadas, amando a vida mesmo dolorosa. Nas classes superiores, o instinto reveste-se de um raciocínio mais complicado. Onde quer que entre a análise, a faculdade de ação vai se destruindo aos poucos; o hábito de considerar tudo no ponto de vista da vantagem ou do prejuízo que daí pode tirar a nossa individualidade produz a impotência final. Aquele eterno interrogador de si mesmo, que era Hamlet, disse: 'As cores naturais da resolução descoram aos pálidos reflexos do pensamento.'"

Considerando assim, este fim de Boulanger impressiona como o quarto ato de um drama bem feito. No dia 27 de janeiro ele era senhor de Paris. Tropa e povo eram por ele. Todos os funcionários estavam prontos a voltar-se para o homem de amanhã... E o governo ia cair. Bem sucedido, vencedor, esse filho de um homem de negócios, esse oficialzinho, que por tanto tempo viveu necessitando, poderia escolher o lugar que mais lhe agradasse. Seria presidente da República ou grande condestável de uma monarquia; subiria mais alto ainda se quisesse, caminharia a parte dos Habsburg, dos Romanoff e dos Hohenzollern; teria uma situação que nunca teve Napoleão III, porque, por uma espécie de prodígio, todos os partidos e todas as classes se reconciliaram sobre o seu nome; sustentado pelos conservadores e aclamado pelos revolucionários, ele era abençoado nos presbitérios e aplaudido nas oficinas.

E o general pensou um minuto em estender a mão para apoderar-se desse soberano poder, que lhe estava pertinho... e teve medo.

Soussier poderia decidir alguns regimentos a marchar e Gallifet, cheio de ódio, podia pôr alguns esquadrões em movimento. Ele se via vencido, perante um conselho de guerra, e uma madrugada, ao romper d'alva, quando faz frio, viriam acordá-lo, dizendo como a Rossel: "Meu general, é para hoje; o pelotão espera-o..."

- Parece que as touradas, que tinham recomeçado com grande espavento, não criarão raízes em Paris. As últimas corridas de quinta-feira já foram dadas debaixo de uma pateada formidável. À última hora a polícia tinha proibido a entrada dos picadores na arena e o público considerou--se roubado, porque ver um cavalo atirado ao chão com o cavaleiro, pela marrada de um touro, é para muita gente o melhor do divertimento. Que afinal de contas as farpas do Tinoco e os passes dos capinhas, para quem não tem a educação tauromáquica precisa para apreciá-los, não são mais do que a mesma *suerte* (os jornais já dizem assim) repetida dezenas de vezes na mesma tarde. E o parisiense, que pagou vinte francos para passar três horas magoando as nádegas sobre as reguinhas estreitas e angulosas de que são feitas as bancadas, sem ver ninguém matar nem morrer, não pode contentar-se com a vista de cortejo e das roupas dos toureadores que ele já viu talvez mais luxuosos na Ópera Cômica ou no Novo Circo e por menos dinheiro.

Resumindo a coisa: feitas a sério, as touradas representariam uma aberração do gosto francês, que em nada se parece com o espanhol; como simulacro, basta um quarto de hora para que o enfado venha. Os empresários das touradas não consideraram, antes de arriscar tantos milhões, que para o francês os divertimentos exóticos podem ter um atrativo de curiosidade momentânea, mas nunca fazendo concorrência... aos passeios ao campo, por exemplo. Para tudo o que não é natural ou não representa um esforço de humanidade inteligente, o francês não tem inclinação. E a propósito desse caráter especial do espectador parisiense, um jornalista observa que, quando num circo um domador mete a cabeça dentro da boca de um leão, o público arrepiado reclama, aplaude, tem gritos de espanto; mas, se o domador repetir muitas vezes a proeza, não faltará quem diga que o leão é empalhado.

- As mulheres pintoras obtiveram o direito de frequentar os cursos da Escola de Belas-Artes e de concorrer para o prêmio de Roma. Não tardará muito tempo em que vejamos a Academia invadida pelo elemento feminino, que sobe irresistivelmente. A transformação social talvez tenha aí o seu futuro – aos homens a indústria, a vida mais difícil; às mulheres o trato das coisas amáveis, a poesia, a arte, a fantasia, a contemplação estética, para que tudo as predispõe. Mesmo nos estudos mais profundos, menos amáveis, escrevem-se por essas revistas artigos de mulheres, que muito homem ilustre gostaria de assinar, e conversam por esses salões mulheres diante de cuja inteligência sem pedantismo, sinceramente elevada, desmerecem muitos dos espíritos que são a admiração pública. Talvez seja a classificação das atribuições da mulher na sociedade intelectual o que nos falta para a instituição da nova ordem de coisas. E a experimentação, cada vez mais largamente feita do elemento feminino nos trabalhos do espírito, parece que vai estabelecendo as bases dessa classificação.

- Há quatro exposições abertas em Paris atualmente: dois *salons* de pintura e escultura, uma exposição de estampas e gravuras japonesas na escola de Belas-Artes e uma exposição de horticultura. Do ano passado ficou-me um tremor cada vez que vou escrever de exposições. Acho melhor não fatigá-los, fatigando-me primeiro. Pode ser que lhes faça um *salon*, quando *tiver* a expressão de certas coisas um pouco esquisitas, que quero dizer sem escandalizar ninguém.

- O *Figaro* de hoje publica uma tradução em português de um medíocre soneto francês sobre a Beatriz do Dante feito por S. M. o Sr. D. Pedro de Alcântara. Todos sabem o que é um poeta amador. Mas os estrangeiros hão de cuidar que é uma terrível língua essa em que num mesmo soneto pode entrar um verso

Em dia belo, festivo, na manhã da vida.

a par de outro

Para a morte é mortalha do teu hímen veste louçã.

Os amigos do venerando imperador deviam ser menos indiscretos sobre as suas fantasias literárias ou então exigir dos jornais a que comunicarem os seus trabalhos uma rigorosa correção de provas.

- Foi preso em Havana o assassino Michel Eyraud. Vai ser o processo o regalo da imprensa em Julho, quando a política e todos os acontecimentos de mais vulto se dão férias. É verdade que os crimes multiplicam-se. A linha dos boulevards exteriores é a cintura sinistra de Paris. E não há dia em que os jornais não tragam o seu desfecho de drama, cada qual mais terrível. São explosões da animalidade sob as abóbadas da civilização – o horror são os ecos e ressonâncias infinitas...

Domício da Gama
Paris, 24 de maio

41
De Paris

(22 de Julho de 1890)

Um projeto de lei: a descentralização. Um boato: o novo orleanismo. Dois livros sobre o Brasil. A Armada da Salvação.

Para os lançadores de ideias é um estudo útil o do progresso de algumas na conquista do espírito público. Ensina isso o melhor caminho a seguir para a propaganda das reformas que, por muito radicais, são rejeitadas sem exame, como absurdas. E ensina sobretudo aos impacientes e violentos, ensina aos apóstolos de pouca fé, que a menor contrariedade desanima e faz descrer da sua causa, a contar com o elemento tempo para a formação das correntes de aspirações, que arrastam num sentido ou noutro a massa fluida e inerte da gente humana que não pensa e que obedece; ensina aos pensadores, que o sentimento social incita, a lavrar a terra e lançar nela a semente das searas, que hão de vir colher as gerações.

Entre as sociedades regularmente constituídas, em que todos os elementos sociais são discrimináveis e funcionam normalmente, é que se pode fazer melhor esse estudo e com mais segurança.

Em França começa a transparecer nas preocupações dos progressistas, que são os que não se queixam e que agem, a intenção de descentralizar a administração, a governação nacional.

Já no outro dia, tratando da discussão da lei sobre a imprensa na câmara dos deputados, referi-me a um tópico do discurso do Sr. Paulo Deschanel, em que se assinalava a contradição da democracia francesa vivendo sob o regime de uma centralização opressiva, despótica, legado fatal da reação que fez o 18 Brumário.

Agora é um projeto de lei, que o Sr. Hovelacque, deputado pelo Sena, envia à mesa da câmara, para a reorganização dos departamentos e dos municípios da França.

Na fundamentação do seu projeto o Sr. Hovelacque expõe a necessidade de uma simplificação da vida departamental, para que a autonomia municipal se desenvolva pela redução crescente das intervenções da administração central.

Os 87 departamentos (número que nem as antigas dificuldades de comunicação, nem a necessidade revolucionária de destruir vestígios do antigo regime, destruindo as províncias, justificam mais) os 87 departamentos serão reduzidos a 17 da França e um da Argélia.

Esses departamentos, que serão designados pelo nome das suas capitais – Lille, Rouen, Rennes, Nantes, Bordeaux, Toulouse, Montpellier, Marseille, Lyon, Dijon, Nancy, Reims, Paris, Le Mans, Tours, Limoges, Clermont-Ferrand e Alger – terão pouco mais de dois milhões de habitantes cada um, exceção feita de Paris e Lille, que tem perto de três milhões.

Para a nova divisão departamental atendeu-se a três coisas: à população, à importância das capitais e ao sistema de viação férrea. Além disso, a organização militar, pela sua distribuição de corpos d'exército, indicava essa divisão aos estudos de uma reorganização administrativa.

É preciso que se diga que a oposição a esse projeto virá em primeiro lugar da administração que ele modifica profundamente, por excessiva. Assim os prefeitos e sub-prefeitos desaparecem. Em cada departamento não fica senão um agente do poder executivo central, que tem o nome de comissário nacional.

"Este agente requer e, sendo necessário, promove a execução das leis da República, porém não toma parte nas deliberações nem na execução das decisões do conselho geral. Deste conselho ele não poderá receber nenhuma indenização ou subsídio, sob qualquer forma ou pretexto. As suas relações com o conselho serão por intermédio do presidente. Não terá entrada para assistir às sessões e tem a obrigação de responder a todas as convocações que, para informações, lhe possam ser dirigidas pela mesa, junta executiva e comissões do conselho (Art. 4 do projeto)."

Depois o autor do projeto desce às atribuições dos conselhos gerais, compostos de membros eleitos na proporção de 1 para cada 12.000 habitantes e que só um ato emanado da metade mais um dos seus eleitores poderá demitir. Os conselhos gerais seriam então verdadeiras câmaras departamentais, decidindo de tudo o que não seja de interesse geral e fazendo que, pela administração quase direta dos negócios locais, o cidadão complete facilmente a sua educação política e econômica.

Para que fosse objeto de discussão, seria necessário que esse projeto fosse apresentado por um partido e não por um deputado, por mais talento e merecimento que ele tenha. A França formalista e rotineira não se move ao impulso de um só homem. Entretanto ele aí fica fazendo bola de neve no espírito dos que começam a achar estranho que a República moderna continue a mover-se a custo entre as peias e dependências anacrônicas de um poder central excessivo, miudamente autoritário. Depois, da descentralização à federação, a distância será muito menor. E só então, daqui a muito tempo, desaparecerá de todo o perigo da possibilidade de uma concentração de poder nas mãos de um só homem, em prejuízo da nação francesa. O que leva a concluir que os defeitos de forma são em certos casos tão prejudiciais como os vícios de fundo. Em política, então, que todos os erros são de forma...

- Ainda bem não chega a Londres o duque de Orléans, livre do seu cativeiro de três meses em Clairvaux, já correm boatos de que os jovens realistas querem recomeçar uma espécie de boulangismo com ele, opondo a sua política e a sua pessoa à do conde de Paris. São boatos para experimentar terreno. Nenhum realista sério iria seguir o pretendente conscrito só pela consideração da hipotética popularidade que ele levantou em torno de si, como uma poeira de escândalo.

Essas coisas, que se fazem entre Napoleões, não são admissíveis tratando-se de filhos da casa de França. Os Napoleões são imperadores *de fortuna* (como por cá se diz), reis do acaso e da aventura, que jogam pouco para ganhar tudo. E, se no partido bonapartista Victor pôde levantar-se contra Jerônimo, no partido realista Orléans não se levantaria contra Paris, sem desmerecer da fidelidade dos seus. Os realistas ainda são homens da tradição e do respeito. Quando o partido extinguir-se – e não está longe o seu fim – o derradeiro dos sonhadores de restaurações impossíveis poderá suspirar pela bandeira branca, cujo abandono de nada lhes serviu. Branca, semeada de lises de ouro, uma visão de alvura e de esplendor, que sonha para morrer nele!

- Acabo de receber dois livros sobre o Brasil: as cartas que o Sr. Max Leclerc escreveu de lá para o *Journal des Débats* e as que mais de uma vez me tenho referido e uma viagem, que através das nossas vinte ex-províncias fez o Sr. Alfredo Marc, redator do *Brésil*. É um livro em dois volumes, ao todo 1.084 páginas cerradas de informações, que não tenho tempo nem competência para criticar.

O Sr. Alfredo Marc, precioso colaborador do Sr. Argolo Ferrão nessa meritória empresa de escrever um jornal do Brasil para a desatenta Europa, é vice-presidente da 3ª seção da Sociedade de Geografia – títulos ao meu respeito e à minha confiança para o trato de assuntos como este. Diz o autor no prefácio que o seu livro resumiu-se a estudar de perto e miudamente os elementos da vida econômica do nosso país. Aqueles a quem isto interessa poderão verificar se ele o fez com rigor e acerto. Os anunciadores de livros, que são os jornalistas, só podem aplaudir empresas destas, que já não são tão raras entre nós, mas que por muito tempo ainda não serão suficientemente frequentes nem recomendadas demais.

- Desde alguns dias acha-se atracado ao cais junto à ponte da Concórdia um barco que arvora o pavilhão britânico à popa. No tope dos dois mastros as bandeiras francesa e norte-americana desfraldam-se às brisas do Sena e uma longa flâmula azul desenrola as palavras: "O Bom Mensageiro". Na borda do sloop que tem o nome de *Herald of Mercy*, Portsmouth, lê-se a inscrição: "Missão Mac-All". Um passadiço vai do cais ao barco. Na câmara preparou-se uma sala com cadeiras, bancos, um harmonium. Versículos da Bíblia, sentenças evangélicas em francês e inglês cobrem as paredes. Ali se fazem conferências todos os dias às 4 horas e às 8 da noite para os marinheiros e os pescadores das diversas nações e de todos os portos, diz a brochura, seguidas de alocuções cristãs com acompanhamentos de cânticos. É outro *Exército da Salvação*, de forma aquática, que bem se poderia chamar de *Armada da Salvação*.

Domício da Gama
Paris, 14 de junho

42
De Paris

(23 de Julho de 1890)

Os crimes passionais. Coisas do Brasil.

Ultimamente os tribunais do júri em França, e em Paris especialmente, se mostram de uma indulgência singular, exagerada, para com os acusados de crimes chamados passionais, na pretensiosa fraseologia moderna. Não são os delitos sem importância, que não valham a anulação de uma criatura humana, nem são as explorações trágicas, dessas em que o matador fica tão morto como a vítima, o que, por considerações largamente interpretativas da lei estrita, leva os jurados a aliviar a penalidade ou a desculpar de todo os acusados.

As absolvições, que são um escândalo para a lei e para o espírito de justiça que deve governar a sociedade, beneficiam a criaturas de todo o ponto indignas da exceção que se lhes abre. Na noite da *mi-carême* (dia da festa das lavadeiras), uma lavadeira esquece-se por fora de casa bebendo e pagodeando sem cuidados, como quem se livrou por umas horas do peso da miséria de cada dia; entrando em casa, o marido ciumento tira-lhe a vida às facadas; algumas semanas depois o júri absolve o assassino.

Uma prostituta, furiosa por se ver abandonada pelo seu *amant de coeur*, espera-o sob uma porta-cocheira e atira-lhe à cara uma tigelada de vitríolo; o homem, cego dos dois olhos, com o rosto em uma chaga feita pela corrosão do ácido terrível, morre alguns dias depois, em uma agonia infernal, que os jornais descrevem: o júri absolve a criminosa, que provavelmente agora tem melhor freguesia.

Um operário perdoa à sua amante um velho protetor, mas quando ao velho sem consequência ela dá como adido um moço *qui payait de sa personne*, acorda-se o ciúme no macho, que mata-a a tiros de revólver: o ciúme e uma bala que ele meteu cautelosamente na pele da cabeça são atenuantes de sobra para que o júri lhe reconheça um minimum de culpa e lhe inflija uma leve pena, um ano de prisão simples.

Pelas províncias há menos casos destes porque a província não está tão adiantada em criminologia como Paris. Não só os crimes são cruamente ferozes e os criminosos são o que devem ser, sem disfarces de motivos nobres, como os tribunais são inspirados pelo antigo espírito da punição, por honra da sociedade e por defesa sua.

Em Paris várias causas impelem o jurado à indulgência. A impossibilidade do homem nervoso e singelo, que o patético do discurso da defesa e o terror miserável do acusado comovem – vêm em primeiro lugar.

Depois, concorrendo com o egoísmo inveterado que vai amortecendo o sentimento de solidariedade social (seria preciso explicar isto), o medo da responsabilidade dessa missão de justiceiro a sério, que pode fazer rolar dos ombros de um homem a sua cabeça criminosa ou não.

Eis aqui a questão: a incerteza do direito de punir. Lombroso, a escola italiana, Maudsley,[21] a psicologia, a patologia criminal – teorias modernas absolutamente antipráticas – concorrem principalmente para modificar as nossas ideias antigas sobre a culpa.

Mas embora o determinismo não fosse hoje a filosofia reinante, toda a sorte de escrúpulos morais a respeito de textos de leis, espírito de leis, deveres humanos e competência social, assaltariam a consciência do homem chamado a julgar o seu semelhante segundo os princípios de uma justiça que ele não *sente*. É que nós vivemos num mau tempo para a consciência: o tempo da reforma ou da substituição dos critérios, em toda a escala das coisas doutrináveis do Bem ao Belo.

O Bem ainda é menos inteligível do que o Belo entre a poeirada e o estrondo, a desordem das demolições e reconstruções da era nova, que é para desorientar mesmo os espíritos bem encaminhados. O critério da Justiça foi deslocado, e uns dizem que ele está de um lado, outros de outro. É mais provável que ele esteja ao centro, como um cubo de roda – origem e apoio dos raios todos. Obedecendo ao espírito da comparação, é preciso dispor todos

21 No jornal, "Mausdeley".

os elementos da vida social em torno desse centro, por bem da dignidade e da conservação da sociedade.

A correção dos desvios da linha a seguir, a repressão das tentativas de destruição individual ou coletiva, as punições decorrem dali tão consequentemente como as multas por infrações de contratos feitos por mútuo acordo.

Atendendo à consideração da conservação social, mais importante do que a da conservação de um indivíduo, os justiceiros dos tribunais do crime não devem hesitar em pronunciar a supressão desse elemento perturbador. Se um sentimento religioso é necessário para descarregar nele a responsabilidade da anulação de um homem, o amor do seu próximo, o respeito da existência social, o culto da Humanidade é mais que suficiente.

A desculpa de que o crime foi cometido num movimento de paixão irresistível não procede. Um homem é uma vontade servida por órgãos. Tanto pior para quem não sabe querer ou não pode dominar os seus nervos e a sua animalidade. As leis sociais devem ser tão fatais como as naturais. E ninguém reclama contra o barril de pólvora que mata [...][22] representantes das classes médias que compõem os júris das grandes cidades. O resultado é uma indulgência estúpida, que quase premeia a brutalidade dos instintos animais a pretexto de irresponsabilidade passional. Se este estado de coisas pudesse durar a volta à ferocidade dos primeiros tempos do homem, não tardaria mais de duas gerações.

- Dois acontecimentos que só podem alegrar os corações brasileiros seguiram-se um aqui e outro lá com poucos dias de intervalo: o reconhecimento da República dos Estados Unidos do Brasil pela França e a promulgação da nova constituição sob a qual viveremos d'ora avante. O reconhecimento da nova república foi uma fineza de nação generosa que a França nos fez, mesmo saltando por cima das praxes e usos da política internacional.

22 No trecho, há um grande borrão de fita adesiva, de fora a fora da página, que impede a leitura de seis linhas.

Mas agora que ela deu o exemplo não tardarão [...][23] conhecimentos. Talvez não seja a Inglaterra a derradeira...

A promulgação da constituição foi anunciada aqui pelos jornais com artigos expondo-a sem comentários desagradáveis, como também sem entusiasmo. Acharam-na... constituição e, como as mais, muito suscetível de reformas. Que por fim de contas regulamentos e cartas constitucionais para serem reformados é que se fazem. Isso diz o ceticismo jornalístico, que tem feito bucha de tanta carta jurada ou aclamada.

Uns artigos azedos e inexplicavelmente hostis do *Gaulois* e da *Liberté* têm provocado represálias em outros jornais. *La Bataille* publicou um artigo de fundo em que, para ser agradável ao Brasil novo e republicano, injuria o nosso venerando ex-imperador. Dizem que são brasileiros os inspiradores desses doestos contra o velho destronado. Eu sempre pensei que respeitá-lo fazia-nos honra. Não se bate em homem caído...

Domício da Gama
Paris, 28 de junho de 1890

23 Trecho ilegível no jornal. Há um hiato de impressão no final da página (possivelmente derivado de falha de digitalização da Hemeroteca).

43
De Paris

(11 de Agosto de 1890)

Reforma da correcional. A propriedade fotográfica.
As indiscrições da Imprensa. M. Guilherme.

Um projeto de lei tendendo ao estabelecimento do júri em matéria correcional foi mandado à mesa da câmara dos deputados há alguns dias.

Assinam a proposta muitos nomes ilustres dos vários partidos e entre eles o barão de Mackau, Paulo do Cassagnac, o socialista Delahaye, etc., que se inspiraram principalmente no sistema sustentado desde 1791 pelos mais eminentes criminalistas. A ideia foi adotada no ano III da república por Cambacérès, desenvolvida em 1830 por Odillon-Barrot, aceita pela comissão redatora da constituição de 1848, revista a 13 de maio de 1863 por Jules Favre, Emile Olivier, Darimon, Hénon e Picard e finalmente reconhecida como sendo da maior oportunidade pelo governo em 1883. Funda-se na aptidão maior do júri para apreciar delitos do que para julgar crimes.

E com efeito, um grande número de fatos recentes mostram o juiz, peiado pela letra estreita da lei, condenando delinquentes que a opinião pública anistiaria e com razão, ao mesmo tempo que júris sentimentalistas absolvem crimes, provados, a pretexto de circunstâncias desculpativas, e isto com evidente postergação dos princípios da justiça.

No Brasil, onde tudo está em reforma ou vai ser reformado, pede-se há muito tempo a criação de tribunais de polícia correcional. Havia para justificar esse pedido várias razões, práticas ou não. Entre as práticas a principal era o trabalho excessivo que dava ao júri o julgamento de delitos mínimos, que não constituem uma grave ofensa social: era uma razão comodista. Entre as não práticas, das que mais calam no nosso espírito, estava o caráter europeu – marca de civilização – da instituição da polícia correcional.

É preciso que se diga que nem tudo o que é altamente dosado de civilização pode nos ser útil. Porque somos um povo que nada tem de modesto, e que queremos logo tudo do mais fino, à moda de Paris e Londres, sem cuidar da preparação indispensável a que, para a adoção de instituições exóticas, é preciso submeter o espírito nacional. O que acontece depois é acharmo-nos mal à vontade com elas ou elas deslocadas entre nós. Ainda se elas se pudessem manter e com o tempo impor-se e se aclimar... Mas nós somos essencialmente reformistas, um povo criança, que se enfada rapidamente, porque não sabe pensar, nem amar, nem querer, senão por caprichos, de pouca dura. Por longo tempo ainda ensaiaremos instituições, como um aluno de música muda de instrumentos, cuidando que encontrará um em que toque sem aprender, sem uma longa educação da mão, do ouvido, da boca...

Entretanto não deveríamos ensaiar aquilo que os outros povos já começam a achar mau antes de nós. A polícia correcional, como tantas outras instituições, fora da livre Inglaterra não dá tão bons resultados como era de esperar. Entre nós, que, sendo tão democráticos, somos tão autoritários, ela transformar-se-ia necessariamente em instrumento político, arma de perseguições mesquinhas. O que a liberdade individual e conseguintemente a dignidade nacional perderiam com isso é incalculável.

Parece que as comodidades e o bem estar dos jurados não podem competir com considerações desta gravidade. Além do que, é preciso refletir que não vale a pena, que é mesmo ridículo adotar uma moda quando já ela está em vésperas de ser mudada...

- Outro projeto de lei apresentado à câmara pelo Sr. Philipon sobre a propriedade artística encerra um parágrafo que é digno de reflexão.

Refere-se ele a uma parte da questão da propriedade artística que só agora começa a interessar aos brasileiros, mas que não seria mau regulamentar enquanto não há interesses em jogo (sou de opinião que as legislações previamente feitas são as melhores, no estado atual das coisas, isto não é uma bernardice), é a da propriedade das reproduções fotográficas.

É sabido que a propriedade artística é a mais sagrada das propriedades, pois que todos os outros bens são exteriores ao possuidor, ao passo que a obra d'arte, criação de um indivíduo, reverte sobre ele, criando-o, isto é, dando-lhe renome, fazendo-o valer pela forma, distinguindo-o da mais gente obscura. Os proveitos materiais são consequentes. A obra de arte, então, é o artista representado, um pouco dele, mesmo que está fora dele, uma das suas múltiplas imagens, em que ele existe como Deus existe nele, criatura humilde. Ninguém, pois, pode apossar-se dela sem delinquir e gravemente: o que gerou o cérebro de um homem só pode ser propriedade de outrem por cessão voluntária.

Estas ideias tão claras de propriedade artística levaram muito tempo a abrir caminho entre as mais preocupações dos legisladores. O fato explica-se pela simplicidade da vida e das relações entre artistas e o público... no tempo em que havia menos artistas e menos possibilidade de especulações com o seu trabalho. Hoje, que o comércio de obras de arte vai a par do comércio de joias pelo mundo inteiro, já se chegou quase à perfeição na legislação correspondente. O *dignus est operarius mercede sua* é rigorosamente aplicado.[24] Não faz muito tempo, um imitador de desenhos de Detaille foi metido na cadeia e as gravuras do quadros em exposição não são feitas sem prévio consentimento do pintor. Para a escultura e mais artes de desenho, para a música, para o teatro, para os livros, para os artigos de jornais e revistas, a lei é a mesma. E há sociedades que velam pela aplicação, para que o direito seja respeitado e a justiça se cumpra. O direito da propriedade, a mais intensa manifestação da individualidade humana e civilizada, não sofre contestações senão em matéria de forma.

Forma, formalidade para o seu reconhecimento. É do que tratam agora os fotógrafos. Querem que se lhes reconheça a propriedade dos seus *clichés*. Por mais que digam os profanos que a fotografia não é mais do que um espelhamento da realidade, que se fixou e que tanto vale querer apropriar-se alguém da visão das coisas, sempre entre a visão e a sua fixação há um trabalho de homem, um trabalho que guarda a sua marca, que lhe garante o direito à posse.

Há além disso o trabalho, as diligências, o esforço empregado para obter a permissão ou as condições favoráveis para fotografar alguém ou alguma coisa. Não é de justiça que outros venham se utilizar da obra feita sem indenizar o trabalho que ela custou. Os legisladores devem contar também com o futuro da fotografia. Assim como está, ela não é uma arte especial; mas acima das outras indústrias em progresso não é difícil predizer as con-

24 "O trabalhador é digno de sua recompensa".

dições em que ela o será! Será um belo tempo aquele em que os Nadar e os Pachecos figurarem nas coleções dos amadores como os precursores da arte que então terá os seus Bonnats e os seus Meissoniers!

- Sempre pela câmara há um requerimento do Sr. Emmanuel Arène, jornalista, redator do *Paris* e colaborador de outros jornais e deputado pela Córsega, para que o segredo da instrução dos processos-crimes seja mais respeitado pela imprensa.

Isto a propósito deste insuportável processo Gouffé, de que há onze meses tratam os jornais, com um luxo de informações desolador. Há aqui uma questão dos inconvenientes e das vantagens da publicidade.

Parece questão ociosa. Aos interessados cabe o serem discretos; aos diretores de jornais a repressão dos destemperos da reportagem.

O mais seria coartar a livre ação da Imprensa, que é um dos mais úteis instrumentos da civilização, não tanto pela sua ação real, como pelo seu prestígio de legenda, terrífico.

- O Sr. Guillaume, do Instituto de França, acaba de ser nomeado diretor da Academia de Belas-Artes em Roma. Todos conhecem o grande escultor que desde 1863 era membro do Instituto e professor na Escola de Belas-Artes onde mais tarde sucedeu a Robert Fleury na direção. Ultimamente dirigia os estudos artísticos na Escola Politécnica e ocupava no colégio de França a cadeira de estética e história da arte que era de Charles Blanc. Publicou ultimamente um belo livro de estudos de arte antiga em que não fica abaixo do seu antecessor como crítico de arte e em que lhe é superior em forma literária. Talvez não caiba a outro a sucessão de Augier na Academia Francesa.

É dele o belo busto em mármore do imperador do Brasil que figurou na exposição. No ano passado tivemo-lo à mesa no Voisin fazendo um brinde ao futuro do Brasil artista.

- O céu se desfaz em chuva há três semanas. A parada de depois de amanhã em Longchamps repetirá o seu aspecto de visão de legenda escandinava, bruma e clarões de couraças e relâmpagos de espadas e galopadas formidáveis passando entre véus de aguaceiros cerrados.

O programa das festas de 14 de julho é o mesmo do ano passado.

Paris, 12 de julho de 1890

44
De Paris

(14 de Agosto de 1890)

Continuam os jornais a falar do Brasil, bem, mal, com quantidades iguais de verdade, segundo a convicção do autor do artigo. São sempre brasileiros os inspiradores desses artigos pró ou contra o novo estado de coisas da nossa terra. Tem-se notado que os artigos simpáticos são menos habilmente feitos do que os outros, *menos certos* se assim se pode dizer, para ser imparcial. A defesa da nova república não seria difícil de fazer em França por quem fosse capaz de moderação, do que se pode chamar de modéstia de espírito, de argumentar sem personalizar e de reconhecer defeitos ou faltas inerentes a toda criação de um novo regime. Uma habilidade seria pôr fora de questão a família imperial, despersonalizar a revolução a fim de engrandecê-la. Trazer queixas do paço para explicar o que deveria ser um unânime movimento nacional provocado por necessidades de outra ordem, é fazer suspeitar ao estrangeiro que tais necessidades não existiam, que tal movimento não houve, que o que houve foi uma revolta parcial de quartel que triunfou e generalizou-se pela natural indiferença do povo e que consolidou-se pela necessidade que tiveram os usurpadores do poder de se impor pela força. É preciso que se diga que este é o sentimento geral na Europa acerca da nossa revolução. Conviria explicar-lhe as causas, então; mas sem paixão, sem falar nas personalidades do antigo nem do novo regime, sem procurar desprestigiar o venerando velho que foi nosso imperador tão longos anos, que não há entre nós velho que o não suponha mais velho e que o foi sempre com tanta dignidade nos tempos difíceis da nossa história, com tanta bondade, com tanta longanimidade nos tempos serenos; conviria não falar mal de D. Pedro, que para o mundo inteiro era o representante muito decorativo e muito simpático do Brasil e não opor à sua individualidade forçosamente majestosa os nomes ainda ontem desconhecidos dos seus adversários triunfantes. Deixar que os acontecimentos falem, que as transformações nacionais se imponham à atenção do mundo; só então os nomes que representam ideias e princípios não serão antipáticos, não serão de simples ambiciosos sem escrúpulos a quem a fortuna sorriu.

Os defensores e propagandistas da nova república, porém, mais parecem advogados oficiosos, discutindo personalidades políticas. Isso os torna suspeitos, tornando suspeita a república; isso abaixa o nível das discussões, abafa mesmo a voz dos homens de bom conselho que não querem comprometer-se pessoalmente. De sorte que o regime da mais larga liberdade e o governo dos princípios impessoais fundam-se sob os auspícios do maior personalismo e da consequente coação na expressão das opiniões. E o pior é que o estrangeiro é informado dessa contradição que é interpretada desfavoravelmente para nós.

Se não fosse parecer recair no erro antigo, imitando a excessiva tolerância do Imperador, o Governo Ditatorial deveria praticar uma filosofia, que ao velho pastor de povos ditaram a experiência e o seu bom coração de brasileiro: ser indulgente para com a oposição, dar largueza às recriminações e queixas, para poder distinguir as legítimas das infundadas, não cercear de modo algum (nem mesmo suprimindo o ganha-pão e fechando carreiras aos menos submissos) a expressão das consciências que a crise social sacode, ainda quando essas consciências não se iluminem senão aos reflexos das consciências alheias, deixar que se queixem os que se supõem sedentos e famintos de justiça, deixar-se discutir os seus atos. As queixas raramente são agressivas; quem se queixa é como quem pede; o maior desabrimento de uma recriminação é sempre adoçado por uma lágrima implorativa, para que lhe seja melhorada a sorte. Não são os pessimistas que fazem as revoluções, que eles não são capazes de outro querer que não seja a aspiração inativa.

Deixar que os pessimistas falem é, portanto, abrir caminho às aspirações imprecisas da massa social que se foi chamado a dirigir. Nos tempos antigos eram os poetas os maiores pessimistas e os mais intensos reveladores das correntes de aspirações nacionais, humanas, de raças ou de classes.

Hoje em dia os poetas andam fora do movimento e foram substituídos pelos jornalistas: deixar que os jornalistas falem! E todo o brasileiro é um jornalista em disponibilidade: deixar que todos os brasileiros falem, embora sem tomá-los muito ao sério... Mas não deixar que a discussão transponha as fronteiras, pelo prestígio nacional, pela boa educação, pelo respeito ao resto do mundo.

Com efeito, desde que nós todos nos fizemos jornalistas, ficou dispensada a justificação das qualidades essenciais ao exercício dessa função: saber escrever primeiramente; ter ideias em segundo lugar, e finalmente, ser bem-educado. Aqui pela Europa pode-se dispensar a segunda dessas condições, e, rigorosamente a terceira, se a primeira é excepcionalmente bem preenchida; nunca porém, as três como é geralmente admitido no Brasil.

Não digo que seja isso um mau costume – o *sacerdócio* da imprensa não me obriga a policiar os costumes – mas, por ser um costume unicamente brasileiro, os europeus, gente conservadora e aferrada às velhas tradições bolorentas de forma literária, respeito à língua e à lógica natural e cortesia de maneiras, acham-no pelo menos... singular. Debalde se lhes explica que no Brasil tudo isso são baboseiras, que os brasileiros têm mais que fazer do que estarem a aprender literatura e civilidade e a adquirir ideias para escrever, que eles são assim porque não são de outra maneira e que assim estão muito bem. Os franceses – são sobretudo os franceses que não percebem essas coisas! – respondem que, se estão muito bem, fiquem na sua casa, que quem entra na igreja tira o chapéu e outras impertinências assim.

Por fim de contas eu acho que eles têm razão. Vá que os brasileiros deslindem os seus negócios pelos jornais sem precisar de gramática, de bom senso e de cortesia: talvez isso faça bom efeito em português.

Em francês é que não. E disso tive ainda hoje exemplo e prova num artigo que pretende refutar o manifesto político do Sr. Joaquim Nabuco e que veio publicado no *Brésil*.

O artigo, escrito por um brasileiro naturalmente, foi enviado ao *Temps*, que o recusou naturalmente. E o *Brésil* o aceitou. Foi um mau serviço que o prestimoso jornal prestou ao desenvolvimento das relações entre as duas repúblicas.

O governo do Brasil deve mandar satisfações à França pela injúria que lhe fez o Sr. Pereira, escrevendo um artigo perfeitamente ocioso (e que nem tem a desculpa de ser encomendado), num francês que ele sem dúvida aprendeu de ouvido. Esses escritos, que os cronistas parisienses dizem feitos em *francês de negro*, vão dificultando o recebimento nos jornais das publicações de toda sorte que tenham origem brasileira. De sorte que a reabilitação do francês dos brasileiros será o trabalho preparatório dos que tiverem comissão para alguma propaganda séria e prática em França.

Hoje mesmo já não pedem mais artigos aos brasileiros notáveis que por aqui chegam: pedem-lhes *interviews*, por cautela. A isto chegaram os discípulos de Halbout e de Sevenne!...

- Não choveu nos dias 13 e 14 de julho. Assim os vários números do programa das festividades foram executados rigorosamente no meio do contentamento geral.

Isto é: dizem muitos que não havia tanto contentamento assim. Parece que os 14 de julho de agora estão muito mudados dos primeiros. Dizem que no outro tempo, ali por 1878 entrava na alegria popular um elemento de protesto e de revolta que falta às festas pacíficas de agora. O governo não era lá muito republicano; regateava um pouco para as iluminações e parecia pedir perdão à Europa de ser o que era: o povo, então desfazia-se em entusiasmo, por birra, enchia de luminárias as janelas para pregar peça ao Eliseu. Era a Fronde das lanternas. Hoje, porém, que não há contra quem *manifestar*, o povo vai esfriando e deixando ao governo e à municipalidade o cuidado dos regozijos públicos. E assim a decadência do 14 de julho atesta o quase desaparecimento dos partidos de oposição e a calma proveniente da pacificação que traz a posse das coisas desejadas.

Isso dizem os que viram as festas de 1878. Eu, porém, que vejo Paris transformada num imenso baile nessa noite, em que até o céu acende as suas lanternas de estrelas, e ouço rolar o povo como um mar de cantos, de risadas, de uivos, de fanfarras numa passeata sem fim, penso que, se as nossas alegrias populares fossem capazes de subir a esse tom, os brasileiros seriam muito felizes.

Mas não são. Nem têm um ideal só. Há muitas bandeiras brasileiras adornando as casas, e essas são de três espécies: as imperiais antigas, mais numerosas, porque são mais decorativas, as republicanas do tempo da monarquia (losango amarelo em campo verde, sem escudo) e as positivistas, com a bola estrelada e o letreiro. Aos franceses, que perguntam qual é a autêntica, responde-se: "É a da bola, mas vai-se mudar". E fica-se triste.

O mais curioso é que no ministério de estrangeiros estava hasteada a bandeira imperial, que o ministro pensava que fosse a da república brasileira, disse-me um francês que lá jantou nesse dia.

Da iluminação da cidade na noite de 14, uma impressão do alto da Tour Saint-Jacques.

Paris aparece cortada em dois pela linha deslumbrante das pontes iluminadas. Os monumentos da beira do rio formam uma série de pórticos, do hotel de Ville ao Trocadero. Não é que à direita na massa escura das casas não haja também monumentos abraseados, mas a disposição das ruas não deixa ver senão alguns que emergem. Há ali estudos de arquitetura, perfis, secções bruscamente interrompidas, qualquer coisa como um esboço de épura indicada em poucas linhas de fogo numa loura imensa.

Lindo é o Sena, com as suas barcas iluminadas, escorregando sobre a água, esmaltada de reflexos infinitos, com as suas músicas a bordo de que o vento me traz, fragmentos deliciosamente cariciosos. Há umas pequeninas como brinquedos. Outras cujas linhas graciosas recordam as gôndolas que vogam em Veneza com uma estrela na frente. Outras são sarças ardentes que a corrente leva. E tudo isso vai sem pressa, numa adorável preguiça, impelida pela brisa tépida que parece um bocejo do céu sereno.

Mas Montsouris abre o fogo... de artifício, depois é da ponte Nova que as espigas d'ouro se levantam e simultaneamente do pé da Torre Eiffel, que parece martelada por algum ferreiro gigante espargindo turbilhões de faíscas a cada golpe.

E ali ao fundo o Pantheon: fogos de bengala vermelhos e brancos a iluminarem por dentro fazendo destacar as colunas do zimbório. Aquele clarão que domina Paris é como a irradiação pacífica dos grandes mortos que lá repousam...

Domício da Gama

Paris, 20 de julho de 1890

45
De Paris

(19 de Agosto de 1890)

As câmaras discutem uma modificação que é preciso fazer na lei chamada dos *sete filhos*, que isenta de certos impostos aos pais de famílias numerosas. A lei não deu o resultado que se esperava. Os pais dos sete filhos ficaram aliviados, mas as famílias logo abaixo dessas foram sobrecarregadas pelo acréscimo de impostos que daí resultou.

Em França há 148.000 famílias de mais de seis filhos, 114.000 das quais são pobres. Foi por um sentimento de equidade, ao mesmo tempo que por especulação de legisladores artificiosos, que se foi desenterrar a velha lei de 29 nivôse, ano XIII da República, estabelecendo com algumas modificações que todo pai de família, que tivesse sete filhos ou mais, podia escolher um deles para ser educado à custa do Estado num liceu ou numa escola de artes e ofícios.

Essa tutela do Estado foi substituída por uma dispensa do imposto sem distinção de posições sociais nem de fortuna, de sorte que o milionário auferia por ela as mesmas vantagens que o proletário necessitado. Esta desigualdade na igualdade é o que se procura agora corrigir. O fundo da lei não será abolido: seria isso confessar um engano dos metafísicos parlamentares. Eles entendem que daí depende o aumento da natalidade.

A França era a nação mais populosa da Europa, há um século: tinha 26 milhões de habitantes, quando a Rússia tinha 25, a Prússia e a Alemanha juntas 28, a Áustria 17, a Inglaterra 12. Hoje ela já vem em 4º lugar, com 36 milhões, ao passo que a Rússia tem 90, a Alemanha 46 e a Áustria 38. Mas o pior é o decrescimento do excesso dos nascimentos sobre os óbitos: de 188.000 em 1881 ele desceu a 45.000 em 1888. Isto apavora os homens de estado e legisladores. E fazem-se leis corretivas do despovoamento do território, do desguarnecimento previsto das fileiras quando for a colisão prevista com as hordas sempre crescentes dos bárbaros de leste.

Fazem-se leis para estimular a procriação, como se o estancamento das fontes da maternidade não fosse uma consequência e um sintoma do grau de adiantamento da civilização francesa.

Do egoísmo, da falta de moralidade, se quiserem; de considerações sociais mais fortes do que os simples sentimentos e ideais primitivos, em todo o caso. Os argumentos dos partidários das famílias numerosas enfraquecem em presença deste:

"Fazer economia de filhos é fazer economia de dinheiro." Ter menos filhos é ter mais o que dar aos filhos que se têm. O amolecimento transmitido de uma longa civilização sensual faz achar intoleráveis os sofrimentos da tal famosa *luta pela vida*, quando esta é a luta contra as privações. É demais sabida e sentida a lei de Malthus. E os desesperançados do aumento do bem-estar universal parecem trabalhar para diminuir o número dos partilhantes, em vez de cuidar de aumentar a massa a repartir. Sem pensar que jamais um filho fica rico bastante para ser feliz pela riqueza, que ele não sentiu vir aos poucos, que ele não pode apreciar nem zelar com o contentamento orgulhoso de quem pode dizer, moeda por moeda, de onde lhe veio e o que lhe custou o seu tesouro. Sem contar que o esmorecimento crescente dos brios individuais nas classes abastadas provém principalmente da falta de um passado em que haja recompensas de esforços feitos para viver e para fazer viver e que esses esforços não há nada que tanto os estimule como a humildade do nascimento ou a privação dos bens materiais da fortuna.

Houve nestes últimos dias, um homem orgulhoso – pertencia à classe dos de meia educação, pois que era um desenhista – que, depois de muito procurar viver decentemente, dignamente, com a sua mulher e os seus seis filhos, comprou fiado um pouco de carvão de madeira e, de acordo com toda a família faminta e desesperada, acendeu-o num quarto fechado, para morrerem. Morreram ele e os seis filhos. Era pelo 14 de julho e as luminárias do regozijo público alumiaram a agonia horrível daqueles escravos não redimidos do infortúnio.

A mulher escapou. Quando quatro ou cinco dias depois o cheiro dos cadáveres em putrefação chamou a atenção dos outros moradores e arrombou-se a porta do quarto, ela ainda respirava, quase exânime já, tendo apertado nos braços o corpo, em plena decomposição, da última filhinha. Levaram-na para o hospital e enterraram as outras sete vítimas de noite, quase em segredo, como se Paris se envergonhasse de não ter sabido evitar aquela desgraça. Foi um brado unânime de horror, quando os jornais contaram pormenores do drama, como foi o do pai colocar uma toalha embebida d'água fresca sobre a testa da filha mais velha que se queixava de sofrer muito, da sua exortação a que tivessem coragem, que daí a pouco já não sofreriam nada... E o acontecimento subiu até a câmara em que um deputado pediu que à viúva Hayem fosse dada uma esmola de 25.000 francos, ao mesmo tempo que a justiça entrava em indagação se não devia a mulher escapa da catástrofe, quase com a razão perdida, comparecer perante um tribunal, para ser julgada por crime de morte.

Diante do movimento unânime de compaixão pela desgraçada, a justiça reservou-se, porém. A discussão continuou. Durante muitos dias foi um vento de misericórdia, de arrependimento da parte que cada um tinha nisso, de piedade carinhosa por aquela imensa miséria, que soprou pelos jornais.

Depois discutiu-se gravemente a questão absurda da legitimidade do supremo direito à morte. Pelo código a resposta foi negativa. Mas o embaraço insuperável da doutrina do código está no desprezo da letra das leis, por quem já previamente condenou-se à morte. Do direito passou-se ao dever. "O dever, diz Dumas Filho, é aquilo que se exige dos mais". Disseram que Hayem *devia* viver para seus filhos e que em último caso não devia matá-los. Ele não pensou certamente em deixar de viver para os filhos, senão quando viu que ia morrer de fome, o que era uma maneira intolerável de viver. E a sua responsabilidade moral não o abandonou, quando, matando-se, ele não quis deixar órfãos miseráveis. Quando a morte é para nós uma redenção, uma amiga que nos livra dos piores sofrimentos, se nos *entregamos* a ela [...][25] nos são mais caros que devemos sonhar entrar no sono infinito que não tem despertares amargos.

25 Linha ilegível no jornal, por falha de digitalização.

De todas estas discussões, de todas estas tentativas para clarear o negrume da miséria da humanidade,[26] uma consoladora conclusão resulta: há mais orgulho no mundo e mais piedade.

Por orgulho Hayem não estendeu a mão a mendigar. A piedade pública levou-lhe em conta a inflexibilidade dos princípios da dignidade pessoal.

Se isto não é um progresso... Para a gente que não tem outra religião a dignidade basta. E a sociedade nova sente tanto isto, que hoje tenta-se matar a mendicidade para matar a miséria, material e moral.[27] Com o aumento da vergonha de pedir concorre o aumento da caridade. Se uns estendem a mão mais raramente, outros, mais numerosos, como por um sentimento de generosidade reparadora, abrem-na mais largamente. Não é mais, como outrora, em nome da religião, que se faz esmola. Quem a faz pensa no bocado de pão a que cada um de nós tem direito em nome da sociedade e da fraternidade humanas. E assim a caridade muda de nome, para se chamar de ora em diante justiça piedosa.

- Ao mesmo tempo que se presencia uma catástrofe do orgulho na miséria, fala-se numa censura à resistência ao dever da procriação sob a forma de imposto aos celibatários. Dirão que o imposto é de equidade, mas os celibatários podem responder a isso, que eles não são tanto como se pensa uma das causas do despovoamento da França e que talvez mesmo seja devido a eles o não assistir-se à completa extinção das famílias...

Paris, 26 de julho de 1890

---

26 No original, "miséria humanida".

27 Sem ponto no jornal, o que gera problema de coesão no trecho.

46
De Paris

(16 de Setembro de 1890)

Fechadas as câmaras, não houve mais em Paris assunto de atualidade para a imprensa diária. Os jornalistas tomam férias na província, à beira-mar, nas cidades d'águas do Auvergne (que este ano os Pireneus não inspiram confiança), em toda a parte, que não seja o lugar onde se penou três quartas partes do ano, estragando o fígado e os nervos para melhorar a humanidade. E desses lugares de repouso, impróprios para a vida cerebral, alguns mandam uns artigos que aqui se chamam artigos de verão – coisas que por se poderem dizer em todos os tempos, perdem com a data o valor que têm os escritos destinados a provar qualquer coisa; artigos feitos para se lhes pôr o nome em baixo, para que o leitor encalmado e preguiçoso não se esqueça de que lá longe, entre a verdura dos prados novos ou à beira de mar azul franjado de prata, o seu escritor favorito repousa do laborioso inverno, dizendo tolices sem consequência como todos os mais, regalando-se com essa libertação da *copie* diária.

A *copie* diária, a que os outros, os menos felizes, continuam condenados, neste tempo em que é preciso o estímulo constante dos acontecimentos para que um jornalista esvaziado e gasto trabalhe com gosto, produz uma enervação que lhes tira o sentimento da justa medida literária ou mesmo de cortesia e os leva a cometer destemperos. O calor abafado das salas de redação combinado com a cerveja e o absinto das palestras dissolventes ao terraço dos cafés, produz transbordamentos de bílis, sob a forma de artigos agressivos, injuriosos. E então há sempre um ou outro duelo, que ocupa um pequeno espaço nas *notícias várias* sob a forma de atas ou processos verbais lavrados[28] seca e solenemente pelas testemunhas, mas que serve para dois dias de comentários entre os colegas.

---

28 No jornal, "lavrados ou seca e solenemente".

O último foi entre um redator do *Gaulois*, o Sr. de Perrières, ofendido por um artigo do *Bataille*, e o Sr. De Sainte-Croix, autor do dito artigo. À espada; logo ao primeiro assalto o Sr. de Sainte-Croix foi ferido na mão direita e o duelo terminou.

É uma folga forçada, que vai ter o glorioso jornalista e que ele não deve estimar pouco. Faz tanta preguiça diluir esta já tão aguada tinta de artigos finos, que são a especialidade e o castigo de certos escritores!

Há na imprensa parisiense uns desgraçados, que têm de escrever com espírito e jocosamente, mesmo que não tenham, nem assunto, nem humor, nem boas condições de produção, porque é preciso não dar o braço a torcer, não confessar que também há uma *morte-saison* para o comércio de papel impresso, como para o de peliças de inverno e de binóculos de teatro. São os cronistas de dia certo ou de todos os dias, peças fixas da máquina do jornal de que outros são peças de muda e que ali ficam até se consumirem.

Os repórteres, são mais felizes. Se há uma explosão de mina e se uma comissão parlamentar vai ao lugar estudar as condições do trabalho mineiro, se o presidente da República anda em viagem inaugurando portos e caminhos de ferro, se uma romaria de poetas e de vadios anda a celebrar glórias meridionais e a inaugurar estátuas e monumentos de poetas gascões e provençais, lá vão com eles dúzias de jornalistas, que [...] pelo miúdo à cidade adormecida e [...],[29] opressa sob os pobres trinta graus de calor que fazem o vazio nos restaurants fechados, contam as festas que se dão no resto da França, com um entusiasmo que chega a não parecer sincero. Talvez porque haja muito provincial entre os jornalistas parisienses...

E ainda mais os congressos. Há oito dias funcionavam um de medicina em Berlim, um de criminologia em Berna, um de psiquiatria em Rouen e um de todas as ciências e coisas anexas em Limoges. Foi esse que eu escolhi para ter um sortimento mais variado e abundante de impressões científicas. Pois nem por isso!

Verdade é que eu, já sabendo um pouco o que são congressos (dentre as dezenas deles que se reuniram em Paris durante a exposição tinha assisti-

---

29 Trecho prejudicado em poucas palavras no jornal.

do como delegado do Brasil ao colonial e a um de economia social), tomei o caminho mais comprido, caminho de menino de escola, para ir lá ter.

Em vez de tomar o trem direto na *gare* de Orléans, saí cinco dias antes pela *gare* de Lyon e, passando por Nevers e Clermont-Ferrand, demorei-me pelas montanhas do Auvergne a fazer ascensões a pedras escarpadas, a comer salchichão com queijo e vinho da Limagne, nas casas pobres onde não havia trutas nem lagostinhas da cachoeira. Foram quatro dias estafantes e animalizantes.

Era meu guia o Dr. Baraduc, um médico que toda a colônia brasileira de Paris vai conhecendo aos poucos (dizem mesmo que escapou de ser condecorado com a Rosa, por ocasião da exposição!). Porque me prometera verdura e frescura, acompanhei-o.

De tudo isto tive à farta e mais umas surpresas de observação pessoal: à descoberta de uma gente que parecia minha conhecida de longos anos, tão simples, tão bondosa, tão pouco fingida, tão hospitaleira, tão rudemente amável, digamos tão portuguesa, físico à parte, que os portugueses são mais bonitos! Na primeira aldeia em que parei ao cabo de 20 horas de jornada (já eu dormia ao sol na carretinha aspérrima que nos vascolejou durante longas horas pelas estradas serpeando através das serras) senti-me como num cenário de Júlio Diniz.

Vi um velho pálido, deitado numa cama, que é uma espécie de senhor moral do burgo, onde se fazem preces públicas quando ele adoece mais gravemente e senti pela primeira vez o que vem a ser vila de aldeia. O cura, que me emprestou a sua égua para os passeios mais longe, foi um amigo que lá me ficou. Almoçamos, comemos e bebemos juntos e discutimos política e tive a felicidade de não escandalizá-lo.

A primeira coisa que ele me perguntou, logo que lhe fui apresentado, foi: "E que fizeram então os senhores do *nosso* imperador do Brasil?" Entendi-lhe a censura, nossa extensão de império de D. Pedro II aos corações dos que não eram seus súditos e respondi que a revolução tinha permitido ao imperador da legenda europeia a entrada para a história mais cedo, e que era talvez esse o mais belo fim de reino que pode ter um monarca. Ele aplaudiu por espírito ou por cortesia, certificou-se de que eu não era maçom e mandou buscar cerveja e cigarros.

De uma excursão da caça e pesca a um lago perdido nas alturas da serra ficou-me um rosário de impressões vivíssimas.

Primeiro uma merenda que nos ofereceram uns pobres pescadores na sua única sala, que é cozinha e quarto de dormir ao mesmo tempo. Depois os tiros aos patos bravos e às narcejas, uma conversa de assuntos locais entre o tabelião e um dos senhores do lago, um homem duro e feio, de suíças e olhar de gavião, de blusa e socos, mas falando como rico. E um crepúsculo de magia sobre a toalha d'água espelhenta, refletindo os esplendores do céu. Depois na mesma choupana de há pouco uma luzinha triste sobre a mesa, um fogo aceso à lareira, largos panos de sombra, um agrupamento de pessoas com expressões penalizadas e no meio uma mulher que chora com um filho nos braços, porque o médico tirou-lhe a esperança de vê-lo escapar sem um olho perdido.

Não sei se porque o *patois* do Auvergne é cheio de palavras latinas, parecia-me a todo instante que aquela mulher ia lamentar-se em português. Ela porém chorava em francês a desgraça de ver o seu lindo rapaz estropiado para sempre.

Depois a descida da montanha pela noite, pelo frio, uma sombra shakespereana, ora através de pastagens semeadas de *bois* vermelho-escuro, ora por trilhos impossíveis ainda mais sombrios, onde os cavalos tateavam, a passagem por vilotas adormecidas à sombra da sua igrejinha sem campanário, com os sinos a um lado, sob um céu azul-negro, riscado a cada instante pelos rastilhos fulgurantes das estrelas cadentes, magníficas algumas.

E depois a fascinação do luar levantando-se entre montanhas, transformando a paisagem num cenário de encantamento, acedendo os nevoeiros das valas em fosforescências vagas, velando a rudeza das penedias alcandoradas sobre grutas sem fundo, cantando quase, como uma música a que só faltasse o som...

Chegamos à casa à meia-noite e às 5 horas da manhã seguinte estávamos a caminho, caminho de Limoges deste vez! Lá fomos ter em trinta e duas horas de viagem com oito de pouso no Mont-Doré. As primeiras 16 de carro foram a última embriaguez de paisagens e vistas singulares –

o lago Pavin, uma vasta cratera cheia d'água azul que dele transborda em cascata e rodeado de pinheirais negros; a cidade de Besse, com as suas casas formidáveis construídas de pedra de lava e basalto, velha de séculos, fechada, calada e negra; a paisagem convulsionada de S. Victor e do Murols, torrentes de lavas escorridas das crateras do alto; as ruínas melancólicas do castelo de Murols, o risonho lago de Chambon, a interminável subida para o Col. de Diane, ao pé do pico de Sancy, com a visão de uma aldeia chamada Bressouleille, cinzenta entre a verdura das pastagens e defendida como um burgo forte e por fim, do alto, a 1.500 metros, a imensidade do vale esfumado na luz crepuscular.

E chegando a Mont-Doré, às 9 ½ da noite, o primeiro bico de gás!

Chegamos a Limoges 2 horas antes da abertura do Congresso, que se realizou na sala do teatro.

Discursos longos, que a *Revue Rose* publicou por extenso. Sumidades científicas, nenhuma ideia nova e um certo cabotismo de expressão, que desmoralizou para mim os sábios.

De noite não fui à recepção na municipalidade. Fiquei fora, entre a multidão a ouvir as anunciações e críticas do desfilar do cortejo. O limosino é menos amável que o auvernês. Verdade é que Limoges é uma importante cidade de 70 mil habitantes, muito modernizada, muito comercial, industriosa como poucas, e civilizada. O liceu onde se reuniu o Congresso, dá uma ideia do centro intelectual que ela é. Trabalhavam ali dezessete seções ao mesmo tempo. Assisti a poucas discussões.

Na seção de ciências médicas, ouvi uma das comunicações do Dr. Baraduec, a que expunha a sua maneira de tratar as dilatações do estômago, pela faradização intraestomacal, descoberta que levantou uma discussão mais de surpresa do que de objeções sérias.

Mais uma comunicação do famoso oculista Dr. Galezowski, que expôs o seu sistema de tratar o astigmatismo irregular por meio dos *vidros cônicos*. Mlle. Galazowski, que é filha do grande Tamberlick, falou-me do Brasil onde esteve.

O Dr. Tessier, de Lyon expôs o seu tratamento de febre tifoide pelo naftal e o Dr. Delthil o tratamento da difteria. Não ouvi mais nada de importante, mesmo porque não fiquei só nessa sala. Havia mais de 16 secções, onde se falava pelos cotovelos. Na da mineralogia, o Dr. Gorceix, que é de Limoges (eles lá chamam-no o brasileiro, para distingui-lo dos irmãos), fez uma comunicação sabre os terrenos diamantinos de Minas Gerais. Na de geografia, contaram viagens e explorações que eu já sabia e na de economia política estatística [...] [30] e eu aproveitei o tempo para visitar a cidade sozinho. Depois, tendo visto a catedral, igrejas, museu, escola de medicina, etc., achei que Limoges era tão quente como o Engenho Novo, por um mormaço de janeiro, e cansado de admirar o luxo do café de *l'Univers*, onde era o nosso quartel general, abandonei o meu novo companheiro de excursão e disparei para Paris, onde entrei como um carvoeiro suado e encantado. Hoje digo a todo mundo, com muita bazófia, que *venho de tomar parte no Congresso de Limoges para o avançamento da ciência.* E brevemente começarei a espalhar que não fui eu talvez quem lhe deu menos empurrões para que ela avançasse...

- Mal tenho tempo à última hora, para desejar ao Dr. Dermeval da Fonseca uma feliz volta à pátria, onde os seus o esperam, contentes por vê-lo voltar tão depressa, tendo cumprido em cinco meses a dupla missão de que o incumbiram, pôr-se bom primeiramente e estudar depois a organização do ensino primário nas principais escolas da Alemanha, Holanda, Suíça, Itália e França.

Domício da Gama

Paris, 19 de agosto de 1890

30 O jornal conta com uma marca de fita adesiva que impede a leitura de cerca de oito linhas.

47
De Paris

(27 de Outubro de 1890)

Funerais de um antigo morto. Pose e ironia. Jeanne Samary. Honestidade escandalosa. Os pescoções de Cleópatra.

Morreu Alphonse Karr há três ou quatro dias, e a notícia de sua morte foi recebida com grande admiração por alguns distraídos, que o supunham morto há mais tempo, há muito tempo. Era tão velho! Tinha 82 anos e uma geração literária por cima, sepultando-o... Como Armand de Pontmartin, morto há alguns meses, como Champfleury, morto há um ano, como Arsênio Houssaye, que ainda vive melancolicamente para as saudades, Alphonse Karr *sobrevivia-se*. Uma triste sobrevivência a desses velhos da geração de 1830, amigos e colegas de Hugo, de Dumas, de Musset e de Vigny, de Balzac e de Méry, de Gautier e de Heinrich Heine, que não tiveram a glória fulgurante dos outros, mas que começaram a ser considerados ainda em vida como os lavores esculturais, acessórios decorativos do monumento de um ciclo literário. Vivos, eles se petrificaram à roda do pedestal daqueles mortos ilustres, menos mortos do que eles. E na fortuna de sair cedo da vida, quando ainda o mundo não está cansado e espera de nós transformações, coisas inéditas, *faces novas de um talento*, a qualquer coisa de novo que a humanidade vive a esperar todos os dias e que faz a mocidade mais simpática, essa fortuna relativa não a possuem os velhos saltimbancos dos tablados ou das colunas dos jornais, que dão ao público o espetáculo deprimente da sua decadência inconfessada, da sua pretensiosa impotência. E quando a fraqueza da velhice os desvia da lida, como é triste ter um homem de confessar que perdeu duas vezes a sua virilidade!

Alphonse Karr ainda escrevia para ganhar a vida, como fazia *bouquets* para vender na sua *Maison Close* de Saint Raphael, perto de Nice, como pescava na água azul do Mediterrâneo. Desculpava-se de ainda ser escritor com o ser pobre. Um trecho da última carta que escreveu a Arsênio Houssaye, data de 24 de setembro, dizia:

"Todos os nossos amigos e contemporâneos passaram adiante de nós. Não somos mais deste século, nem deste país. No entanto, eu devo temer a morte. A minha família carece de mim. Eu nunca soube ganhar dinheiro e é bem a custo que consigo ganhar algum para ela. Por mim mesmo não tenho despesas pessoais."

Mais longe acrescentava:

"Parece que não há mais ninguém, senão nós dois, do nosso tempo."

E por fim, em *post scriptum*:

"Tendo seis anos menos do que eu, você já se queixa dos seus olhos!"

Foi como pescador que ele morreu, apanhando no mar um resfriamento com os últimos aguaceiros do furioso temporal, que andou arrasando tudo lá para o sul da França. Como escritor o *Figaro*, de que ele era o mais antigo colaborador, fez-lhe um funeral de primeira classe, página inteira e muito pesar. O resto da imprensa esforçou-se por *sentir muito,* mas não pôde. O morto fez barulho demais nos seus princípios para a obra que deixou. Julgado literariamente é um satírico romântico. O grande sucesso obtido pela petulância de sua crítica desviou-o da verdadeira literatura, de que ele não deu senão algumas amostras, cada vez mais fracas. Pode-se admitir que Mirecourt tinha razão quando o classificava como *poseur*. Era um defeito vulgar de cabotinagem literária do tempo a preocupação única e absolvente de exibir da maneira mais espetaculosa a sua pessoa à admiração pública. Alphonse Karr adotou a impostura menos simpática do homem que não gosta da reclame, mas que, fazendo a crítica da vaidade alheia, não perde ocasião de falar de si. Fugia da sociedade, para que estranhassem e comentassem essa esquivança. E, como o não fizessem a seu gosto, ele criticou-se larga, profusa e longamente. Que afinal de contas, o que mais se vê na obra de Alphonse Karr é a sua personalidade principalmente.

Se ainda fosse uma personalidade genial – o que é quase um contrassenso, porque os gênios, sendo sintesis mentais, mal se comprimem numa personalidade – ou se fosse uma boa alma transparecendo por baixo das arrogâncias próprias do aparato da representação pública, como mostram tantos dos seus mais impertinentes e mais gloriosos contemporâneos... Mas a boa alma do autor das "Guêpes" parece que se esgotou antes da sua estréia literária, porque todos os seus livros são eivados de um fel, de uma amargura inexplicável. Não são simpáticos. Há neles como um propósito de pessimismo mesquinho, rancorosamente pessoal. Um moço de bons sentimentos, que tiver lido o *Sous les tilleuls*, o *Une heure trop tard* e o *Chemin le plus court* não se anima a ler outro romance de Alphonse Karr. Antes dos naturalistas e sem a visão artista destes, ele tinha visto a humanidade com garras de tigre e focinho de porco. E passou a sua longa vida a dizê-lo espirituosamente, como contente de o haver descoberto...

O que aconteceu foi julgarem-no muito forte, porque era irônico, e deixaram-no de lado, como ele fingia querer viver. Foi um fim de vida solitário, pobre e sem afeições, um exemplo para quem tiver tendências a ser palmatória do mundo...

- Bem diferentes dos de Alphonse Karr foram os funerais jornalísticos de Jeanne Samary. A notícia da sua morte correu pela cidade como um imenso murmúrio de piedade. E foi pela imprensa toda da França um sentimento unânime, artigos em que à consideração da perda que sofria a *Comédie Française*, privada assim da sua primeira e insubstituível *soubrette*, se ajuntava o sentimento pessoal de saudade daquela figura tão simpática. Jeanne Samary era a graça em pessoa e a alegria, a expressão mais artista do espírito francês, amável, apenas malicioso, sem fel de pessimismos germânicos.

Diante dela a gente se sentia contente, como quando se fala com pessoas felizes e saudáveis. Ela tinha a vibratilidade nervosa de artista, mas era muito bem equilibrada e deixava sempre no teatro com as suas roupas de atriz a libertinagem de modos e costumes. Foi mesmo uma coisa para considerações tristes a insistência com que à beira da sua cova, em todos os discursos trêmulos de lágrimas represas com que lhe disseram adeus os seus amigos e chefes hierárquicos, mencionou-se particularmente a honestidade e o bom procedimento da sua vida privada. Bastava vê-la num camarote de Ópera com a família, ou num *vernissage* de *Salon* de pintura a conversar com artistas, ou no Pré Catelan a passear com os filhinhos...

Era parisiense e moderna (sem falar nos seus 33 anos) e era a melhor das intérpretes de Molière. No dia do seu enterro, que reuniu em um imenso cortejo desolado tudo o que Paris conta de brilhante e ilustre nas letras e artes, os moços pensariam na que a vai substituir na *Parisienne* e na *Étincelle*, mas os velhos lamentavam a perda irreparável da petulante Toinon, do *Malade imaginaire*, da Marinette do *Dépit amoureux*, com as suas faceirices amorosas e a sua risada alegre como um canto de gaturamo, da *soubrette* clássica que ela era.

- Os teatros reabriram a estação com peças velhas e duas ou três novidades, malsucedidas. As peças de resistência demoram-se um pouco. Ainda agora lá pelo *Porte Saint Martin* parece que deram uns pescoções na pobre Sarah Bernhardt, e o Sardou, indignado, abandonou os ensaios da *Cléopatre*, que estava para ser representada dentro de uns dez dias. Mesmo com estes atrasos já não há meio de obter promessa de uma cadeira para a noite da primeira representação. São quarenta mil pessoas a pretender entrar numa sala, em que cabem duas mil. E, em se sabendo dos pescoções na Cleópatra, serão oitenta mil, provavelmente. Não será por culpa da Sarah se a peça não tiver freguesia. Ela já tem uma criação de áspides de verdade, convenientemente ensaiadas para a cena clássica. Será uma sucessão traiçoeira a desse papel com acessórios sibilantes e mordentes. Além da representação difícil desse personagem tão malsabido da história.

Domício da Gama

Paris, 4 de outubro

48
De Paris

(26 de Novembro de 1890)

Inaugurações de estátuas. Lamartine que ressurge. Camille Desmoulins. Revolução a refazer. Política. Os americanistas. Le deputé Leveau Cléopatre.

A semana foi de inauguração de estátuas e homenagens a mortos franceses, dentro e fora da França, em Macon, em Guise, em Navarino, a Lamartine, a Camilo Desmoulins, aos marinheiros franceses que morreram pelejando pela independência da Grécia – pagamento dessas dívidas de gratidão que não prescrevem.

As festas do centenário de Lamartine na sua cidade natal foram magníficas. Acudiu a elas um povo imenso, houve romarias à casa em que ele nasceu, em Macon, ao castelo de Saint Point, houve sessão solene da academia local, de que o poeta foi um dos primeiros laureados em 1811, com o concurso de todas as academias de França, representação da *Comédie Française*, banquetes, ofícios religiosos, poesias, discursos, quatro dias de glorificação do grande esquecido da geração presente.

Menos esquecido dos moços de hoje que dos de ontem. A religiosidade de Lamartine começa a ser simpática ao espírito novo, em que o misticismo se vai insinuando. A própria ficção simples e abandonada dos seus versos sem artifícios, criticada pelos parnasianos, agrada mais aos cansados de rimas torturantes e sonoridades sutis. O vento sopra das bandas do idealismo e Lamartine é um dos maiores idealistas franceses, talvez o maior, porque é o menos individualista deles. A sua vida o prova, que foi um como borboletear sem destino, com o destino obscuro dos poetas, só depois da morte conhecido – mostrar a vida em belo, em grande, como devia ser, que eles sentem.

De cada vez, porém, que ele parou para agir, alguma bela e grande obra resultou. Ele foi o político poeta, de quem o mundo não escarneceu. Teve o dom da simpatia irresistível. Depois de ter sido um contemplativo, foi homem de ação e a afetuosa admiração do povo fez-lhe cortejo como a um rei. Houve um momento em que Lamartine, representando a França, esteve em face da Europa e falou-lhe e foi ouvido.

Depois caiu na velhice, na pobreza humildemente laboriosa, sofreu o escárnio dos seus contemporâneos, ele que era incapaz de achar bela uma sátira, ele que tinha sido grande e magnífico como um rajá. Houve tempos em que lamartineano era sinônimo de choramingas. Era a moda do realismo, do naturalismo, do satanismo, do impassibilismo, dos *frissons nouveaux*. Hoje está verificado que os calafrios novos não são essenciais e, diminuídos os exageros das apreciações pessoais, os grandes poetas vão subindo todos para os pedestais que lhes erigiram a gratidão e o amor dos que já para eles são posteridade.

A inauguração da estátua de Camilo Desmoulins, em Guise, teve menos repercussão. Os homens da revolução têm sido um pouco diminuídos pela crítica, e o povo, esse não sente muito bem a necessidade de comemorar-se em bronze a figura do segundo plano, embora muito simpática, do primeiro jornalista democrático de Paris. Se já há tanta gente convencida de que a Revolução foi um engano histórico, engano colossal, que o tempo vai provando!... Diz-se que a revolução foi feita em favor da burguesia. Agora resta que a façam para o povo. É natural, porém, que os Desmoulins dessa não ganhem estátuas.

- A reabertura das câmaras fez-se tranquilamente, embora não sem incidentes. Houve pedidos de urgência para certas propostas singulares pelo menos, que foram rejeitadas. Um boulangista que pedia um novo processo dos seus correligionários deu lugar à reaparição do Sr. Paul Déroulède, que do alto da tribuna atirou em pedaços, num grande gesto dramático, a carta em que ia pedir ao presidente da câmara a sua demissão e declarou que continuava ao parlamentarismo a guerra feita em nome do seu amigo Boulanger. É um literato aproveitável que se perde e um mau político mais que fica. De tudo isso resultou um duelo entre ele e o Sr. Reinach. Não houve feridos.

O segundo dia de sessão só teve de particular uma interpelação do Sr. Maurice Barrès, um escritor muito original e pretensioso, transformado em político pelo boulangismo. O Sr. Barrès pediu liberdade para a venda de todos os livros nas estações dos caminhos de ferro da França e que o monopólio fosse retirado da casa Hachette. A discussão ligeiramente literária terminou por uma declaração do Sr. Ives Guyot de que o ajuste para a venda de livros nas estações dos caminhos de ferro foi feito entre a casa Hachette e as companhias de caminhos de ferro.

O governo nada tem que ver com o famoso monopólio que tanto irrita aos literatos cujas obras são excluídas desse mercado considerável. E uma ordem do dia pura e simples foi votada. O governo, apesar dos embaraços que a comissão do orçamento opõe às medidas financeiras do Sr. Rouvier, continua forte e seguro.

- O Congresso dos Americanistas reunido ultimamente em Paris, não fez trabalho que valesse. Notou-se a abstenção de muitos de seus membros mais ilustres. Discutiram-se questões muito hipotéticas de geografia pré-colombiana, localização de tribos e raças, origens ainda muito menos precisas dos povos americanos.

Numa discussão sobre o lugar em que param as cinzas de Colombo, o imperador D. Pedro, que estava presente, pronunciou-se pela ilha de Cuba. Mas parece que a maior parte dos que se interessam por essas coisas inclinam-se a crer que o corpo de Colombo tivesse ficado na ilha de S. Domingos.

Um incidente da última sessão foi a proposta apresentada pelo Sr. De Mestre y Amabile, um cubano ao serviço da Venezuela, para que o futuro congresso que se reunirá na Espanha em 1892 ponha no seu programa a questão dos limites entre as várias repúblicas da América do Sul. O Sr. F. de Santa Anna Nery opôs-se a essa proposta, ponderando que o congresso dos americanistas não podia fazer política. Por fim assentou-se que a questão dos limites entraria no programa, mas que seriam os limites das raças antigas e das tribos índias – qualquer coisa difícil como precisar as zonas de repercussão das deslocações aéreas.

- No Vaudeville representa-se uma peça nova, *Le député nouveau*, de Jules Lemaître. É uma peça nova deveras e interessante como poucas no teatro contemporâneo. Até admira que um crítico teatral possa fazer uma peça de teatro com tantos elementos de drama moderno. A peça é satírica, naturalmente, e tem alusões, ou antes tem pedaços tirados da comédia boulangista. Mas há lá uma figura de boa senhora, de média educação, de média inteligência, francesa e burguesa n'alma, que impressiona profundamente. É uma atriz do Odéon, Mme. Marie Lamary que a representa, uma atriz em que ninguém tinha feito reparo até aqui, e que encarna o personagem. Quando se sabe do teatro pensa-se na dor que não é teatral, que é mesmo ridícula e que não dói menos por isso...

- Na *Porte St. Martin* representou-se ontem pela primeira vez a *Cléopatre*, de Sardou. É uma peça de grande espetáculo para a exportação, diz a crítica. Sarah Bernhardt muito decorativa e Garnier idem[31] e muito gritão, fazem de Cleópatra e Marco Antonio.

Paris, 24 de Outubro

31 No jornal, "idem idem".

49
De Paris

(1 de Dezembro de 1890)

Tudo corre em paz. A marcha dos negócios públicos não encontra grandes tropeços da parte da oposição, muito desmoralizada hoje em dia pela falta de programas sérios e práticos e pela vergonha das últimas derrotas.

Os jornalistas políticos veem-se em sérios embaraços para soprar nas bolhas de sabão de um artigo bem feito o entusiasmo ou a indignação que despertam as belas obras ou as infâmias dos amigos ou dos adversários. Não há nada que mereça a pena de uma exibição completa das frases ricas, dos períodos de grande gala que são aparato dos momentos solenes do jornalismo.

É agora que os que são capazes de outras coisas são felizes.

Os artistas, os poetas, os trabalhadores silenciosos sentem a atenção pública voltar-se para eles. Assim numa oficina, quando calam-se as grandes máquinas barulhentas e importunas, pode-se ouvir a voz dos engenhos menores, cujo trabalho não é menos importante por ser menos ruidoso. Na lida social há umas pequenas máquinas prestimosas, que nunca descansam e a que apenas se atende quando todas as mais estão caladas ou então quando, sentindo-lhes a falta, vai-se dar balanço à sua obra. São os sábios modernos, os artistas não da moda, os pensadores humildes de coração que alguma grande ideia dirige e eleva com o resplendor e o prestígio de uma estrela de destinos.

Um prazer que tem quem vive em Paris é sentir que entre tanta frivolidade turbulenta e escandalosa há lugar para existências consagradas a grandes obras, a obras que pelo menos se magnificaram pelo sacrifício dos seus obreiros, é sentir que é no meio deste imenso egoísmo aparente que há maior número de exemplos de tais dedicações. De vez em quando uma descoberta aparece, um livro é publicado, que dão sinal do grau de avanço de trabalhos desses.

E os trabalhadores a jornal sentem-se tristes comparando o resultado do seu esforço espetaculoso com a obra silenciosa desses empreiteiros de obra para posteridade. Quando aparece um volume da obra histórica de Taine ou de Rénan é que mais se sente a esmagadora superioridade desses produtos de grandes espíritos sobre a fugitiva e infirme produção da inteligência contemporânea. Parecem trabalhos de outros tempos, fiadas, ciclópicas de construções, que mal surgem do solo sobre os alicerces já impressionam pela fortaleza e pelo desmedido das proporções. O livro desta semana e do ano é o terceiro volume da *História do Povo d'Israel*, de Rénan, o penúltimo da série que, terminada (e ele já agora espera vivamente que essa fortuna lhe seja dada), será a justificação dos seus esforços e o prêmio deles. Ainda um volume, que já vai bem adiantado, e os profetas pensadores de Israel, por cima dos séculos e das fórmulas diferentes, darão a mão a Jesus.

A crítica séria da obra de Rénan, do que ela representa como avanço da inteligência da história através do pequeno mundo malsabido, que foi o foco da claridade moral para todo o Ocidente e o estudo da influência da sua filosofia sobre o espírito dos seus contemporâneos ainda não foram feitos. A última parte, sobretudo, a discriminação da sua influência entre a de tantos demolidores construtivos, que têm trabalhado no edifício da história, há longos anos, não é tarefa para qualquer. Talvez mesmo não seja trabalho útil e oportuno... Pouco perdemos em ignorar quem foi ao certo que, entre o alarido dos doutrinários furiosamente convencidos, nos assoprou a fórmula conveniente, o preceito mais largo e mais simpático. Até dessa meia ignorância resulta uma dúvida vagamente cariciosa para a nossa vaidade de intelectuais: se seríamos nós mesmos os descobridores da fórmula, se ela não nos é mais simpática por esse personalismo mesmo? Não há mal sensível provindo dessa presunção inocente, que estimula mais do que se pensa os trabalhadores da ideia.

Que importa então que seja mais ou menos forte a dosagem de Taine ou de Rénan na química cerebral contemporânea?

O que importa, sim, é mostrar como a persistência do esforço guiado por uma ideia engrandece um homem.

É possível que a obra deles não seja boa, não seja útil – pois que todos vivem à espera da boa, da verdadeira, da que será consolação e luz e força – mas ninguém poderá contestar que ela é sincera. O sacrifício de uma vida inteira consagrada a servi-la prova-o. E bem se sabe que a sinceridade é o maximum de verdade... individual.

- Outro livro acolhido amavelmente pela crítica e ao qual o público faz um pequeno sucesso de livraria é um romance de Anatole France intitulado *Thais*. É obra de ironia – a expressão impertinentemente aristocrática do espírito novo – o de fina literatura. A história é entre monges de Tebaida, filósofos e cortesãs d'Alexandria, mas tão grandiosa e habilmente feita, que cativa o leitor desde as primeiras páginas. E sem sentir o pesadume das questões filosóficas brutalmente propostas, tem-se o contentamento de ir pensando com a leitura, como quem trabalha passeando. É verdade que Anatole France é um poeta destacado no batalhão dos críticos. As suas críticas no *Temps* ressentem-se mesmo dessa oscilação sugestiva dos comparadores infatigáveis que são os poetas borboleteantes.

- Daudet deu o terceiro volume da epopéia de Tartarin. O herói morre. O poeta devia chorar ao descrever-lhe o fim da vida, como Cervantes escrevendo a mortífera volta da razão que melancoliza o fim do poema de D. Quixote.

O mal deste tempo para as literaturas é não ser mais possível escrever obras universais. Senão, Tartarin seria um tipo comparável a D. Quixote. Com este parcelamento infinitesimal de ideias ele ficará sendo apenas um reflexo caricato do que de heroico tem cada criança grande, que é o homem exuberante e espetaculoso. Outros criarão outras feições da comédia do individualismo. Os fragmentos juntos formarão uma coleção mais ou menos completa. Só a obra una e inteira, produto da concepção de um só contemplador, nunca se poderá compor em tempos de refusão de credos, de esvaziamento de altares.

- O padre Didon publicou uma Vida de Jesus, obra autorizada por congregações religiosas. É uma tentativa sem originalidade para conciliar a ciência com o catolicismo.

- Morreu Luiz Jacolliol, um escritor de volumes in-8° muito respeitados no Brasil. Aproveitou de estar uns tempos em Pondichéry para explorar a Índia na Europa em livros para a exportação. O que ele escreveu de viagens *ao país das bayadères, ao pa*ís dos elefantes, ao paí*s das pérolas*, é enorme como quantidade. A qualidade é desprezível. Até escreveu estudos sobre origens do Cristianismo na Índia. Era para exportação...

O que provava o seu *snobismo* literário era o apreço que ele ligava ao seu título de homem de letras. Era *maire* da sua comuna, mas punha essa honra abaixo da de *littérateur*.

- Publicou-se também o *Anuário de Duelos*. Como documento de uma época é um título significativo.

Paris, 5 de novembro de 1890
Domício da Gama

50
De Paris

(22 de Dezembro de 1890)

Uma conferência sobre Minas Gerais. A liquidação da casa Baring, de Londres, vista de Paris. O discurso do cardeal Lavigerie. Morte de Lewis Brown. Um assassinato niilista. Um interview que mata.

Na sessão da Sociedade de Geografia Comercial de 18 de novembro o Sr. Dr. Gorceix, diretor da escola de minas de Ouro Preto, fez uma muito interessante conferência sobre a antiga província de Minas Gerais.

Depois de ter feito o retrato físico, o orador contou a história, descreveu os gestos e produtos, enumerou as riquezas de toda a sorte e, algarismando vertiginosamente, quase predisse o glorioso futuro que aguarda a terra prodigiosa em que a verdura dos campos não é menos produtiva que a fascinante faiscação do ouro.

Na grande sala da sociedade de Geografia, apinhada de brasileiros e de franceses para ouvir as palavras do autorizado professor, certos algarismos estatísticos faziam correr um murmúrio maravilhado, misturado de meia incredulidade. Houve mesmo uns homens sérios que acharam que o panegírico devia ser atenuado, para não parecer exagerado e não desmerecer por isso.

É o defeito dos algarismos batendo brutalmente sobre espíritos pouco habituados a receber-lhes os choques. Ninguém pensa que um algarismo é a expressão de fatos na sua derradeira simplificação e que esses fatos, sendo explicados e ligados como efeitos às suas causas, já não têm mais em si motivo para admiração. É mais fácil e expedito duvidar da veracidade deles e de quem os apresenta; todo o mundo está disposto a reduzir mentalmente a presumida hipérbole, como se faz o desconto da exageração de quem, para dizer que já tem repetido uma coisa, exclama: "Já tinha dito isso cem mil vezes..."

Entretanto certos algarismos impressionaram vivamente o auditório e, mais do que as projeções luminosas retratando as paisagens e ilustrando as descrições, a mínima proporcionalidade dos crimes e delitos para a massa coletiva da população deu-nos uma avantajada ideia das condições da existência do povo mineiro.

Um crime ou delito para cem mil pessoas, oito roubos averiguados num ano, dez infanticídios em quarenta anos... é a idade de ouro para a espantosa criminalidade destas civilizações adiantadas. E certos traços de costumes, a hospitalidade, a falta de apreensões dos chefes de família pelo futuro da prole numerosa (quando aqui em França algum brasileiro diz que tem seis ou oito irmãos, perguntam-lhe logo se então o pai é muito rico...) e a moralidade superior dessa gente, que o orador adotou por compatriota tão de coração, completam a descrição física, econômica e moral da terra que o Sr. Gorceix terminando chamou "*cœur généreux du Brésil, dans une poitrine de fer*".

–

Alguns jornais franceses têm feito muito barulho a propósito de um empréstimo de 75 milhões em ouro que o Banco de França fez ao de Inglaterra, por ocasião da liquidação da casa Baring Brothers. E ainda anteontem na câmara dos deputados esse empréstimo foi assunto para uma escandalosa interpelação do Sr. Laur ao ministro das finanças. Esses financeiros amadores pensam que o deslocamento de 75 milhões pode pôr a descoberto o Banco de França e fazem valer demais o serviço prestado ao Banco d'Inglaterra como se fosse um verdadeiro sacrifício e não uma operação comercial. Nenhum quer refletir no mal que resultaria para todas as praças do mundo, se a de Londres se achasse em crise monetária e sofresse a depressão de um Krach proporcionalmente considerável.

Na câmara a discussão da interpelação foi adiada para daqui a um mês. Mas entre os jornais ingleses, que encaram a coisa praticamente e os franceses que parecem querer fazer de uma coisa séria uma criançada, a mesquinha questão continua.

Há nisto, por fim de contas, uma prova de ignorância dos que se vangloriam de poder emprestar dinheiro à opulenta Inglaterra como um pobre quando empresta a um rico. Tudo bem averiguado, a França não é pobre, mesmo diante da Inglaterra, e pode fazer com ela transações de igual para igual. Quando não fosse senão pelo espírito de economia, de poupança, que os ingleses geralmente não possuem, e que nesta terra de pouca atividade mercantil cria tão grande número de pequenas fortunas, apoio da autoridade, defesa da ordem estabelecida...

Não faltou quem quisesse explicar a liquidação da casa Baring pelas suas transações com títulos e valores argentinos e... brasileiros. Há sempre uma tendência a englobar-nos na geografia financeira da República Argentina, cada vez mais desacreditada na Europa. Felizmente não temos derramada por cá a mesma quantidade de títulos e de ações de empresas fabulosas.

Mas até que os limites da nossa pátria como os da nossa solvabilidade e honestidade financeiras, sejam conhecidas, seremos envolvidos na suspeição em que vivem as repúblicas do extremo sul da América, desmoralizadas pela jogatina desenfreada dos seus espectadores.

–

Num banquete dado aos oficiais da esquadra do Mediterrâneo, comandada pelo almirante Duperré, o grande cardeal Lavigerie fez um discurso em que prega a união dos partidos da França na República como uma necessidade nacional. Ele disse em substância: "A união é a principal aspiração da Igreja e dos seus pastores, em todos os graus da hierarquia. Sem dúvida, ela não nos pede que renunciemos aos sentimentos de fidelidade e de gratidão que fazem honra a todos os homens. Mas quando a forma de um governo nada tem em si que seja contrário aos princípios que, únicos, podem fazer viver as nações cristãs e civilizadas, chega o momento de sacrificar tudo o que a consciência e a honra permitem, ordenam a cada um de nós sacrificar pelo bem da pátria".

Este discurso, que é um convite aos partidos monárquicos para que renunciem à sua obra estéril, tomando a República como um *pis-aller* necessário, teve um sucesso extraordinário. O número dos intransigentes monarquistas diminuindo agora que o apoio moral da Igreja lhes falta, a França terá em breve a calma resultante da morte do odioso jacobinismo radical.

- Depois de uma cruel agonia de muitas semanas, morreu o grande pintor das elegâncias hípicas, John Lewis-Brown. Tinha o nome inglês e pintava como um artista inglês, levemente dosado de finura francesa, as cenas de caçadas, de corridas, de acampamento e da vida militar; mas era um francês de nascimento e de coração, nascido em Bordeaux em 1829, muito trabalhador e muito estimado entre os artistas parisienses.

Dos seus quadros muito numerosos (raro é o vendedor de pinturas que não expõe agora, no bom lugar das suas vitrinas ou das galerias interiores, a sua coleção de Lewis-Brown), mal se pode citar um, que não venham logo outros disputar-lhe a primazia na memória. Ele era como esses escritores que não fizeram uma só grande obra isolada e absorvente, a que todas as admirações fazem círculo, mas que dispersaram páginas e páginas e frases preciosas e conceitos profundos, no descuidoso desperdício diário das riquezas do espírito.

Lewis-Brown era um colorista e um bom compositor. Nos seus menores quadros sempre há um estudo de agrupação, um movimento interessante, uma degradação luminosa de pelos de cavalos, de casacas vermelhas de caçadores, de perfis de amazonas elegantes... E as suas paisagens, indicadas largamente sob a claridade de céus muito finos e transparentes, fazem a harmonia da cena, localizando os seus personagens, fazendo-os respirar, viver.

Um general russo foi assassinado anteontem, às 11 horas da manhã, num hotel do Boulevard dos Italianos, por um niilista. O assassinado chamava-se Seliverstoff, tinha sido ajudante de campo do czar, e dizem que gabava-se de quando esteve em funções (funções de polícia ferozmente discricionária), ter mandado para a Sibéria mais de vinte mil niilistas. Desses vinte mil dramas angustiosos não transpôs sequer um eco de um suspiro a cadeia do Ural.

A pequenina bala de revólver, que furou o crânio endurecido do carrasco de sessenta anos, essa sim, fez barulho. Não tanto que se apanhasse o assassino. Mas bastante para que começasse logo a polícia francesa, interessada em servir às vinganças da grande amiga, a prender os russos da colônia suspeitos de niilismo.

O matador, depois de ter disparado o seu tiro, enquanto o outro lia uma carta, saiu do hotel tranquilamente, sem que ninguém suspeitasse do que ele acabava de fazer. Meia hora depois, quando entraram, encontraram o general sentando na sua poltrona, silencioso, agonizante. E, mudo, ao cabo de algumas horas, morreu o duro caçador de homens.

Houve quem dissesse que o general morreu de um *interview*... que de umas confidências por ele feitas a um repórter, por ocasião do processo dos niilistas, concluíram estes que ele continuava em Paris no exercício secreto das funções que tinha em S. Petersburgo. Quando uma intermediária entre os niilistas da Rússia e os refugiados em Paris, Sophia Gunsbourg, foi presa, resolveram eles que, logo que fosse conhecida a notícia da sua condenação na Rússia, o seu denunciador seria morto. No dia mesmo em que os jornais publicavam, por telegrama, a sentença de morte contra Sophia Gunsbourg, o general Seliverstoff era assassinado.

Até aqui os interviews eram ridículos, mas o mais que matavam eram amizades. Agora começam a ser mortíferos deveras. O jornalismo vai se tornando um perigo sério para os particulares, como tudo aquilo de que se abusa...

Paris, 20 de novembro de 1890
Domício da Gama

1891

51
De Paris

(19 de Janeiro de 1891)

O recolhimento e o encolhimento pelo frio. Freycinet na academia. Renan e Goncourt. A descoberta Koch. Aux États Unis du Brésil. O banquete Mitre.

O vento frio do norte ensurdece: surdo, atende-se mais ao que nos vai por dentro, que o espetáculo do mundo cria e que acompanhamos na sua carreira épica, de sombra a sombra, desde o raiar do [...] [32] até o apagamento pela absorção no criado.

Mas o vento frio do norte entorpece: o espírito também se enroupa e se imobiliza, puxando até os olhos um *cache-nez* escuro de tédio e de egoísmo. Podem agora passar visões peregrinas por fora das janelas de vidros cobertos e arborizações no gelo: a visão que mais me interessa, a mim friorento e apático, é a tempestade luminosa que as correntes de ar produzem passando através das grutas de ouro em brasa no fundo da lareira. Aquilo é calado e sugestivo; tem tudo o que se pode sonhar de cor e de movimento, e o sopro que ali consome a brasa numa carícia é o hábito do sol.

Só no sonho do sol o pensamento não se agita; absorve-se; toma prostração adorativa da aspiração. E o tempo escoa-se, sem que lhe sintamos a urgência, sem que as pulsações do coração nos sejam mais do que o ritmo impreciso de uma embaladeira que nos suspira em canto as delícias do sono...

É a hibernação, sem tirar nem pôr. Pois se há mais de quinze dias entrou o inverno com a neve, com o gelo, com o vento desesperador que arranca à gente mais calafrios[33] do que podemos fabricar.

Um pobre tropical, criado sob um regime amável de pequenas variações termométricas, não pode resistir a estas passagens bruscas de uma

32 A grafia da palavra está confusa no jornal; aprox. "*fieri*".

33 "calarias", no jornal.

temperatura de 20 graus do interior das casas bem aquecidas para a de 6 a 8 graus abaixo de zero, que a rua lhe oferece. São muitas duchas por dia em vez de uma, que ele acostumou-se a tomar. E o que desmoraliza, o que ainda mais diminui a reatividade, é pensar nos quatro meses que ainda faltam para que o inverno entre e acabe e o sol nos volte do outro hemisfério.

Ante essa desoladora perspectiva de dias sombrios, de passeios tiritantes, de resfriamentos de pés e de cólicas ou câimbras hibernais, não é o desespero morno do poeta o que nos invade, é a raiva fria... Chego a não compreender por que razão não aumenta a criminalidade na razão da marcha descendente do mercúrio ou do álcool nos termômetros. De crimes passionais, entendamo-nos. As distensões musculares, que uma rajada de vento frio produz em mim, tem um caráter violento, uma brutalidade que, convenientemente explorada, deixaria entrever a possibilidade de um crime animal, inconsciente.

Assim, quando abaixo a cabeça e cerro os queixos, para furar cinquenta metros de frio sobre o boulevard, é raro que peça perdão às pessoas em quem abalroo ou tropeço. Já é uma diminuição do sentimento social – caminho aberto às violências, ao crime...

Senão ao crime, ao desprezo – forma biliosa dos maus sentimentos que a cólera desperta. Estando tão longe das efusões exuberantes de entusiasmo, necessárias a quem precisa de interessar a distraídos, o que é que me podem parecer os assuntos da crônica parisiense destes últimos dias, senão mesquinhezas, banalidades, canções rebatidas de estribilhos irritantes, que relevo podem ter acontecimentos mal desenhados sobre um fundo de tédio, grisalho, neutralizante?

- Houve a eleição do Sr. de Freycinet, presidente do conselho de ministros e ministro da guerra, para a cadeira da Academia Francesa, vaga pela morte de Emílio Augier, desde o ano passado. Nem foi isso um escândalo literário! Sabia-se de antemão que o presidente do conselho seria eleito. Rénan lhe prometera publicamente seu voto... a menos que o presidente da República também se apresentasse candidato! Entretanto foram precisos três escrutínios para que o *eleito prévio* obtivesse os vinte votos da estrita maioria em trinta e oito votantes. Dizem que a posição assumida pelo ministro candidato na questão das congregações retirou-lhe muitos votos da gente "bem pensante" da Casa. Zola, que era um dos candidatos mais célebres, senão o mais escandaloso, obteve três votos no primeiro escrutínio, e desses só conservou dois até o último.

- Houve também uma pequena rusga pública entre Rénan e Goncourt. Foi a propósito da inserção no "*Jornal do Comércio*" de uma opinião filosófica, emitida num fim de jantar no Brébant, durante o cerco de Paris. Falava-se da guerra, naturalmente, e o filósofo afirmava que os Alemães venceriam, pois que eles tinham a força e o prestígio dos princípios do direito e da justiça social. Como lhe contestassem a doutrina, o homem calmo esquentou-se e disse que perecesse a pátria, embora, mas que vencessem o direito e a justiça na humanidade. Conclusões destas têm o defeito de serem levadas muito ao extremo: são como as claridades muito intensas, que ofuscam. Os espíritos simples, que são os espíritos curtos, os sentimentalistas, não podem aceitar doutrina que ponha alguma coisa acima da pátria. Os inimigos de Rénan exploraram a opinião escandalosa contra a sua posição oficial e pública. Ele então negou que tivesse dito tal coisa por tais termos. E censurou a indiscrição do escritor, que põe a sinceridade das suas observações pessoais acima dos deveres de reserva para com os seus amigos, simples obrigação de cortesia, que a fúria do documento do "fato vivido" venceu no derradeiro dos Goncourt. Cronistas sem assunto tornaram partido pró ou contra Goncourt. O que prova que nele considera-se sempre o fidalgo: tratasse-se de algum repórter e essa falta de escrúpulo nem seria notada. A lição que disto se tira, velha quase como uma moralidade de fábula, é que as opiniões devem ser sinceras, para que possam ser sustentadas ou explicadas – é o bom remédio para não ter medo dos fins de jantar entre literatos caçadores de documentos humanos.

- O Dr. Valeriano Ramos, que partiu ontem para o Rio de Janeiro, leva o primeiro frasco do remédio de Koch contra a tuberculose que saiu para a América, do laboratório do ilustre sábio. No Rio de Janeiro isso vai ser uma novidade. Aqui em Paris começam a espalhar que já é uma coisa mofenta. O corpo médico, Huchard e Peter à frente, declarou que é um perigo público o emprego de um medicamento de composição secreta. Agora, se o segredo fosse deles, o remédio continuaria a ser uma maravilha, a maior descoberta médica do século, e outras exagerações com que foi recebida a princípio a comunicação tão modesta de Koch. Mas os senhores bem sabem que em alemães não há que fiar...

Assistimos agora à contestação, sem provas, de merecimento de uma coisa cujo valor tinha sido exaltado, também sem provas.

- Entre as publicações de fim de ano (presentes de festas, livros de luxo, etc.) da casa Delagrave aparece mais um livro sobre o Brasil, escrito pelo Sr. Santa Anna Nery. É uma viagem que ao país do café e dos gêneros coloniais, em cujo comércio ele enriqueceu, faz um bom homem de negociante retirado de Nantes. A profunda ignorância do honrado comissário fornece aos seus interlocutores ocasiões frequentes para lições sobre as nossas coisas, história política e natural, costumes, administração, elementos materiais e intelectuais do nosso progresso, etc. E a sua tranquilidade de homem de bom coração a quem a vida correu bem e que não se acostumou a fazer passar o seu espírito por fieiras de prova, dá a toda a parte inventada do livro um tom faceto e pilhérico, da pilhéria fácil, e que faz rir *quand* mê*me*. Como processo de vulgarização é um bom achado e como documentação não pode haver escritor mais competente sobre coisas do Brasil. O livro, profusamente ilustrado com retratos de brasileiros ilustres e com cenas e paisagens características, tem por título – *Aux États Unis du Brésil*.

- Na sexta-feira, 5 de dezembro, alguns sul-americanos, franceses e espanhóis, reuniram-se no Hotel Continental em um banquete em homenagem ao general Mitre. Éramos talvez umas setenta pessoas e dentre elas talvez quatro soubessem precisamente o papel representado por Mitre na vida política e no movimento intelectual do seu país e da América Latina. Eu não estava entre essas quatro, mas entre os que pronunciaram discursos havia certamente duas que estavam – o próprio Mitre e o Sr. Sant'Anna Nery. Este último, sabendo certamente menos, pareceu mesmo o mais entendido no assunto. Questão de eloquência e de francês. Faz pena ouvir um orador espanhol exprimir-se em francês, que é a língua desfibradora de tecidos de palavras ocas e sedutora de imagens. Além do caráter diferente da retórica, há a pronúncia e as inflexões de uma dificuldade invencível para os nossos irmãos latinos.

O discurso do venerando general por outra pessoa seria uma peça oratória. O do Sr. Nery pronunciado de improviso, fácil e simples, dizendo justo na frase francesa, sem empolas tropicais, produziu o efeito entusiasmante da eloquência natural. E todos sabem que orador é nosso compatriota.

Quem não é orador é o Sr. Heredia, ex-ministro de estado, mulato e não convencido. Disse asneiras históricas e falhou todos os seus efeitos oratórios.

Mais fino, espirituoso e em bom francês ao menos falou o Dr. Betanoès, uma simpática figura de espanhol parisiense, cabeça de artista e coração do mesmo.

O pobre Mitre deve ter achado que a festa em sua homenagem só provou quanto os maiores nomes são ignorados, mesmo dos seus admiradores!

Domício da Gama

Paris, 13 de dezembro de 1890

52
De Paris

(31 de Janeiro de 1891)

Chega o ano ao seu fim, um tanto descorado e murcho. Ou é fadiga da atenção dos escrutadores de acontecimentos graves, que são os jornalistas de profissão noticiosa, ou não há acontecimentos graves à vista. A gente filósofa e assisada folgaria de ver nisto um bom sinal dos tempos, se mesmo essa classe bem pensante e ajuizada não gostasse tanto de ler o noticiário dos jornais.

O noticiário dos jornais, depois do folhetim-romance, distribui hoje às inteligências burguesas a emoção em doses mais fortes, a notícia do desastre, do crime, da miséria, do incidente lastimável da vida, em que a criatura humana agiu, penou, morreu. Vai todo o mundo sendo inteligência burguesa para este efeito. O resultado da incontentável necessidade de casos novos, que aflige o leitor de jornais, é... o aparecimento de casos novos. Novos no dia, não na crônica dos crimes e misérias, nem mesmo na memória dos que têm assaz vivido para poder dizer "outrora".

Para o bom *reporter* de jornal popular, um crime bem contado, bem explorado, desde o dia do seu descobrimento até à hora em que o assassino transpõe a sinistra portinha da Roquette, e, tiritando, de pescoço nu ao vento glacial da manhã, com as feições deformadas pelo supremo espanto, dá na pequena praça os poucos passos que o separam da guilhotina; um crime bem composto, com prólogo, cinco atos e epílogo, é como uma peça rendosa de teatro.

Há os que aproveitam da matéria composta dia a dia, com que façam um livro, que se vende mais do que podemos pensar. A gente que fatigou a imaginação em combinar detalhes horríveis de crimes fantásticos, não faz pouco caso da literatura dos júris criminais. As peripécias da perseguição do criminoso, quando ele se defende bem, interessam como uma partida bem jogada interessa à galeria. Chega a haver quem tome partido pelo acusado, sem pensar em outra coisa além do desfecho. Outros, pessimistas, esmiúçam na psicologia dos criminosos sob o poder da justiça traços de semelhança com a sociedade a que eles pertenceram, em cujo seio eles viveram normalmente, até que um incidente, o acaso de um golpe mal dirigido, os revelasse, os fizesse saltar.

A contestação desta doutrina já os senhores estão vendo: o homem vive na sociedade enquanto está de acordo com as suas leis; a transgressão delas importa na exclusão dele, temporária ou definitiva.

Ora, enquanto não há essa transgressão, não há criminoso, pelo qual se possa acusar a sociedade. Isto em princípio: a prática tem impedimentos materiais, que o não destroem. O grande mal é a suspeita malevolente, que paira sobre certos espíritos, de que a criminalidade aumenta proporcionalmente ao desenvolvimento do indivíduo na sociedade.

E desse mal têm a culpa principal os fazedores de escândalo, os censores mercenários (a tanto por linha), que, tomando um papel que lhes não cabe, fazem ordinariamente de um argueiro um cavalheiro, para que mais lhes renda. Só a isto queria chegar o meu aranzel, que se refere a esse último processo tão sujo e tão "à sensação", em que figuram um oficial de justiça venal, como vítima, e uma prostituta e um especulador de negócios suspeitos, como culpados de assassinato.

Foi a imprensa diária que entreteve a curiosidade pública sobre esse crime vulgar e obrigou a polícia a um trabalho enorme e a despesas consideráveis para puni-lo. Na realidade, ninguém se compadeceu da vítima, ninguém se indignou com o atentado que a sociedade sofria na pessoa de um dos seus membros menos nobres. Mas empenhou-se todo o mundo em punir esse miserável Eyraud, que levou tão mal às suas derradeiras consequências a lei da luta pela existência. Ele era feio, antipático, nada interessante: condenaram-no à morte.

A sua cúmplice era mulher, graciosa, picante, meio doida: marcaram-lhe 20 anos de prisão por castigo de ter sido a isca da ratoeira a que foi atraído Gouffé, de ter cosido o saco em que ele devia ser amortalhado, de ter emprestado a cinta do roupão que devia estrangulá-lo, de lha ter passado ao pescoço, como por brinquedo, enquanto estava sentada nos joelhos dele, de ser a necessária cúmplice do crime, em suma. E ainda houve quem invocasse em defesa dela o argumento da irresponsabilidade mental, nervosa, e houve disputa entre as escolas de Nancy e da Salpêtrière, entre Liégeois e Brouardel, a respeito de coisas improváveis da consciência moral, da moralidade de Gabrielle Bompard.

O tribunal divertiu-se com esse e com alguns outros pequenos incidentes ocorridos durante os debates. Do desfecho destes estavam quase todos certos de antemão. Sei de uma pessoa que dois dias antes do fim apostou pelos vinte anos a Gabrielle e a morte a Eyraud, e pulou de contente quando eu lhe disse que tinha ganho.

Uma multidão palpitante de curiosidade enchia a grande sala do tribunal e assediava as portas para entrar, durante os cinco dias que duraram os debates do processo. Só entrava quem se tinha munido a tempo de uma permissão assinada pelo presidente do tribunal. Mas, por fim, nem mesmo esses entravam, se não chegavam uma ou duas horas antes de se abrir a audiência. Vi muita gente notável ficar à porta pelo capricho do oficial de *gendarmerie* que dirigia o serviço de ordem e que fazia entrar os seus amigos ou as pessoas especialmente recomendadas.

Com uns jornalistas mais preguiçosos vi alguns homens políticos, e entre eles o Sr. Dugué de la Fauconnerie, fazendo porta durante horas, para não conseguir entrar.

Todos queriam ter a sensação da sala em que se condenariam duas miseráveis criaturas. Dessas, a mais interessante era ainda assim Michel Eyraud, um caso de paixão levada ao auge. Ele se perdera por causa de Gabrielle e fazia pouco apreço da própria cabeça. Mas o que não lhe podia entrar na ideia, é que a sua amante não acompanhasse-o ao cadafalso. E, todo entregue à sua tarefa sinistra de impedir que a sorte dela se separasse da sua, consultava notas, retificava depoimentos, comparando-os com interrogatórios anteriores, aparentava uma calma impressionante diante dos ataques de nervos e dos destemperos de lógica e de linguagem que mostrava a sua cúmplice.

Eyraud, encarniçando-se em não subir sozinho ao cadafalso, fazia pensar naquele bandido, montenegrino, que, subindo ao patíbulo, pediu como suprema graça que lhe fosse dado despedir-se da formosíssima mulher que deixava, e num beijo feroz arrancou-lhe o nariz e o beiço superior. O homem, dando o pescoço à corda do carrasco, explicava a atrocidade: "Assim desfigurada, mais dificilmente ela encontrará quem a queira e me será talvez fiel". A paixão de Eyraud, que parecia ódio ao público das audiências, não seria antes o ciúme feroz? Seria esse o drama raro no drama banal.

O outro processo, ainda atiçado pela exagerada tagarelice da imprensa, foi o das pessoas comprometidas na evasão de Padlewski, o assassino do general russo Seliverstoff. O artigo do *Eclair*, em que o Sr. Georges de Labruyère contava por miúdo como ele fez evadir-se o assassino, que ele teima em considerar como um criminoso político, fez um *sucesso* enorme.

A polícia francesa não quis acreditar primeiro; mas, quando verificou que realmente tinha sido burlada, zangou-se e levou à barra do tribunal correcional o Sr. Labruyère e Mme. Duc-Querey, em cuja casa Padlewski tinha achado refúgio depois do crime.

E, classificado o delito, a 9ª câmara de polícia correcional cominou as penas de treze meses de prisão para o Sr. Labruyère, oito para um Sr. Grégoire, que agora mesmo foi expulso de Palermo, onde fazia reuniões revolucionárias, e dois meses para Mme. Duc-Querey, a quem foram reconhecidas circunstâncias atenuantes.

A imprensa ficou embasbacada. Os jornalistas andavam espalhando, fundados em não sei que autoridade jurídica, que dar escapula a um criminoso era um ato que entrava na reportagem, na grande reportagem, e que a lei não podia punir o jornalista desabusado. Felizmente, força vai restando à lei. E é bom que a severidade das repressões como esta impressionem.

A lição é tanto mais proveitosa, quanto mais dinamizada pela imensa publicidade da imprensa diária.

Domício da Gama
Paris, Dezembro de 1890

53
De Paris

(25 de Fevereiro de 1891)

Elogio das necrologias. Revista de mortos: Octave Feuillet, Lami, Delaplanche, Millet, Montaland, Haussmann, condessa de Barral. O inverno.

A crônica de Paris vai ultimamente decaindo na necrologia. Não é esse o seu maior defeito. Crônicas se fazem com fatos – assuntos – e que fato há que seja mais interessante do que a morte? A morte tem para o cronista, dentro da qual sempre se esconde um filósofo, o valor dos fatos definitivos: é a certeza máxima. Tem ainda outra consequência importante: faz-nos julgar os que viviam entre nós, sem que lhes déssemos grande atenção e suprime o desdém nesse julgamento em que entra quase sempre uma parcela de piedade.

Enquanto um homem vive, por grande homem que seja, parece-nos que ele não faz mais do que a sua obrigação, e só temos voz para a censura dos seus defeitos e dos seus erros. Mas, em morrendo nós sentimos, pelo claro que deixa, o lugar que ele ocupava na nossa vida, na vida do nosso tempo. Depois, os erros e defeitos do personagem vão se esquecendo, e dele só fica, resumida pela Morte que simplifica, pela Morte que poetisa, pela Morte que é a *legendeira* irresistível, a sua obra, que um nome evoca, logo brilhante de prestígio das coisas que foram.

Analisando devidamente o desdém hostil e às vezes mesmo a guerra aberta que em vida sofrem os homens de valor, isto é, ativamente dominadores, não se encontra aí outra coisa além de um movimento de defesa muito natural. Nunca se sabe o César que pode sair de um general vitorioso, o senhor tirânico em que se pode mudar um companheiro a quem se ajuda. Mas tombado o ambicioso – honra ao glorioso vencido... E aproveitemos-lhe os despojos, chorando. Sob os prantos da piedade há um olho que conta e avalia. Deixou-nos tanto... bendito seja o ilustre morto!

Outras criaturas de menor valor, que nos não faziam sombra, contrariam-nos morrendo. Há gente que sente perder um criado, não por perdê-lo, mas por ter de se incomodar em dar-lhe um substituto. Certos mortos incomodam-nos assim. Sentimos não podê-los obrigá-los a nos pagar uma indenização pela falta que nos fazem. Outros, aqueles a quem queríamos de perto ou de longe, ferem-nos quando se arrancam dos nossos braços, magoam-nos quando se somem dos nossos olhos, para irem dormir na terra escura, eternamente. Os mortos todos nos afligem. Nós cuidamos mais daquilo que nos aflige. Falemos, pois, dos mortos.

O primeiro na lista, não sei se em ordem cronológica, pela profunda impressão deixada pelo seu desaparecimento, em todo caso, é Octave Feuillet. Já ninguém mais falava nele senão como se fala das coisas passadas, que são significativas, exemplos e lição para os novos, documentação de críticas impertinentes, apenas, já ele tinha sido posto de lado na contagem tão complicada e difícil dos escritores neste tempo. Entretanto, quando sobre a sua cova aberta estudou-se rapidamente a obra que ele deixava, verificou-se que esta valia mais do que um estudo rápido. Não basta chamar um homem de "literato da moda no segundo império", para defini-lo. A moda Feuillet prolongou-se pela República adentro e ainda hoje Henry Rabusson e Robert de Bouvières o continuam na *Revista dos Dois Mundos.*

Mais baixo, mais rasteiramente, o que é o sucesso colossal dos livros de Ohnet, senão a exploração mercantil, isto é, em grosso e barato, do dramatismo artificial de Feuillet?

Dizem que no colégio os companheiros, criticando a sua sensibilidade poética, delicadamente amarga, o seu ceticismo de bom-tom, chamavam-no *Mademoiselle Musset.* Depois, na hora do triunfo, os rivais literários não puderam alcunhá-lo senão de Musset das famílias. Entretanto, a sua obra não tem mais do que um ponto de contato com a do grande poeta das noites: a compostura fidalga da forma literária.

Na obra de Feuillet não se encontra a veemência apaixonada, nem a imoralidade desconsolada de Alfredo de Musset. As atenuações necessárias da sua linguagem polida ainda mais lhe enfraqueciam a veia satírica, já de si pouco violenta. Os seus personagens não mostram nunca as baixezas animais do homem em quem a besta domina por instantes. Há sempre neles a correção e a disciplina de quem se move sob os olhares de um salão atento. Quem escreve para ser lido por grandes damas está sujeito a defeitos destes. Defeitos para a concepção artística atual: para a daquele tempo não eram.

Quem leu a *Histoire de Sibylle* não pode esquecer os bonitos discursos que lá vêm, pronunciados por velhos fidalgos muito nobres e muito respeitáveis, muito difíceis de encontrar-se na vida diária, certamente, mas que nos dariam muito prazer, se os encontrássemos. E a gente ali, encantada pela literatura, esquece as necessidades da verdade rigorosa que anda hoje em dia a nos dissecar a arte. Não é já bem melhor viver algumas horas de leitura na ficção melhor que a realidade dolorosa? A gente da corte da imperatriz Eugenia assim entendia e colocava logo ao lado do sarcasmo e da ironia de Mérimée a amargura do ceticismo disfarçada sob o açúcar das belas frases polidas, que era a literatura de Feuillet. Parece que a fidalguia de ambos entrou por muito no grande sucesso que eles tiveram em vida no meio de uma corte de *parvenus*. Mas a continuação da estima pública depois da morte e quando o regime transformou-se num tão diferente, prova que há na boa literatura alguma coisa que vale por si, que é a verdade pessoal, a honestidade artística.

Outro artista que foi desse tempo, que parece ter sido de todos os tempos, foi o célebre aquarelista Eugène Lami, que morreu aos 90 anos, tendo atravessado tantos regimes diferentes, sem que o seu talento de pintor insigne variasse com as mutações políticas. Ainda ele foi um dos ilustradores das festas deslumbrantes de Compiègne e das Tulherias, que são hoje a saudade dos velhos mundanos do tempo. As aquarelas de Lami são preciosidades nas coleções artísticas. Antes mesmo que os franceses as estimassem tanto, deram os ingleses nelas. E o pintor morreu trabalhando para contentar tanto desejo de possuir um retalho de Watmann com a assinatura de Lami por baixo de umas figuras coloridas.

Ainda da grande família dos artistas do desenho morreram os escultores Delaplanche e Millet.

Eugène Delaplanche, morto aos cinquenta e quatro anos, apenas já era como um precursor desse movimento que impele a escultura francesa para o naturalismo, para o naturalismo possível na estatuária, em que não se pode suprir com audácia revolucionária a falta de estudo. Ele era companheiro e colega bem à altura de Paul Dubois, de Saint Marceaux, de Mercié e de Falguière. Todas as suas obras, as antigas e as novas, o *Peccoraro* como a *Santa Ignez*, a *Circe* como a *Virgem do* Lírio, têm a marca de uma personalidade e de uma vontade, que o muito saber a sua arte auxiliou.

Aimé Millet, morto aos 74 anos, era menos um escultor que um estatuário, um grande compositor dramático. Os entendidos, quando o comparam, acham-no um "cinzel simpático". Era um sabedor perfeito, honra, senão glória, da escola de escultura francesa, em que ele tanto trabalhou. A estátua colossal de Vercingetórix sobre a colina de Aleria é dele. É dele o Apolo que, soerguendo a lira d'ouro, timbra tão simbolicamente o edifício harmonioso da Grande Ópera.

Morreu mais uma excelente atriz, das que mais vida davam às cenas de comédia no Teatro Francês. Celina Montaland, que tinha 47 anos, era a mais nova e a mais graciosa das velhas atrizes, das *duègnes*. Entretanto tinha começado muito cedo a pisar o palco, desde os cinco anos, como criança prodígio e o seu retrato gentilíssimo figura na frisa Téspica que adorna o salão do teatro do Palais Royal. Depois, quando cresceu, e de pequena prodígio, fez-se atriz encantadora, eis o que a propósito da sua estreia no Palais Royal disse dela o príncipe da crítica dramática, Jules Janin:

"Procurem-me um olhar que interrogue mais habilmente, um sorriso que mais habilmente responda; imaginem, se puderem, um gesto mais verdadeiro, uma voz mais justa, uma série mais esperta de intenções finas; palavras tão bem ditas! graças tão bem achadas! uma ingênua! uma maliciosa! e faceira! e espirituosa! Ela canta bem, dança em cadência, fala a propósito, sabe executar, sabe estar calada! É verdadeira, é natural, é instruída!"

Longos anos, depois, feito o desconto da graciosidade menos juvenil que os papéis lhe impunham, não era difícil, vendo-a, achar que Jules Janin não se tinha entusiasmado a frio. A boca e os olhos, os olhos sempre novos de Celina, diziam o que ela fora como graça física. A encarnação perfeita nos seus novos papéis dizia o talento encantador da artista.

Morreu o barão Haussmann, o grande barão imperial, que há trinta anos mudou o aspecto de Paris, como outro mudaria a fachada de uma casa.

Chegou à idade de 82 anos e deixa memórias, que são de uma leitura muito interessante e a mais cabal defesa que um funcionário de regime decaído possa apresentar dos atos da sua administração, tantas vezes e tão violentamente acusada. Todos os parisienses estão hoje de acordo que a ele devem a satisfação orgulhosa de viverem na cidade mais bela do mundo. Os milhões que isso custou outra coisa os levaria, todos sabem.

O barão Haussmann conservou-se fiel à memória querida e admirada de seu augusto amo.

No seu funeral, na câmara mortuária, e no templo da rua Chauchat, desfraldaram-se bandeiras imperiais. Era grã-cruz da legião de honra, teve o aparato raro das grandes honras militares.

E Paris guardará a memória do seu antigo prefeito benemérito que não enriqueceu com os milhões que lhe passaram pelas mãos durante tantos anos, que a cobriu de palácios e que não adquiriu um para si.

Morreram, morreram... Morreu uma das mais ilustres, senão a mais ilustre brasileira da colônia da França, a Sra. condessa de Barral, antiga aia e professora das princesas imperiais do Brasil.

Todos os que se aproximavam dela tributavam-lhe o respeito e a veneração devidos a uma grande dama e a uma santa mulher.

Chamavam-na de vice-imperatriz: morreu depois da outra um ano.

E tantas mortes é o duro inverno que as causa, *l'hiver tueur des pauvres gens*, como lhe chama o Richepin. Pobre gente, porque morre... O duque de Bedford, que morreu em Londres, deixa uma fortuna de seis a sete milhões de renda anual. E foi o frio que o matou.

Já apavora o rigoroso inverno. Vive-se sobre o gelo, entre o gelo, sob o gelo, há longos dias. O Sena gelou, o Loire gelou, o Ródano gelou, a neve cai e endurece nas ruas, o vento sopra desabrido das bandas do norte e nordeste, como para tirar à gente as últimas calorias com tanto custo armazenadas. E os hospitais se enchem e as águas furtadas despejam mortos inteiriçados, mortos de fome e de frio e pelas estradas se encontram cadáveres, que não podem apodrecer, duros e frios, e a pobre gente dos campos já pede trabalho com a comida por único salário e ainda faltam dois meses para que a gente escape a este longo pesadelo glacial!...

Ao passo que aí no Rio de Janeiro há quem sue 24 horas por dia! E falam ainda em fraternidade latina...

Domício da Gama
Paris, 15 de janeiro de 1891

54
De Paris

(28 de Março de 1891)

A imprensa e os pintores. A imperatriz da Alemanha em Paris. Supressão das apostas de corridas. Um discurso de Jules Ferry.

Um oficial general alemão, com quem travei conhecimento no verão passado no expresso de Viena a Innsbruck, disse-me que na Alemanha era tão grande a preocupação de não fazer a guerra, que havia quase um arrependimento de terem batido os franceses: "A guerra é uma triste coisa, dizia o excelente barão; os vencedores, mesmo querendo, não podem esquecer as suas vitórias, que os vencidos lhas recordam sempre. São agravos de sangue, que ondas de sangue não bastam para lavar, que reclamam sempre pela boca das feridas abertas, até que por elas se estanque a vida dos povos".

E, como eu lhe declarasse que toda a militarização da França parecia ser apenas, como na Alemanha, uma procura de paz, e que só nas canções dos cafés-concertos a cópia patriótica da revindita sacudia a fibra chauvínica dos ouvintes, ele abanou a cabeça: "Sempre haverá quem cante coplas patrióticas, disse, e sempre haverá quem estremeça ouvindo-as.

É natural e respeitável o desejo e a esperança da desforra em França e nós faríamos sacrifícios para abrandar o ódio dos franceses, se eles não exigissem tanto para nos darem a mão.

A imprensa diária em vez de acalmar os ânimos sustenta o fogo do ódio nacional. Ah! se não fosse a imprensa...".

Se não fosse a imprensa de aquém e de além Reno, estariam a esta hora as duas nações inimigas em vias de trocar os penhores do desejo de esquecer o agravo sanguento de Sedan. Guilherme II, depois de haver escrito um bilhete de pêsames pela morte de Meissonnier, convidou particularmente os artistas franceses, pintores e escultores, a concorrer à Expedição de Berlim, onde uma sala especial lhes era reservada pelos cuidados imperiais.

Alguns pintores prometeram logo o seu concurso. Detaille, Bouguereau, Bonnat, Madeleine Lemaire, Tony, Robert, Fleury, B. Constant, Lhermitte, etc. E o movimento simpático se generalizaria, se não fosse a campanha começada contra ele por uma certa imprensa exploradora de escândalos e lançadora de interviews de sensação.

Houve pintores que, não tencionando comparecer na Exposição, acharam boa a ocasião para exibirem os seus grandes sentimentos.

Fez-se muita frase em nome dos soldadinhos de Detaille, vencidos duas vezes se fossem a Berlim receber o prêmio da representação artística da sua derrota, falou-se em Henri Regnault, morto em Bougival, no campo da honra, puseram coroas novas ao pé do seu monumento na Escola de Belas-Artes; deputados meteram-se na história. Déroulède começou a se agitar, a legalmente extinta Liga dos Patriotas entrou a distribuir bilhetes de visita com o nome de Regnault e a data e o nome da batalha em que as balas prussianas o mataram.

Os artistas, que tiveram receio de serem acusados de falta de patriotismo, declararam-se pela abstenção, os resolvidos a expor sentiram-se pouco numerosos para representarem a pintura francesa e resolveram também abster-se. A campanha antigermânica terminou com um recuo pouco cortês ao cabo de uma imensa agitação ridícula. E os alemães ficaram desapontados.

Coincidiu com a discussão pela imprensa, de ir ou não ir a Berlim em pintura, a visita a Paris da imperatriz, mãe de Guilherme II. Receberam-na bem, contentes mesmo com mais essa prova de fascinação que a Cidade-Luz exerce sobre o mundo inteiro, e os cronistas escreveram com as suas melhores penas o elogio da viúva de Frederico o Nobre. Mas a imperatriz começou a visitar de preferência os *ateliers* dos pintores cujos nomes mais frequentemente transpõem as fronteiras e viu-se nisso, mais do que um simples interesse da amadora d'arte, a continuação da política feminina, que tanto incomodava a Bismarck no seu tempo.

A gente que não queria que os pintores franceses fossem a Berlim (a mesma que ralhou quando os médicos lá foram ao Congresso de Medicina) entendeu necessário dar um grande golpe: os repórteres descobriram que a imperatriz, mãe do Inimigo, tinha ido a Saint-Cloud ver as ruínas causadas pelas bombas prussianas e que depois fora almoçar em Versailles e visitar o palácio, onde Guilherme I recebeu a aclamação do seu exército, como imperador da Alemanha.

Falou-se em espezinhamento do brio nacional, censurou-se amargamente a falta de delicadeza imperial em andar assim bulindo em chagas mal fechadas e disseram-se coisas desagradáveis aos jornais alemães, que contestaram aos franceses o direito de criticar os atos da sua Imperatriz. Fez-se tanto barulho que até o enterrado Boulanger deu a sua opinião, de Bruxelas. A Imperatriz apressou prudentemente a sua partida para a Inglaterra e chegando lá declarou que não julgara fazer mal visitando Saint-Cloud e Versailles, como tinha visitado o Pantheon e os Inválidos. E, falando da população parisiense, não teve elogios de sobra para qualificar a sua atitude correta e cheio de tato, durante todo o tempo da sua estada em Paris.

Dizem mesmo que, em sinal de agradecimento pela maneira porque lhe trataram a filha, a Rainha Victoria, faz tenção de demorar-se quarenta e oito horas aqui, na sua próxima passagem para Grasse, onde vai residir algumas semanas.

Ainda uma vez os órgãos da opinião pública foram órgãos de opiniões muito particulares, muito contestáveis, mesmo discutindo-as sentimentalmente. Privar os seus artistas de mais um triunfo no estrangeiro (trunfo oficial, que particularmente eles são medalhados todos os anos nas exposições de Stuttgart, Munich, etc.), perder uma ocasião de ouvir palavras amáveis vindas da Alemanha, responder com uma recusa injuriosa aos avanços corteses feitos pelo Imperador, que neste momento tinha uma queda pela França, foi fazer obra de má política, por fim de contas. Até na Itália, onde já havia uma certa apreensão, vendo distenderem-se as relações hostis entre a França e a inimiga, sentiram-se todos desafogados quando as coisas tomaram o mau caminho e a inimizade manteve-se dura e espinhenta como d'antes.

- Uma questão pendente, grave, grávida de consequências incalculáveis, é a da supressão das apostas mútuas (*pari-mutuel*), até aqui autorizadas, nos campos de corridas de cavalos em França. Foi a câmara dos deputados quem tomou a iniciativa dessa medida, em nome da moralidade pública, e por muitas outras razões expostas na tribuna parlamentar. O ministro do interior tinha proposto que as apostas de corridas fossem consideradas como loterias, para que o Estado pudesse taxá-las corretamente e perceber os impostos daí resultantes. Mas a proposta ministerial caiu diante da moralidade muito superior da assembleia legislativa, que votou a supressão pura e simples do jogo imoral. E amanhã em Auteuil se reunirá muita gente para ver se haverá *book-makers* bastante topetudos para resistirem aos gendarmes. Esperam-se barulhos graves, vão mandar mais tropas para o policiamento do hipódromo: será um divertimento para quem anda à procura de emoções.

Mas não se poderá apostar senão particularmente, o que não dá na mesma. Verdade é que se pode apostar que serão os *book-makers* os vencedores na contenda. Mas seria com certeza de perder, porque nesta terra, em que a ordem domina, sempre é a lei quem vence, por impopular que seja.

Agora, neste ponto a imprensa está com a imoralidade do jogo, a pretexto de que o *Pari-mutuel* é uma instituição consuetudinária e que a sua supressão acarretará consequências bem mais graves do que sua tolerância (note-se que ele não era somente tolerado, era legitimado, por isso que ainda no ano passado o Estado recolheu aos seus cofres quatro milhões líquidos, produto do imposto de 2% das apostas, o que eleva a duzentos milhões o algarismo das apostas verificadas). Uns falam do melhoramento da raça cavalar, da necessidade desses concursos públicos para a sustentação dos bons exemplares das coudelarias que fornecem à defesa nacional a sua boa cavalaria; outros argumentam com a economia e a jurisprudência da questão, como outros tantos advogados dos acionistas de hipódromos, cujos interesses a supressão das casas de apostas sacrifica.

A verdade é que a medida inoportuna será reconsiderada, logo que se descubra um meio de salvar as aparências da moralidade do Estado na questão. Mesmo quando se dispõe do prestígio e da força de uma situação política firme, não se pode mais ser autoritário em terras civilizadas. Tanto pior para o público, se ele reclama com insistência, com impertinência, a supressão de medidas tomadas em proveito seu. Mesmo que não houvesse um parlamento responsável, a imprensa aí está para justificar todos os atos menos bem fundados do poder executivo. E, como a triste humanidade vive e se alenta principalmente de ficções, não é muito que lhe seja dada a autonomia fictícia da sua existência social. Quando não se é um indivíduo, mas uma sociedade, não há vergonha em emendar a mão, e os erros coletivos perdem muito da sua gravidade, repartindo-se.

- No senado há a assinalar a reentrada de Jules Ferry com um belo discurso sobre a colonização da Argélia. Ainda houve quem o quisesse fazer calar com o insucesso de Tonkim. Em política não se esquecem os erros dos políticos. Só os da política se esquecem todos os dias. Esses não têm autor.

Domício da Gama
Paris, 7 de março

55
De Paris

(26 de Abril de 1891)

Com um mês de antecedência, fala-se já muito da manifestação socialista de 1º de maio próximo.

A do ano findo não passou de uma ameaça, ou antes, teve um caráter moral, significativo, mas não executivo. A deste ano, pelo que diz o *Temps*, órgão bem informado, será mais séria. Deputados e conselheiros municipais, pertencendo ao partido novo, se colocarão à frente dos manifestantes e serão encarregados de *intimar* aos poderes públicos as reivindicações do povo operário.

Há uma proclamação do partido socialista que convida os operários a abandonarem as oficinas no dia 1º de maio, que será de festa que se encerrará por bailes nos vários quarteirões dos bairros populares, como na *festa burguesa* do 14 de julho. Isto é um bom sinal das intenções pacíficas dos manifestantes.

Por outro lado, o conselho municipal de Paris, solicitado a aderir oficialmente à manifestação, limitou-se prudentemente a declarar-se partidário de uma legislação do trabalho: "fim a que tende a manifestação de 1º de maio".

É o antirrevolucionarismo que vai tomando conta de todos os espíritos. Hoje querem-se reformas, não demolições. Está todo o mundo convencido de que não há criação nova que seja nova, primeiramente, que seja perfeita em definitiva. O aperfeiçoamento é condição de existência; o aperfeiçoamento é reforma: de que vale criar, se tudo que já está criado, é modificável? O socialismo insinuou-se entre todas as preocupações mais graves dos pensadores e homens de Estado.

Não há quem não pense nele diariamente, quem o não faça entrar como elemento irremissível na solução de todos os problemas da existência social. O socialismo na Europa, como há pouco tempo o abolicionismo entre nós, tornou-se em questão de primazia, em questão única, como dizia Joaquim Nabuco. Hoje ela é como um carro puxado até uma altura, com esforço, que é preciso não deixar despenhar-se pelo outro pendor. Há tropeços e obstáculos pelo caminho das reformas precipitadas. Devagar se chegará ao fim, como se chegou à metade da jornada. Um defeito de reformadores é considerarem menos praticamente o interesse da coletividade para que trabalham, do que a sua natural impaciência de operários, que não se resignam a não ver erigido o edifício em que trabalham desde os fundamentos. Outros, os mais diretamente interessados nas reformas, têm a urgência dos sofrimentos pessoais, agravados pela esperança da melhoria próxima. Na questão social são os proletários, massa fluida de desejos, que qualquer pressão desloca em movimentos loucos, incoercíveis.

Pela lição da história, os que hoje se fazem chefes de movimentos sociais, evitam quanto podem as perigosas deslocações das massas.

É assim que o Congresso Internacional dos Mineiros, que durante cinco dias reuniu-se em Paris na sala da Bolsa do Trabalho, não se encerrou sobre a moção ameaçadora da greve geral, que tinha sido proposta. Uma grande maioria dos congressistas votou pela supressão de parágrafo que dizia: "O Congresso encarrega a comissão internacional de tomar as medidas necessárias para fazer rebentar a greve geral no mais curto prazo". E a assembleia separou-se depois de haver votado a moção seguinte:

"O Congresso internacional dos mineiros, reunido no dia 31 de março e dias seguintes na Bolsa do Trabalho em Paris, entende que uma greve geral dos mineiros de França, Inglaterra, Alemanha e Áustria poderia tornar-se necessária para conquistar a jornada de trabalho de oito horas".

"Convida por conseguinte os governos e os legisladores destes países a se porem de acordo para adotar uma convenção internacional, tendo por fim aplicar uma legislação internacional a todos os operários mineiros".

Nessa importante assembleia socialista, dissolvida ontem, verificou-se que os operários ingleses, que supomos serem os mais infelizes, são na realidade os mais bem organizados na luta contra o capital, ao mesmo tempo que são os menos violentos.

"A violência das propostas revolucionárias do operário continental" diz o *Standard* de Londres, tratando do Congresso, "provém da sua impotência real, da sua falta de organização, em contraste com a calma do operário inglês, que se sente forte da força imensa das *Trade Unions*". O fato é que foram os desgraçados mineiros belgas e alemães os que propuseram a greve geral, cuja oportunidade foi contestada pelos ingleses, que entretanto ofereceram o seu concurso moral e material, quando os belgas se quiserem coligar contra as companhias. Essa promessa de auxílio da parte dos ingleses determinou compromisso idêntico das outras nacionalidades, para a próxima greve nacional da Bélgica, o que já é um resultado enorme. E foram ainda os delegados ingleses, sensatos e entendidos, que propuseram o adiamento de questões mais complicadas, ainda não suficientemente estudadas, para um próximo congresso, em que se discutirá especialmente o projeto de constituição da federação internacional operária.

Um objeto de meditação a deduzir de um resumo deste Congresso é a previsão de uma guerra europeia daqui a alguns anos, quando a Federação Operária estiver funcionando regularmente. Há gente presunçosa, que prevê acontecimentos de política europeia. Resolver questões em que entram dados indefinidos parece fantasia pura.

- As férias parlamentares puseram os jornalistas em uma tal penúria de assuntos interessantes, que, para agradar aos leitores, eles não veem mais outro meio além dos plebiscitos sobre a questão ou as questões de atualidade. O assinante de jornais foi chamado a dar a sua opinião sobre casos bem graves, que ocupam às vezes por uns minutos o espírito largamente compreensivo dos parisienses. Logo que um jornal lançou a ideia, outros a tomaram e desenvolveram. Plebiscitou-se a questão colonial do Tonkim, a maneira de dar o braço a uma senhora, a supressão da censura no teatro, a classificação ordinal do *herdeiro do herdeiro* de Napoleão III... Mas não se conseguiu encher de atrativos as folhas políticas, privadas da política. O discurso de Júlio Ferry no banquete da Associação Republicana que se deu no Eliseu Montmartre, foi fracamente comentado, pois que não foi mais do que um longe apelo ao congraçamento dos partidos republicanos durante o período necessário à justa apreciação das posições das questões políticas. Como que todos sentem no fundo que há muita contestação infundada e que ao cabo de algum tempo de luta no mesmo terreno é necessário parar para ver o que se ganhou. Demais, a revisão dos programas impõe-se. Já há muito rótulo antigo, disfarçando ideias novas. E há uma fadiga de politicar, que ainda mais aumenta o desejo de administrar e acrescentar à causa pública.

- A aliança franco-russa caminha, supõem os crentes. O czar mandou entregar ao Sr. Carnot as insígnias de cavaleiro da ordem suprema de Santo André, que confere ao mesmo tempo as outras quatro ordens russas.

- Morreu Joséphin Soulary, poeta lionês, sonetista, que teve a sua época e que figura nas antologias. Era de Lyon, burocrata e muito apreciado pela sua habilidade de versista, pelo seu talento, que não fazia sombra a estes invejosos parisienses.

- Jean-Paul Laurens entrou para o Instituto, no lugar de Meissonnier.

- Abriu-se a exposição dos pastelistas na rua de Sèze. Nenhum artista novo.

Paris, 5 de abril de 1891

56
De Paris

(13 de Maio de 1891)

Parece que são os primeiros alvoroços da Primavera que fazem ferver o sangue a esta gente da imprensa, tão calma e fria habitualmente. Anda uma disputa furiosa entre os redatores de três jornais, *Le Jour*, *Le XIX Siècle* e *Le Petit Journal*, em que as injúrias mais grosseiras voam de parte à parte, como se fossem cocheiros de *fiacre* que brigassem. Ontem houve um duelo à pistola entre Jules Lemaître e Félicien Champsaur por causa de durezas numa polêmica de crítica dramática.

Há dias, em pleno Café de la Paix, à hora do aperitivo, um jornalista inglês, correspondente do *Daily Telegraph*, homem muito calmo e polido, disse as últimas a um confrade da imprensa inglesa. Nas querelas entre jornalistas a última injúria é dizer que o outro é espião ao serviço da Alemanha ou da Itália; a penúltima é chamá-lo de alemão disfarçado. O Sr. Cliford-Millage arrasou o colega com ambas. E o pobre correspondente do jornal de Manchester, admirado ou atordoado, não respondeu nada a isso. Poupou-nos a leitura de uma notícia de duelo mais e quiçá a perda de um jornalista honesto. Que o que resulta do exame de tanta descompostura trocada entre eles é que a reputação dos jornalistas é pior do que a realidade. À força de viver na ficção, no convencionalismo da vida das aparências imaginosas, eles perderam a medida exata para a avaliação dos caracteres. Quando se anda tonto de remexer ideias desencontradas, a tanto por linha e uma em cada linha, que muito é que se perca o sentimento da equidade e da justeza na aplicação dos qualificativos?

Agora, a exacerbação anormal destes últimos dias, que faz homens de bem se xingarem de bandidos para baixo, que faz a *Lanterne* debicar o *Journal des Débats* e este ameaçar a *Lanterne* com polícia correcional, parece não ser outra coisa senão uma turgescência mórbida, maus humores provenientes de irregularidades na circulação da seiva primaveril, desarranjos nervosos da mudança de estação.

A menos que não seja a irritação pela falta de acontecimentos sobre os quais as penas laboriosas possam trabalhar rendosamente. A política em férias é a *morte-saison* para a maior parte dos jornais. A plebiscitação de questões mais ou menos interessantes, mais ou menos urgentes, a discussão de desfechos morais de peças de teatro, os comentários acerca de fatos da política internacional, a marcação dos passos dados pela aliança franco-russa, "esperança a mais cara das duas nações", não contentam a estes franceses, mal acostumados às crônicas palpitantes de interesse dos dias tão cheios de acontecimentos, que às vezes não há espaço nos jornais para tratar deles telegraficamente.

[...][34]

Zola tem sérias esperanças de entrar para a Academia no lugar de Octave Feuillet. Os seus concorrentes mais bem apoiados são Henri de Bornier, o autor da *Fille de Roland* e da *Mahomet*[35] (que não foi representada no Teatro Francês por escrúpulos do governo otomano), Pierre Loti e Ferdinand Fabre. Qualquer destes realiza maior soma de qualidades para ser eleito, no ponto de vista acadêmico. Mas Zola tem por si a obra enorme cujo valor ninguém mais contesta que se pode discutir, mas que não se pode mais negar. E como ele é um homem muito simples e insinuante na sua amabilidade sincera de operário, contente do seu trabalho e de si, quase ao cabo da jornada, os acadêmicos a quem ele visita prometem-lhe quase todos o seu voto, senão no primeiro, ao menos no segundo escrutínio, se houver maioria que lhe seja favorável no primeiro. De tudo isto resulta que Zola é um candidato a tomar em conta para a próxima, senão para esta poltrona vaga na casa dos Imortais. Já com estes discursos entre os letrados e com as visitas, o seu aparecimento na sociedade mundana faz-lhe bem. É possível que o seu prestígio de operário titânico da grande obra literária diminua, mas o homem social ganha em frequentar os seus semelhantes. Parece que é um bom

---

34 Há um longo parágrafo mutilado no jornal, correspondente a 16 linhas, por conta de um rasgo, emendado com fita adesiva.

35 "*Mahome*" no original.

homem, Zola. Os maliciosos dizem mesmo que é um ingênuo, um contemplador que engrandece as suas visões no *emballement* da frase latina! O bem como o mal tem para ele descomedimentos de forma e de grandeza. O seu panteísmo dá-lhe para viver no perene espanto da humanidade, em vez de senti-la simpaticamente, como os outros. É um Dante à moderna, negativista. Em tais condições de sentir, a realidade, que ele tanto apura na documentação dos seus poemas, fica exageradamente deformada no sentido das linhas que mais o impressionam. O mesmo fazem os caricaturistas, com a única diferença de, não havendo sistema que os guie, impressionam-se estes pelo traço dominante das fisionomias, sensível à percepção vulgar. Na obra toda de Zola, como ainda agora no seu último volume sobre o Dinheiro, a crítica tem de descobrir o traço ou a expressão exagerada para executar sobre ela a redução necessária e apreciar-lhe então o mecanismo. Muito longe disto anda o Naturalismo. Aqui, como em tudo o mais, a Verdade com V grande é sempre a modesta verdade, de que cada um pode dispor, a verdade individual, que só o orgulho ou a ignorância nos podem levar a querer impor aos mais como única e irrecusável.

- Para se divertirem da falta de coisas divertidas, arranjaram alguns escritores uma exposição de desenhos, pinturas e esculturas de literatos vivos e mortos. A ideia foi de Émile Bergerat que, tendo feito uma grande quantidade de aquarelas péssimas de que os amigos zombavam, quis mostrá-las em comparação com os trabalhos dos colegas. É uma coleção de horrores a tal exposição de *Pena e pelo* (que é como lhe chamam), se se quiser atender ao desenho e à pintura: como relíquias de mortos e como brincadeira de vivos é outra coisa. Entre os mortos ("no Louvre" diz o catálogo, que é muito chic e cheio de versos e pilhérias) figuram obras do grande Hugo, feitas com borrões de tinta de escrever, espalhada a palito em visões românticas, pinturas a sério de Theophile Gautier, caricaturas de Gérard de Nerval, de Baudelaire, de Musset, desenhos de Merimée e de Jules de Goncourt. Entre os vivos, depois da imensa quantidade de aquarelas de Bergerat, que ele assina Caliban quando lhe parecem *menos bem*, há borrões de Clovis Hugues, que descreve num soneto a sua obra:

Toile de dix: un paysage
De Seine-et-Marne avec de l'eau.
J'ai supprimé l'eau, car le sage
La redoute, même en tableau.

L'herbe est verte, selon l'usage,
Mais je l'ai foulée au rouleau;
Et c'est déjà par mal d'ouvrage
Pour un faible enfant d'Apollo!

Toile de huit; un coin champêtre
Que j'ai croqué de ma fenètre,
En plein Montmartre un jour d'été.

Les maisons font la pirouette...
Bah! puisqu'on danse à la Galette,
Il faut bien qu'on danse à côté!

Uma das suas telas, representando flores num vaso, tão mal pintadas que parecem de retórica, já tem o letreiro de vendida a Mme. Fould, outra pintora que escreve com o pincel. Que um dos ideais dos letrados pintores é a venda das suas obras. Arsène Houssaye, Meilhac, Sardou, Jean Rameau, Raul Ponchon, Camille Lemonnier, Octave Mirbeau, Gyp, d'Hervilly, Harancourt, toda essa gente pinta ou desenha. O mais engraçado é a imitação dos artistas que eles admiram. Lemonnier imita o impressionismo de Seurat.[36] Mirbeau se aproxima de Claude Monet, Ed. de Goncourt faz à la Gavarni, Jean Rameau, o musical poeta, fez uma paisagem, por baixo da qual o grande pintor Gervex escreveu uma quadrinha:

Les blés frissonnent sous le ciel,
Un arbre en l'air chaud s'extasie...
Si Jean Rameau fait du pastel,
Moi je fais de la poésie.

36 "Leurat", no jornal.

De Harancourt, ilustrador dos próprios versos primorosos, há pastéis que já têm merecimento.

E, Melandri não é mau aquarelista. De Gaston Berardi, o riquíssimo proprietário, redator e correspondente em Paris da *Indépendance Belge*, há duas estatuetas bem boas. Parece que os escritores querem ter muitos ofícios para todas as emergências da vida, ou se preparam para fazer crítica como o Pompeia queria que se fizesse – mostrando praticamente como a obra deve ser feita. Mas a multiplicação dos ofícios é um sonho. Sempre um pintor faz melhor que um letrado.

- Acaba de chegar a Paris o Dr. Ferreira de Araújo. Para lhe ser agradável, o céu nevoento e frio fez-se azul, e aos primeiros dias de sol claro as árvores começaram a se cobrir com a verdura tenra da primavera. As andorinhas chegam. Há uma alegria no ar.

Domício da Gama
Paris, 20 de abril de 1891

57
De Paris

(10 de Junho de 1891)

O salon do Campo de Marte

Os dois *salons* estão abertos. Foi ontem a *vernissage* do Campo de Marte, o mais chic para o gosto parisiense do momento. Trinta e quatro mil e oitocentos e setenta e cinco pessoas andaram por lá ontem, das dez horas da manhã às cinco da tarde, num apertão que lembrava os mais terríveis dias da Exposição, empurradas para a frente ou para trás, nos movimentos caprichosos que têm as multidões, sem poder chegar aos quadros ou comprimidas contra ele e igualmente impossibilitada de os ver, completamente fora das condições necessárias para a contemplação de pinturas ou estátuas.

É verdade que à inauguração de uma exposição de belas-artes não se vai pela pintura, mas pelos visitantes, pelas visitantes, sobretudo. Mas quando as visitantes afluem em tão grande número, as atenções repartindo-se e distraindo-se, o efeito das toilettes especiais fica prejudicado. Foi o que ontem aconteceu. Os cronistas mundanos ficaram mudos a respeito dos trajos das rainhas da moda, das mais belas mulheres de Paris, que lá estiveram. Só falaram do aperto, do calor sufocante nas galerias iluminadas por cima e mal ventiladas, e do belo espetáculo do desfilar das carruagens pelos arredores do palácio das Belas-Artes. De vestidos mesmo só uma ou outra atriz mandou a reclame da modista para o jornal amigo.

E um repórter impressionável e generalizador disse que predominavam os tons claros do azul e do roxo, em cinzas neutras, em violetas desmaiadas, em cores descoradas, como se o sol da primavera já as tivesse comido. Será a moda um reflexo do desmaiamento geral da pintura, com a iluminação excessiva dos objetos por muitas claridades, pela grande luz do ar livre em que tudo imerge?

É esse o tom que dá a nota ultramoderna aos quadros do Salon do Campo de Marte, a nota azul ou lilás, harmonizada em cinza, bruma luminosa como a da visão imperfeita de quem não está bem acordado. Parece que é disto mesmo que provém o caráter especial destas pinturas turvas: os pintores vivem sonhando com a expressão de uma realidade, que não é a dos profanos. São uns viciosos, uns bêbedos de cores, que querem que nós vejamos através da sua turbação, da embriaguez da luz de que se atestaram. Há no Campo de Marte um Carrière, um Besnard, um Deschamps, um Gandara, que confundem as noções que a gente simples tem sobre a loucura: são os talentos libertinos, que já não liberais, que produzem essas derradeiras consequências da liberdade no ponto de vista. Carrière pinta as suas figuras envolvendo-as num nevoeiro louro; Besnard pinta por decomposição de cores nas suas tintas componentes, deixando que o espectador efetue a integração; Deschamps põe em evidência placas luminosas das cores que o impressionaram, o resto ficando apenas indicado; Gandara parece o homem próprio para ilustrar as obras de Mauricio Maeterlinck, faz a sombra, mudada em forma, mover-se em gestos sutis, reveladores.

Disparatados como estes, há muitos outros de menor talento, mais pintores ou mais literatos (a estética de Poe triunfa em toda a linha), que se prestam ao escárnio do público, por saírem dos trilhos batidos da pintura estabelecida. Lembro-me de um que pintou uma mulher ao piano, para mostrar uma expressão de mãos. O piano é antigo, de uma madeira escura e sem lustro, as teclas amarelentas. A mulher é uma dessas criaturas sem idade, sem sangue, quase sem corpo e sem vida: tem a face meio encoberta pelos cabelos desatados e com os olhos baixos, quase fechados, move as mãos sobre o teclado, num movimento lento de quem desfia as derradeiras notas suspirosas de uma *rêverie*.

Quem se isola e concentra sobre aquele quadro (que lembra os poemetos de Georges Rodenbach) chega a adivinhar no gesto daquelas mãos magras e pálidas, afastadas, a música das dores que adormecem com a fadiga dos soluços íntimos. Espera-se que quando a sombra do crepúsculo se fechar de todo sobre o piano, a mulher vire para nós seus olhos sem luz e a boca amargurada, atirando num gesto maquinal os cabelos para os ombros.

Infelizmente, aquilo é pintura e a gente tem de deixar o quadro de Griveau para ir ver as centenas de outros que ainda faltam.

Começando pelos grandes nomes é preciso ver os pintores, cujas obras não podem mais mostrar progresso nem novidade: o grande painel decorativo do *Estio*, de Puvis de Chavannes, um largo campo verde-azulento em que algumas figuras se espaçam, pescando, banhando-se, ceifando ou repousando à sombra, uma composição larga e um trabalho simplificado de pintura de vidraça ou afresco primitivo. Puvis de Chavannes tem imitadores, o que prova que entre os pintores nem todos são inteligentes. Há telas naquele tom, como se a pintura decorativa pudesse ser tratada do mesmo modo que os quadros de cavalete.

Depois do Puvis de Chavannes vem Carolus Duran, que expõe nove telas, algumas das quais admiráveis, mas não superiores às que dele já conhecemos. É largamente pintado, com um colorido estrondoso e efeitos de quem sabe ousar. Um retrato de Gounod, outro do paisagista Bellote, em preto e branco sobre um fundo escuro avermelhado, são duas joias d'arte. E dois grandes retratos em corpo inteiro de americanas ou inglesas são superiormente coloridos, estudados de fisionomia e de composição. Como retratistas seguem-se Boldini e Blanche. Boldini, sobretudo, que apenas colore para dar relevo, não para dar cor.

É um atrevido que deve fazer os retratos, não ao gosto de quem os encomenda, mas ao seu capricho. Não tem muita cortesia com as mulheres que retrata: pinta-as duramente, acentuando as fisionomias como um caricaturista; mas a gente sente que aquilo deve ser parecido. E pinta largo, como quem sabe que na rápida passagem através de uma galeria, o visitante não pode reter mais do que as linhas gerais e a impressão dominante de uma pintura. Por isso é que eu acho modernos estes pintores: pintam para a gente superexcitada, inquieta e apressada do nosso tempo, que tem imaginação mas que não tem lazeres para desenvolvê-la e aplicá-la. É por eles que pode estudar uma das feições da sensualidade estética de uma civilização no seu auge.

A maior parte são simbolistas, intencionais, subinteligentes. Sem falar nos *ilustradores* de concepções alheias, há os que criam filosofias no simples modo de uniformizar (eles dizem harmonizar) o colorido das suas pinturas.

Com esses a crítica d'arte perde o seu tempo: eles estão fora do alcance dela, são ilimitados e livres, na derradeira acepção do termo.

O público não pode chamar as suas telas ininteligíveis de *bolas*: são sistemas filosóficos pintados a óleo. A gente séria passa por defronte, calada e grave, sem procurar entender, mas sem irreverência.

O Campo de Marte está cheio de coisas assim e de belas coisas claras ininteligíveis e de teteias, que já parecem vendidas de antemão. Há, além das pinturinhas próprias de salões e *boudoirs*, como as de Delart, Firmin-Girard, Frappa, etc., as telas sólidas de Dagnan-Bouveret, de Lhermitte, de Roll, de Cazim, de Stevens, de Gervex, de Jean Béraud, de paisagistas, de natura-mortistas, de decoradores de todo gênero.

Uma tela de santidade, que impressiona mesmo depois de tanto quadro sacro que a gente tem visto por aí fora, é uma *Fuga para o Egito*, de Derolle: uma paisagem deserta à hora do crepúsculo com a Sacra Família em marcha e um voo de anjos acompanhando-a pelo ar, uma música oscilante e vaga que deve ser a harmonia da tarde suavíssima. Um belga, Léon Brunin, pinta à antiga, nuns tons de bronze, com um modelado e um desenho inexcedíveis. Dagnan-Bouveret tem os seus *conscrits*, tão verdadeiros de impressão e movimento que um pintor afirmou-me que aquilo foi tomado por fotografia instantânea.

Os quadros mais falados são esses, o de Puvis de Chavannes e Madalena de Jean-Béraud. Uma aquarela de Meissonier, no lugar de honra, ornada com uma palma de ouro, não está ali senão por ser a única coisa disponível que havia do mestre incomparável.

A escultura não é superior à da Exposição dos Campos Elísios. Mas uma novidade é a exposição dos objetos d'arte decorativos ou de utilidade, que se anexou à das belas-artes.

Desde os móveis e porcelanas até as encadernações, desde Chéret e Gallé de Nancy até David o encadernador, há ali exemplares das artes úteis ou de luxo que dão uma alta ideia do que se faz em França, fora do domínio da grande arte que procura a crítica.

Paris

Domício da Gama

58
De Paris

(12 de Julho de 1891)

Socialismo do Estado

Os pessimistas podem continuar a achar maus os tempos em que vivemos e a desesperar do futuro moral da nossa civilização: a tendência é para a confraternização necessária, a extensão da afetividade humana se manifesta por toda a sorte de fatos da vida social, da vida política das nações.

Nunca a humanidade teve tanta voz, nunca o homem se queixou tanto (porque a voz nos foi dada para que nos queixemos principalmente), nunca se prestou tanta atenção às queixas. Os tempos de dureza de coração passaram. Os governos impessoais personalizam-se para atender aos reclamos das classes menos favorecidas na distribuição dos quinhões da fortuna social.

Ninguém se excusa da tarefa de melhorar a sorte dos miseráveis. E isto sem espírito evangélico, sem impulso de corpo de doutrina, sem esperança de paga, porque hoje os pensadores são céticos, porque hoje os miseráveis não são humildes e porque por via de regra o faminto a quem se enche o estômago é um ingrato. Mas há na caridade com que os homens de Estado se preocupam hoje com os proletários um como que eco interior reflexo obscuro da fibra do coração que a miséria do homem nosso vizinho e nosso sócio de existência faz vibrar e que passa através das paredes cada vez menos espessas do individualismo. Faz-se socialismo por bondade, como[37] noutros tempos se fez revolução por filosofia.

Há quem pense que os homens políticos preocupam-se com a questão social porque ela tem a urgência ameaçadora dos movimentos revolucionários. É um engano. A atenção que neste momento histórico dispensa-se às reclamações vagas dos plebeus modernos não é forçada, é prova de um interesse sincero. Se o socialismo fosse uma ameaça e não uma queixa, haveria

37 "Coisa", no jornal.

tanto meio de reprimi-la!... Toda a força e todo o prestígio das instituições seculares estariam contra ele, em vez de estarem com ele. E hoje em dia todos, o império Alemão, a Santa Sé, a Inglaterra liberal, a França autoritária, a gente que pensa por si e a que é obrigada a pensar, todos se ocupam com a questão da satisfação a dar aos reclamos dos que perceberam vivamente as desigualdades odiosas na repartição dos meios de viver em sociedade.

As *grèves*, os conflitos do trabalho com o capital já acabam ordinariamente pela vitória do primeiro e não é que o Direito esteja com ele.

O Direito antigo, entende-se: do novo as fórmulas se estão redigindo, e, pressentindo-as, começa-se a legislar de harmonia com elas. Os ricos vão ao encontro dos mendigos: o Estado vai legitimar e regularizar as reclamações dos socialistas.

À câmara dos deputados foi apresentado pelo governo um projeto de lei, com o fim de criar uma caixa de pensões para os trabalhadores, com a participação do Estado e dos patrões.

As grandes linhas do projeto são pouco mais ou menos as seguintes:

A contar dos vinte e cinco anos todo o operário ganhando menos de 3.000 francos anualmente será obrigado, a menos que faça uma declaração em contrário, a depositar cinco cêntimos do seu salário quotidiano.

Um vintém... e ao cabo de trinta anos uma renda, muito modesta, mas tão garantida como a aposentadoria do funcionário e a reforma do soldado.

O que caracteriza o projeto do Sr. Constans é que o patrão é obrigado a entrar com um depósito equivalente ao do operário. Este trabalhando 290 dias por ano, em média, a renda proveniente do duplo depósito no fim de trinta anos será de 180 francos.

Como esta soma não é suficiente e o operário mais modesto não pode subsistir com menos de 300 francos, o Estado intervirá então para perfazer[38] a diferença de 120 francos.

O operário que quiser ter uma renda de 600 francos efetuará um depósito de dez cêntimos por dia e, como o patrão é obrigado a fazer a mesma coisa, o Estado elevará a sua cotização a 140 francos.

38 "Prefazer", no jornal.

A contribuição do Estado parece muito pequena, mas dado o algarismo das pensões a estabelecer e o modo do seu pagamento, que só começará a ser feito dentro de trinta anos, ela chegou a cem milhões para cada cinco milhões de pensões.

Este agravamento colossal dos orçamentos do futuro, a questão de princípio do socialismo do Estado e muitas outras de detalhe que a discussão revelará, dão a maior importância a esta primeira concessão feita pelo governo do terceiro às exigências do quarto estado nascente.

Desde a sua apresentação à mesa da câmara o projeto levantou barulho. Foi o fogoso Paul Déroulède quem o provocou, requerendo a urgência para o projeto do Sr. Constans, sob pena de não passar ele de mais um ato de charlatanismo governamental.

A maioria reclamou, quiseram impedir o ministro de responder, chamaram-no de charlatão também e de lacaio de Boulanger, ele respondeu chamando-os de maioria infame e de servidores de Constans. Quiseram expulsá-lo, mas, depois de três ou quatro votações para a censura, o resultado sendo sempre duvidoso (era por contagem de mãos), a câmara deixou-se disso e passou à votação de requerimento de urgência, que obteve grande maioria.

Se, depois disto, pelo 14 de julho, Constans não tiver uma ovação na revista em Longchamps, é que o povo francês já está muito desconfiado ou esfalfou-se de entusiasmo com as aclamações ao general Boulanger.

O processo da Melinite

Um processo contristador. Foi um homem engenhoso e hábil, um químico inventor que o provocou escrevendo um livro em que denunciava ao público a venda ao estrangeiro de segredos da defesa nacional por empregados do ministério da guerra. O denunciante e os denunciados – Turpin, Triponé, Fassler e Feuvrier – compareceram ontem perante a 10ª câmara de polícia correcional para responderem pelas acusações de traição ao Estado e abuso de confiança.

O Sr. Turpin é o inventor da Melinite, explosivo empregado pelo ministério da guerra para a carga de bombas e outros engenhos de guerra, que tendo recebido pela sua invenção 250.000 francos e a Legião de Honra, não pôde contentar-se com essa quantia e tentou vender o seu invento a outros governos estrangeiros, depois de ter solicitado em vão uma venda definitiva e mais vantajosa ao governo francês.

Mas um agente do ministério da guerra precedeu-o nas propostas à casa Armstrong, da Inglaterra, e ele, sentindo-se roubado, publicou o livro – *Como foi roubada a Melinite,* em que divulgava as traficâncias dos empregados desonestos do ministério com os segredos da defesa nacional. Infelizmente para ele foram encontradas na sua casa cartas do estado-maior alemão respondendo negativamente a propostas suas para a venda do seu invento.

Por isso acusador e acusados comparecem perante o tribunal. É natural que sejam absolvidos, Turpin especialmente, que beneficiará dos favores da lei para com os denunciantes. Mas a coisa não deixa de ser uma cena triste do drama das cobiças da fortuna, que mercadejam mesmo com os segredos da segurança da pátria.

A audiência do tribunal para esse processo corre secreta. Isso dá lugar a boatos fantasistas. Ainda ontem dizia-se que uma das testemunhas, o general Ladvocat tinha sido preso em plena audiência, boato logo desmentido, que dá uma ideia da imaginação dos jornalistas, excitada por esse mistério em termo de um processo previamente julgado, embora mal conhecido nos seus pormenores.

As testemunhas são numerosas e pertencem ao jornalismo, ao pessoal da administração da guerra, ao mundo industrial e são generais, deputados, diretores de grandes empresas: o processo tem uma repercussão incalculável. Um dos resultados será o acautelamento dos segredos dos ministérios contra os seus empregados desonestos. Sabe-se, entretanto, que nem o segredo da fabricação das bombas nem a fórmula das pólvoras sem fumaça e outras substâncias explosivas empregadas pelo exército francês correm o risco de serem divulgados. Dizem mesmo que a Melinite do Sr. Turpin depois que pertence ao ministério da guerra já sofreu modificações que o seu inventor ignora, o que poria o exército francês de resguardo contra uma traição mais positiva do que essa simples tentativa de chantagem.

O processo do Panamá

Anuncia-se, no meio de uma impressão profunda, que um processo vai ser instaurado contra os principais administradores da Companhia do Panamá. O processo visará particularmente o Sr. de Lesseps e seus dois filhos Carlos e Victor e os Srs. Cottu, Fontane, barão Poisson, Allavine e Daubrée.

O Sr. Eiffel escapa por não fazer parte do conselho da administração, embora os trabalhos realizados por ele tomassem, graças ao seu nome, uma importância extraordinária para os acionistas desesperados.

É no dia 20 de junho que da decisão da câmara vão os acionistas decidir se o ministro da justiça chamará a si a questão da apresentação da sua queixa e da intimação do Sr. de Lesseps e consócios para comparecerem perante a polícia correcional.

A queixa resume-se nisto: gastaram-se mil e quinhentos milhões em Panamá e só aparecem seiscentos e noventa milhões de trabalhos feitos; em que é que se empregou a diferença colossal?

A sessão de 20 de junho, na câmara, será palpitante de interesse; numa semana a imprensa remexerá toda a podriqueira dessa imensa exploração dos pequenos capitalistas que hoje choram a sua excessiva confiança no gênio do grande cortador de istmos.

Já espalhou-se ontem que Lesseps se tinha suicidado. Seria tão pequeno adiantamento à morte!... O grande engenheiro francês tem 87 anos de idade.

A Basílica do Sacré-Coeur

Inaugurou-se afinal, o derradeiro e grande monumento da piedade católica, erigido em pleno coração de Paris, no alto de Montmartre, no quarteirão popular e incrédulo, na vizinhança do Chat-Noir, do Moulin Rouge, do Moulin de la Galette e das *brasseries* obscenas.

Inaugurou-se com uma grande solenidade religiosa, em que houve sermão do padre Monsabré (uma peça extraordinária de eloquência e de acusação atrevida contra a dissolução moral da França, que a República radical vai ativando inconscientemente) no meio, uma imensa concorrência de fiéis e de curiosos.

Na mesma noite houve reunião de protestação promovida por muitos radicais, deputados e membros do conselho municipal, em que se reclamou contra a manifestação clerical e pediu-se que a basílica do Sacratíssimo Coração de Jesus fosse desafetada e transformada num asilo ou numa casa de ensino público... leigo.

E um desses deputados, o Sr. Baudin, fez, na câmara dos deputados, uma interpelação ao governo sobre o assunto. O radicalismo republicano não admite certas liberdades na sua lista liberal. As manifestações religiosas irritam-no particularmente. Não se sabe bem porquê.

Paris, 14 de junho
Domício da Gama

59
De Paris

(22 de Julho de 1891)

Uma volta ao passado

Foi o conde Alberto de Mun, uma das glórias da eloquência parlamentar francesa, quem encerrou desta vez os trabalhos da assembleia geral dos círculos católicos, no domingo passado.

No correr do seu eloquente discurso, em que estudava os progressos feitos em França pelo socialismo cristão, ele assinalou um fato da maior importância para a política do nosso tempo.

"Há cem anos,[39] dia por dia, a 14 de junho de 1791, a assembleia nacional constituinte votava um decreto proibindo aos cidadãos de um mesmo estado ou profissão o associarem-se e instituírem regulamentos para os seus supostos interesses comuns.

"A 14 de junho de 1891, diante dos patrões e operários, reunidos neste banquete fraternal, tenho a satisfação de poder em nome deles proclamar que o direito de associação profissional é definitivamente reconquistado pelos trabalhadores, tendo entrado de novo nos costumes e sendo reconhecido pelos poderes públicos. É esse o centenário que nós hoje celebramos."

Estas palavras, que são um grito de triunfo de um inimigo da revolução que assiste ao progresso dos resultados contrários às ideias revolucionárias, assinalam uma das curiosas contradições entre as derradeiras consequências de uma doutrina e os seus princípios.

Há dois anos ainda glorificava-se o centenário da revolução; principia-se agora o trabalho da demolição da sua obra.

E não se pode dizer que haja nisso uma vontade deliberada e firme de destruí-la. Ninguém formula o programa da revisão do "grande erro" que

39 No original, "Há cinco anos".

tem sido o ideal de tantas gerações. No entanto cada dia que passa traz à mente dos que pensam uma prova nova de que há grandes desvios entre o espírito das fórmulas e as suas aplicações, da inanidade das fórmulas abandonadas a si mesmas; cada dia que passa vai confirmando a ideia antiga da impotência dos princípios quando não há homens que os apliquem.

Os homens capazes disso são os especialistas, isto é, os preparados para a função governativa.

O advento das democracias trouxe às sociedades modernas o mal funesto da confusão dos ofícios, dos desconhecimentos dos valores próprios, da deslocação de emprego de aptidões mal apreciadas, da legitimação de ambições infundadas por comparação com os direitos precários de outras semelhantes; atribuem-se à massa governada a faculdade de se governar, como se o trabalho estivesse feito da discriminação dos ofícios que trouxesse a cada indivíduo a consciência dos limites da sua esfera de ação; considerou-se realidade o que era o ideal.

A desordem seguiu-se como uma consequência, e tão complicada, e por tão longo tempo, que desanimaram todos de querer uma coisa só de cada vez e com precisão.

As energias inteligentes relaxaram-se, os espíritos se abaixaram ao aproveitamento dos bens ao alcance, desapareceram as correntes ideólogas que tinham mão ao materialismo arrasador – a sociedade abandonou-se à flutuação dos fluidos, aos movimentos incertos e sem destino das massas incoerentes.

O movimento de agora leva uma parte dela para a recomposição de uma organização destruída há um século; os operários se congregam em sindicatos, e corporações para a luta contra o capital, e contra o Estado, se este não ceder às suas exigências. Mas este cede, pois que uma falsa compreensão dos deveres dos governantes leva-os a fazer concessões irracionais e absurdas.

A abolição das mestrias e corporações profissionais pela Constituinte em 1791 dava ao operário, ao homem de ofício, o direito de ser independente, de trabalhar e empregar-se como bem lhe parecesse. A liberdade individual tinha aí uma das suas mais belas manifestações. E sentiam todos tão bem a legitimidade desse direito, que uma vez inscrito nos códigos, ninguém, nenhum governo ousou mais tocar-lhe, para modificá-lo, atenuá-lo ou pôr-lhe qualquer obstáculo.

Hoje não são os governos, não são os chefes que pedem a reconsideração do direito do operário ser livre: é o operário mesmo. Em todas as reuniões de cocheiros, padeiros, carniceiros, barbeiros e marinheiros do Sena, reclama-se o sindicato obrigatório, o sindicato sem o qual não poderá mais haver existência possível para o trabalhador nem para o patrão. Uma das últimas assembleias desse gênero resolveu que:

"As decisões de um sindicato profissional composto da metade e mais um dos membros da corporação, habitando a comuna ou a região em que ele é constituído, terão força de lei em toda a esfera de atividade do sindicato."

Isto é a volta à corporação medieva, ressuscitada em toda a sua tirania. Já certos sindicatos começam a se opor à admissão de mulheres, ao engajamento de aprendizes, para diminuir a concorrência nas oficinas. E a coisa se estenderá: quando os sindicatos profissionais se tiverem desenvolvido pela obtenção de todos os privilégios ambicionados, eles hão de compreender que quanto menos números mais bem aquinhoados serão os privilegiados, e começará a hierarquização, o fechamento das corporações pela dificuldade das provas à admissão, como no outro tempo.

Como no outro tempo, antes da grande crise... Valia a pena sofrê-la para retrogradar numa questão tão capital? O conde de Mun, católico e aristocrata, prova facilmente que não valia. E parece que vai sendo a tendência geral acreditar que a revolução não era necessária. Há quem diga mesmo que revoluções não são necessárias, de uma maneira geral. Apenas a inteligência das liberdades, para a mantença das conquistas do direito sob qualquer regime...

A questão de Guiana

Como é sabido, a França e a Holanda, em desacordo há muito tempo sobre a delimitação das suas possessões respectivas na Guiana, tinham submetido a sua questão à arbitragem do Imperador da Rússia. Alexandre III acaba de dar ganho de causa aos holandeses, reconhecendo-lhes a posse do território limitado pelos rios Awa e Tapanahoni.

Entre os especialistas franceses a decisão do Czar não passou sem protestos tímidos. Disseram eles que ao árbitro não tinha sido fornecido todos os documentos que o habituassem a reconhecer a justiça da causa francesa, ou que as cartas e estudos do ministério da marinha e estrangeiros só chegaram a S. Petersburgo quando o Czar já tinha pronunciada a sua sentença.

São dizeres cheios de fantasia. O Czar só não teve para ler a narração da viagem de Simon Mentelle, que em 1767 explorou o Tapanahoni. Mas foi de propósito que o governo francês não comunicou ao governo russo essa obra, em que há frequentes confusões na denominação dos rios, confusões que só poderiam prejudicar aos interesses franceses.

E por fim de contas, a França não perde grande coisa perdendo as minas da Awa, de uma riqueza hipotética. Não é para aquelas bandas que tende a expansão colonial desta nação tão pouco colonizadora mesmo em melhores climas.

O processo da Melinite

Acabou de uma maneira mais severa do que se pensava esta triste história de cobiças e de ambições pouco escrupulosas.

Turpin foi condenado a cinco anos de prisão, cinco de perda de direitos civis e cinco de expulsão do território francês. Era o denunciante, que cuidava beneficiar do seu papel odioso, para escapar à ação da lei!

Triponé teve a mesma pena, agravada com a da expulsão por dez anos e multa de 3.000 francos. Essa chorava quando os gendarmes a levaram ao cabo da audiência.

Os outros dois, Fessler e Feuvrier tiveram penas de cinco e três anos de prisão e multas de dois e de mil francos.

Foi tão severa a 11ª câmara de polícia correcional como se se tratasse de criminosos políticos.

As circunstâncias dos debates do julgamento terem corrido em audiência secreta, junta à severidade da pena que feriu os acusados, fizeram pensar na revelação de fatos muito graves, de que o processo não é senão a capa. E na sessão de hoje da câmara dos deputados os ministros da guerra e da justiça terão de dar explicações, de *tranquilizar* o espírito público, preocupado com a ideia de que os segredos da defesa nacional estejam em poder dos governos estrangeiros.

Apesar de que já o Sr. de Freycinet declarou que o primeiro cuidado do corpo de estado-maior francês quando adquire qualquer invenção para o serviço do exército, é modificá-la, aperfeiçoá-la, transformá-la, de modo que o próprio inventor não conheceria mais o seu invento e que, nessas condições, a melinite do Sr. Turpin já sofreu tais modificações na sua fórmula química e no seu emprego que o segredo comunicado por ele e por Triponé não poria a França em risco de possuir um explosivo em igualdade de circunstâncias com a Alemanha ou outro qualquer país.

A má impressão produzida pela audiência secreta em polícia correcional recaiu um pouco sobre o ministério da guerra. E vai se pedir que os franceses acusados de traição sejam julgados por conselho de guerra ou perante o tribunal do júri.

Um comissário inquisidor

Fez-se grande barulho nos jornais com o caso de uma pobre criada de servir, que foi presa por ter furtado um anel em uma casa onde ela ia pela primeira vez procurar emprego. A acusada tinha confessado o furto, e estava em Santa Pelagia para ser julgada, quando a queixosa encontrou o seu anel, que ninguém tinha furtado.

Indagou-se então das razões que tinham levado Françoise Chatè a confessar um delito que não cometera e verificou-se que o comissário de polícia, perante o qual a dona do anel tinha dado a sua queixa, apertou tanto a pobre inocente ameaçando-a com penas mais severas, que esta de cabeça perdida confessara o que não fez. Mas não assinou o interrogatório e depois não quis repetir a sua confissão ao advogado que lhe deram, que também queria ter a certeza de defender uma ladra deveras.

Sarcey escreveu um artigo muito judicioso a respeito dos calos profissionais que, assim como fazem dura a mão do operário manual, fazem duro e suspeitoso o coração do magistrado e do indagador de delitos.

Entretanto, parece que esse Sr. Fouquet é useiro e veseiro dessas proezas de mandar a gente para a cadeia com uma confissão de ter delinquido, confissão arrancada com ameaças e violências particulares. Seria o caso de uma revivescência num coração de burguês da Villette dos sentimentos anacrônicos de um inquisidor espanhol. Mas isso são os jornaizinhos que dizem, para fazer sensação...

A filha da imperatriz

A passagem da ex-Imperatriz Eugenia viúva de Napoleão III, por Paris deu lugar a incidente, que foi explorado pelos descobridores de escândalos.

Um dia, quinta-feira passada, uma mulher dirigia-se ao Sr. de La Londe, comissário de polícia, e pedia-lhe a sua intervenção para poder ver a sua mãe, que se achava de viagem no Hotel Continental e que não era outra senão a Imperatriz Eugenia. O que essa mulher queria era vencer as barreiras que lhe opunha a corte da ex-imperatriz para que ela pudesse chegar até o coração da sua mãe. O comissário de polícia despediu polidamente a pobre empregada de restaurante, a quem sugeriram essa ideia, a propósito de manchas vagas que ela tem no peito,[40] uma coroa imperial no queixo, uma flor de liz, uma águia sobre o seio, na perna, que sabemos nós.

E o *Matin* mandou logo um repórter ao restaurant do faubourgo Saint Denis, onde serve a filha da Imperatriz, a indagar das origens da *bastarda imperial*. Felizmente o que ela contou das suas origens não chegou para fazer avultar e dar corpo a um escândalo tão bem encenado.

O *Baccara Scandal*

Não foi somente na Inglaterra e no Canadá que o príncipe de Gales sofreu as admoestações do clero protestante.

Numa das numerosas capelas inglesas de Paris, domingo passado, depois da leitura de um trecho da Bíblia e da prece pela rainha, o ministro disse:

"Roga a Deus por Alberto Eduardo, príncipe de Gales, como homem e como filho da minha graciosa soberana, mas não como futuro rei do Reino

---

40 "Feito", no jornal.

Unido. Ele acaba de renunciar para sempre às três coroas da Inglaterra, Escócia e Irlanda."

A assistência pareceu aplaudir o speeche.

É o fim da despopularização de um príncipe, que nunca aspirou ao amor dos seus súditos.

Paris, 20 de junho de 1891
Domício da Gama

60
De Paris

(13 de Agosto de 1891)

O movimento sindical

Depois das *grèves* destes últimos dias, *grèves* de padeiros, de merceeiros, de barbeiros, de empregados de caminhos de ferro, temos a *grève* dos carregadores de defuntos, empregados dos serviços das pompas fúnebres que o público apelida de *gatos pingados*.

Greves de intenção, naturalmente. Nenhum defunto apodreceu em casa, nem apodrecerá, porque os carregadores estão resolvidos a exigir da administração um salário de 6 francos, em vez dos 4,50, que recebem até aqui. Ainda há aí margem para a concorrência larguíssima nesse trabalho que não é dos mais penosos e onde as gorjetas compensam as caminhadas mais longas.

E a formação dos sindicatos prossegue incessante. Cada dia descobre-se mais uma corporação que se constitui para a queixa perante os poderes públicos. E a aprovação tácita que se faz a esta odiosa comédia das reivindicações ilegítimas, vai começando a assustar a gente, que pensa na dificuldade de regulamentar no futuro o movimento e de atender às exigências e reclamações, de prova dura e dificultosa de classificar em direito.

Pode-se dizer que a culpa das complicações vindouras de governo perante as corporações profissionais caberá a este governo atual, que não fiscaliza a formação dos sindicatos, nem impede a instituição de direitos absurdos.

O prefeito do Sena impediu que os trabalhadores dos esgotos de Paris se constituíssem em sindicato, porque disse ele: “Esses operários são como os funcionários pagos mensalmente e gozam do benefício de uma aposentadoria. Ora, eu não posso admitir na minha administração outro poder tratando de igual para igual comigo, porque isso seria consentir que os empregados se tornassem senhores da administração.”

Esta declaração de princípio tem o grande merecimento de se opor à inércia do governo nesta questão, da maior importância. Com efeito, se certas classes de funcionários se constituírem em sindicatos, como impedir que as outras procedam do mesmo modo? E entendendo o princípio da liberdade do direito sindical, como proibir a formação das associações sindicais dos empregados dos ministérios, de todas as administrações, até daquelas em que a hierarquia e a disciplina suprema são indispensáveis, até as da marinha e do exército, indo até ao sindicato dos inferiores reclamando contra a dureza das ordens superiores?

A tese defendida pelo prefeito do Sena é de direito público e de interesse geral. Contra as invasões revolucionárias e desarrazoadas do Conselho Municipal de Paris nesta como noutras questões públicas, sociais e nacionais, é que o governo devia agir.

A formação dos sindicatos sem um critério superior que os justifique, autorize e legitime, é uma ameaça da volta de um feudalismo de nova espécie, desenvolvendo-se em detrimento das liberdades individuais, e chegando a destruir ou pelo menos a perturbar seriamente toda a organização política do país.

No meio de tantas reuniões para a formação de sindicatos profissionais houve uma que teve uma feição melancólica muito particular. Foi a dos que escrevem os endereços das publicações, periódicos, prospectos, etc., a mandar pelo correio, a gente que se chama *bandistes*, escritores de *cintas* de jornais, que são pagos miseravelmente e que só querem tratar diretamente com as pessoas que os empregam, para que o intermediário não lhes roa ainda uns cêntimos do minguado salário. Esses não chegaram a formar-se em sindicato: seria preciso dar dinheiro, e quem passa doze ou quatorze horas por dia sentado e curvado sobre a mesa da escrita, para ganhar um maximum de três francos, não tem sobras para manter um escritório sindical. E, depois, os *cintadores* não são profissionais definidos. Essa é uma profissão de *declassé*, que espera no trabalho desolador que não se estima e que mal mata a fome. Há entre eles advogados sem causas, notários que prevaricaram, homens de negócios afogados por eles, poetas incompreendidos, professores sem alunos, gente que brutaliza a pena como se fosse enxada com que se cava o pão.

Nenhum quer ficar com aquilo como ofício. Muda todo o dia o pessoal lamentável. A corporação é impossível. Não há dali que recear complicações, como da gente que ganha com que viva e ainda pague os síndicos reclamadores das suas melhoras. O que faz pensar que na sociedade o homem é como a fera na jaula dos domadores: é preciso enfraquecê-lo pela fome, para que ele se deixe governar docilmente e não faça mal. Vi ainda no outro dia na feira de Neuilly um leão que iam deixar três dias sem comer, porque estava muito violento e indócil. As profissões que engordam, fazem nascer ambições por aí além!...

A beatificação

O cardeal Richard, arcebispo de Paris, acaba de dirigir uma carta ao clero e aos fiéis da sua diocese, para avisá-los de que eles são obrigados, sob pena de incorrerem na censura da Igreja, a comunicar e fazer conhecidos do arcebispo, todos os escritos, cartas, notas e mais documentos emanados dos servidores da Igreja, cujos nomes se seguem e cujos processos de beatificação se instruem presentemente.

São eles: o padre Olier, fundador da Companhia de S. Sulpício, o venerável servidor de Dieu Moye, do seminário das Missões Estrangeiras, que fundou no século passado a congregação dos irmãos da Providência; muitos mártires dessa sociedade, entre os quais o venerável Cuénot, bispo de Metellopolis; Néel, Néron e Vénard, morto em serviço da crença católica por terras do Extremo Oriente, Cochinchina, Tonkin e China.

Há quem pense que a atividade da Igreja de Roma está adormecida. Vejam, no entanto, a minuciosidade e o rigor com que, no fim do século irreverente e cético, procede-se à beatificação dos servidores da pátria de eleição. E o concurso de todos os fiéis, que se reclama...

–

O Sr. Secrétan, antigo diretor da Sociedade dos Metais, que teve uma quebra e deu lugar a processo tão falado, acaba de ser agraciado, depois de ter sofrido seis semanas de prisão na *Santé*. A sua condenação fora a seis meses de prisão, por coparticipação em atos financeiros e comerciais ilícitos.

Saindo da cadeira o ex-milionário, réu de justiça, poderá ver pelos livreiros o catálogo em três volumes in-folio da sua maravilhosa coleção artística, que hoje resta por memória aos bibliófilos bastante ricos para pagar a enumeração, ilustrada a águas-fortes, dos esplendores de um museu particular de doze milhões.

Grandezas do mundo e bens de sacristão... Há provérbios e ditados que tratam de casos como este...

–

A comissão da exposição de Chicago reuniu-se sábado no ministério do comércio, para tomar conhecimento das respostas dadas pelo comissariado americano às questões que ela resolvera fazer-lhe numa sessão precedente e examinar as despesas que a França terá de fazer para a sua participação na Exposição Colombiana de 1892.

É provável que a soma a pedir às câmaras não seja inferior a três milhões. Nos créditos a abrir para esse fim será especificado um especial de 300.000 francos, para a participação na exposição das mulheres.

Essa exposição das mulheres em Chicago será uma originalidade para provar a capacidade das mulheres em concorrência com o trabalho do homem. É organizada por uma comissão feminina, que fez construir um palácio especial de vastíssimas proporções e compreendendo todas as divisões que comporta o plano geral das exposições: belas-artes, indústria, comércio, horticultura, educação, ensino profissional, estabelecimentos hospitalários, etc. etc.

A presidenta do comissariado central, Mrs. Palmer, que se acha de passagem em Paris, cuida da organização de comissariados particulares em todos os países da Europa.

–

Para essa mesma exposição de Chicago, de que já tanto se fala, vai ser moldado o célebre baixo-relevo representando a Marselhesa, obra do escultor Rude, que orna o Arco de Triunfo da Estrela. É a Sociedade das Artes de New-York quem empreende essa e outras cópias de monumentos da escultura francesa.

Nós, quando poderemos começar a nos ocupar com essas brincadeiras civilizadoras, que os rudes *yankees* não desprezam?

–

Sempre foi à viúva de Fustel de Coulanges que foi entregue o prêmio bienal da academia, de 20.000 francos, conferido ao autor da melhor obra de assunto histórico ou sociológico, e que tanta contestação levantou, que até fez o conde de Haussonville retirar-se do pleito para não lhe atribuírem baixas cobiças.

Domício da Gama

61
De Paris

(19 de Agosto de 1891)

O banquete ao Sr. Dantas

No suntuoso salão das festas do *Grand Cercle*, sito ao boulevard Montmartre, reuniram-se no dia 28 de julho cerca de cem brasileiros e amigos do Brasil, em torno da mesa de um banquete dado em honra ao Sr. conselheiro Manuel Pinto de Souza Dantas, por ocasião da sua partida para o Brasil.

Os convites, que vinham assinados pelo Sr. Barão de Sant'Anna Nery em nome dos brasileiros, e pelo Sr. Severiano de Heredia, ex-ministro de Estado e presidente da União Latina Franco-Americana, que se associara à manifestação de apreço, diziam que esta dirigia-se em princípio também ao Sr. Antonio Prado. As tristes notícias que este recebia diariamente de S. Paulo sobre a saúde do seu venerando pai, e que terminaram por uma tão dolorosa, impediram-no, porém, de comparecer a essa reunião. Os seus amigos presentes cotizaram-se então para oferecer-lhe um objeto d'arte, que lhe recorde a estima e o apreço dos que aqui ficam, magoados com o rude golpe que lhe veio afligir os últimas dias da sua estada na Europa.

O estio já muito adiantado e as férias, que despovoam Paris oficialmente e realmente, produziram muitos claros na lista dos que deviam concorrer para apinhar salas ainda maiores que as do *Grand Cercle*. Entretendo, e apesar do grande número de cartas de escusa, entre as quais havia de Jules Simon, almirante Mouchez, Albert Grandidier e tantos outros, a escolha ainda era grande de notabilidades em todas as carreiras sociais, em política, ciências, comércio, letras, indústria e artes.

O lugar de honra era ocupado pelo conselheiro Dantas, tendo à sua direita o Sr. Paul Leroy-Beaulieu, e à esquerda o Sr. de Heredia. Seguiram-se os Srs. Dr. Gabriel de Piza, nosso ministro em Paris, Hurard, deputado pela Martinica (e inventor de uma cachaça queimada de cor, que dizem ser muito boa, o rum Hurard), engenheiros Villard e Durieux, senador Devès, Charles Delagrave, Dr. Fauvel, barão de Neuflize, barão Gotskowski, Dr. Betancès, Max Leclerc, Amedée Prince, Raimundo d'Etiveaud, Paul Rousseau, Alexandre Wagner, E. Allain, Bos (*Rappel*), R. Crawford (*Daily News*), Eusebio Blasco (*Figaro*), Drs. M. J. Barbosa (cônsul-geral do Brasil em Paris) e Rodrigues Peixoto, José do Patrocínio e Angelo Agostini, João Dantas Sobrinho, major Gama e Costa (um dos deportados do Pará), conde de Araguaia, Nascimento Feitosa, Montenegro e Bruno Chaves (os quatro guapos secretários da Legação Brasileira), Emílio de Barros, Dolivais Nunes, Magalhães Lima (o diretor do *Século,* de Lisboa) e Xavier de Carvalho (seu correspondente em Paris), Teixeira Lopes, Eduardo Ferreira Cardoso e outros muitos, distribuídos por escolha própria.

À hora dos brindes, quem propôs o primeiro foi o Sr. de Heredia, que, saudando o homem d'Estado brasileiro a quem tanto deve a causa da humanidade, assinalou o desenvolvimento das relações entre as nações da raça latina, que festas como aquela mais acentuam pelo conhecimento das pessoas, pela cordialidade das expansões fraternais.

Levantou-se depois o Sr. conselheiro Dantas, que, agradecendo a manifestação de apreço, em que ele não queria ver uma homenagem direta à sua pessoa e sim ao Brasil, cujo pensamento ali fazia bater todos os corações, pronunciou um discurso, que sentimos não poder reproduzir integralmente, tão eloquente de linguagem, tão sincero e elevado de sentimento nos pareceu.

Com a sua autoridade de antigo servidor da pátria, de político experiente que passou a vida a praticar ideias que o desejo de ver grande o seu país lhe sugeriu, o orador, explicando a sua posição perante o atual regime, para o qual ele não contribuiu, mas que não entende dever guerrear, se o povo brasileiro lhe deu a sua aprovação, expende a sua opinião quanto a questões nacionais de urgência maior.

Insiste sobre a necessidade vital de manter-se a integridade nacional, com a descentralização administrativa, representada pelo princípio federal, e faz votos para que a República zele e engrandeça o espólio do regime passado, que, próspero e florescente, lho abandonou.

E aqueles mesmos que, entre os brasileiros, não aprovem a atual forma de governo, não devem recusar o seu concurso, nem deixar de trabalhar pelo bem e pela grandeza da pátria.

Falou em seguida o Sr. de Sant'Anna Nery, que, com a eloquência imaginosa, sonora e colorida a que já nos acostumou, recordou atos dos cidadãos preclaros a quem juntos se tencionava dar aquela festa, e recomendou à atenção das nações latinas da Europa, e da França em particular, o estudo das condições sociais, econômicas, agrícolas e industriais da suas irmãs do Novo Mundo, das nações do futuro, das quais tudo se espera, que tudo prometem, preparadas como estão para receber e fazer render a sucessão dos latinos do velho continente.

Tomou depois a palavra o Dr. Gabriel de Piza, que brindou na pessoa do conselheiro Dantas o homem que em todos os atos da sua vida pública sempre procedeu animado pelo amor da família, da cidade, da pátria e da humanidade, sentimentos superiores, que aquilatam o valor moral de um homem de Estado.

E, por fim, querendo dar uma explicação do mal-entendido que o Sr. Sant'Anna Nery disse existir entre a Europa latina e as nações latino-americanas, o Sr. Paul Leroy-Beaulieu deu-nos ocasião de o apreciarmos, fora das salas de conferências e livre das peias dos programas dos cursos científicos, em todo o seu talento de orador discreto, espirituoso e fino, levemente irônico, que impressiona pelo balanço das ideias, sem oprimir o espírito com o peso das afirmações doutrinárias.

Fez na pessoa do ilustre Sr. Dantas o elogio dos homens que dirigem as tendências dos povos, e com o exemplo da abolição da escravidão no Brasil provou a grandeza sentimental das raça latina, que não procede da cabeça, mas do coração, onde os cálculos de farisaísmo não prevalecem. Afirmou que o desconhecimento das nossas coisas já não é verdade entre a gente que estuda na Europa e, para prova, discorreu sobre os nossos recursos explorados e exploráveis, sobre as nossas grandezas naturais e reais, e realizáveis ou futuras.

Mas, como por uma instintiva reação contra a fanfarrice sul-americana do discurso do Sr. de Sant'Anna Nery, a que algarismos de estatística e provas da ciência econômica davam corpo, o calmo professor do Colégio de

França não teve mão em si que não dissesse o que será a França no tempo da próxima futura grandeza dos enxames republicanos da América Latina, com as suas centenas de milhões de habitantes e as suas maravilhosas riquezas, o estrondo triunfal das suas pompas industriais, brutais.

E, com um mal contido tremor na voz descansada de orador de cadeira, em poucas frases falou-nos da Gália imortal, de que já se entreve Júlio Cesar, de que falarão sempre os vindouros como da maravilha do mundo humano, de que os amigos de segunda categoria como o Sr. Crispi dizem que é o *sorriso da civilização*, e que na realidade terá sido mais do que isso, terá fornecido ao mundo as fórmulas da Liberdade e as suas leis de aplicação, e contribuído com um quinhão larguíssimo para a fortuna social, em grandes homens, em grandes coisas e em exemplo às gerações por vir.

Achou uma imagem feliz para explicar a admiração que aqui causam as nossas empresas heroicas. Comparou a França, já que lhe queremos dar o nome amabilíssimo de mãe-latina, a uma geradora de gigantes, que se espantasse com as pernadas gigantescas que dessem os seus filhos colossais, dezenas de vezes maiores de que ela. "Vão cair as crianças! gritaria ela assustada. Vão quebrar o pescoço, correndo desta maneira!" Assim, uma galinha que chocou ovos de pata, não compreende porque é que os filhos adotivos se atiram na água e... não se anima a segui-los e ralha e chama por eles, não sabendo nadar.

A festa terminou às 11 ½ horas, e os membros franceses da União Latina Franco-Americana declararam-na *tr*ès-jolie, trè*s-réunie.* Quando eu lhes digo que com pouco perderemos aqui o qualificativo de *rastaquouères*!

À saída, o major Gama e Costa, que todo bonito, com a sua farda trançada de cordões de ouro (alamares, creio que se diz) e as suas condecorações e medalhas ganhas no Paraguai, atraía muito a atenção da assistência, explicou-me por miúdo a causa da sua estada na Europa, estadia que já não é forçada, felizmente. Eu, porém, que não acompanho de trás os *motins* do Pará, não me sinto capaz de os expor aqui. Tanto mais quanto o bravo major está escrevendo o manifesto em que vai pôr tudo em pratos limpos. O Sr. Huet Bacellar que se aguente...

Paris, 31 de julho
Domício da Gama

62
De Paris

(29 de Agosto de 1891)

Os últimos incidentes na câmara

A sessão ordinária da câmara e do senado encerrou-se no dia 18 de julho. Parece que já estavam todos muito cansados e desatentos, porque nos últimos dias de sessão os deputados andaram a fazer umas quase tolices, que fizeram recear para o governo uma crise absolutamente injustificada.

No primeiro dia depois da festa nacional, um deputado boulangista, o Sr. Laur, useiro e vezeiro de interpolações, apresentou [...][41] ao ministro de estrangeiros, pedindo explicações sobre o fato de haver a embaixada da Alemanha em França recusado os passaportes aos representantes de algumas casas comerciais, que costumavam por este tempo ir à Alsácia e Lorena fazer propaganda dos seus gêneros.

O ministro de estrangeiros pediu à câmara o adiamento indefinido dessa questão importuna e inconveniente, que não tinha outro fundamento senão boatos que circulavam pela imprensa noveleira. Mas a maioria dos deputados quis conhecer a questão particularmente e votou a urgência da interpolação. Foi um xeque involuntariamente dado pela câmara ao governo, ela tão obediente até aqui. No dia seguinte, o Sr. Ribot expôs o que havia na legislação alemã desde 1869 (antes da guerra!) a respeito de patentes a negociantes comissionários *de qualquer nacionalidade* (a legislação alemã nunca especializa), mostrou a inconveniência de trazer-se à tribuna uma discussão pueril e infundada sobre política exterior, e, fazendo disso questão de confiança, pediu o adiamento indeterminado da interpelação Laur.

E a câmara, por 311 votos contra 99, apesar das tentativas de obstrução do Sr. Déroulède, que quis, injuriando o ministro, provocar tumulto,

---

41 Palavra ilegível no jornal.

votou o adiamento, deixando mesmo muitos dos deputados de dar a sua opinião por voto numa tão mesquinha questão.

Explicou-se o caso da suspensão dos passaportes a certos comissionários na Alsácia-Lorena, por fazerem eles, além da autorizada propaganda comercial dos seus gêneros franceses, propaganda política anti-germantista.

Explicou-se a votação anterior da câmara francesa, opondo-se ao desejo do ministro para discutir uma interpelação apresentada por um membro da oposição, pela inatenção geral durante o voto, descuido e ignorância do assunto.

Parecia então tudo tranquilo, e a assembleia ia encerrar os seus trabalhos e tomar as suas semanas de férias em santa paz quando à última hora surgiu novo incidente. Recusou-se um crédito de 600.000 francos para melhoramentos e obras no edifício da escola Politécnica, e o ministro da guerra, presidente do conselho, levantou-se enfadado do seu banco e saiu. Os deputados assustaram-se e foram ver o que havia. Era o Sr. Freycinet que, enervado pelos incidentes anteriores, achava que a recusa de um crédito ao seu ministério era um desaforo, e ia apresentar a sua demissão ao presidente da República.

A pobre gente legislativa pôs as mãos na cabeça. Pois então, por causa de umas paredes velhas a derrubar na morada dos Cossenos e das Integrais, ia-se ficar ali mais tantos dias ou perder o sossego das tão bem ganhas férias com as eventualidades de eleições incertas?

Fez-se uma pressão geral em torno do presidente do conselho, que, depois de muito engambelo, de muito *não foi por querer*, consentiu em engolir a recusa dos seus 600.000 francos, e o presidente da câmara pôde enfim declarar encerrada a sessão.

Foi um alívio geral. Foram todos fechar as suas malas, contentíssimos com o descanso que lhes deu a magnanimidade do Sr. Freycinet.

É de esperar que as férias acalmem a excitação nervosa em que já pareciam viver desde algum tempo os ministros e os deputados.

Uma crise ministerial neste momento só poderia fazer mal ao país. Já não são pequenas as preocupações com este movimento de greves, que, depois de ter percorrido todos os corpos de oficiais e profissões proletárias, chegou aos empregados dos caminhos de ferro, funcionários para todos os efeitos, até para a rudeza com que tratam os que deles precisam. Grosclaude, o incomparável humorista, já disse que, de todos os estados e profissões, o proletário parece visivelmente não querer senão o *quarto estado*, que neste momento é o de grevista.

Não são todos os empregados dos caminhos de ferro franceses que estão em *grève*: longe disso.

A proporção é pequena, o sistema é que é grave. Há 10.000 grevistas para 350.000 homens que vivem na poeira dos caminhos, no calor das oficinas, no negrume das carvoarias, na solidão forçada das vigias aos trens que vêm, aos trens que vão... Mas esses dez mil fazem mais barulho através das crônicas da imprensa, do que os *outros*, da história, através dos séculos e da prosa de Xenofonte. Com o ministério firme, prestigioso e forte, a autoridade fazendo-se sentir e a inanidade das reclamações menos urgentes, cada dia que passa, diminui o número e a fanfarrice dos pretensos bloqueadores do capital.

As companhias readmitem todos os dias dezenas e centenas deles, que desertam à bandeira do socialismo antiprático e antipratriótico, que lança manifestos ao estrangeiro, pedindo-lhe o socorro que não encontra em casa.

Os diretores e os propagandistas das *grèves* se impopularizam e perdem terreno, na província primeiro, em Paris afinal. Mas, houvesse uma crise política, um interregno governamental, e quem sabe se os partidários ambiciosos não utilizariam a ameaça de desordem, incitando-a, e se o movimento anarquista não se propagaria até as camadas mais quietas e mais conservadoras da massa proletária, por transmissão de ondulações, como no seio das massas fluidas?

E tudo isto quando a Europa toda tem posto a França quase de quarentena, invejosa; quando as alianças *pacíficas* se renovam, e há um imperador possuído do frenesi dos gestos decorativos da mão no punho da espada ancestral, gestos que acabam por se realizar um dia, ou levam um homem para o hospício... Tudo isto porque o Sr. de Freycinet acha que não deve aturar um pequenino desaforo sem importância...

O fim de um romance

Madame de Bonnemains, a companheira de exílio do general Boulanger, acaba de sucumbir em Bruxelas à tísica pulmonar que a minava, e para cujos progressos rápidos o clima de Londres primeiro, e o da Ilha de Jersey e de Bruxelas depois, não contribuíram pouco.

É o fim do romance começado a 14 de julho de 1888, pela estocada de Floquet na goela do bravo general. Madame de Bonnemains, rompendo então com todas as conveniências, foi postar-se à cabeceira do seu amado, proferindo os direitos de esposa que ainda tinha Madame Boulanger. E quando viu o declínio da estrela fatal do popular general, ela fez como os companheiros de afogamento, que nos tiram os derradeiros meios de nos salvar, tolhendo-nos os movimentos: obrigou-o a ter medo, deteve-o no estrangeiro enquanto viva, e, morrendo, deixa-o na última das decadências, de coragem, de amigos, de recursos pecuniários.

Era dela o rendimento de que os dois viviam, que lhes dava para terem bons trens de casa, para que o general guardasse ainda nas suas cavalariças o *Times*, o legendário cavalo negro das paradas, decantado por Paulus, popularizado pelas litografias coloridas, que havia de ser o fogoso corcel da entrada triunfal do vencedor na sua bela cidade de Paris.

Pobre aventureiro encaiporado! pobre cavalo de sela, que os jornais já dão como vencido e puxando um carro em Paris e que não está talvez longe disso!...

Um legado astronômico

Uma velha bearnesa acaba de morrer, deixando no seu testamento um legado de cem mil francos à Academia de Ciências, como prêmio a quem descobrir, dentro de dez anos, um meio de comunicação da terra para a lua, ou outro qualquer astro ou planeta.

Os herdeiros da segunda preparam-se para contestar a validade do testamento, dando a velha como uma vítima da leitura dos romances astronômicos de Camilo Flammarion.

O pior é que, se a Academia de Ciências de França não aceitar o legado fantasista, o Instituto de Milão pode aceitá-lo, ou então o de New York, porque a velha previu recusas possíveis. E se não se provar que Mme. Georget, de Pau, estava maluca, quando exprimiu dessa maneira eloquente o seu desejo de ver a terra entabular relações interplanetárias, os herdeiros terão de esperar que em dez anos se não realize esse sonho.

Aviso aos descobridores, para a concorrência ao prêmio...

Suicida patriota

Encontrou-se enforcado em uma árvore do bosque de Vincennes um homem que tinha, pendentes de cada ombro, do peito e das costas, lanternas venezianas com as três cores nacionais. Foi a claridade das lanternas acesas no bosque sombrio que fez que o descobrissem.

Esse suicida faceto ou lugubremente irônico era um cocheiro desempregado.

Desastre em caminho de ferro

A um quilômetro da *gare du Nord* o trem de luxo que vem de Calais esbarrou num trem que vinha de Lille, e que estava parado à espera que lhe abrissem a linha para entrar na estação. Foi por engano do guarda-chaves, que, já tendo dado passagem a dois trens iguais e da mesma proveniência, pensou que devia esperar que houvesse lugar na estação para aquele com que ele não contava. Infelizmente, o *Club-train,* de Londres, vinha atrás, a todo vapor.

O choque, ainda que diminuído pelo maquinista do *Club-train,* foi violento bastante para esmigalhar dois carros do trem de Lille e ferir quatorze pessoas, algumas das quais mortalmente. Era gente que vinha a Paris assistir às festas de 14 de julho.

Já vai sendo perigoso deveras viajar neste tempo em que se lançam expressos sobre expressos, a toda a carreira, em linhas de convergência de tantas direções. Torna-se cada vez mais difícil para as administrações dos caminhos de ferro combinar horários e espaçar convenientemente os trens, de modo a prevenir os desastres resultantes de enganos como o do guarda--chaves da entrada da *gare du Nord.*

Domício da Gama

63
De Paris

(31 de Agosto de 1891)

A exposição do Trabalho. O discurso do conde d'Haussonville. O monumento a Victor Noir. Fim das greves

O ministro do comércio, indústria e colônias inaugurou ontem a Exposição do Trabalho, instalada no Palácio da Indústria.

Como toda exposição que se inaugura, esta ainda não tem completos os seus trabalhos de instalação. Mas já se pode julgar, pelo que está feito, do que será o aspecto geral da exposição definitiva.

No rés do chão, as casas de joalheria, objetos d'arte, os segeiros, os caldeireiros, fabricantes de cristais, de pequenos utensílios domésticos etc., dispuseram as suas exposições com um gosto admirável.

Na galeria das máquinas (tem apenas 150 metros de extensão esta), instala-se a exposição da extração e metalurgia do ferro, desde a elevação do minério da sua jazida até a fabricação do prego indispensável. É o trabalho em ação: o material sofrendo as suas transformações industriais no alto-forno, no martelo-pilão, no laminador, na forja, coisa que impressiona e interessa mais vivamente do que quanta massa de ferro se possa exibir como resultado dele. Será uma das atrações da exposição.

Nas galerias do primeiro andar, que dão a volta ao pátio, estão as exibições mais interessantes.

A sala onde há oito dias ainda estava a tela colossal da *Morte de Babilônia*, de Rochegrosse, acha-se transformada num parque inglês com os seus primeiros planos, continuados por um imenso pano de fundo e se estendendo até as colinas azuladas na distância. Quem tomar à direita, encontrará uma habitação moderna disposta em todas as suas peças da cozinha à capela, arranjo, ornamentação e mobílias das principais casas de Paris.

Depois vem uma reconstrução de oficina nas forjas de Creusot, três habitações do Auvergne, da Bretanha e da Normandia; no grande salão quadrado, uma choça africana, outra canaca, um pagode com os seus budas dourados, um kampong javanês, etc. Personagens de cera povoam cada uma dessas habitações, no meio dos seus utensílios, nas suas atitudes e ocupações habituais. Aí também a encenação completa-se com pano de fundo, prolongando para horizontes longínquos as adustas planícies africanas e as paisagens da Índia.

Na sala contígua ao grande salão está uma curiosa exposição de assentos, desde a cadeira austríaca ou a poltrona merovíngia até a poltrona imperial, incrustada de quimeras de ouro e marcada com a inicial napoleônica.

A necessidade de atrair e de reter o visitante que vem como simples curioso, não fez esquecer aos organizadores o verdadeiro objetivo desta exposição: encorajar o operário, dar assim uma sanção à obra de educação profissional, pela qual o Estado faz tamanhos sacrifícios. Cursos e conferências serão feitos, diante das máquinas e aparelhos funcionando, aos aprendizes das escolas especiais, pelos mestres dessas escolas.

Além disto, *comités* nomeados em cada indústria pelos cuidados do diretor da exposição, o Sr. Ducret, organizaram concursos de mão d'obra. Os operários admitidos a concorrer (vinte de cada indústria) serão escolhidos em casas diferentes, e, tanto quanto for possível, designados pelos seus camaradas de oficina. Deverão executar, com a mesma ferramenta e material idêntico, um trabalho do mesmo valor, num lapso de tempo que não exceda de seis horas.

O júri de cada concurso, composto da comissão organizadora e de um ou muitos operários e contra-mestres nomeados pela direção, distribuirá, em recompensas, diplomas acompanhados de cadernetas da Caixa Econômica, no valor de 200 francos para o classificado em primeiro lugar em cada indústria, de 150 para o segundo, de 100 para o terceiro, de 75 para o quarto, de 50 e 25 para os seguintes até o décimo. Não se pode estimular mais vivamente a diligência e a boa vontade dos operários. A Exposição do Trabalho realiza completamente o seu programa.

- Como resposta a uma pastoral do monsenhor Fava, bispo de Grenoble, convidando o seu clero e o de todas as dioceses de França a se constituir em *comités* políticos e eleitorais, o conde d'Haussonville, representante do conde de Paris em França, pronunciou em Bordeaux um importante discurso sobre o movimento católico que neste momento se acentua em França.

O orador atacou vivamente a tentativa do bispo de Grenoble. Não acredita que a sua pastoral seja uma inspiração feliz e a melhor maneira de defender os interesses do clero e da igreja.

"Querem - diz ele – opor ao candidato do prefeito nas próximas eleições o candidato do bispo, mas esta tática não terá outro efeito senão criar uma situação difícil para o candidato na véspera do escrutínio, e no dia seguinte ao da eleição ainda mais difícil para o bispo. Esta entrada do clero francês na arena dará lugar a represálias, e finalmente será o pequeno clero quem pagará as custas da campanha."

Mas o principal perigo da tentativa, para o conde d'Haussonville, consiste em isolarem-se assim as reivindicações católicas do conjunto das reivindicações conservadoras e liberais, que os monarquistas sustentaram ainda nas últimas eleições. "Isto só bastaria para condená-la", conclui ele.

- Continua ativamente a ereção de estatuas e monumentos às glórias nacionais da França. Depois da estátua de Danton, que tantas reclamações levantou por ocasião do 14 de julho, inaugurou-se a estátua do *bom homem* Jean Lafontaine, o antípoda do revolucionário. E no intervalo, no Père Lachaise, inaugurou-se com discursos comovidos ou revolucionários o monumento comemorativo do assassinato de Victor Noir, o rapaz jornalista que calçou luvas pretas uma manhã de janeiro de 1869 para ir desafiar o príncipe Pedro Bonaparte da parte de um colega de redação na *Marseillaise,* e desceu as escadas da casa do Bonaparte, em Auteuil, cambaleando com uma bala no peito, para cair morto na rua. Essa bala de revólver, que, provocada ou não (a questão ficou incerta), matando um insignificante repórter de jornal, matava o segundo império, ainda na inauguração do monumento tumular dessa vítima da sua mocidade turbulenta e incauta andou a fazer barulho, como se Victor Noir continuasse a provocar desordens, mesmo depois de enterrado há 22 anos.

Depois de terem orado Vacquerie, Pascal Grousset e Louis Noir (irmão do comemorado), foram obrigados a expulsar a pescoções um orador entusiasmado, Dr. Lusini, que queria fazer daquilo manifestação política e falar de Fourmies a propósito da morte de Victor Noir. E pela primeira vez os revolucionários e antiautoritários aplaudiram os agentes de polícia que vieram livrá-los do pelotiqueiro importuno, que queria fazer de um túmulo tribuna de arengas incendiárias.

O monumento, esculpido por Augusto Rodin, representa o homem caído, com a sua grossa mão plebeia que estala a luva apertando o peito dolorosamente.

- A *grève* dos empregados dos caminhos de ferro terminou, renunciando os chefes a uma resistência tornada impossível com o pequeno número de grevistas que já eram os pobres coitados *reivindicadores*.

Os empregados que fazem *grève* e pressão contra os interesses dos patrões, para pedir uma coisa a que normalmente não têm direito, dizem que são reivindicadores. Na realidade eles são uns pedintes insolentes. A massa popular sente tanto a ilegitimidade das reclamações socialistas, que já não apoia o movimento das *grèves* e contribui para desmoralizar o movimento dessa cruzada injusta, contra o capital aparentemente, contra o trabalho e a fortuna pública, bem examinadas as contas. Enquanto a concorrência não fizer baixar excessivamente a cifra dos salários nos empregos relativamente bem remunerados dos vários ofícios e profissões industriais em França, não se sentirá a justiça das reclamações do proletário contra o rico. O trabalhador da terra não está com eles, que ganha muito menos. O estrangeiro, por mais afiliado que seja às associações socialistas internacionais, não dará de boa vontade os magros vinténs das suas economias dificílimas para sustentar o operário francês *que reivindica*, e o empreiteiro de *grèves* que tem todo o interesse em que elas durem, vivendo como vive à custa das "caixas de resistência".

Os cocheiros de praça também quiseram protestar contra qualquer coisa que se chama o *contador quilométrico*, e pedir um salário de 7 francos por dia e a jornada de 12 horas de trabalho, mais a liberdade de escolher, de aceitar ou recusar o freguês, mais um horror de coisas. Os Srs. Lockroy e Heredia, antigos ministros (há gente para tudo aqui) fizeram-se patronos dessa reivindicação, que também não foi avante.

E com essa ameaça fechou-se o período calamitoso das *grèves* que tanto apoquentam a todo o mundo, a começar pelos operários que querem trabalhar sossegadamente.

Domício da Gama
Paris, 26 de julho de 1891

64
De Paris

(12 de Setembro de 1891)

Parece que a República Francesa está definitivamente aceita na Europa: os reis estão frequentando-a tão a miúdo, que já não se pode dizer que ela não é senão tolerada no concerto das nações.

Não há semana em que não passa por esta cidade uma testa coroada, ou que o foi, ou que o há de ser.

Na semana passada, Paris hospedou os reis da Grécia e da Sérvia, o ex-rei da Sérvia e o futuro rei da Inglaterra, sem contar o futuro bei de Túnis e outros príncipes de menor grandeza e majestade, que vêm todos aqui ter, atraídos pela amabilidade da cidade sem par, pelo *sorriso da civilização* de que falou o Crispi.

A menos que seja simplesmente porque Paris é a encruzilhada do mundo. Mas os reis já aqui vêm às claras, sem reservas nem incógnitos, e vão cumprimentar o presidente com um certo *empressement*, que enche de desvanecimento os democratas radicais.

De quanto estes se acham pagos com uma cortesia real feita ao presidente Carnot, dão testemunho os artigos dos jornais de um soldo, em que os atos e gestos dos augustos hóspedes da França vêm relatados minuciosamente e com um formalíssimo[42] rigor de tratamento, como se cada repórter fosse um mestre de cerimônias palacianas.

Agora que o vento sopra para as bandas do Norte, recebe-se o rei da Grécia com o hino russo, e à entrada do reizinho da Sérvia grita-se na estação de Leste *viva Alexandre* (é o nome dele) e *viva a Rússia*, como se tudo fosse a mesma coisa. Também o pequeno monarca de doze anos ficou admirado de que até ele chegassem respingos de entusiasmo russófilo.

---

42 No original, "formalismo".

Lembraram-lhe que ele é afilhado do Czar e que, ainda mais, antes de vir jantar com o pai na varanda do concerto dos Ambassadeurs, ele teve a boa ideia de ir fazer uma visita ao seu poderoso padrinho. Estão explicadas as aclamações populares.

Quem não ganha vivas é a Inglaterra, que está agora fazendo tantos gastos de amabilidade para com a França. Há certas pessoas que nos convidam para jantar, às quais não agradecemos a fineza. A frieza com que são recebidas em França as cortesias feitas em Portsmouth à esquerda do almirante Gervais, de volta do Cronstadt, e os artigos amáveis dos jornais ingleses fazem pensar nos convites aceitos de má vontade. Os jornais pretendem explicar essa frieza pela desconfiança de que não haja espontaneidade nessa manifestação de simpatia, nem mesmo da parte da rainha, que tão graciosa se tem mostrado para com os franceses, no entanto. Foi ela quem exprimiu o desejo de passar uma revista à esquadra francesa em Portsmouth, como testemunho de sua simpatia pela nação que tantas vezes a tem agasalhado, e que ainda no ano passado, por ocasião da sua estada em Grasse, fez tudo para que a sua vilegiatura em França não lhe deixasse lugar a saudades do Lago-Maior ou da Riviera italiana. E, velha e já pouco forte como é, ela não deu procuração ao príncipe de Galles ou outro membro da sua família para receber a espécie de embaixada marítima que anda a visitar as costas do norte e a contar as nações, as esperanças e os orgulhos da nova França: de pé no tombadilho do real *Victoria & Albert*, molhada pela salsugem do mar encapelado pelo temporal violento, ela esteve uma hora, como se a cerimônia se passasse em terra, numa sala de palácio, em vez de ser num recanto da Mancha, sobre o mar desmontado pelos restos do ciclone pavoroso que vem das Antilhas, onde andou destruindo cidades. Os canhões troavam, os hurrahs da marinhagem trepada às vergas das naus ajuntavam uma voz ao escarcéu do vento, que estirava rijamente as bandeiras e flâmulas no tope dos mastros, e a velha rainha, que tem assistido a tantas vicissitudes políticas dos seus vizinhos, passava com o seu cortejo majestoso de naus de guerra, saudando sem preconceitos a representação no mar da França, que se transforma e que não morre. De noite deu um jantar ao almirante e oficiais da esquadra e, sentada à mesa entre o embaixador e o almirante franceses, não se levantou, quando o Grande Escudeiro do Reino bebeu (sem frases) à saúde da rainha e a orquestra tocou o *God save the Queen,* mas ouviu de pé o brinde em que saudava à França na pessoa do presidente da república, com votos pela prosperidade da nação amiga e expressões de cordialidade e simpatia. E a orquestra tocou a Marselhesa.

Ao mesmo tempo que se davam as grandes festas de Osborne e Portsmouth, dois almirantes das duas nações confraternizavam em Villefranche. O almirante Duperré, comandante da esquadra francesa do Mediterrâneo, dava a bordo do *Baudin* um banquete ao almirante Hoskins, seu amigo de mocidade. Bebeu-se à saúde dos respectivos chefes de Estado, as marinhagens desceram de camaradagem a visitar Nice e Villefranche, e no dia seguinte, vestidos à paisana, os dois almirantes jantavam juntos num restaurant em Nice.

Tudo isto é simpático ou não é? Pois os franceses, que fazem um grande consumo de hino russo neste momento, e que até fizeram de imaginação o retrato do almirante Gervais apertando a mão do imperador da Rússia e com os olhos revirados, por diante de um sol nascente da aliança franco-russa, não querem corresponder aos avanços amáveis da Inglaterra, por prudência ou por soberba.

Entretanto, preparados como estão todos para a guerra – as próximas manobras militares que desenvolverão entre Vitry e Reims cento e tantos mil homens de tropas de todas as armas, darão ainda uma amostra de poder militar da França atual – parece que a paz se manterá por muito tempo, que a guerra será cada vez mais difícil. Tanto mais quanto o proletariado já começa a agitar-se contra as declarações de guerras inoportunas, e o Congresso Socialista de Bruxelas acaba de votar a resistência do povo contra as declarações de guerra pelos caprichos da política internacional.

- No *Paris* dos dias 20 e 21 começou-se uma campanha contra a propaganda de emigração para o Brasil. Os dois primeiros artigos publicados tratam da velha questão dos emigrantes polacos.

Oportunidade da [...], pois que não há risco para os franceses de irem correr aqueles [...] entre nós, o que vem dito nos [...] do [...][43] sobre o *Tráfico de brancos* é quase tudo verdade. Apenas num ou noutro ponto o fornecedor dos documentos ao redator do jornal *enganou-se* de propósito, para melhor disfarçar a origem brasileira da informação, tão minuciosa que não há muitos que a possam dar tão completa.

A superintendência da emigração para o Brasil, na Europa, tomou a si a liquidação dessa campanha, levantada por jornalistas sem assunto e sem leitores, e que para os franceses é de um interesse muito longínquo. Eu deixá-los-ia escrever quanto quisessem, e mesmo caluniar o governo de uma nação amiga, que já vai se acostumando a viver sem as simpatias das suas *irmãs* latinas. Aprendêssemos nós com a lição que eles nos dão da sua pouca benevolência, e fôssemos mais cautos...

- Um suicídio em condições particularmente sinistras foi o de uma moça de cerca de 20 anos, cujo cadáver, há cerca de oito dias, uns marinheiros apanharam no canal Saint-Martin, pelas alturas do cais Valmy.

Na algibeira do vestida da morta o comissário de polícia do bairro encontrou uma carta nestes termos:

"Minha mãe.

"Não é sem razão que ponho fim aos meus dias. Durante um mês sofri de dores de dentes e para me curar tu me batias na cabeça. Sempre me fizeste sofrer. Não posso mais.

"Em pequena, quando os outros irmãos e irmãs iam à escola e recebiam uma boa educação, tu me prendias em casa para me empregar nos mais duros e repugnantes trabalhos, e, à menor hesitação, tu me batias. Sempre fui o teu armazém de pancadas.

"Morro por todos os maus tratamentos que sofri, e, se não morri mais cedo, não foi culpa tua. Morro porque te detesto e tenho vergonha de ser tua filha. Todos os teus poros transpiram os crimes que eu não revelo aqui, para não fazer conhecida de todos a tua desonra.

---

43 Últimas linhas ilegíveis no jornal.

"Odeio-te com todas as forças da minha alma, tu, meu pai, meus irmãos e irmãs, menos André, que eu amo com todo o meu coração.

"Não assino a minha carta para que o meu corpo não volte à casa e ninguém ria sobre ele.

"Adeus, miseráveis, eu os odeio."

É de arrepiar!...

- Outro caso triste de desgraça coletiva é o de uma família inteira que enlouquece, tomada pelo mesmo delírio de perseguição, o marido, a mulher, o filho de vinte anos, a filhinha de dez.

É um contramestre de alfaiate, que, despedido da casa onde trabalhava em Nice, começou a ver em todos os seus infortúnios ulteriores a influência maléfica, a perseguição acirrada do Sr. Borriglione, deputado por Nice, e escreveu uma carta ao prefeito de polícia, pedindo-lhe proteção contra os assassinos que o seu inimigo lançava contra ele. O prefeito de polícia, suspeitando do estado mental do homem, incumbiu ao comissário do bairro de interrogá-lo. O comissário, para proceder com provas de antecedentes e ter explicações sobre a loucura do pobre alfaiate, mandou vir a mulher primeiramente. A mulher entrou em detalhes, afirmando a perseguição que ela e o marido sofriam da parte do Sr. Borriglione, detalhes que caracterizavam pura e simplesmente a loucura que se suspeitava no marido. E os dois filhos revelaram o mesmo estado mental patológico, por contágio da loucura paterna, naturalmente.

Quando virá o descobridor do micróbio deste contágio psicológico?

A que fica reduzido o critério das verdades coletivas, se o contágio das alucinações se desenvolver entre a gente fina e inteligente?

Domício da Gama
Paris, 23 de agosto de 1891

1892

65
De Paris

(28 de Janeiro de 1892)

Sumário: O governo e os protecionistas. A ruína dos mineiros. Uma explosão de grisou. A caridade. Um ministro mal colocado. Outras notícias.

A câmara dos deputados discutiu e adotou o projeto de lei relativo às relações comerciais com os países estrangeiros, cujos tratados de comércio expiram no dia 1º de fevereiro próximo.

Este projeto tem por fim conferir ao governo direito de prorrogar por um ano os tratados existentes, exceção feita para as cláusulas que abrem tarifas de favor para certas mercadorias designadas. Ele permite ainda mais a aplicação dos novos direitos da tarifa mínima francesa aos países que em troca concedam à França tratamento de nação mais favorecida.

A discussão a que esse projeto deu lugar não deixou de oferecer um certo interesse, sobretudo pelas declarações que o Sr. Ribot, ministro de estrangeiros, foi obrigado a fazer no correr dos debates. Essas declarações indicam claramente que o governo, em melhores condições do que os deputados para julgar a situação exterior, está longe de partilhar do furor protecionista a que hoje se abandona o parlamento. Percebe-se bem que o cuidado do governo consiste em preparar a transição do regime convencional que atualmente vigora, para o das novas tarifas proibitivas.

O Sr. Ribot bem mostrou o perigo que resultaria para a economia geral da França, se as novas tarifas fossem imediata e bruscamente aplicadas. E é precisamente para evitar esta consequência da nova política que o governo elaborou o projeto de que se trata.

O Sr. Ribot manifestou a esperança de que as nações com quem a França tem tratados entrem na combinação que se lhes propõe. Para a Suécia, a Holanda, a Bélgica e a Suíça esse resultado parece mesmo garantido desde já. Mas para a Espanha, por exemplo, não há remédio senão "desistir de ir até onde lhe permitem os seus direitos", por isso que na questão dos vinhos, que tanto agita a opinião pública de além Pireneus, o governo francês tem de ceder. A Espanha se recusa a tratar sobre as bases da tarifa mínima que lhe propõe a França.

A indicação é preciosíssima. É muito natural que outras nações exijam da França o tratamento de nação mais favorecida em reciprocidade. E as declarações do ministro de estrangeiros podem ser notadas como um sintoma interessante da incerteza, para não dizer da inquietação em que se acham os homens políticos a respeito do novo regime econômico, preconizado e com tanto ardor defendido pelo Sr. Méline.

Já a entrada em negociações com as nações vizinhas é uma modificação sensível na atitude assumida há seis meses.

A mina dos mineiros

No dia 1º de dezembro telegrafaram de Saint-Etienne:

"A Sociedade estefanense da *mina dos mineiros* tomou hoje posse da lavra carbonífera de Monthieux. Começaram logo os trabalhos preparatórios. Doze operários desceram ao poço Marinoni, acompanhados solenemente pelos Srs. Girodet, deputado e maire de Saint-Etienne, Judit, redator do *Petit Journal*, um engenheiro e muitos delegados do sindicado. Os arredores do poço Marinoni estão magnificamente ornados; a bandeira do sindicato flutua acima do poço.

O prefeito de Loire prometeu assistir à inauguração que terá lugar sexta-feira 4 deste mês".

E na sexta-feira marcada inaugurou-se a mina dos mineiros com um vinho de honra em que um operário bebeu à prosperidade da empresa, agradecendo ao maire, ao prefeito, ao Sr. Marinoni e ao conselho municipal, a coadjuvação que prestaram aos esforços do *trabalho* por se constituir *capital* e gerir-se autonomicamente.

O caso é nem mais nem menos isto: um sindicato de operários tomou a si a exploração de uma mina de carvão, abandonada pela companhia por improdutiva, e pretende fazê-la produzir com o capital de 120.000 francos subscritos em parte pelo governo, parte por diversas municipalidades e o resto, cerca de 50.000 francos, pelo Sr. Marinoni, diretor do *Petit Journal*.

É uma curiosa experiência essa do operário independente, trabalhando e com a responsabilidade de grandes capitais confiados à sua diligência e tino administrativo.

A mina de Monthieux tem uma produção de 40.000 toneladas de carvão anualmente, com 500 mineiros trabalhando. Serão felizes os novos capitalistas operários? Há o receio de que os lugares na administração do sindicato sejam disputados mais ardentemente do que os do trabalho no fundo tenebroso das galerias, a centenas de metros abaixo do nível do solo. E se a política socialista se meter por lá, a coisa corre perigo sério...

Nas proximidades dessa mina, na mesma região carbonífera, foi que se deu a pavorosa explosão de *grisou*, que custou a vida de 62 operários e trinta e tantos cavalos, na semana passada.

Parece que, quanto melhor é o carvão de pedra, tanto mais *rico* em *grisou* ele é. E basta que se interrompa por momentos o arejamento das galerias de exploração por meio de ventiladores, para que o terrível gás se armazenando nos recantos e cavidades aonde não chega direta e fortemente a corrente da ventilação, a menor imprudência provoque a conflagração. Dizem os engenheiros que é sempre a falta de cuidado dos operários o que determina as explosões de *grisou*, quer por fósforos riscados em plena mina para acender lâmpadas que se apagam ou cigarros fumados contra a ordem. Outros afirmam que a simples faísca produzida pelo choque da picareta contra um sílex basta para incendiar o gás. Como quer que seja, as explosões terríveis destroem todos os elementos de verificação das conjecturas, começando pelos mineiros, dos quais os raros que escapam têm perdido toda a noção do que se passou e só conservam a impressão pânica do bafejo assolador de Moloch. Alguns que conseguem fugir por galerias de comunicação abandonadas, disparam doidamente pelos campos, como animais desvairados. Muitos enlouquecem. Nesta explosão do poço da Manufatura retiram-se com vida oito operários dos setenta que tinham descido a trabalhar nesse dia, que era domingo. Três deles, que eram incumbidos do serviço das cavalariças, contaram que, estando deitados sobre a palha, entre os cavalos, viram de repente passar uma chama azul pelo ar, e perderam os sentidos. Todos os cavalos morreram. A morte pelo *grisou* é como uma cauterização pela chama, interna e externamente. Os pulmões ficam negros e a pele tosta-se como um leitão assado. O calor desenvolvido pela combustão desse gás, deve ser extremamente intenso, para que, no breve instante que dura a explosão, produza tais resultados.

Foi um grito de dor e de piedade em toda a França, quando se soube do sinistro caso. Os repórteres mandados pelos jornais de Paris a Saint-Etienne encareceram com pormenores lastimosos a desolação das famílias dos mineiros, feridas pela perda dos seus. Promoveram-se subscrições para atenuar tamanha miséria. Quem mais conseguiu foi a imprensa de Paris, provocando uma *matinée* na *Comédie Française*, que rendeu cerca de 38.000 francos, com os preços de caridade misturada de ostentação por que os ricos pagaram os seus lugares no teatro, para essa festa especial.

É agora o bom tempo para estender a mão aos que têm de sobra, para que repartam com os que têm de menos. Paris está cheia. É a grande feira da vaidade. Os mendigos, os desgraçados, a quem o frio punge e a fome, esperam as migalhas do banquete. À porta dos teatros, dos restaurantes chics, dos salões em festa, esperam, para abrir portinholas de carros, os miseráveis tiritantes. A gente bem agasalhada e farta apieda-se da penúria visível, quase sensível reflexivamente. Um corpo que o vento glacial da noite sacode em calafrios comove mais do que a choradeira do pedinte. E os soldos e as moedinhas brancas passam facilmente do bolso do rico às mãos do pobre.

–

A recepção do M. de Freycinet na Academia Francesa foi uma pobre festa literária. Poucos se iludiam quanto às qualidades literárias e de estilo do ministro da guerra, mas esperava-se do seu discurso de recepção qualquer coisa que fosse como a surpresa agradável que tiveram os que ouviram o elogio de Littré, feito por esse outro sábio não literato que é Pasteur. É verdade que Pasteur não se afastava muito do seu caminho para falar de Littré, ao passo que o pobre ministro da guerra e matemático tinha de elogiar a obra de um dramaturgo pouco ordinário, como era Émile Augier.

Não se pode dizer que o recipiendário fizesse o elogio de Augier nas qualidades que o levaram à Academia: o Sr. De Freycinet considerou no seu discurso principalmente, quase exclusivamente, o homem de Estado implícito no pensador, que era o grande comediógrafo. Chama-se isto escorregar dum assunto para outro ao lado. É hábil, mas não se admite senão quando a formalidade não é uma prova.

Agora, como poderão continuar a dizer que a Academia Francesa é um salão de letrados, se o Sr. de Freycinet entrou para ela sem se apresentar como letrado? O discurso do Sr. Gréard, em resposta, dando a boa-vinda ao recipiendário, nem sequer busca reconhecer-lhe essa qualidade. Disse que o novo sócio trazia à casa um exemplo do "espírito de iniciativa temperado de prudência" na arte de governar. Quantos não se julgarão agora com direitos fundados nessa qualidade essencial a um político homem de Estado, para se apresentarem candidatos à primeira vaga na Academia? E os letrados, os simples letrados, sem influência de posição política, o que esperarão para os seus velhos dias como prêmio honorífico que a França lhes deva pelo seu esforço especial na obra do engrandecimento da Pátria?

Uma coisa interessante a notar nessa fria sessão da Academia foi o elogio de Pigault-Lebrun, avô de Augier, de Pigault-Lebrun o escritor pornográfico, que aos oitenta anos retomou a sua pena libertina para moralizá-la, regenerá-la, escrevendo uns contos dedicados ao seu querido Emílio de onze anos.

O Sr. Gréard incidentemente fez um resumo da vida desse homem de bem, que as condições especiais da sua vida tão rolada pelos caminhos, campos de batalha, prisões e cortes, de soldado, comediante nômade, bibliotecário do rei Jerônimo, que não tinha livros, fizeram um despreocupado foliculário, explorador do escândalo (tão pouco merecido para quem lê hoje os seus livros!) que a sua veia libertina produzia.

Se não merece o qualificativo de liberal e moderna uma Academia que pela boca de um dos seus membros faz o elogio moral de Pigault-Lebrun!...

No sábado, 19 de dezembro, houve um grande baile de beneficência na Ópera, o baile dos oficiais de terra e mar. A multidão era imensa nas salas, as *toilettes* magníficas, os ouros das fardas militares luziam, a pedraria das joias faiscava à claridade da luz elétrica, houve batalha de flores, muitos milhares de francos mudaram de dono nessa noite, para o prazer efêmero do luxo por algumas horas em companhia festiva.

Enquanto isso se passava em cima, outras cenas bem diferentes se davam no subsolo do edifício, onde há um posto de polícia.

Quarenta vagabundos eram trazidos um a um esfomeados, tiritantes, sórdidos. Entre eles havia dois antigos tabeliães, três antigos meirinhos e um cabo de gendarmeria colonial ainda com a sua facha! Todos eles passaram pelo lavatório e receberam uma ablução de fenol. Depois receberam um pão de uma libra e permissão para dormirem por terra sobre o lajedo frio.

Em cima o baile estava no seu apogeu.

–

O governo acaba de pedir às câmaras um crédito de 40.000 francos para cobrir as despesas feitas com os funerais do Sr. Grévy, antigo presidente da República, os quais foram feitos à custa do Estado.

Na exposição de motivos o governo declara que quis “assim prestar uma homenagem suprema à memória do ilustre cidadão que consagrou toda a sua vida à defesa da República e que, por duas vezes, foi chamado a ocupar a mais alta magistratura do Estado.”

Paris, 26 de dezembro

66
De Paris

(9 de Fevereiro de 1892)

O dia das bolachas

Na câmara dos deputados, há tanto tempo adormecida em discussões sem importância para o público, porque tudo se passava em boa ordem e os representantes da nação legislavam pacificamente, houve ontem um sarilho memorável. O dia 19 de janeiro de 1892 ficará conhecido nos fastos do parlamento francês sob o nome de *dia das bolachas* (*journée des gifles*). Nunca se viu tanta pancada entre gente ilustre, sem declaração prévia de guerra. Parece que foi um vento de loucura que entrou pelo palácio Bourbon adentro, porque duas horas depois da sessão pugilística os próprios agressores estavam meio arrependidos da sua violência. Não falemos dos espancados...

A coisa rebentou como uma explosão de cólera. A sessão tinha começado às 4 horas da tarde, porque nesse dia a câmara tinha de eleger muitas das suas comissões. Na ordem do dia havia a continuação da discussão sobre a censura dramática e um pedido de dia para uma interpelação. A casa estava cheia e os ministros todos ocupavam os seus lugares.

Lida a ata da sessão anterior, o presidente anunciou que tinha recebido um pedido de interpelação nos seguintes termos: "Temos a honra de propor ao Sr. presidente do conselho uma interpelação sobre as medidas que o governo tenciona tomar a respeito das acusações feitas pelo jornal *L'Intransigeant* contra um dos membros do gabinete. – (Assinados) – *Ch. Le Senne. – F. Laur.*"

É costume na câmara responder a esses pedidos de interpelações da parte dos sobreviventes do boulangismo, adiantando-as por um mês. As acusações do *Intransigeant* visavam diretamente o Sr. Constans, ministro do interior, que até aqui nunca tem dado resposta às injúrias atrozes, que todos os dias, há mais de dois anos, recebe dos seus inimigos mortais, os boulangistas.

O presidente do conselho desta vez apelou para a câmara contra esse ataque odioso dos bolulangistas: "O pedido de interpelação visa artigos injuriosos contra um dos membros do governo, declarou o Sr. de Freycinet, e suponho que os interpelantes se propõem a ler esses artigos na tribuna, para lhes darem maior publicidade. Não posso prestar-me de modo algum a essa manobra, e não responderei. A câmara soberana dirá se entende que a tribuna deve tornar-se, sob o regime parlamentar, em órgão de descrédito e desconsideração contra o governo da República."

Muitas vozes reclamaram a questão prévia.

Ia-se proceder à votação, quando o Sr. Laur levantou-se e pediu a palavra contra a questão prévia. O presidente deu-lhe a palavra, mas contra a questão prévia, unicamente.

O deputado boulangista subiu à tribuna e, com uma moderação contrastando com as suas violências habituais, começou:

- Limito-me a ler as palavras pronunciadas pelo Sr. presidente da câmara numa circunstância recente, a propósito do pedido de interpelação do Sr. Hubbard, sobre a separação da Igreja e do Estado. Um dos nossos colegas, tendo reclamado a questão prévia, o Sr. presidente da câmara respondeu-lhe, e com razão a meu ver, pelas seguintes palavras: "Eu poderia negar a palavra ao Sr. Déroulède, porque o regimento da câmara, estatuindo que as interpelações sobre questões interiores não podem ser adiadas a mais de um mês, consagra o direito pessoal de cada deputado a ser ouvido nas suas interpelações." E o presidente acrescentou que opor a questão prévia aos pedidos de interpelação não seria uma garantia para as minorias. Ora, eu venho associar-me às palavras do Sr. presidente da câmara, e pedir que não se prejudique o direito à interpelação pela votação da questão prévia. Que, de resto, o Sr. presidente do conselho pode se enganar, e creio que realmente se engana, supondo que o Sr. Le Senne tomará a palavra para ler artigos na tribuna. O nosso colega tem a desenvolver uma teoria mais elevada, uma teoria de dignidade governamental."

Aqui houve exclamações irônicas e alguns protestos. Mas a coisa teria ficado nisso, se o orador tivesse sabido terminar aí o seu discurso. Infelizmente ele quis acentuar a nota e, antes de descer da tributa, disse:

- "Não reconhecer o direito do nosso pedido de interpelação, seria provar que a câmara não hesita em sacrificar uma liberdade para proteger um membro do governo condenado pela opinião pública."

Nesse instante, o Sr. Constans, que, havia momentos, já se mostrava enervado, levantou-se bruscamente e, repelindo o Sr. de Freycinet, que tentou segurá-lo pelas abas de sobrecasaca, atravessou o hemiciclo. Dois ou três deputados e um contínuo não puderam deter a carreira do ministro do interior, que, agarrando o Sr. Laur pela gola, arrumou-lhe uma bofetada à direita, um soco à esquerda e dizem mesmo que um pontapé em certa parte. O boulangista esbordoado protestou contra aquela agressão antiparlamentar. O hemiciclo encheu-se de lutadores: boulangistas que desceram das suas alturas em socorro do amigo, governistas que rodearam o ministro, etc. Foi um pega geral, que os questores da câmara e os contínuos e os próprios deputados ordeiros não puderam apaziguar em menos de cinco minutos. Um dicionário atirado pelo Sr. Le Senne à cabeça do ministro foi quebrar a cara de um grande deputado muito calmo, o Sr. Mir, que não tinha nada com aquilo. O pobre homem protestou, enxugando o sangue que lhe corria da testa ferida:

- "Que nos lancem à cabeça os termos sujos do dicionário, ainda vai, mas o livro inteiro é demais..."

- "Também por que é o senhor um ponto de mira?" responderam-lhe.

Quando a poeirada homérica da briga dissipou-se, viram os deputados que o presidente se tinha coberto e suspendido a sessão, e as tribunas tinha sido evacuadas. O ministro do interior, sentado no seu lugar, recebia as felicitações dos amigos. Mas nos corredores e salões interiores do palácio a efervescência continuava. Um deputado meridional, homem já velho, mas muito zangado, o Sr Delpech, mandou à fava um colega que vinha falar-lhe como testemunha do Sr. Castelin, a quem ele tinha esbofeteado no ardor da discussão. A outra testemunha, um jornalista, perguntou se ele também tinha de ir à fava. E o Delpech, furioso, engasgado, já pronto para saltar-lhe às guelas, gritou-lhe que sim, e mais os vinte, ou trinta ou quarenta, toda a sua corja que fosse à fava também! Houve gente que se interpôs e não houve logo pega à unha. Resultado: três desafios para o danado meridional, em vez de um, que era suficiente. Hoje de manhã já ele teve a sua primeira estocada no braço, para começar.

Mais adiante, um jornalista moderado e pacato, conversando num grupo, censurava essa embirração dos boulangistas em não darem sinal de vida senão pela injúria e o escândalo.

Um deputado que passava, o Sr. Boudeau, impõe-lhe silêncio grosseiramente. Reação, o deputado ameaça de bofetada o Sr. Wamps, e o jornalista cai-lhe em cima aos tabefes. O deputado boulangista gritou que a coisa não se passaria assim, que ia dar queixa à questura da câmara e aos tribunais...

Felizmente, a campainha da presidência chamou os deputados à sessão. Eram seis horas.

A mesa da câmara não tendo recurso no regimento contra o Sr. Constans, provocador do tumulto, por ser este senador e membro do governo, o presidente dispunha-se a pronunciar algumas palavras lastimando o escandaloso atentado contra a dignidade das deliberações parlamentares, quando o Sr. Constans pediu a palavra.

- "Meus senhores. – Há uma hora, em um movimento de impaciência, de violência, que a câmara compreenderá e que espero que me perdoará, faltei ao respeito e à deferência que lhe devo. Venho apresentar-lhe as minhas escusas, assim como ao Sr. presidente; espero que a câmara não mas recuse, achando-se em face de um antigo colega, que durante dezessete anos nunca mereceu uma chamada à ordem, nem uma observação qualquer repreensiva, e que, suponho, soube conquistar a simpatia de grande número de seus colegas."

Conclusão: a questão prévia foi votada por 338 votos contra 39, havendo 167 cédulas em branco.

O presidente propôs o adiamento do resto da ordem do dia para quinta-feira, e os deputados se dispersaram lentamente, em grupos animados, comentando o incidente e as suas consequências.

Toda a gente desculpou o ato de violência do ministro, jornais ministeriais, e mesmo de oposição, que a campanha de injúrias de Rochefort contra o seu inimigo vencedor tem revoltado. Mas o *Journal des Débats* assinalou o sentimento de tristeza e quase mágoa com que se separou ontem a câmara, sentimento que será partilhado pela nação inteira. E o *Figaro*, no artigo de

Francis Magnard, diz coisas graves para jornalista tão sisudo e ponderado. Fala em culpas de mocidade que perseguem certos homens políticos, enquanto não são bem conhecidas, e que mais vale esclarecer logo, para que a calúnia as não exagere.

Reflete que os inimigos políticos dos srs. de Freycinet, Ribot e Fallières não pensam em invocar contra esses ministros o que coincidências desagradáveis ou erros antigos permitem repetir contra o Sr. Constans e o seu colega das finanças. E conclui dizendo que uma bofetada não esclarece uma situação, havendo tantos meios de esmagar caluniadores, que não insinuam unicamente, que lançam contra o até aqui impassível ministro acusações formais e precisas.

"O bom renome da França acha-se nisto interessado, conclui ele, e repito – num momento em que as hierarquias desaparecem, em que toda autoridade é batida em brecha, os ministros de um grande país devem poder afirmar, sem que ninguém os desminta, que eles praticam a política das mãos limpas."

O *mot de la fin* é dito por Grosclaude, uma espécie de conselheiro Acácio *blagueur*, que doutrina no *Gil Blas*: "Não nos esqueçamos terminando, diz ele sentenciosamente, que a intervenção das vias de fato nos debates parlamentares remonta à mais remota antiguidade; assim não diremos uma novidade referindo os maus tratamentos que Temístocles recebeu do seu colega Euribíades, ao qual, aliás, ele se contentou em responder estas palavras hoje históricas: Bate; mas escuta."

"E todavia o coitado do Laur não é senão um meio Temístocles; batem-lhe e não o escutam."

Paris, 20 de janeiro

67
De Paris

(21 de Maio de 1892)

Sumário. Dois centenários: a guilhotina e a Marselhesa. O vernissage do Salon. Rosário de mortos: Raul Frary, Duveyrier, Henry de Kock. A cadeira de Michelet. Um sapateiro exaltado.

Nesta semana, particularmente atravancada pelos anarquistas, como se toda a gente tivesse ficado surda para tudo o que não seja estourar de bombas homicidas, passaram-se dois centenários dos mais sugestivos para a imaginação dos poetas cismarentos.

No dia 24 foi o centenário da *Marselhesa*, e no dia 25 o da guilhotina. Não é que os dois centenários tenham sido igualmente festejados. O da guilhotina teve apenas a comemoração de um artigo nos jornais bem informados.

Por um deles aprendi que a guilhotina, aplicada pela primeira vez numa execução capital no dia 25 de abril de 1792, não foi invenção do Dr. Guillotin, e sim do Dr. Louis, a quem a assembleia constituinte incumbira de procurar "um modo de decapitação que não falhasse, rápido e acessível à vista de todos." Isto por amor da humanidade e dos princípios democráticos, que estabeleciam a igualdade para todos na pena de morte, até ali diferente entre fidalgos e vilões (forca para estes, cutelo para aqueles), e a maior brandura na sua execução.

Donde se vê que a guilhotina, máquina humanitária de cortar cabeças, que o Dr. Guillotin, relator do projeto perante a assembleia, apadrinhou para sempre, deriva da mesma fonte de sentimentos generosos que inspirou a *Marselhesa*.

No entanto, a grosseria da nossa contemplação objetiva das coisas não dá para que nos extasiemos diante da nobreza de sentimentos que representa a guilhotina, e dá para estremecermos de entusiasmo ouvindo a *Marselhesa*. Fraquezas do espírito humano...

Outra incorreção de título esse de *Marselhesa* dado ao *canto de guerra do exército do Reno*, que foi composto em Estrasburgo por conselho de Dietrich, *maire* dessa cidade, a Rouget de Lisle, capitão de engenheiros, uma noite em que jantavam juntos. O capitão, poeta e músico, levou a sua encomenda no dia seguinte à casa de Dietrich. Uma das sobrinhas do *maire* acompanhou a canção ao piano. Quando Rouget de Lisle acabou de cantar, todos se precipitaram sobre ele aos beijos, soluçando. Estava criado o canto que se cantará enquanto houver mundo e línguas musicais.

Houve festa por ocasião da inauguração do monumento a Rouget de Lisle na pequena cidade de Choisy-le-Roi, onde o autor da *Marselhesa* foi fruir numa mansarda, que hoje se mostra por dinheiro aos ingleses viajantes, os recursos que lhe traziam à velhice solitária os mil e duzentos francos da pensão que a pátria reconhecida lhe atribuiu como prêmio pela sua obra imortal. Houve festa, bandeiras, coros estrondosos, discursos de ministros, iluminações e banquetes. Lá ficou ele em bronze, imóvel no seu pedestal glorioso.

A guilhotina, essa anda por aí de pau e de aço, laboriosa e austera. Levanta-se de madrugada, quando se levanta; e quando dorme, há quem lhe respeite o torvo repouso.

- É hoje o *vernissage* no salon dos Campos Elísios. A gente chega à porta, dá dez francos para entrar, entra, anda duas horas entre um apertão imenso, por dezenas de salas, ao longo de milhares de telas, das quais não tem tempo para ver nem a vigésima parte, e volta para casa, cansada, de pernas bambas, sem poder resumir impressões que não sejam as que resultam da contemplação de um imenso esforço para um resultado medíocre.

A impressão primeira que produz a grande exposição da arte francesa, é que a arte francesa deslocou-se da França para o resto do mundo. O *Salon* deste ano está cheio de estrangeiros, discípulos dos grandes mestres franceses, ou simplesmente acompanhadores da escola. Nisso ganha a França em glória o que perde em encomendas aos seus artistas. A concorrência aí está temível. O *Salon dos Artistas Franceses* recebeu centenas de obras assinadas por nomes que não são franceses. Há 74 americanos, 45 ingleses, 33 belgas, 10 alemães, e assim por diante até contar 5 turcos (com grande escândalo do Bergerat), entre os 1264 expositores que se apresentam com 1714 pinturas.

E o que entristece um pouco os patriotas, é que as remessas dos estrangeiros mostram uma evidente superioridade sobre a massa das obras francesas.

Muitas são verdadeiras revelações. Ao passo que os grandes mestres franceses, já sabidos e definidos, não apresentam nada de imprevisto, e os seus discípulos continuam, como bons discípulos, abaixo, na inferioridade respeitosa. Pode-se prever o tempo em que a grande escola de pintura francesa perderá a supremacia que há longos anos tão gloriosamente tem mantido.

Não cabe aqui um estudo do *Salon*. Apenas uma menção do grande quadro de Benjamin Constant, *Paris convidando o mundo às suas festas*, uma soberba tela destinada ao meio do teto da sala das festas, no Hotel de Ville, e que valerá este ano a medalha de honra ao seu autor. Mais um grande e belo quadro de Detaille, *A saída da guarnição de Huningue*, de um sentimento grandioso, de uma execução magistral, talvez a melhor obra do mestre. E o retrato de Renan, por Bonnat, e a *Entrada de Luís XI em Paris*, por Tattegrain, e a *Agonia de Carpeaux*, por Maignan, e a *Anunciação* e *O homem e a Fortuna*, de Luc-Olivier Merson, e os quadros simbólicos de Henri Martin, de que falarei num artigo especial, ao mesmo tempo que tratar da escultura francesa, triunfante em toda a linha e por longos anos ainda, deve-se esperar.

Os estrangeiros novos careceriam de uma longuíssima enumeração, ou melhor, de um estudo.

- Morreu Raul Frary, um publicista sério, de quem a gente que lê livros, conhece os três substanciais volumes sobre a *Question du Latin*, o *Péril National* e o *Manuel du démagogue*, em que o estudo de algumas das mais graves questões do nosso tempo elevava-se acima da política, dos preconceitos e dos interesses de toda a sorte.

Os leitores de jornais, esses se lembram dos seus artigos na *Nouvelle Revue*, na *France* e no *XIX Siècle*, crônicas de Paris, artigos sobre política exterior, sobre literatura, filosofia, arte antiga, ciências novas. Tinha a educação universitária completa, o indispensável para ser um bom jornalista, quando não tivesse de ser homem de Estado. Aos vinte anos, em 1862, saía ele da Escola Normal, esse viveiro de doutrinários, preparados para a conquista intelectual do mundo. Mas em vez de entrar logo na luta, levou muito tempo a formar o pulo. Quis tomar as reformas sociais do princípio, desde a educação; pretendeu reformar a alma cívica, para a pôr em guarda contra os perigos da demagogia, assinalando a materialidade degradante da satisfação dos apetites grosseiros da gente sem cultivo moral na civilização moderna. Preocupou-se com a existência do cidadão no homem. E as questões de educação e da pedagogia interessavam-lhe mais do que as outras. Entendia que a República democrática não podia continuar no ensino público as tradições dos regimes oligárquicos e burgueses.

Não teve tempo de ver os resultados da sua propaganda. A sua morte é uma verdadeira perda para o grupo pouco numeroso dos jornalistas de ideias, dos homens de caráter, que se consagram inteiros à defesa e sustentação de uma grande causa.

- Morreram por suicídio, mataram-se, um imitando o outro, dois homens de quem a crônica não falaria, se não fossem as circunstâncias especiais de agonia que os levaram a esse extremo.

O primeiro, Henri Duveyrier, era um explorador célebre, presidente da Sociedade de Geografia, indicador prático, que desde 1859, aos vinte anos contados, nas suas excursões pelo deserto argelino, reconhecia caminhos para os oásis centrais e chegava até El-Golsa, onde nunca pisara pé europeu; que recebia em 1860 missão do governo francês para explorar o país dos Tuaregues, e pelas suas relações com os chefes cuja língua e costumes conhecia, abriu caminho às missões políticas que asseguraram à França comunicação com o Sudão central.

Em 1876 o explorador africano sentiu-se fatigado de praticar e veio estudar em casa a geografia teórica. Pode-se dizer que a teoria não lhe prestou. Há quatro dias Henri Duveyrier escrevia ao comissário de polícia de Sèvres uma carta, em que lhe dava parte da sua resolução de acabar com a vida, tornada num tormento desde que percebera o enfraquecimento rápido e progressivo das suas faculdades intelectuais. Para evitar essa decadência, suprimia-se com uma bala.

Os guardas que saíram em busca, encontraram o seu cadáver estendido sobre a erva nova da primavera, com a cabeça rebentada por um tiro.

Ao lado estavam o chapéu e o revólver. A roseta de oficial da Legião de Honra, atirada, era como mais uma flor vermelha entre a verdura tenra do bosque.

O outro foi Edgar La Selve, um escritor de narrativas de viagens, um desses letrados menores, que se exaurem para produzir pouco, e a quem acontece o mesmo que às plantas humildes afagadas entre grandes árvores.

Tinha quarenta e sete anos, e dois filhos. Sentia as suas faculdades diminuírem. O eco do tiro que matou Duveyrier parece que aconselhou-o. “Não quero cair abaixo de mim mesmo”, escreveu ele a um amigo. E foi suicidar-se com dois tiros na cabeça, à porta do escritório da Sociedade dos Homens de Letras.

Ou eu me engano muito, ou estes dois casos são bem significativos da famosa *anarquia mental,* que os positivistas andam a nos mostrar em tudo, sem que nós nos apercebamos dela. Falta de espírito religioso, da humildade em Deus, ou noutra coisa...

Esse escritor de livros de viagens, de recreação, que mata-se por não decair do seu gênio, é um lamentoso exemplo do orgulho superior aos sentimentos conservativos do homem.

Se são frutos dos tempos, tristes tempos!...

- Um escritor muito lido no Rio de Janeiro em traduções portuguesas, com litografias aliciantes, que as agências das livrarias de Lisboa nos mandam, o filho de Paulo de Kock acaba de morrer.

Henry de Kock começou a sua vida de letrado escrevendo em um cartório. Depois largou as letras sérias pelas belas-letras, pelas letras brejeiras mesmo, e publicou muitos romances, que teriam tido mais sucesso, se não fosse a comparação que se estabelecia fatalmente entre os seus escritos e a obra paterna. Entretanto, nas suas memórias, Paulo de Kock conta que o filho não quis aceitar a proposta que lhe fizeram editores, de tomar a proteção literária do pai e continuar a sua obra assinando Paulo de Kock Filho. O rapaz quis fazer casa própria.

Fez. Há livros dele que são bem agradáveis. *La dame au collier de perles*, *La chute d'un petit*, *Je me tuerai demain*, entre outros. Agora os outros livros que a gente vai ler com a tenção na bandalheira, os tais livros com litografias portuguesas, esses não prestam para nada. São pesados, tediosos e nulos. Suponho até que a maior parte deles são feitos de carregação, em Lisboa mesmo.

Henry de Kock escreveu também muitas peças de teatro – *La Maison du pont Notre-Dame*, *La vie en rose*, *Le médecin des voleurs*, etc. em colaboração com os melhores fabricantes do tempo, Léon Beauvallet, Théodore Barrière, Lambert Thiboust, Crisafulli e outros.

Veio a guerra, vieram os desgostos, a velhice. Henry de Kock retirou-se para Limay, ao pé de Nantes, e aí consagrou-se ao trato das suas árvores, dos seus cães e dos seus gatos, até o dia 14 de abril, que foi quando a morte veio colhê-lo, aos 73 anos de idade.

- A antiga e ilustre cadeira de história e de moral no Colégio de França, vaga por morte de Alfred Maury, acaba de ser suprimida. No seu lugar criou-se uma cadeira de geografia histórica da França.

Era uma supressão indicada e projetada há muitos anos, desde que Michelet, o seu mais ilustre titular, dela desceu por não querer pôr de acordo a sua palavra com as necessidades políticas do momento.

Os professores reunidos por ocasião da morte de Michelet não quiseram privar Alfred Maury dessa sucessão ilustre. Mas agora, tendo de indicar ao ministro o seu candidato, eles se aproveitaram da faculdade de modificar os títulos das cadeiras de que goza a congregação do Colégio de França, para recomendarem o Sr. Longnon, um professor de geografia histórica na Escola dos Altos Estudos.

É que no Colégio de França não há um programa de conjunto. O próprio Renan diz que o Colégio de França é o estabelecimento de ensinos analíticos e minuciosos, para transmitir o conhecimento dos métodos científicos e formar sábios, ao passo que as Faculdades devem simplesmente transmitir o depósito dos conhecimentos adquiridos, representando as tradições conservadoras do ensino.

Ali os quadros têm de variar segundo as necessidades do tempo e as cadeiras de se modificar para os seus titulares.

A cadeira suprimida agora tinha sido criada em 1763 pela fusão de duas – simples dificuldade orçamentária, que por esse modo se resolvia, provisoriamente. O provisório por motivo de economia nos orçamentos dura para sempre. Esperava-se poder separar de novo as duas cadeiras, mais tarde. E vieram os tempos calamitosos do fim do século. Depois o império instalou na cadeira de história e de moral o venerável Daunou, que se mostrou digno dela. Depois veio Michelet, e, por morte deste, Maury.

Quando lhe foram perguntar por que era suprimida a cadeira de Michelet, Renan respondeu que era por não haver mais Michelets. Em aparecendo algum, é só ir reclamar, que dão-lhe essa ou outra criada especialmente, como se criou para o Laffitte a da história geral das ciências.

E criou-se a cadeira de geografia histórica da França para dá-la ao Sr. Longnon, que é um benemérito da ciência.

Aos vinte anos era um simples sapateiro o Sr. Longnon, e foi nessa idade que, atormentado pelo desejo de saber, ele entrou a trabalhar fora do ofício para enriquecer a sua humanidade pensante. Aos 25 anos entrava para a Escola dos Altos Estudos... como aluno. Isto foi há 25 anos. Hoje é professor célebre, membro do Instituto, e cria-se uma cadeira para a sua especialidade no Colégio de França.

Exemplos destes são um encorajamento para os sapateiros, que começam lendo as proezas dos *Doze pares de França* e acabam... inválidos, cambaios e embrutecidos. Porque não há de a buzina de Rolando despertar ecos senão nas imaginações capazes!...

Domício da Gama
Paris, 30 de abril de 1892

68
De Paris

(07 de Junho de 1892)

Sumário. O congresso feminista. A dinamite. O leilão de Alexandre Dumas. Coisas de pintura. Escândalos em clubs. Outro rei em França. Eduardo Lalo.

- Há uma epidemia de congressos – liga antissocialista, proprietários cristãos, congresso *feminista*...

É o congresso feminista o mais curioso. Reuniu-se ontem pela primeira vez na *mairie* de Saint-Sulpice. Destina-se a verificar o que se tem feito e a concentrar os esforços pela reivindicação dos direitos da mulher. Por isso é *feminista*. Feminino não seria bem próprio, sabida como é a impropriedade geral dos adjetivos.

Não se saíram pior do que quaisquer outros congressistas as oradoras da praça de S. Sulpício. Tinham limitado prudentemente o tempo de cada discurso a um quarto de hora de duração. E não falavam todas ao mesmo tempo. Talvez fosse como lição aos deputados que se achavam presentes.

Presidia à sessão Mme. Maria Deraismes, a decana (parece esquisito chamar uma mulher *decana;* são termos novos das novas ideias) das lutas pelas reivindicações feministas. No seu discurso declarou ela que há 24 anos, desde 1868, levantou a voz pela causa da emancipação do seu sexo. Também os cabelos que lhe aparecem por baixo do chapeuzinho preto de fitas verdes já são brancos. E todo o seu ar é de uma boa velha. Vestida de preto, com as mãos enluvadas postas sobre a mesa e um leve balancear de corpo, ela agradece à assistência o seu concurso com um discurso improvisado, elegante, correto e cheio de coisas que fazem pensar.

Falou entre outras do esforço da mulher para a confraternização dos povos, quando antes de uma declaração de guerras as mães e as esposas forem consultadas. Seria o congraçamento, ou antes, a fraternidade pela defesa dos interesses pessoais, de coração ou outros, os extremos dos móveis das ações humanas que se tocam, uma prova de que tudo leva a tudo, um acervo de consequências de uma metafísica árdua, eriçada de pontas e raízes, como uma coivara que restasse da floresta devastada dos preconceitos antigos. E no entanto pela boca de Maria Deraismes a gente sentia que aquilo vinha não do egoísmo seco, mas dos sentimentos eternos de justiça e de amor que se enraízam no coração humano.

Houve muitos discursos, de um quarto de hora e de menos tempo. Alguns eram aprendidos de cor, tinham frases com gosto de tinta e visavam a efeitos de página, não de auditório. Outros eram compostos à la minute, saíam mal aparados embora, bem quentes, do coração das oradoras. Uma Mme. Leonie Rouzade entre outras fez-se aplaudir pela quentura de sua convicção, pela eloquência de sua oração em que predizia a vinda próxima das coisas ideais: paz entre os povos, liberdade e pão para todos, o paraíso que se espera na terra. Mas quem forneceu mais documentos importantes foi Mme. Aline Valette, uma mulherzinha loura, magra, vestida de cinzento claro e com um chapéu lilás guarnecido de rendas brancas.

Depois de lidos com uma voz clara e calma alguns dados estatísticos sobre o número crescente das mulheres empregadas nas fábricas e oficinas, explica-se a preferência que lhes dão os patrões de certas oficinas em que se fabricam máquinas que têm privilégios de invenção, pela maior reserva que as mulheres guardam sobre os segredos da fábrica.

Ninguém podia esperar que fosse esse o motivo, lembrados como todos estamos de que "segredo em boca de mulher, etc." Mas vão ver que é mesmo por isso... Os homens estão ficando desmoralizados.

Há um deputado que se comprometeu a submeter as resoluções do Congresso à apreciação do parlamento. Não temos mais do que esperar o tempo que passa, que faz tudo e que tudo desfaz.

- De dinamite e de anarquistas já pouco se fala. Há ainda gente presa, mas já é por fatos de menor gravidade. De vez em quando ainda aparece alguma bomba perdida ou mesmo alguma explosão quebra as vidraças das casas lá pela província ou no estrangeiro. Mas já a gente não presta atenção, tantas têm havido. É como se fosse mais uma revolução no Brasil. Só os interessados prestam atenção a essas coisas, quando se repetem.

Duas das vítimas da explosão do restaurante Véry já estão enterradas: o tipógrafo Hamono e o próprio Véry, que se enterrou ontem com grande acompanhamento, discursos do presidente do conselho de ministros, do presidente do conselho municipal, muitas honras para a carniça do pobre bodegueiro estraçalhado pelos inimigos da sociedade atual. E Ravachol lá foi levado para Montbrison a responder pelo assassinato do ermita de Chambles. Agora é natural que lhe cortem o pescoço.

A liga antianarquista essa não dá sinais de vida. Ainda bem...

- O leilão dos quadros e desenhos que formavam a galeria artística de Alexandre Dumas terminou ontem, no hotel Drouot. Durou dois dias e rendeu 530.000 francos.

Os quadros venderam-se relativamente barato. Apenas um Carat, lançado a 3.000 francos, subiu até 40.000. Os Meissonier, caros como de costume, não fizeram ninguém fazer loucuras. O *pintor ao cavalete*, vendido por 60.000 francos, lá saiu debaixo do braço do comprador, como uma *bota* qualquer que um amador leva para casa por causa da moldura.

Dois desenhos do mesmo mestre foram pagos por treze mil e tantos francos. Em compensação houve Troyon que se vendeu a quatrocentos francos. As naturezas mortas de Vollon venderam-se caro, a sete, oito, onze mil francos. O melhor quadro de Tassaert, *A Tentação de Santo Hilário*, rendeu apenas 11.600 francos. *Os Centauros*, de Fromentin, uma joia, rendeu 17.500, ao passo que um quadro moderno, uma figura de mulher nua, de Lefebvre, chegou a 25.600. É verdade que uma pinturinha de Prud'hon, *Aminta*, do tamanho de um cartão de visita, foi vendida por 7.100 francos.

Dizem que Dumas fez comprar muitos quadros, que só ali tinham mandado para não apresentar ao público uma coleção desaparelhada.

- No *Salon* dos Campos Elísios apareceu arranhado a canivete um quadrinho de Vibert representando *Um médico doente*. O dano é fácil de reparar e a perda para a arte não seria grande, mesmo que a destruição fosse total, em vez de limitar-se à cara do doente. Entretanto fez-se escândalo em torno do pequeno incidente, porque viu-se nisso a mão de algum pintor cuja obra tenha sido recusada pelo júri de admissão, de que Vibert fazia parte. E os membros do júri andam agora receosos pelas suas obras, que sessenta guardas repartidos pelas dezenas de salas da imensa exposição não bastam para guardar.

Se vamos entrar no regime das vinganças contra grupos, depois das vinganças contra classes... A desordem moral, assinalada nas camadas inferiores da sociedade pelas violências dos anarquistas, se estenderá até as profissões liberais, que não educam mais o homem amansando-lhe o coração ao trato das belas causas? São apreensões sérias demais para tão pequeno assunto. Aquilo não foi senão ato de enervamento de algum visitante do *Salon*, revoltado contra a secura e mesquinhez de tanta pintura pretensiosa e precisa que há por lá. Caiu-lhe o Vibert a talho de canivete e ele executou-o. Se em vez disso, o homem pegasse numa foice e estivesse contra certas grandes telas que lá enchem dezenas de metros quadrados da exposição, não prestaria pequeno serviço, mesmo aos pintores que as borraram e que se vão persuadindo de que aquilo vale alguma coisa.

Sem sair do *Salon,* uma notícia para quem tiver de passar sem vê-lo este ano. Um particular, que oculta o nome, comprou para fazer dele presente ao Estado o grande quadro de Detaille, que representa a *Rendição de Huningue*. O quadro irá em agosto para o museu de Luxemburgo e dez anos depois da morte do pintor entrará para o Louvre. Tais são as condições do ofertante, que, dizem, faz esse mimo um pouco obstruente ao Estado para cumprir um voto feito por ocasião de moléstia de uma filha querida.

Essa intempestiva deslocação de religiosidade faz hoje muita gente desejar longos anos de vida e saúde ao pintor Detaille, para que o seu quadro não seja chamado tão cedo a ir vizinhar no Louvre com as telas dos mestres imortais.

- Dois escândalos em clubs. No da rua Royale uma briga entre o rei Milan da Sérvia[44] e o barão de Veances, que se admirou demais da veia do seu parceiro ao jogo. O esquentado ex-soberano mandou os seus padrinhos ao jovem club-man, que reconheceu plenamente a incorreção de seu procedimento e apresentou as suas escusas. A coisa ficou nisso. É preciso que se diga que o rei, que joga como um desesperado, tem frequentes movimentos

44 No jornal, "o rei de Milão da Sérvia".

de impaciência quando não lhe correm bem as cartas. Não há muito tempo, à mesa do baccarat ele perdia somas avultadas, numa caipora terrível. Voltando-se um pouco ele descobriu o conde Le Marois, que, de pé, por trás dele, assistia à partida. – "Já não me admira esta caipora, disse-lhe o real jogador, zangado. O senhor me faz perder cada vez que se põe por trás da minha cadeira." E o Sr. de Le Marois replicou-lhe, sorrindo: "Entretanto eu não estava atrás do seu trono, quando o senhor perdeu-o!"

O outro escândalo foi no cercle ao lado, no da rua Boissy D'Anglas, um club igualmente reservado e aristocrático. Descobriu-se que um dos membros do clube roubava ao jogo e, examinada então com mais cuidado a sua identidade, verificou-se que ele não era senão um cavalheiro de indústria que tinha tomado o nome ilustre de um fidalgo que vive nas suas terras, no meio-dia da França.

Graças a esse nome e à sua boa aparência tinha sido recebido honrosamente. Foi ignominiosamente expulso, e não sei por que o não entregaram à polícia. E os padrinhos foram obrigados a dar a sua demissão de membros do club. Isto porque o clube é uma sociedade limpa, que não receia o escândalo. Há outros em que as coisas parecidas com essa se abafam, com medo de uma invasão da polícia.

- O rei da Suécia, Oscar II, está em França, em Menton, desde ontem. Já foram trocados entre ele e o presidente da República os telegramas corteses da boa-vinda. Preparam-se festas na esquadra do Mediterrâneo que foi tão bem recebida por ele ainda no ano passado, em Estocolmo.

Oscar II é um rei moderno, que fez as suas provas de homem culto desde a primeira mocidade. Enquanto a responsabilidade do governo não lhe tolhia a liberdade, publicou poesias premiadas pela Academia de Estocolmo, livros apreciados sobre história, memórias sobre arte militar, etc. Há vinte anos subiu ao trono, por morte do irmão Carlos XV, a 18 de setembro de 1872, descendente do traidor Bernadotte, e é um amigo da França. Mas supõe-se que não virá jogar nos clubs.

- A notícia da morte do ilustre compositor do *Roi d'Ys* causou em Paris uma dolorosa surpresa. Depois do grande Cesar Franck, orgulho da escola francesa de música, depois do gracioso Léo Delibes, perde a arte francesa com Édouard Lalo um dos seus mais caros, mais fortes e poderosos representantes.

Édouard Lalo chegou a Paris em 1835 para estudar composição. Os seus princípios foram árduos. As lições de música que dava mal lhe chegavam para viver. Tocava bem rabeca. Fundou com os outros (Mars, Jacquard e Turban) o célebre quarteto, para o qual escreveu muitas composições, tão elevadas de ideias, quão distintas de fatura. Entretanto, como essas obras só mui dificilmente chegam à apreciação do grosso público, Lalo teve tempo para corrigi-las detidamente, refundir ainda muitas delas. É um raro exemplo de consciência artística que não deve se deixar de lado.

Nessa época ligou-se ele com Georges Bizet, que considerava-o como o seu melhor companheiro de armas, com Saint Säens, Massenet, Franck, Rubinstein e outros não menos famosos. Berlioz, a quem mostravam uma grande ouvertura de concerto que Lalo acaba de escrever, apreciou-a tanto que mandou ao jovem compositor as suas partituras de presente, com uma dedicatória por cima.

Por cima ou dentro, muito auspiciosa e admirativa. Foi talvez essa dedicatória o que determinou a criação do *Roi d'Ys*, uma xaropada de dormideiras, seja dito entre parênteses.

D.G.

Paris, 14 de maio de 1892

69
De Paris

(14 de Junho de 1892)

Sumário. A política. Um contra quatro. A Rosa Cruz na polícia correcional. A exposição canina. Alexis Bouvier. Claudius Popelin. Salammbô. A coleção Daupias. O tempo.

As câmaras voltaram das férias muito mansas e preguiçosas. As interpelações anunciadas nem sequer prometem ser escandalosas. O governo mole do Sr. Loubet parece suficiente a esta gente cansada de derrubar governos. A França parece entrar no período de que nós saímos, para ocupar-se pacificamente de produzir e de gozar como um burguês que se sente guardado pela lei.

Há bem uns jornais que gritam e reclamam, mas é quase sem convicção. A *Libre Parole,* de Édouard Drumont, já tem um mês de existência e apenas conta um processo no seu ativo de escândalos. Os judeus não lhe "dão confiança", como se diz em língua de menino de colégio.

E Wilson, o ex-genro da presidência Grévy, faz-se eleger maire de Loches, enquanto não é deputado.

- O acontecimento de sensação da semana foi o quádruplo duelo que teve lugar anteontem às 9 horas da manhã entre um eletricista de nome Roulez e quadro moços assinantes da Ópera, isto é, mundanos conhecidos nas boas rodas parisienses.

Roulez, que, sem ser rico, tem as suas entradas nos bastidores da Ópera, estava na noite da 1ª representação de *Salammbô* conversando com uma dançarina, quando os Sr. Leclerc, Dumoulin e Blondel, passando, entenderam apostrofá-lo em termos inconvenientes. Seguiu-se uma altercação, troca de bengaladas e de cartões de visita. Na manhã seguinte, às 9 horas, Roulez, os seus adversários e as testemunhas encontravam-se atrás das tribunas do campo de corridas de Longchamps.

O duelo começou com o Sr. Blondel, que logo no primeiro recontro recebeu em pleno peito uma estocada, que lhe atravessou o ápice do pulmão direito.

Logo em seguida, cruzadas as armas com o Sr. Dumoulin, teve este o antebraço e o bíceps atravessados pela espada de Roulez, que ainda chegou a tocar-lhe o peito.

Cada um destes duelos pouco mais de dois minutos durou.

O terceiro adversário de Roulez conseguiu prolongar o duelo durante um quarto de hora, rompendo sempre, de espada estendida. Mas Roulez conseguiu encostá-lo a uma árvore e, obrigando-o a partir a fundo, fez-lhe no rosto uma dolorosa ferida.

O duelo parecia terminado, mas nesse momento o Sr. Aviraguet, testemunha de Blondel, provocou o batalhador, ameaçando-o de esbofeteá-lo, se não cruzassem armas ali mesmo. Roulez aceitou, já cansado e zangado.

No primeiro encontro Aviraguet foi ferido gravemente no pescoço, ao pé da orelha.

Então o vencedor, virando-se para as outras testemunhas, perguntou de quem era a vez, que estava pronto. E não recebendo resposta, atirou fora a espada.

Mais de cinquenta pessoas, passeantes matinais do Bosque, e entre elas muitas amazonas que se tinham apeado do cavalo, assistiam ao combate e aplaudiram entusiasticamente o vencedor dos quatro duelos, que não duraram mais de quarenta minutos.

Roulez é um homem de cinquenta e oito anos, oficial da Legião de Honra por prêmio das suas invenções. É comprido, magro, e forte como se fosse de aço. Tem trinta anos de sala d'armas. É um homem manso e estudioso, lançado de repente a uma celebridade especial por um acontecimento de que não há exemplo nos fastos do duelo, desde o começo deste século, quando em 1808 um *prévôt* de regimento no exército de ocupação da Espanha estendeu no campo treze outros colegas de regimentos rivais.

A justiça interveio no caso presente. Mas não é provável que as penas passem de multas, distribuídas pelos combatentes e suas testemunhas.

O procedimento incorreto da testemunha Aviraguet é mesmo escusável pelo extraordinário do caso e atenuado pela bravura do homem, que desafia o vencedor dos seus três amigos estendidos no campo.

É um fato para ilustrar os anais da espada.

- A Rosa-Cruz[45] veio ontem à barra do tribunal de polícia correcional. Foi por injúrias proferidas no sarau de 5 de abril passado por Guy de la Garce, consultor estético da Ordem, contra Antonio de La Rochefoucauld, archonte; injúrias menos bíblicas do que as do vocabulário vulgar e que o archonte entendeu dever fazer punir pelo braço secular da justiça.

O Sar Peladan compareceu em pessoa como testemunha. No tribunal, a sua cabeleira negra em forma de turbante, a sua roupa estética e os amuletos sobre o peito fizeram sensação.

Interrogado, ele expôs magistralmente o fim da sua obra e as razões que o determinaram a separar-se do archonte Antonio de La Rochefoucauld.

"Criando a Rosa-Cruz, disse ele, eu quis restaurar nas manifestações estéticas o ideal. Quis tornar ao ideal católico, místico, e sobretudo ao tradicionalismo hermético. E para isso fundei a Rosa-Cruz do templo.

- De que o senhor é o pontífice... interrompeu o presidente do tribunal.

- Diretor, para falar língua moderna, replicou o Sar, cheio de condescendência. Quis protestar contra o que resta dos Courbets, dos Manets e dos Zolas, voltar enfim à alegoria."

O consultor estético, um moço fino e elegante, sentado no banco dos acusados livres, não tirou os olhos da imagem do Cristo ao fundo da sala, todo o tempo que durou a audiência. O que não impediu que fosse condenado a 25 francos de multa e um franco de prejuízos, perdas e danos, reclamados pelo vingativo archonte.

O presidente do tribunal, desnorteado, não sabia se devia rir ou tomar aquilo ao sério. Nunca vira comédia tão grave.

- A exposição canina, que todos os anos se faz no terraço das Tulherias e na estufa em que se guardam as laranjeiras no inverno, está aberta des-

45 No jornal, "Rosa + Cruz".

de ontem. Quem passa pela praça da Concórdia ou ao longo do cais, fica azoinado com os latidos de cerca de mil cães ali presos para o concurso. As matilhas mais célebres da França acham-se representadas: a do duque de Grammont por 35 cães, escolhidos entre os mais perfeitos exemplares de raças e cruzamentos anglo-vendeanos e poitevinos; a do Marquês de Lentilhac por 25 mestiços poltevinos e saintangenses; a do Marquês de Talhonët , por 30 mestiços; a do conde Roland d'Arbourse, a do visconde de Montraulnin, de Roger de la Borde, de Menans de Corre, e dezenas de outros ilustres veadores de França, com 25, 36, 20 cães, cuidadosamente escolhidos para a exposição anual, a que até pintores e escultores especialistas concorrem.

Na semana próxima será o concurso de cães de senhoras, apresentados pelas donas em pessoa. Os prêmios serão mais para as senhoras do que para os cãezinhos.

- Um dos escritores cujo nome mais frequentemente aparece no rodapé dos jornais, assinando os romances-folhetins de sensação, Alexis Bouvier, acaba de morrer.

Tinha começado a morrer há dois anos, quando, em agosto de 1888, um ataque de paralisia veio tirar-lhe a memória e a força e os meios de realizar qualquer sorte de trabalho. Desde então estava enterrado vivo, na miséria cada vez mais urgente. Suplantado na reprodução do romance-folhetim por outros concorrentes mais ativos, Alexis Bouvier foi vivendo quase unicamente do trabalho da mulher, que fazia chapéus.

Uns amigos que lhe ficaram dos tempos felizes em que ele presidia aos joviais repastos da Foyot, coração e bolsa abertos aos necessitados, arranjaram em fevereiro um leilão de quadros em benefício dele, quadros oferecidos pelos pintores uns, e tirados outros do modesto *entresol* que ele habitava, e onde restavam como lembrança dos tempos melhores. Rendou dois mil francos o leilão; apenas o necessário para matar algumas dívidas mais azedas.

E sem fala, estendido numa cama de pobre, com a sua larga e pesada máscara de homem bêbado, em quem a inteligência dorme, foi morrendo aos poucos Alexis Bouvier, o autor de *Iza, Lolotte & C.*, de *Madame Olympe*, da *Belle Grêlée*, do *Fils d'Antony*, do *Mariage d'un Forçat*, e de tantos romances e peças de teatro que fizeram barulho, que pelo menos fizeram estremecer os operários de cuja classe ele saíra.

Bouvier era filho de operários e seu ofício era o de cinzelador de bronze. Foi nas suas horas vagas que ele se esforçou por completar a sua educação primária insuficiente. Tinha veia e imaginação. Escreveu canções e operetas para começar. Depois ensaiou-se nos romances populares e neles foi tão bem sucedido, que o trabalho excessivo e desordenado, sustentado largos anos, sem repouso, acabou por matá-lo antes do tempo, antes da fortuna vir.

Alexis Bouvier tinha 56 anos.

- Um artista de uma peregrina cultura de espírito, Claudius Popelin, morreu ao mesmo tempo que Bouvier, a diferença da celebridade de cada um deles estava respectivamente dependente da afinação de Bouvier para a massa, de Popelin para o grupo aristocrático dos amadores de belas coisas.

Popelin nasceu em 1825 e foi aluno de Ary Scheffer. Daí a sua primeira predileção de assuntos históricos para os quadros com que figurou nos salons de 1852 a 1862. *Dante lendo as suas poesias a Giotto, Calvino pregando diante da duquesa de Ferrara, Hermonima de Esparta ensinando grego a Guilherme Budé* e outros, eram quadros concebidos no gosto então dominante da pintura histórica, temperada com um pouco do sal das anedotas.

Mas o cenáculo de escritores e artistas que a princesa Matilde tinha reunido em torno de si, influiu sobre o pintor de história, que largou o cavalete pelo forno de esmaltador.

Na pintura a esmalte, ele fez-se um mestre sem rival, e a ponto de renovar a moda desse gênero d'arte caído no esquecimento. Os seus esmaltes de *Júlio Cesar*, de *Pico de Mirandola*, da *Verdade*, de *Henri de Mortemart* e os seus trabalhos sobre *A arte de esmalte* e *As velhas artes do fogo* atraíram-lhe a estima geral e deram-lhe uma posição culminante no mundo artístico e literário.

Popelin era um erudito: traduziu obras italianas de estética com um perfeito conhecimento do espírito da Renascença. O seu prefácio da *Hypnerotomachia*, do Francesco Colonna,[46] fez sensação no mundo dos le-

46 No jornal, "Francisco Columna".

trados. E, finalmente, dois volumes de sonetos, ilustrados com gravuras em madeira, feitas por ele próprio, sagraram-no poeta.

Claudius Popelin deixa um filho, Gustave Popelin, que é um bom pintor.

- Na Ópera representou-se a *Salammbô*, de Royer, com imenso sucesso, o maior da estação. Só se fala, nas rodas musicais, de Mlle. Caron e de Saleza, cantores de província, estrelas hoje do céu parisiense.

E dos cenários fala-se muito, discutem-se muito os cenários. Da música fala-se menos. Dizem que é muito bem feita e bonita.

De Flaubert é que não se fala nada. Ainda bem.

- Continuam os leilões de coleções artísticas. A do Conde Daupias, de Lisboa, foi vendida em dois dias, e rendeu um milhão duzentos e trinta e quatro mil francos, apesar dos preços relativamente baixos por que foram vendidos alguns quadros.

Houve quadros de cem mil francos e houve de trezentos francos, grandes quadros de mestres modernos. Foi um tesouro lançado ao mar, aos punhados de ouro em tela.

- E faz sol, com um vento forte de oeste, que varre os maus cheiros da cidade, e, dobrando as folhas das árvores, faz parecer mais clara a verdura, mais luminoso o dia.

De vez em quando, passam nuvens brancas, aos grandes flocos, por diante do sol. Há tanto movimento no ar como cá por baixo, pelas ruas e nos peitos cansados. O movimento do ar é mais sereno e constante. Não há resistências nem agonias. Quem pode pensar em anarquia no espaço?

Paris, 20 de maio

D.G.

70
De Paris

(19 de Junho de 1892)

Sumário. Nada em política. Os duelos Roulez. Os casos Deacon e Reymond. Paul Brébant e Madier de Montjan. O verão precoce.

As festas que Nancy prepara para receber o presidente da República irritaram a imprensa alemã, que viu uma injúria na exclusão das universidades da Alemanha do convite feito pela mocidade escolar de Nancy, aos corpos universitários dos países estrangeiros. Felizmente as coisas não passaram de desaforos entre jornalistas, e tudo acabou em santa paz. A diplomacia não teve que mexer-se.

- O quádruplo duelo do Sr. Roulez saiu uma escandalosa mentira. Confessou-o ele próprio numa carta dirigida ao *Temps*, que foi o primeiro a suspeitar do extraordinário caso. Como jornal sério o *Temps* mandou inquirir na Ópera das circunstâncias da briga no *foyer*, da dança, da personalidade dos moços duelistas, da dançarina por quem se deu a briga, etc. E ninguém sabia de nada, nem a dançarina indicada, que na tal noite da primeira da *Salammbô* não tinha vindo ao teatro, nem havia assinantes da Ópera com os nomes dados pelo Roulez.

Este alegou a precipitação do encontro como escusa de ignorar as moradas dos adversários, de quem não teve mais notícias. Testemunhas também não apareciam: tinham sido alugadas na rua a um luís por cabeça; disse ele. Esta pasmosa leviandade de um homem entendido em matéria de esgrima e de duelo reunida à quietação da polícia encheu de dúvidas o repórter do *Temps*.

No dia seguinte o leão da semana escrevia uma carta dizendo que durante 48 horas se tinha divertido à custa da imprensa e que tinha inventado aquela história inverossímil para experimentar até que ponto podia ir a fúria da reportagem parisiense. Concluía dizendo que tinha os *ridores* por si.

Parece que teve deveras, até na própria casa desrespeitada por ele, na sacerdotal imprensa, insuspeita, togada de arminhos puros.

Um jornal não tem cara; por isso nenhum ficou de cara à banda. Mas alguns *reporters* mais pessoais, dos que dizem *eu* e assinam notícias, que tinham ido até questionar a boa velhinha mãe do Roulez, mostraram no dia seguinte o seu mau humor, a sua imensa *encalistração,* diríamos nós. O paladino da véspera passou a ser um indigno fumista, que tinha abusado da confiança pública na sua seriedade até então não desmentida para lançar o ridículo sobre os pobres caçadores de notícias de estrondo.

Depois começaram a aparecer artigos que davam a Roulez como um original frisando pela loucura um homem de extravagâncias legendárias, que sacrifica interesses e amizades ao prazer de uma boa farsa.

Pouco faltou que fossem consultar o Charcot sobre o caso. Sempre seriam umas linhas mais pela ocasião do *interview.*

E agora estão à espera da menor prova de extravagância da parte de Roulez para darem-no por doido. É o que o imprudente velho terá ganhado em divertir-se à custa do quarto estado social. Os *reporters* são rancorosos e dão-se as mãos para vingarem a classe.

O que não impede que a valentia imaginária de um homem tenha feito o seu nome correr mundo.

- O processo Deacon teve a sua solução em Nice pela condenação de Deacon a um ano de prisão.

Foi uma sentença que surpreendeu o público acostumado a ver os júris absolverem os criminosos passionais. Deacon era um marido enganado, enganado durante muitos anos e sem querer convencer-se da culpa da mulher, uma americana viciosa, que o tratava como um personagem de pouca importância na família. O amante era um *Abeille*, homem rico, mundano, feio e tísico. O marido, prevenido por cartas anônimas de mulheres abandonadas pelo D. Juan, surpreendeu-o uma noite no quarto de dormir da mulher e matou-o com dois tiros de revólver.

A imprensa, amiga do assassinado, não poupou injúrias ao assassino, de marido complacente para baixo. Tem destas vilezas a humanidade jornalista! E os jurados impressionados pela opinião dos jornais de Paris, condenaram o "justiceiro de sua honra" a um ano de prisão.

Agora, em Paris, uma mulher danada mata uma amiga que surpreendeu em adultério com o marido. Os jornais ocupam-se minuciosamente e simpaticamente com o caso. Madame Reymond será absolvida provavelmente. É para desesperar da justiça dos tribunais do júri.

Ora a justiça dos tribunais especiais nós já sabemos quanto é precária. Onde poderá encontrar a sociedade a sua defesa?...

- Os mortos ilustres da semana foram dois velhos: Brébant e Madier de Montjan.

Brébant, cognominado o *restaurador das letras*, como Francisco I, morreu de uma apoplexia.

Morreu com sessenta e seis anos, quebrado de forças e de fortuna. Tinha bom coração e prezava demais a amizade ruidosa dos letrados. Na sua casa davam os seus jantares mensais dúzias de grupos literários – os *Avriés*, os *Quatre Saisons*, os *Spartiates*, os *Critiques*, os *Parisiens*, os *Rigobert*, os *Bœuf nature* e tantos outros – que pagavam mal ou que não pagavam de todo. Assim, o que Paul Brébant ganhava nos pequenos jantares dos gabinetes particulares servia para pagar a despesa com os grandes banquetes com que se engordava a imprensa parisiense e os seus adidos. Os amorosos furtivos que se insinuavam pela porta indicada pelo lampião azul sustido por dois gênios de gesso, pagavam nas *bisques* excitantes e nos *chaudfroids* do deboche os preços exagerados que compensavam a redução nos repastos dos esfomeados da pena. Em vez de entesourar, Brébant gastou os seus lucros. Depois veio a guerra, veio o fim das ceias orgiásticas, Paris ficou quase séria, os restaurantes noturnos perderam com a deslocação da cidade elegante para oeste, do boulevard dos Italianos para a Magdalena e Brébant acabou fechando a porta. Os pobres que ali iam à pitança como à portaria de um convento foram os que mais sentiram.

Um *bouillon* reabriu a casa com o nome antigo e o antigo dono, feito administrador, lá aparecia nas noites de pouca gente, a conversar com os fregueses mais assíduos uma conversa distraída, polida e impessoal, quase desanimada.

Era um grande velho, meio penso para a esquerda por uma deformação do ombro, com uns grandes olhos azuis e mansos, a cara rapada como um padre e um alto topete, que lhe faziam os compridos cabelos brancos. No tempo da exposição, todas as salas, salões e gabinetes cheios de gente, a casa regurgitando de gente, o serviço era demorado e mal feito. Uma noite Brébant explicou-me que aqueles criados novos, "*des gens qu'on ramasse dans la rue*" não podiam senão servir mal aos fregueses. Era o patrão antigo que lavava as mãos do descalabro das instituições restauradoras.

Afinal sumiu-se e apareceu em Londres, mas pouco durou por lá. Obtendo ganho de causa num processo com a companhia que lhe tinha comprado a casa, ia abrir um novo Brébant *authentic* quando a morte o levou.

Há muita anedota em torno do nome desse bom velho por cuja casa passaram tantas gerações de homens ilustres das classes intelectuais da França. O memorial dos Goncourt cita-o sempre. Uma medalha comemorativa do bom trato da sua mesa durante o cerco de Paris e assinada por Saint Victor, Ernest Renan, E. de Goncourt, Berthelot, Ch. Blanc, Schérer, Bertand, Th. Gautier, Nefftzer, Ch. Edmond, Thuzot, Dumont, Morcy e Hébrard existe no museu Carnavalet. Brébant passará à crônica, senão à grave história da segunda parte do XIX século.

Madier de Montjan, que nasceu em 1813, era uma *velha barba*, um ancião do radicalismo. Surdo e impotente, fora do movimento da política e das ideias modernas, ele sobrevivia a si mesmo desde que foi obrigado a deixar o cargo de questor da câmara dos deputados, por ocasião de uma briga com os jornalistas parisienses aqui há três anos. Sobrevivia a si mesmo ou à legenda criada em torno do seu nome como vítima do 2 de dezembro, companheiro de Baudin na barricada, companheiro de exílio dos outros grandes. Por si mesmo era um medíocre, sentimental e romântico, de atitude, de expressões e de atos. Foram assim tantos homens cuja falsa compreensão da liberdade na vida pública fez os excessos políticos, que uma história despersonalizada não poderia explicar.

- E faz calor, um calor de 30° cent. à sombra, com um vento abrasador do sul, que enche de poeira as casas e cega a gente nas ruas. De noite o Bois de Boulogne tem mais gente que de dia e as mesas dos *restaurants* ao ar livre são tomadas de antemão pelos que jantam fora. As duchas de Hammam têm uma freguesia excepcional da gente que o calor deprime. Vieram as roupas leves, os chapéus de palha, as gravatas claras. Só se espera o Grand Prix para a partida. Hoje foi o grande Derby de Chantilly, um horror de poeira e sol, com alguns cavalos correndo, por amor de alguns milhões de francos. Trens da Bélgica, trens especiais da Inglaterra trazem hoje àquele pequeno campo de corridas milhares de pessoas, que de noite voltarão para casa sem atentarem sequer no majestoso palácio que são as cavalariças do grande Condé e na teteia arquitetônica em que mora o duque de Aumale, lá mais abaixo, à beira do lado espelhento.

Paris, 29 de maio

D.G.

71
De Paris

(24 de Junho de 1892)

Sumário. O sindicato dos teatros e a Imprensa parisiense.
O Prince d'Aurec, protestos e aplausos. O incidente de Praga.
A festa das flores. Um morto de fome. Um poeta e um rei que chegam.
A medalha de honra do Salon. Dois duelos.
A eleição de Lavisse para a Academia Francesa.

Um a um vão se fechando os teatros. E, despeitados com os maus resultados pecuniários (e o público também poderia queixar-se dos maus resultados artísticos) da estação teatral, alguns diretores menos felizes organizaram-se em sindicato para tomar certas medidas que estão sendo furiosamente discutidas na imprensa, antes mesmo de serem postas em prática.

São medidas de defesa contra os *gaudérios* (era assim que se dizia na roça) de divertimentos, contra a gente que, mesmo sendo rica, entende que não deve gastar dinheiro para ir ao teatro. E para isso valem-se das suas relações com os homens da imprensa, que, pelo contato direto com os diretores e secretários de teatros, dispõem dos bilhetes de favor. Não é raro ver em Paris capitalistas, famílias ricas, descerem das suas carruagens à porta dos teatros e entrarem sem pagar, com bilhetes que obtiveram por intermédio de algum jornalista amigo da casa. E além desses, que de tempos a tempos pagam seu camarote para ver uma peça de que se fala muito, há a imensa quantidade dos que esperam que um teatro não tenha freguesia, para solicitar as entradas de favor.

Por isso é que em Paris há teatros que fazem quinhentos francos de receita com a casa quase inteiramente cheia. Pode-se dizer que isso é preferível a fazer os artistas representarem diante de cadeiras vazias, e que a gente que vem ao teatro, quando uma peça não faz mais dinheiro, não viria, se tivesse de desembolsar sete, nove, dez ou dezesseis francos para pagar a sua cadeira. A resposta dos interessados é que eles não vêm, porque contam sempre com os bilhetes de favor, quando os pagantes deixam de afluir.

Mas há outra gente que faz mal à bolsa dos empresários – sempre na opinião destes: são os frequentadores de ensaios gerais e de primeiras representações. Ensaios gerais, a que rigorosamente só os críticos especiais deviam assistir, fazem-se diante de uma sala cheia como em noite de grande representação. É a gauderagem que vence a má vontade dos fiscais, invocando direitos e relações, arrostando recusas, insinuando-se pelas portas de serviço, ou francamente entrando pelo braço dos personagens influentes, que os empregados não ousam deter. A opinião dessa gente, mal esclarecida pela apresentação incompleta e defeituosa de uma obra ainda não preparada para o grande público, prejudica muitas vezes a reputação de uma peça. Sem falar no dinheiro que por esse modo perde a caixa da empresa.

Contra esses males, provenientes da condescendência dos diretores, uniram-se eles. Mas uniram-se em sindicato, publicamente, ameaçadoramente. Anunciaram que iam tirar aos jornalistas o direito de entrarem gratuitamente nos seus teatros, que iam conceder como favor a alguns poucos críticos dos jornais de grande circulação essa entrada necessária, e que, à parte os bilhetes de autor, nas primeiras representações só entrará gente pagante. Quanto aos ensaios gerais, só assistirão a eles o pessoal do teatro, os autores e as suas famílias, se estas não passarem de 100 pessoas. Bilhetes de favor ficam definitivamente abolidos, cada diretor não podendo dispor senão do seu camarote, que será sempre o mesmo.

Os jornalistas berraram. Declararam que dispensavam os bilhetes de favor, que só lhes traziam importunações e maçadas, mas que não abriam mão dos ensaios gerais e das primeiras representações. E, reunido o sindicado da imprensa parisiense, assentou-se em fazer pagar aos empresários de teatros todos os anúncios e reclames que eles fazem passar grátis e diariamente pelas colunas dos órgãos mais autorizados dessa imprensa hoje acusada de fazer perder dinheiro aos que vivem por ela. Cartas, *interviews*, discussões sem fim, têm vindo à luz desta vasta publicidade. Inimizades particulares tornam-se conhecidas, mexerica-se em voz alta como nas publicações a pedido no Brasil. E, assustados com a atitude do jornalismo, seis dos diretores sindicados já deram a sua demissão, para continuarem a rotina salutar dos favores, dos pequenos presentes de bilhetes que sustentam a amizade. Os outros turram... até setembro, provavelmente, enquanto têm os teatros fechados pelo verão.

Um mês antes de fechar as suas portas, para aproveitar Jeanne Hading, que vai para o Théâtre Michel, de S. Petersburgo, começaram anteontem as representações do *Prince d'Aurec*, uma primorosa comédia de Henri Lavedan, autor de *Une famille*, que se representou há dois anos com muito sucesso no Théâtre Français, e de romances e novelas, finamente, espirituosamente escritos.

Quem diz comédia moderna, diz comédia satírica. A de Lavedan é um estudo de costumes da aristocracia de hoje em França. Tem uma agudeza moralista superior às comédias de puros jogos de espírito. Augier poderia escrevê-la. Meilhac não. No entanto, está cheia de bons ditos, que levantam na sala explosões de aplausos, o sussurro do riso inteligente, o rufo das bengalas acentuando as frases finas, o cochichar dos comentários entre vizinhos, as mil manifestações de que se não está assistindo a uma representação banal. Até não faltam os protestos dos que não querem que se desrespeite a grandeza dos nomes históricos da França na pessoa dos seus descendentes.

Há na comédia um judeu e um romancista psicólogo, que cortam na pele dos fidalgos que lhes dão hospitalidade e que eles qualificam de "bem chamados *descendentes*". O próprio príncipe d'Aurec, filho-família perdulário e frívolo, não parece muito convencido da superioridade da sua casta sobre o comum dos vilãos do nosso tempo, por única força do nascimento, e tem boas pilhérias contra a mãe, uma boa senhora de nascimento, burguesa e exaltada às honras da coroa aberta de florões seguidos.

Pois ainda ontem, no meio da sala cheia de representantes da nobreza que desdenha das pilhérias mordazes dos letrados, levantou-se um homem assobiando e atirando para os lados punhados de impressos, em que se protestava contra as injúrias da peça satírica. Era um redator da *Libre Parole*. Puseram-no para fora, um policial levou-o e a peça continuou e terminou num crescendo de cenas cada vez mais interessantes e quase dramáticas.

Atrás de mim uma família do *Faubourg* observava que *eles* ainda não estavam assim tão baixo, mas que a peça não deixava por isso de ser muito bem observada e "excessivamente curiosa".

É um grande acontecimento teatral, que os calores do verão e a dispersão que se segue ao próximo dia do Gran Prix de Longchamps vão interromper, para que recomece em setembro.

Sem sair de teatros, houve ainda um incidente muito discutido, a propósito de uma representação que três atores da *Comédie Française*, em excursão com outros em Viena (aonde foram dar representações por convite da comissão da exposição internacional da história do teatro), deviam dar no teatro alemão de Praga.

O chauvinismo francês queimou-se com esse projeto, os gansos patriotas gritaram, houve troca de telegramas, Febore, Boucher e Mlle. Bartet desculparam-se com a má-fé do empresário do teatro alemão, desistiram de ir a Praga e voltam a Paris com um processo por perdas e danos, que lhes intenta o alemão logrado. Mas salvaram-se os princípios do chauvinismo, que consente que a Comédia Francesa represente em Viena, capital de uma das nações que tem uma aliança ofensiva e defensiva contra a Franca, mas não tolera que três artistas franceses destacados ganhem dinheiro representando num teatro dirigido por alemães, numa cidade da mesma nação.

- Começou ontem e continua hoje a Festa das Flores no Bois de Boulogne, em benefício das vítimas do Dever. A esta hora passam por aqui carros cheios de ramos, de flores soltas e de festões e grinaldas, almofadas, boleia, rodas e arreios dos cavalos cobertos de flores, brinquedos de primavera, que deixam um longo rasto de perfumes e nos olhos as manchas luminosas das cores fundidas à rapidez do trote dos cavalos. No meio de tanta cor e frescura, as mulheres dentro dos carros parecem geralmente feias.

Dizem que lá pelo Bois, nem por isso... Espera cada um que os outros comecem o divertimento...

- Morreu ontem de inanição um rapaz escultor, aluno da Escola das Belas-Artes, chamado Peyre, num quarto que ele alugava por cem francos por ano, no sexto andar do n. 37 da rua Monge.

Tinham-no mandado de Saint-Étienne aprender a arte em Paris. Os pais pensavam que ele vivia bem e mandavam-lhe às vezes uns presentes de ovos e comestíveis, que ele não sabia como utilizar, por falta de preparos de cozinha. Como era orgulhoso, não pedia. Vivia de batatas fritas e água. Isto é, morria. O médico, que um amigo, tendo-o encontrado caído, levou-lhe duas horas antes de morrer, perguntou-lhe o que sentia – "Uma espécie de paralisia. Mal me posso mexer".

- O que comeu ontem?
- Batatas, e bebi um gole d'água.
- E anteontem?
- Batatas e água.

Deram-lhe um caldo, que o estômago não pôde suportar, e com o esforço do vômito morreu, antes que chegasse o carro das ambulâncias, que mandaram buscar para o levar ao hospital.

Assim, quem é pobre e tem vergonha, pode morrer de fome nesta cidade de luxo, em que há dispépticos que dão oito francos por um pêssego de Montreuil à sobremesa de um jantar de *restaurant* chic!

- Chegou ontem a Paris, via Marseille e Lyon, o simpático, o bom, o amigo de nós todos, o Dr. José Alexandre Teixeira de Melo. Desceu do trem negro de poeira, suado, amarrotado e encantado. É a primeira vez que cá vem, e, no entanto, pelo caminho da gare de Lyon ao hotel, pela beira do rio, ia pondo os nomes aos edifícios e monumentos com uma alegria de repatriado, reconhecido, contente, como um que, aqui tendo nascido, voltasse à casa depois de um pulo às terras bárbaras de além-mar. Há inúmeros brasileiros assim – europeus, parisienses de coração – exilados entre as palmeiras que dão cocos-de-catarro, vivendo num longo suspiro pela pátria sonhada. Há os que sonham com ela a vida inteira. O sonho do poeta Teixeira de Melo não foi senão de cinquenta anos.

Cá o temos enfim. Os primeiros dias são para matar *saudades*. Mas, em os alvoroços da chegada se acalmando, já o vemos enterrado nas bibliotecas, perdido pelos museus, a estudar, a verificar, o escrupuloso, o honesto erudito, que só se contenta em ver com os seus olhos, como S. Tomé só se contentou apalpando com os seus dedos.

E vão ver que, na atrapalhação política, os nossos governantes não tiveram a ideia de dar ao viajante letrado alguma comissão de estudos, que nos aproveitassem a todos, embora o peiassem na sua alegria de gaturamo solto por uns meses da sua gaiola do largo da Lapa...

- Também cá está o rei Oscar II da Suécia. Os jornais não o receberam muito bem, por causa das suas amizades antigas com a Alemanha. Eles cá são assim...

No entanto Oscar II, que é bom homem, ainda no outro dia, despedindo-se do presidente da República, deu-lhe um abraço de amigo, com duas beijocas nas faces, uma efusão para enternecer o frio e impassível Carnot.

E anda pelos teatros, exposições e divertimentos, como qualquer *touriste* particular.

- A medalha de honra da exposição da pintura nos Campos Elísios foi conferida este ano, em terceiro escrutínio, por 183 votos sobre 324 votantes, a Albert Maignan, autor da *Morte de Carpeaux*.

Albert Maignan que tem 48 anos de idade e é expositor desde 1868, teve sucessivamente todas as medalhas, e em 1883 foi nomeado cavaleiro da Legião de Honra.

- Entre os duelos da semana, dois particularmente interessantes.

O primeiro foi entre Edouard Drumont e o capitão Crémieu-Foy, a propósito de um artigo da *Libre Parole*, órgão do antissemitismo, em que se falava dos judeus no exército francês.

Drumont foi ferido no rosto, ao pé do olho, e o capitão foi ferido na coxa. Outros dizem que foi uma ferida antiga que se abriu. O capitão ficou em má posição. Os duelos de militares com civis são mal vistos no exército francês. Acham os chefes que um soldado não deve intervir em querelas de partidos, nem comprar brigas, como qualquer particular pode fazer.

O segundo duelo foi entre um redator do *Gaulois*, chamado Carle des Perrières, e o marido da mulher que assassinou a amante dele (é assim que a gente conta as coisas na roça). Um artigo de Carle des Perrières injuriava o tal Paul Reymond, que realmente tem uma posição ridícula em toda esta história.

Isso não o impediu de dar duas estocadas seguidas no jornalista. A segunda chegou ao pulmão, porquanto o ferido[47] cuspiu sangue. Mas nós ficamos sem saber quem é que tinha razão, se o vencedor, se o vencido, estes modernos *juízos de Deus* deixando-nos absolutamente frios quanto à justiça de uma causa.

E a matadora, na prisão, já retratada e medida na seção antropométrica como uma criminosa qualquer, espera que preparem o seu processo e a mandem à barra do tribunal do júri. Será para o mês.

- Na vaga deixada na Academia Francesa pela morte do almirante Jurien de la Gravière foi eleito Ernest Lavisse.

Émile Zola, que se apresentava candidato, sem contar com a eleição, mostrou-se admirado do número de votos que teve.

- Dez votos! disse ele a um *reporter*. Por mais que conte, não sei de onde me veio o décimo. Vão ver que foi o Loti que votou por mim...

Ernest Lavisse é o conhecido historiador, mestre de conferências na Sorbonne, chefe do movimento escolar francês, um dos guias da nova geração. E era o mais academizável dos candidatos.

A sua eleição, que não foi uma surpresa, a ninguém surpreendeu.

Domício da Gama
Paris, 5 de junho

47 No jornal, "a ferida".

72
De Paris

(9 de Julho de 1892)

Sumário. As festas de Nancy e a aliança franco-russa. A primavera e os cachorros de Paris. O gato municipal. 500 quilômetros a pé em quatro dias. O Dr. Pravaz. O Matin e o ministro do Brasil.

As festas de Nancy realizaram-se no meio do contentamento geral.

Lá esteve o presidente, foi aclamado, recebeu presentes de produtos locais, falou e agradou a todo o mundo. Até os bispos na sua passagem fizeram discursos de disciplina republicana, segundo as instruções do Santo Padre, o de Verdun franca e declaradamente, o de Nancy meio constrangido. E a revista das tropas do corpo de exército que avizinha a fronteira daquele lado, foi ocasião de uma manifestação patriótica cheia de entusiasmo. O que os alemães previam, realizou-se: falou-se de guerra até em alocuções episcopais.

A do bispo de Verdun terminava pelas seguintes palavras, que não traduzo, para não atenuar-lhes a quentura de eloquência e de patriotismo:

"*Nous voulons la paix, comme la France la veut, comme vous la voulez vous-même; mais nous n'avons pas peur de la guerre, je suis fier de vous le dire, moi évêque de Verdun, qui suis un peu soldat depuis que je vis en contact quotidien avec nos braves soldats. Et si jamais l'heure venait à sonner, l'heure des suprêmes périls, vous verriez l'évêque et ses prêtres se mêler aux soldats et rivaliser de bravoure avec eux. Après la bataille, je veux dire après les victoires, vous notre chef, puisque vous êtes chef de France, vous nous diriez: 'Évêque, prêtres, soldats, je suis content de vous!'*".

Deputados, estudantes, homens políticos e homens privados, todos se esquentaram a falar de guerra, de desforra, de despertar do sentimento nacional, ali ao pé da fronteira inimiga, como se houvesse um *casus belli* no ar. Uns ginastas tcheques, os Sakols, que em número de oitenta compareceram nas festas, a convite dos estudantes de Nancy, foram aclamados na sua qualidade de húngaros, antigermanistas. E a germanofobia subiu ao auge, quando o grão-duque Constantino, que se achava a águas de Contrexeville, ali ao pé, veio cumprimentar o presidente da República, sem que ninguém o esperasse. Receberam-no quase melhor do que ao próprio presidente e fizeram-lhe ovações insensatas.

Ainda hoje, na *Libre Parole*, uma ode magnífica de Clovis Hugues pergunta ao grão-duque:

O grand-duc, est-il vrai qu'un frisson d'épopée
Soulève la patrie et mord ses seins blancs,
Chaque fois que l'Epée
Sonne autour de nos flancs?

Est-il vrai que tu sois soudain pâle de honte,
Comme si nous avions subi les mêmes torts,
Quand une clameur monte
De l'ombre où sont nos morts?

E afirma que:

Ce sera pour la joie immense de la terre
Que nous aurons collé d'un geste souverain
Le clairon militaire
A nos lèvres d'airain!

O poeta pacífico das églogas sente a alma serena incendiar-se ao furor da guerra e apronta-se como o Tirteu dos novos tempos a celebrar os gládios, que cintilam ao sol:

Maintenant que grandit avec son sacrifice,
La France, belle coeur de génie et de foi,
A senti sa justice
Ressusciter en toi!

Os senhores sabem: a justiça agora vem das bandas de onde vinham noutros tempos os ferozes tártaros, das terras onde ainda hoje a vontade do czar é a suprema lei. E a França generosa e livre, para não viver só em face da Europa, adula os bárbaros do Oriente. Como se não fosse mais belo de soberba e de nobreza ser só!

Por fim verificou-se que a visita do grão-duque a Nancy não tinha outro objeto senão tirar toda significação política à entrevista de Kiel entre os imperadores da Alemanha e da Rússia. É verdade que também houve quem afirmasse que a entrevista de Kiel (pagamento de uma visita antiga) foi para dissipar o mau efeito político da visita do grão-duque Constantino a Nancy.

- O doutor Pravaz acaba de morrer em Lyon, onde dirigia um estabelecimento ortopédico.

A seringa fica de uso diário e crescente. Há luminares da ciência de nome menos conhecido de que esse inventor do instrumento que criou um vício terrível: a morfinomania.

- A primavera continua mais ardente e enxuta que os verões passados. Tudo são flores, a terra seca, as folhas tomam a cor verde escura do pleno estio. O céu azul não promete chuvas, os hortelãos preveem penúria de frutas para o outono. Já um sábio meteorologista declara que há século e meio é esta a primavera mais seca.

Temos água do Sena para beber, com os seus micróbios sem conta. E com o calor tão brando, que no Rio seria uma delícia – vinte e seis, vinte e oito graus centígrados à sombra – entra a numerosa canzoada de Paris a ficar danada. Por medida de precaução, a polícia repõe em vigor uma postura que obriga os donos dos cães a açaimá-los ou prendê-los. Os cães apanhados na rua sem açaimo são levados para o matadouro especial deles, lá para a rua de Pontoise, ao lado do Jardim das Plantas, e asfixiados sem mais formalidades. Matam-se assim entre trezentos e quatrocentos cachorros por dia.

Esta medida salutar levanta reclamações infindáveis entre os amadores e proprietários de cães.

O parisiense é capaz de não ter pena do miserável que rouba para matar a fome, mas sente um abalo nas entranhas cada vez que se trata de misérias de cães e de outros bichos. Foi nesta terra que se descobriu que o cão é amigo do homem. O homem parece que não é nada. A polícia maltrata as mulheres que vivem miseravelmente do suor das suas frontes, na dura labutação do amor mercenário, impondo-lhes exames vexatórios, uma papeleta fiscal, lugares de exercício da profissão, e a prisão a cada insubmissão aos caprichos de um policial mais severo. A polícia é dura para o vagabundo, como para a meretriz, e ninguém reclama contra essa dureza que a segurança pública torna necessária. Pois contra os cães igualmente, senão mais perigosos, acha-se que as medidas policiais são excessivamente rigorosas. As lágrimas das donas de casa que criam cães nos quartos andares ou nas águas-furtadas de Paris, vão pouco a pouco criando na imprensa sensível um movimento contrário à imposição do açaimo e da trela aos cães na rua. E o Sr. Lozé, que não teve censuras graves por não descobrir os anarquistas nem evitar as explosões devastadoras de dinamite, é capaz de ceder diante do clamor que levanta esta nova *Matança dos inocentes*, e de deixar-nos expostos ao perigo terrível da hidrofobia errante pelas ruas da capital do mundo.

É verdade que a municipalidade desta brilhante e espirituosa capital do mundo tem agora entre os seus inúmeros encargos o de sustentar um gato, que lhe deixou por legado uma defunta de bom coração, temperado de malícia ou de impertinência. Foi assim o caso:

Por morte de Mme. Dubray, a escola municipal da rua des Quatre-Fils recebeu um legado de dez mil francos, com a obrigação, para a cidade de Paris, de entregar flores sobre a cova da testadora e de sustentar-lhe o gato querido. A renda do legado anda por quatrocentos francos, se se der um bom emprego ao capital. O gato e a cova de Mme. Dubray não podem custar menos de duzentos francos por ano. Restam duzentos para a caixa da escola. É magro, mas é dinheiro. E, em morrendo o gato, só fica a cova por entreter, coisa de sessenta francos por ano. A grave assembleia de que dependia a aceitação do legado, votou, portanto, favoravelmente. O gato de Mme. Dubray será pensionado pela cidade de Paris com três rações diárias de fressura, fígado e coração, "para que o pobre bichano não sofra alterações nos seus hábitos" recomendava a sensível velha no testamento; para "ter alguma distração será confiado a alguma velha solteira, pontual e fiel, amiga desses bichos, que se julgue bem paga de tratá-lo por tal preço".

Os senhores acham isto ridículo? Pois, para verificação da identidade do bicho, nomeou-se uma comissão que velará pela sua não substituição, no caso de morte natural ou violenta. E essa comissão, que naturalmente será por sua vez fiscalizada pelos outros herdeiros da defunta, velará pela boa saúde do Romão e pela conservação do ar ameno e bem-disposto que a defunta lhe quis garantir por testamento.

Agora, eu é que não dava dois vinténs por seis meses de vida do gato...

- A moda dos exercícios corporais acaba de produzir um acontecimento memorável nos fastos atléticos da França.

Um concurso de marcha a pé de Paris a Belfort (500 quilômetros) foi ganho por um empregado de escritório chamado Ramogé em 101 horas e 25 minutos, durante as quais ele dormiu e descansou sete.

O concurso, organizado pelo *Petit Journal*, tinha reunido 850 candidatos ao prêmio de dois mil francos e da celebridade. Entre eles havia profissionais, corredores de feiras e ginastas, amadores de toda a sorte, militares à paisana. Às 6 horas da manhã do dia 5 saíram todos da rua Lafayette, defronte do *Petit Journal*, acompanhados por bandas de música e um povo imenso, e transpuseram às seis e meia as fortificações de Paris, saindo pela porta de Pantin. Haviam sido dispostos fiscais do concurso espaçados por todo o percurso da marcha, para assinalarem a passagem dos concorrentes. Os jornais da manhã e da tarde publicavam as notícias com as probabilidades dos que iam na frente e as peripécias da compita. E afinal, ao cabo de quatro dias de vinte e quatro horas mais um quarto, não foram profissionais os dois corredores que chegaram primeiro, Ramogé às 11 e 25 da manhã, Gounet às 12 e 13 minutos. Com efeito, o primeiro é um ajudante de guarda-livros, e o segundo um açougueiro. Depois desses vieram um cocheiro e um trabalhador de enxada. Nenhuma destas profissões parece prestar-se ao desenvolvimento das qualidades necessárias a um bom andarilho.

O que prova que os dons naturais do indivíduo, elasticidade e vigor físico e moral, valem principalmente nesta sorte de exercícios.

Fato curioso: o vencedor do concurso diminuiu um centímetro na sua altura, que era de 1m 66, e perdeu 3.400 gramas de peso. Ele e o cavalo vencedor do Grand Prix vão ser os leões da quinzena.

- Um artigo do *XIX Siècle* reclamava contra uma apreensão de manteiga, em que havia uma quantidade excessiva de ácido bórico, feita aí no

Rio de Janeiro, por medida policial de higiene. O *Matin*, jornal agressivo e raramente bem informado em coisas do Brasil, publicou sobre isto um artigo desagradável contra o Brasil, falando em ditadura, arbitrariedade, gratidão que devemos à França, etc. O nosso ministro em Paris reclamou contra as arguições infundadas ou mal fundadas. O *Matin* publicou-lhe a carta, fazendo-a acompanhar de uma transcrição de um artigo de um periódico que vive de subsídios, uma descompostura rasgada contra a pessoa do ministro. Isso sem mais comentários. Agora é esperar mais farinha daquele saco...

Domício da Gama
Paris, 12 de junho

73
De Paris

(11 de Julho de 1892)

Sumário. A semana política. A conspiração Freycinet. Constans contra Carnot. O protesto dos conservadores. Os cães na câmara. O processo Bardean. Drumont. Inauguração do monumento a Stendhal. Zola e Florian. La Débâcle.

A semana política foi pobre de acontecimentos de maior valia.

Nas rodas interessadas discutiu-se a declaração feita pelos conservadores, a propósito dos conselhos que vêm do Vaticano ao clero e aos monarquistas franceses, para que deem o seu apoio às instituições republicanas.

Os conservadores acham que o Santo Padre vai muito longe na sua política, suposta de conciliação, visivelmente interesseira, e declaram que a intervenção do chefe do catolicismo não deve passar do domínio espiritual ao terreno da política de partidos; que os católicos franceses devem conhecer, melhor do que a Cúria Romana, quais as instituições políticas que a França deseja e merece, etc., etc. O cardeal Rampolla que meta esta no seu saco...

Ainda fora das câmaras levantou-se um boato de conspiração urdida entre os Srs. Freycinet e Constans, com o apoio do Sr. Floquet, para derrubarem o gabinete Loubet, onde o Sr. Freycinet se acha mal à vontade como simples ministro da guerra, e se imporem ao Sr. Carnot pela ameaça de uma crise presidencial. O boato funda-se na frieza de relações que existe entre o presidente da república e o ministro da guerra, frieza ainda ultimamente acentuada pela abstenção do Sr. Freycinet de tomar parte nas festas escolares e na revista militar de Nancy. E depois, as suas ambições mais altas à presidência... O boato aí fica, bem ou mal fundado. Nunca é mau suspeitar da política pessoal dos homens de Estado.

Na câmara houve, que tivesse eco, uma interpelação ou reclamação do Sr. Laguerre contra a matança dos cães parisienses, feita pela polícia. O deputado ex-boulangista contou a visita que fez ao lugar de suplício dos pobres animais, descreveu a dor dos donos de cães que os supõem garantidos pela coleira com a inscrição indicadora, e que nem assim estão livres de que os roubem para a matança na rua de Pontoise. Há gente que furta cães para receber da polícia a gratificação, que varia de 75 cêntimos a 1 franco e 25 por cabeça de dogue que se leve para o açougue. Sabendo disso, a população parisiense, generalizando a suspeita, começou a tomar os cães aos agentes que os levam. Há lutas, pancadas, agentes feridos, gente na cadeia e respondendo perante a justiça por delitos de polícia correcional. Há também episódios cômicos, como o do policial que, conduzindo uma cadela ao cio, entra no posto de polícia acompanhado por uma súcia enorme de cães amorosos, que sem dúvida pagaram com a vida essa louca obediência às sugestões sexuais. E há ainda o caso do cão perdido, que entrou no recinto das sessões da augusta assembleia legislativa, e que os contínuos mataram, na persuasão de que estivesse hidrófobo.

Os Sr. Laguerre explicou bem o caso canino, apelou para o bom coração do presidente do conselho e do ministro da justiça, e finalmente obteve do Sr. Lozé, chefe de polícia, a promessa de que ordens seriam dadas para que os cães não fossem mortos no depósito público senão ao cabo de 24 horas, e que os que tivessem endereço do dono, teriam três dias para serem reclamados. Findo esse prazo, toda a bicharia restante será levada para uma grande câmara fechada e asfixiada por meio do gás de iluminação.

Tudo isto porque o calor maligno de Paris não permite aos franceses satisfazerem, sem perigo para a segurança pública, essa, na aparência inocente, mania de possuir cães, morando em aposentos apertadíssimos, nos quartos andares de casas como as que o Sr. Silveira Martins qualificou de pombais.

- O processo instaurado pelo Sr. Burdeau, deputado relator da comissão encarregada de dar parecer sobre a renovação do privilégio do Banco de França, contra o Sr. Édouard Drumont, redator da *Libre Parole*, jornal antissemita, que o acusa de se ter vendido aos interesses do Rothschilds, terminou perante o júri do Sena pela condenação de Drumont a três meses de prisão e oitenta inserções da sentença, o que equivale, a mil francos por inserção no mínimo, a oitenta mil francos de multa. Dizem que o jornal recebe subsídios consideráveis de muitas pessoas que se apaixonam por esta campanha contra os israelitas, que o fanático Drumont promoveu em França e que vai tomando uma certa importância.

A divisa particularista do jornal é: *La France aux Français*, e num ódio comum envolvem-se todos os inimigos, alemães, judeus, protestantes, tudo gente judaizante, trabalhando para a ruína da rainha do mundo católico latino. É o delírio da perseguição em proporções épicas. Pena é que de tudo isto não resultem como episódios heroicos mais do que uns reles processos por difamação e multas que talvez comprometam a caixa da nova cruzada em casa.

O processo fez barulho, sem ser escandaloso. O próprio Drumont quis defender-se perante o tribunal e citou como testemunhas muitos dos grandes nomes da finança, da vida pública, do jornalismo parisiense, funcionários e particulares. O próprio barão Alphonse de Rothschild veio depor, dar explicações sobre as medidas especiais tomadas no Banco de França para o lançamento do empréstimo russo (que foram nenhumas).

E depois de uns pequenos incidentes da audiência, em que a má fé da "justiça vendida aos judeus" não ficou provada, em que nenhuma base material encontrou-se para destruir a acusação de difamador lançada pelo procurador-geral contra Drumont, conseguiu este os três meses de repouso de que disse carecer para, na prisão, redigir as suas notas fulminantes contra o judaísmo invasor.

Dizem que o erro de Drumont foi atacar um homem limpo e estimado como é Burdeau, de quem ele mesmo fez o elogio perante o tribunal. Isso fez a infelicidade do seu processo. Agora, os que não são limpos, estarão para intentar processos a quem lhes descubra os podres?...

- Ontem, domingo estivo e sereno, na calma que faz aos cemitérios a população parisiense, ausentando-se para os arredores, inaugurou-se no cemitério de Montmartre o novo monumento que os amigos e admiradores de Stendhal erigiram à memória do grande escritor.

Os últimos parentes de Henri Beyle, tendo-se extinguido, era bem preciso que a sua família espiritual tomasse a si honrar-lhe os restos na tumba. A sepultura que lhe erigira, há mais de cinquenta anos, o seu primo Colomb, estava em inteira ruína. Os stendhalianos reuniram-se graças à iniciativa dos Srs. Chéramy e Casimir Stryenski, e por uma subscrição passada de mão em mão, para obedecer ao princípio da vida do mestre, que tinha horror à publicidade, conseguiram a pequena soma de 2.455 francos, que foi largamente suficiente para as despesas com o novo monumento à memória do autor de *Rouge et Noir*. Esse monumento, para cuja subscrição contribuíram Rose Caron, Paul Bourget, Maurice Barrès, a baronesa S. de Rothschild, Ludovic Halévy, Sarcey (que Maurice Barrès chama de "stendhalista desgarrado") e muitos outros nomes que a gente se admira de ver juntos em pia confraternidade literária; o monumento compõe-se do medalhão de David d'Angers aumentado pelo filho (Robert David d'Angers), engastado na estela vertical de granito pardo que se erige à cabeceira da sepultura. Uma inscrição em italiano, composta pelo próprio Stendhal, lê-se abaixo do medalhão, numa placa de mármore: *Arrigo Beyle, Milanese, Scrisse, Amó, Visse*. E a data da morte e a idade em que morreu (aos 23 de março de 1842 com 59 anos e 2 meses).

Anedotas do discurso inaugurativo de Sr. Chéramy revelaram o poeta enternecido e meigo que se ocultava no áspero e secarrão inventor do estilo dos anotadores de sensações, para redação ulterior, notas que nunca se redigem, porque o público não vale essa pena.

É sempre isso o que acontece aos homens cheios de orgulho, que parece superiores à emoção, tanto a analisam. A gente não pensa que eles a analisam justamente em si mesmos, para serem sinceros e verdadeiros, da verdade e da sinceridade poéticas, que inventa por necessidade criadora da imaginação o homem de gênio.

Zola ainda acaba de dizer isso num discurso bastante longo, que ontem pronunciou na festa das *félibres*, em Sceaux.

Era ontem o primeiro domingo da festa anual daquele pitoresco subúrbio de Paris e dia da peregrinação à casa da arcada Florian. A gente transforma-se em felibre por algumas horas, toma o trem defronte do Leão de Belfort, lá para cima do bairro Latino, é recebido em Sceaux pela municipalidade, com o corpo de bombeiros e músicas e morteiros, vai em charola à casa do fabulista, volta à pequenina igreja, em cujo cemitério, à frente da praça, estão os bustos de Florian e do poeta provençal Aubanel, assiste à coroação dos dois (geralmente a grinalda, grande demais para o pequeno busto, fica-lhe ao pescoço, transformada em colar de rosas), e ouve um discurso do velho Pierre Laffitte, "alusivo ao ato", tal qual o rio. Depois há na *mairie* uma festa literária (jogos florais) que termina por um banquete. O presidente de honra dos felibres este ano foi Emílio Zola. Foi ao jantar que ele saudou, na pessoa de Florian e no poético costume do *félibrige*, a alegria e a ternura. Contou histórias, citou trechos dos seus *Contos à Ninon*, explicou-se poeta e sentimental, atirou para as costas o alforge das misérias naturalistas, para sorrir à Ninon dos seus dezesseis anos, à que o esperaria, poeta envelhecido, para continuar-lhe o sonho dos amores claros e calmos, nos campos encantados em que se amaram Estela e Nemorino.

Enquanto isso, lança-se por esse mundo afora, nos porões dos vapores, arrastado pelas locomotivas, para alastrar-se pelos quatro cantos da terra o seu novo livro de ódio e de sombra, *La débâcle*, um grosso, formidável volume de 636 páginas de 35 linhas cerradas, a obra do ano do prodigioso operário em letras. Pessimista e *félibrige* – arrangem isto.

Domício da Gama
Paris, 20 de junho

74
De Paris

(21 de Julho de 1892)

Sumário. O duelo Morès. Mayer. Inconsequências jornalísticas. A lei contra o duelo. O incidente de Lille. Restos da dinamite. Um americano espião. O almirante Monchez. Monsenhor Ireland e François Coppée.

A campanha da *Libre Parole* contra os judeus já trouxe como resultado a morte de um homem em duelo. Foi um capitão de engenheiros chamado Armand Mayer, professor de esgrima na Escola Politécnica, que se bateu com o Marquês de Morès e que foi por este ferido com uma estocada tão violenta que a espada tendo atravessado o pulmão direito foi-se embotar na omoplata. O ferido morreu no mesmo dia e foi em toda a cidade, e sem dúvida em toda a França, um clamor de reprovação contra essa campanha de ódio que em nome de sentimentos obsoletos e anacrônicos renova a brutalidade dos tempos passados em que pendências se resolviam à espada.

A imprensa inteira levantou um *tollé* contra Édouard Drumont e os seus colaboradores.

É preciso dizer que a *Libre Parole* foi a primeira a lastimar a desgraça do capitão e a render homenagem ao seu valor pessoal. Mas os inimigos de Drumont não quiseram ver no que era um simples duelo como tinham sido os anteriores a que ninguém prestou[48] atenção (porque as feridas tinham sido leves) uma questão pessoal em que ambos os adversários arriscavam a vida, para quase tratarem o Marquês de Morès como um vulgar assassino, um homem que premedita a morte do seu inimigo e que o espeta à espada sem que ele se defenda.

Fizeram uma quase apoteose ao oficial morto, o seu enterro foi uma manifestação imponente, quase um *meeting* de indignação, o ministério foi

48 "Prestar", no jornal.

ridiculamente interpelado na câmara, como se o Sr. de Freycinet tivesse de dar o seu laudo quanto aos passes d'armas do aliás corretíssimo duelo, e parece que está todo o mundo à espera de que o matador, que foi preso, seja esmagado por uma condenação a galés, ou que sei eu!

São pasmosos estes jornalistas!

Aqui há tempos aquela famosa patranha de Roulez que cosia a estocadas sucessivamente quatro adversários desconhecidos, enchia todo o mundo de júbilo por ver que não estava extinta a raça dos d'Artagnans. Só o *Temps* se interessou pelo estado dos feridos e foi o que descobriu a mentira.

Depois disso não há dia em que nos ecos dos jornais do boulevard não venham os processos verbais de um ou mais duelos à pistola, à espada, terminados por ferimentos leves ou graves e ninguém se mexe.

Morre agora um professor de esgrima, de uma estocada infeliz, e gritam todos contra o matador que também podia ser morto como o outro.

Conclusão: vamos ter lei contra o duelo e já não é sem tempo. Há uns sujeitos malcriados que abusam da sua reputação de bons atiradores de espada e de pistola. Fala-se muito em igualdade de direitos, e eu não sei em que sou tão bom[49] como um sujeito que me diz um desaforo e eu fico caladinho por saber que ele é da primeira força à espada, em que eu nem sei como se pega.

- Deu-se em Lille um acontecimento, que talvez não fosse compreendido entre nós.

O 19º regimento de caçadores a cavalo, de guarnição naquela cidade, deu uma festa equestre no hipódromo do Bois de la Deule. Todas as notabilidades de Lille foram convidadas pelo coronel do regimento, exceção feita do prefeito do departamento. E o prefeito, ofendido, julgando-se desrespeitado, puniu o coronel com 30 dias de prisão.

É natural que prefeito e coronel deslindem depois a coisa entre si. Mas ninguém pensou sequer que a punição do Sr. de Benvist fosse uma afronta aos brios da classe militar. Os oficiais do regimento ficaram simplesmente

49 No jornal: "igualdade de direitos, tão bom como tão bom e eu não sei em que sou tão bom como um sujeito".

admirados de que o esquecimento do coronel pudesse ser levado à conta da injúria à primeira autoridade departamental.

- Foram descobertos os autores da explosão de dinamite que matou duas pessoas no restaurant Véry, do boulevard Magenta. O mesmo anarquista Bricoss, que indicou à polícia o lugar em que estava enterrado o resto da dinamite roubada em Soisy-sous-Étiolles, revelou também o nome dos assassinos de Véry e de Hamonod. São os indivíduos de nome François e Meunier, que já ambos foram presos e, apesar das suas insolentes declarações de anarquismo, soltos por falta de provas criminais.

Agora que eles se acham fora de França lá andam os agentes da polícia francesa a remexer a Inglaterra e a Bélgica, para os encontrar. Talvez vão até à América...

- Um adido militar à legação dos Estados Unidos em França, o capitão Borup, acha-se implicado num escandaloso processo de espionagem, roubo de documentos interessando à defesa nacional que um empregado do ministério da marinha, abusando da confiança dos seus chefes, trazia-lhe para copiar. Acusaram o capitão Borup de fazer espionagem por conta da Alemanha e da Itália. Ele repeliu indignado a acusação. Não negou, porém, que recolhesse documentos secretos dos ministérios da guerra e da marinha em benefício do seu país. A sua declaração vem no *New York Herald:* "Nada fiz de que não possa, *como gentleman*, tomar a responsabilidade... recolhi informações para o meu país e não para outros." A gente mais escrupulosa pode dizer que trair a confiança da França hospitaleira roubando-lhe os segredos da sua defesa, muito dificilmente passará por ato que um *gentleman* possa confessar, que seja em proveito dos Estados Unidos ou da Alemanha a espionagem.

Agora uma cisma que de tudo isso me fica é: já se estará preparando a nossa grande irmã do norte a vir à conquista da Europa, para assim começar a reunir documentos quanto aos meios de defesa de que a França dispõe no Mediterrâneo; ou será o capitão Borup simplesmente um louco, que espia por conta própria, imaginando ser útil ao seu país?

- Na idade de 71 anos morreu ontem de manhã, de uma congestão pulmonar, o almirante Mouchez. Na véspera ainda tinha estado no observatório, de que era diretor, tendo sucedido a Le Verrier em 1878.

Entre nós ele é mais conhecido pelos seus trabalhos hidrográficos nas costas da América Meridional e, especialmente, na do Brasil.

Mas em França o seu nome é ilustre, não só na ciência astronômica, para a qual ele desde a Escola Naval trabalhou com o maior proveito pelo esforço próprio e pela iniciativa de comissões importantes, mas também como organizador em 1870, da defesa do Havre, defronte de cujos trabalhos de fortificação parou o exército alemão vindo de Rouen.

No observatório fundou a escola de astronomia, que fornece de pessoal competente as estações astronômicas da França, e promoveu, com o inapreciável concurso dos irmãos Henry e depois de dois congressos, em que foram traçadas as disposições do trabalho gigantesco, promoveu a composição de uma carta completa do céu, em que atualmente trabalham todos os observatórios do globo.

O homem que ora se extingue, deixa o nome ligado à obra imorredoura.

- As profissões de fé socialistas continuam a grassar nos banquetes e saraus, que a mocidade estudiosa dá em honra dos seus chefes espirituais. A última foi a de Monsenhor Ireland, arcebispo de S. Paulo, de Minnesota (E.U.A), no banquete que lhe ofereceram os estudantes católicos do *cercle* do Luxembourg. Disse o ilustre prelado americano que, se a igreja tem de triunfar, não pode ser senão pelo povo e para o povo. E é preciso ser do povo quem a quiser ver triunfante.

Não se deteve a comparar o estado presente do povo com a sua miséria antiga, porquanto é inútil comparar ou mesmo perigoso. Afirmou que hoje não há senão a queixa do povo a escutar; que não se fala senão em deveres do povo, quando este já sente, já sabe que também tem direitos e que há muita palavra que de nada vale. E concluiu: "Podemos dizer ao povo que tenha paciência, ainda por uns tempos, não podemos dizer-lhe que tenha sempre paciência. Um escritor inglês disse que não há pregar o Evangelho a estômagos vazios. E tomemos cuidado em que não nos passem à frente. Mais vale caminhar avante e cair embora, do que não marchar."

Ou eu me engano muito ou este padre é um pregador revolucionário. É verdade que o socialismo vem hoje também do Vaticano.

No sarau de Bock Ideal (de que Eça de Queiroz já falou num artigo para o suplemento europeu da *Gazeta*), foi desta vez François Copée quem, na qualidade de presidente de honra, pregou o socialismo, no seu discurso aos estudantes das novas camadas espiritualistas, que tem Lavisse e Melchior de Vogue por capitães.

Não sei bem, mas parece-me que é um fraco pregador de novas cruzadas esse poeta, que deu tudo de uma vez num volume e que sobrevive a si mesmo como um foguete de uma só *resposta* e de muitos arrancos. Há responsabilidades tão grandes na predicação de uma doutrina social, que impacienta-me ver um simples letrado vir também soprar na buzina que há de fazer tombar as muralhas de Jericó da iniquidade burguesa.

Paris, 27 de junho
Domício da Gama

75
De Paris

(24 de Setembro de 1892)

Sumário. O cólera. Renunciações. Zola em Lourdes

Aí vem o cólera, da Santa Rússia e pela *Germania mater*. E não há fechar-lhe portas com quarentenas e desinfecções, que a facilidade de comunicações na Europa também se entende com os micróbios. De Hamburgo e de Berlim a Paris, ou por mar ou por terra, o terrível flagelo nos ameaça por dias. No Havre, em Rouen, já morre gente de casos fulminantes, que assim chamam os da morte em horas, na exaustão das cólicas terríveis. Em Antuérpia, a quarentena de nada serviu, nem brandura dos nomes que puseram ao mal asiático: cólera nostras, diarreia coleriforme, desinteria, etc., tudo isso mata em horas e corre como a verdadeira peste. Em Viena, assinalam-se casos mortais. Em Londres, que não se assusta com pouca coisa e onde as quarentenas são extremamente raras, o "Local Government Board" já preveniu às autoridades sanitárias do que há a fazer, no caso de Londres ser invadido pela peste. Os navios de guerra não escaparão às medidas de precaução e isolamento, no caso de se declarar a bordo de um deles o cólera, *morbus* ou *nostras*. É que o algarismo de 800 casos com 300 óbitos, que o professor Koch comunica de Hamburgo, com a tendência a aumentar, faz um frio pelas costas.

Até em Chicago aquela gente corajosa e desabusada tem receio do que agora lhe chega da Europa, desta velha Europa, que sempre tem fome e peste, quando não tem guerra, no seu apodrecimento secular... Chagas abertas sempre, fontes por onde deriva a morbidez social, para que tudo se não contamine, são por enquanto necessárias: a fome, que incita ao trabalho e quebra orgulhos vãos; a peste, que desbasta populações inconvenientemente aglomeradas e mal preparadas para a existência em comum; e a guerra, que é a grande poda, ao mesmo tempo que o grande drama, para sacudir nervos, levantar corações deprimidos pelo gozo ou pela inveja, e congraçar ódios e amores em torno de uma bandeira representando a pátria ameaçada. Agora cessou a guerra, a fome é menos purgativa; seguem-se as epidemias, a peste negra ou amarela ou vermelha, escarlatinas, bexigas, cóleras – as perdas salutares do grande corpo.

Também os senhores a terão brevemente por aí, deixem estar. Não serão as quarentenas severas, nem as medidas higiênicas tomadas de improviso que os hão de salvar. Morrerão muitos dos poucos que me leem; e eu, numa indiferença ferozmente sistemática (o *Standard*, de Londres, diz que nestas coisas o essencial é ter sangue frio), nem mesmo tomo aqui o trabalho de copiar-lhes as receitas que o Jornal dos Debates aconselha para quem sentir os primeiros sintomas da peste. Para quê? Que lhes importa, se estão embaraçados para viver (e geralmente os senhores se queixam tanto!), morrer na segunda-feira, em vez de morrer no sábado? E quanta questão, quanta dificuldade política, financeira, sentimental, se resolveria para bem dos que ficam, com a morte dos *faiseurs d'embarras*, com a passagem para o outro lado, de certos homens-engasgos, que nos tiram a serenidade da vida com as suas batalhas para se não deixarem engolir.

Estou aqui a brincar, mas essa "purgação do corpo social" pela peste não se faz sem cólicas violentas, de consequências graves. As medidas de rigor contra os doentes, mais do que contra a doença, não são bem recebidas, nem mesmo na Rússia, terra da obediência. Ainda há dias, em Katherinoslaw, o povo tirou das mãos da polícia uma mulher que era conduzida ao hospital dos coléricos de Jouzova e sustentou a luta contra uma centena de cossacos, que vieram em socorro da polícia. Os soldados venceram, mas perdendo vinte dos seus, e depois de haver duzentos homens do povo fora de combate.

No dia seguinte os operários das fábricas vizinhas vieram, em número de doze mil, atacaram o quartel dos cossacos, expulsaram-nos depois de uma luta renhida, incendiaram as casas do quartel e do hospital, de onde levaram os doentes, devastaram a igreja e a farmácia, saquearam as fábricas, destruindo tudo, e acabaram incendiando a cidade. Os habitantes fugiram espavoridos, os cossacos foram quase todos mortos, e foram precisos dois regimentos e combates sérios para reprimir a agitação que se propagava por todo o governo de Katherinoslaw. O cólera, esse não houve soldado que lhe pudesse deter a carreira: alastrou-se quanto quis.

Em S. Petersburgo é proibido ter medo ou pelo menos mostrá-lo. Um chefe de polícia, cujo elogio biográfico vem nos jornais franceses (estes liberais!), mantém a população sob o regime higiênico do silêncio. Morre-se muito na Rússia, mas caladinho, por ordem do czar. Até que um dia os brutos desatinem e se façam matar pelos soldados, em vez de morrer da peste.

A fumigação e a mordaça... o medo da morte revoga o liberalismo de que está toda esta Europa viciada. Sofre o comércio com as quarentenas e paralisam-se as transações.

Suprimiu-se o telefone entre Hamburgo e Berlim, não sei por quê. Talvez pegue a moléstia pelo arame...

É o tempo de desânimo, de abandono de ambições, senão de convicções. O Marquês de Breteuil renuncia ao seu mandato de deputado realista, desde que o santo padre aconselha aos franceses católicos que aceitem e façam honra às instituições que os regem. Émile Ollivier diz que essa renúncia não significa senão um desengano de candidato que se sente perdido diante do leitorado, e uma saída airosa de pleito de antemão perdido. E D. Carlos, pretendente às coroas de França e de Espanha, também por obediência à doutrina do Vaticano desliga os seus fidos de França do preito que lhe deviam e tira-lhes a última esperança de o terem por soberano. Esperança bem vaga, dirão, e em nome da qual pouco se fez de positivo, à parte os banquetes e manifestações comemorativas de datas monarquistas... Mas sempre era uma e uma fé.

Se estivessem para chegar os tempos abomináveis em que só se crerá no que se veja e toque!... A coroa de França não era mais que um sonho, mas era um belo e glorioso sonho.

E então por que renunciar a ele?

Bem diferente do duque de Madrid é o outro pretendente, o conde de Paris. Esse não tem mais esperanças que o Bourbon à elevação ao trono cristianíssimo, e, no entanto, apesar das defecções, dos abandonos, do amortecimento da fé pública na sua estrela, mantém-se chefe de partido e pretendente vitalício.

Aqui há tempos D. Carlos constou-lhe o direito de usar o escudo íntegro dos Bourbons (três flores de lis de ouro em campo de blau), sem o *lambel à trois pendants* (que o Bluteau traduz esquisitamente por *banco de pinchar*, não sei por quê), que posto em chefe sobre o mesmo escudo representa a casa de Orléans e a diferença dos Bourbons do ramo direto. Mas o conde de Paris respondeu tranquilamente que não tinha usurpado as armas dos Bourbons, e sim tomado, por direito de herdeiro do trono, as armas de França.

D. Carlos tem menos confiança. A possibilidade da restauração da monarquia em França só poderia vir para ele em seguida a terríveis desastres nacionais. E justamente para que esses desastres se não deem, é preciso que a França continue unida, grande e forte. Assim o entendeu Leão XIII na sua encíclica conciliadora, senão republicana, e, por obedecer ao chefe do catolicismo, D. Carlos dispensou o príncipe de Valori do posto de seu representante em França. O Duque de Madrid abdicou de um trono, do mais belo do mundo, dizia-se outrora...

- Zola anda por Lourdes com os peregrinos, para os estudos de um livro que vai escrever depois do *Doutor Pascal*, anunciado para a próxima primavera. Foi num wagon de segunda classe conversando com padres, acompanhou as procissões, rezou na basílica, conversou com doentes, verificou curas com os médicos, e quando, à passagem dos cortejos religiosos, as paralíticas histéricas e os curados pela fé se levantavam das macas e dos catres de agonia, com clamores de gratidão mística, o homem do *Assommoir* exclamava entusiasmado: - "Que c'est beau! que c'est beau!" Depois quando lhe perguntaram o que ele concluía de todo aquele comovente e significativo espetáculo, ele respondeu que acreditava na "eternidade da ilusão."

Há pessoas que fazem fortuna a descobrir terras descobertas. Em literatura também...

Domício da Gama
Paris, 27 de agosto

76
De Paris

(26 de Setembro de 1892)

Sumário. Incidentes do processo Morès. Meyer. Altos e baixos da "Libre Parole". O fim do estio.

O grande acontecimento da semana, senão o único, tratando-se dos que fazem alarido entre os gansos da imprensa, foi o julgamento do processo intentado ao Marquês de Morès, e às testemunhas do duelo em que com uma formidável estocada o capitão Meyer foi ferido mortalmente.

A sentença, esperada e quase imposta pela opinião pública num processo de pura formalidade judiciária, absolveu os cinco acusados fracamente acusados, um de ter levado a espada homicida ao peito de um homem, os outros de lhe terem prestado nessa circunstância o seu apoio moral. A instrução do processo, os depoimentos das testemunhas versando sobre a provocação do Marquês de Morès ao capitão Meyer, sobre o peso das espadas de combate e a correção dos combatentes no campo, não adiantaram matéria, apenas deram lugar a que o Marquês de Morès contasse os seus antecedentes. Perante o tribunal ele explicou o seu ódio aos judeus (que os homens que se encontram com monopólios acabam por descobrir por toda a parte no seu caminho) pelos seus insucessos em explorações começadas e abandonadas na América, onde foi criador de gado, com o fim, grande demais, de fazer concorrência aos mercadores de Chicago; na Indochina, onde tentou abrir estradas e vias de comunicação ao comércio colonial francês; na luta política em que o acharam boêmio e estouvado demais para o tomarem como um candidato sério; e finalmente na campanha empreendida pela *Libre Parole* contra os judeus, que deu lugar a tantos duelos e que ainda não terminou, depois de estocadas e multas em justiça e da morte de um homem. Não foi sem interesse para o público essa espécie de exposição de motivos de um ódio pessoal transformado em motor de uma campanha social. A figura do Marquês de Morès, tenente reformado de couraceiros, rico de muitos milhões, criador de gado no Far-West, engenheiro e explorador na Indochina, candidato político em Paris, e promotor de manifestações socialistas e antissemitas, sai da monotonia dos tipos pouco simpáticos, de agitadores revolucionários. É verdade que há quem diga que ele é um agitado, *meio pancada*. Mas não é antipático. No tribunal do júri trataram-no bem, em consequência. O presidente deixou-o falar, tratou-o de homem a homem, como a um simples culpado de precipitação ou de imprudência. O próprio acusador público pediu a condenação, não contra pessoas, mas contra crimes, por exemplo e repressão. E o ilustre advogado Demange não careceu usar de grandes rasgos de eloquência para ganhar uma absolvição prevista.

Os incidentes que acompanharam o processo foram mais interessantes. O que deu lugar ao duelo entre o Marquês de Morès e o capitão Meyer foi a revelação da ata de um duelo anterior entre Ed. Drumont e o capitão Crémieu-Foy pelo irmão deste último, um empregado de banco, chamado Ernest Crémieu-Foy, que sem ser testemunha interveio na contenda, comunicando a jornalistas as condições do duelo entre o irmão e o redator da *Libre Parole*. O marquês de Morès fez disso um agravo ao capitão Meyer, testemunha contrária; este, embora declarasse não ter sido o revelador da ata, tomou a si a responsabilidade de fato e morre por um segredo que não era seu.

No correr dos debates censurou-se acerbamente ao irmão de Crémieu-Foy o seu zelo importuno e a sua reserva medrosa, que trouxe como consequência a morte de um homem. O presidente do júri, as testemunhas pró e contra, os advogados, o próprio promotor público, cobriram de vergonha o procedimento de Ernesto Crémieu-Foy. A consequência disso foi mais um escândalo no dia seguinte. Desesperado com a humilhação que sofrera em público, e que a voz da imprensa centuplicava em ecos, o pobre Ernesto foi ter com o tenente Trochu, da guarnição de Meaux, seu amigo antes dos duelos, e que mais o acusava perante o júri, para desafiá-lo.

O tenente Trochu, que recebera do seu coronel ordem de não aceitar provocação alguma por causa da questão Meyer-Morès, e sobretudo vindo ela do Ernesto, respondeu ao desafio deste com uma recusa de bater-se. As testemunhas de Ernesto (uma era o Sr. Isaac, ex-prefeito de célebre memória por ocasião dos acoutos de Fourmies) voltaram para Paris, mas ele furioso foi procurar o tenente Trochu, que almoçava com outros militares, e quis esbofeteá-lo com a luva.

Os militares correram com ele a bengaladas, socos e pontapés; um mesmo quebrou-lhe na cara uma garrafa de água de Seltz. E a coisa ficou nisso.

Lição para indiscretos que não sabem tomar corajosamente a responsabilidade das suas intrigas. Não lhes vale depois o mostrar valentias fora de tempo. É um homem perdido pelo ridículo.

Outro incidente foi o levantado pelo depoimento de uma testemunha da acusação, um homem que teve aqui há anos uma escandalosa reputação de anticlerical, o Sr. Léo Taxil, que hoje convertido, católico e ultramontano, não se resigna entretanto a deixar que o silêncio se faça em torno do seu triste nome, e veio contar histórias de ameaças e vitupérios contra os judeus, que ouviu na sala dos Passos Perdidos do palácio de Justiça a um dos acusados, o Sr. Guérin, da *Libre Parole.* O Sr. Guérin, por única resposta, perante o tribunal chamou-o de repugnante e infecto *grédin.* O presidente pediu ao acusado que retirasse a expressão por atenção ao tribunal e deixou que o advogado do marquês de Morès arrasasse depois a testemunha com referências ao seu passado.

A grande jornalista Severina notou a propósito desse incidente que o católico converso se escusou com bem pouca humildade e contrição, em vez de confessar bravamente o seu passado pouco digno, em comparação com a sua redenção de hoje.

É o que Léo Taxil, autor dos livros quase obscenos que os meninos de colégio no meu tempo liam às escondidas, e o católico indecentemente fervoroso de hoje são a mesma pessoa – um meridional sem escrúpulos, de cabeça esquentada, ávido de *réclame* e de celebridade, por escandalosa que esta seja.

Entretanto verificou-se, por ocasião deste recente incidente, que a maior parte dos livros que ele assinou como autor não eram senão produtos de uma fabricação a tanto a página, fornecidos por escritores famélicos e mercenários. Um deles confessou que *Os amores secretos de PIO IX*, publicados com grande escândalo num jornal de Marselha e depois com grande sucesso de livraria na Bélgica, deram-lhe imenso trabalho, pela dificuldade de inventar os nomes das amantes e os requintes das devassidões criminosas do velho papa...

- Depois do trunfo indiretamente obtido pela *Libre Parole* com o processo Morès, recebeu esta um acinte público com a recusa da parte do embaixador da Rússia a receber os trinta mil francos da subscrição para os pobres do santo império. Discutida a recusa, explicou-se esta pelas menções irreverentes para o Czar, que acompanhavam remessas de subscrições mínimas, e que a *Libre Parole* publicava *in-extenso*, sem pensar que o Imperador e Pontífice das Rússias não podia admitir que, a pretexto de lhe mandar dois vinténs para os seus pobres, um antissemita discutisse os atos da sua política interior, ou o convidasse a se converter ao catolicismo.

- O presidente da República viaja pela Saboia, trazendo a ilustração da sua pessoa às festas comemorativas da anexação daquela província italiana à França, os ministros inauguram estátuas (a do general Bourras de Pompignam, a de Eugéne Palletan em Royau) nos departamentos, os congressos socialistas resolvem coisas temerosas para o futuro da sociedade burguesa, as *grèves* terminam aqui para recomeçarem ali cada vez mais persistentes e cheias de gravidade, a política dos políticos e a literatura produzem menos matéria para artigos nos jornais (tanto que o livro de Zola, a aparecer para o ano, já é discutido como se estivesse feito).

O cólera ameaça sempre a todos e prejudica principalmente o mercado de frutas. Mas em compensação faz bem às companhias de águas minerais e aos farmacêuticos. O Sena, o Sena ovante já anda tão desacreditado, que até a freguesia dos banhos frios lhe diminuem com o pânico dos micróbios... É verdade que o tempo começa a refrescar. Os cafés-concertos dos Campos Elísios fecham as barracas e tiram os colares de globos foscos de gás e mudam-se para o boulevard Sebastopol para casas fechadas, e os teatros fechados pelo estio abrem as portas com *reprises*, gradualmente.

O sindicato dos diretores contra os bilhetes de favor e os gaudérios dos ensaios gerais reduzido a um só membro vai terminar a sua existência efêmera, levado pelo primeiro bafejo do aquilão de outono.

Paris, 5 de setembro de 1892
Domício da Gama

77
De Paris

(11 de Outubro de 1892)

Sumário. Um eco do Figaro. Um bronze apócrifo no Louvre. O museu do novo antigo. As grandes manobras militares. O cólera. Polêmicas literárias e novidades velhas.

Um *echo* do *Figaro,* de 20, diz o seguinte:

"Asseguram-nos que o Congresso brasileiro não ratificará ainda este ano o projeto de convenção literária com a França.

Os inspiradores do velho partido brasileiro invocam para escusar o atraso que assim sofre a consagração de um ato de cortesia estrita e de estrita equidade, não sabemos que obscuros motivos de ordem superior.

Esta incompreensível recusa de justiça para com a literatura francesa não se prenderá por acaso, por algum secreto ato, à ideia de um teatro nacional brasileiro [...][50] empresários, tradutores, editores, livreiros, copistas, adaptadores [...] que saqueariam, a título privado, os nossos autores dramáticos e os nossos escritores; seria o próprio Estado brasileiro quem se encarregaria disso, em pessoa anônima e irresponsável, oficialmente.

Tanto pior para o Estado brasileiro!"

Estas poucas frases azedas e mal baseadas num direito pouco claro são um dos pequenos meios do jornalismo francês para se tornar antipático no estrangeiro. Tratar do alto as pequenas nações (que, por fim de contas, não há grandes nações para os pequenos jornalistas franceses, a não ser a Santa Rússia, neste momento), mostrar os direitos da conquista espiritual da Terra pela França Rainha, aparentar generosidades escusadas quando tais direitos não são humildemente reconhecidos, ofender suscetibilidades mesmo das

---

50 Trecho ilegível no jornal, num total de cinco linhas, por conta da mancha de uma fita adesiva.

mais simpáticas à grande nação latina, é a tarefa perniciosa dos democratas da pena, que trabalham na imprensa diária em França.

Digo que são os democratas da pena, porque há gente que traz para iludir a boa sociedade intelectual os hábitos e os sentimentos das classes inferiores, a que pertencem por nascimento ou por falta de condescendência social, que é o princípio da educação.

Os democratas se traem pela incapacidade do orgulho. São os pedantes a todos os respeitos, que não sabem fazer uma cortesia sem mostrar o desvanecimento de a fazerem, a gente que se admira de ser fina. Esses, quando endomingam a linguagem e fazem algum artigo de gravata branca, têm sempre um ar de *cabotin* que estraga a finura de uma frase sublinhando-a demais.

Aqui há dias, um homem inteligente, chefe político e orador de nome, o Sr. Clemenceau, escrevendo uma carta ao embaixador da Rússia, carta amigável, [...] [51] cordialidade de quem procura alianças úteis, achou meio de dizer que a aliança franco-russa era o aperto de mão e a homenagem que o generoso povo francês recebia do czar, etc.

Como diplomata para concluir um tratado, o Sr. Clemenceau, a julgar por essa carta, seria homem para receber os seus passaportes em meio da negociação. E há um sem-número de homens públicos neste gênero.

Não sabemos se a convenção literária com a França se faz ou não. Mas se ela não se faz, é por haver um projeto de teatro *malvinizando* a cabeça já tão ocupada dos nossos diretores políticos e administrativos? O inspirador do *eco* do *Figaro* parece ver as coisas de um modo muito mais complicado do que é permitido suspeitar das nossas maquinações políticas.

Para que a fundação de um teatro nacional fosse impedimento à convenção literária com a França, seria preciso que esse teatro *nacional* tivesse em vista explorar principalmente a literatura dramática *francesa*.

Mas os senhores vão ver que o artiguinho do *Figaro* dá a volta à imprensa e atrai-nos descomposturas à farta, descomposturas tanto mais violentas quanto menos capazes são os seus autores de nos fornecer obras que

51 Linha mutilada no jornal.

plagiemos, e sobre as quais especulemos escandalosamente, com evidente proscrição do direito francês...

- Fez-se muito barulho em torno da aquisição de um bronze veneziano do século XVI pelo museu do Louvre. Depois verificou-se que o bronze era uma belíssima obra moderna, imitando admiravelmente o caráter das obras do tempo, mas que não valia por isso os 40.000 francos por que tinha sido ajustada. E fez-se um ainda maior barulho sobre o logro do Sr. Courajod, diretor do museu nacional.

Na realidade, o logro foi de quantos viram o bronze e, caindo em êxtase diante dele, aprovaram calorosamente a aquisição. Os jornais tinham publicado artigos de especialistas eruditos e de amadores, que se congratulavam por ter essa maravilha da escultura do Renascimento escapado à avidez dos diretores dos museus de Londres e de Berlim, rivais perigosos, que nestes últimos anos têm empolgado quanto de autêntico e único tem aparecido nos mercados de arte histórica. Os peritos se pronunciaram, e se o próprio vendedor não desistisse de garantir a autenticidade do seu bronze, assim que esta foi suspeitada, é natural que os 40.000 francos lhe fossem entregues e a espiga pregada.

Não foi culpado o diretor do Louvre de ter cedido aos conselhos de tanta gente idônea para o caso. O que o engano do Sr. Courajod unicamente prova, é o aperfeiçoamento da indústria moderna, que tão bem permite imitar as obras-primas da arte dos belos séculos. Um museu dos apócrifos, que se criasse com as peças menos que duvidosas das coleções particulares e dos próprios museus nacionais, bastaria para encher de orgulho o homem que se sinta verdadeiramente do seu tempo. Em madeiras antigas, entalhadas , com as brechas de rigor e até as brocas dos bichos curtidas a permanganato de potássio,[52] ácido nítrico e fuligem calcinada, para terem a fisionomia escura e melancólica da velhice, em terracotas[53] gregas ou orientais, com os seus coloridos desbotados pelo enterramento durante séculos, em vidrarias árabes ou venezianas, em esmaltes toscos, marfins amarelentos e bronzes de pátinas

52 No jornal, "permanganato de potassa".

53 No jornal, "terras-cotas".

prestigiosas, trabalha-se hoje como nas melhores épocas da arte, mas mais depressa e mais barato. As oficinas chamadas de *restauração* ocupam um exército de artífices sobremaneira hábeis. A clichagem, a fotografia, a química, a eletricidade, concorrem para a primorosa reprodução de maravilhas.

Há casas que têm a honestidade de declarar que tudo o que ali se vende, é *d'après l'antique*. Os mercadores de antigualhas e curiosidades não têm os mesmos escrúpulos, e têm sempre à venda maravilhosos copos de espada do século XVI, bocetas cinzeladas do século XVIII, e joias d'arte de todos os tempos.

Por que não havemos nós de nos contentar com a perfeição técnica do cofre florentino que nos oferecem, sem indagar se ele data do tempo dos Cellinis, ou se simplesmente vem dali do faubourg du Temple? Porque somos todos poetas; e o merceeiro rico quer ter sobre a sua chaminé, como o Borghese no seu palácio, um bronze contemporâneo dos homens cujos nomes fazem cismar. O que prova quão insignificante é em estética a parte concreta do gozo contemplativo...

As grandes manobras do 9º e do 12º [...][54] E lavrou-se um tento sobre a Alemanha, cujas grandes manobras anuais a invasão do cólera tem retardado e talvez impeça definitivamente este ano.

Do cólera em Paris acho melhor não falar senão depois da experiência a que se vai submeter a população durante as festas comemorativas do centenário da república, depois de amanhã.

Por enquanto ele mata menos gente do que a tuberculose pulmonar no Rio de Janeiro. Uma miséria... Desmoralizam-se estas moléstias dos tempos e dos países bárbaros, quando se modernizam e passam por terras civilizadas. Um norte-americano jornalista, e Sr. Stanhope foi daqui para Hamburgo e lá fez-se admitir no hospital dos coléricos.

Antes tinha se feito vacinar por um aluno de Pasteur com o temeroso bacilo *virgula*. Parece que não sentiu mais do que a picada da injeção. Verdade é que a vacina não é absolutamente protetora, diz o Pasteur. Mas o americano ainda não começou a ter medo de não tornar a ver Boston.

---

54 Prejuízo de sete linhas, por uso de fita adesiva.

E os senhores aí com tanto medo da peste, que até não querem mais receber águas minerais em garrafas...

- Uma engraçada polêmica entre Ferdinand Brunetière, o crítico da *Revista dos dois Mundos,* e meia dúzia de jornalistas, a propósito de uma subscrição para uma estátua a Baudelaire, constitui o assunto mais literário destes últimos dias. Brunetière contestou num artigo da *Revista* a oportunidade de erigir-se um monumento ao autor das *Fleurs du Mal,* Jean Lorrain (que assina Raitif de la Bretonne no *Écho de Paris,* Henri Régnier, Georges Rodenbach (o autor da *Règne du Silence*), o assaz conhecido Albert Delpit, cujos insulsos romances têm aparecido frequentemente nas páginas da grave fornecedora da Academia, acharam que Brunetière era inimigo de Baudelaire, porque este nunca escrevera na revista cor de telha e fartaram-se de dizer-lhe desaforos. Brunetière respondeu pelo *Figaro* de hoje que injuriar não é discutir, e estabeleceu os princípios da sua contestação ao merecimento de Baudelaire às honras públicas da estátua monumental. E a coisa não para aqui.

Uma briga anterior entre Henry Becque (autor da *Parisienne*) e Abraham Dreyfus (autor de *Klephte*) não teve grande animação. O Becque declarou que o Dreyfus servia-se dele para conseguir uma reputação no teatro e cortar-lhe mais tarde na pele. E contou pelo *Gaulois* uma história de sopa de couves que começou a colaboração entre os dois... brigas de comadres.

Isto e duas peças quase novas, no Odéon (*Monsieur de Reboval,* do Sr. Brieux, um moço de talento) e no Français (*Le juif polonais* de d'Erckman-n-Catrian, uma *réprise* cujo principal sucesso provém da encenação), constituem o cabedal literário da semana.

Sempre é alguma coisa...

Domício da Gama
Paris, 20 de setembro

78
De Paris

(25 de Outubro de 1892)

Sumário. Comemorações. Mensagens. Abstenções e reflexões.

No dia 20 de setembro inaugurou-se em Valmy um monumento inacabado do general Kellermann, por memória da batalha, combate ou escaramuça que ali se deu, cem anos antes, entre tropas aliadas alemãs e austríacas, e um exército da nascente República francesa.

"... Ação de guerra um pouco mole, um pouco confusa, e que no momento pareceu bem pouco decisiva, a ponto de, dois dias depois, os vencidos acamparem sobre as posições de onde foram rechaçados; só o povo e os livros populares, falando dela, empregam corretamente o grande termo de *batalha...*" Isto diz um escritor competente, tratando do acontecimento, do ponto de vista estratégico. Mas, para a comemoração, pouco importa a precisão do termo militar: a jornada de Valmy, batalha ou escaramuça, foi a primeira grande vitória moral das tropas da República, e esse nome de Valmy retumbará na história com toda a ressonância das suas infinitas consequências. Dizem que o grande Goethe, que se achava no acampamento dos aliados, explicou aos cabos de guerra admirados, que eles tinham sido mais batidos do que supunham, e terminou a sua demonstração pelas palavras proféticas: "Deste lugar e deste dia data uma nova era na história do mundo, e podereis dizer: eu lá estive..." O que Goethe viu, para o impressionar assim, foi um exército de velhas tropas aguerridas e disciplinadas, na tradição do grande Frederico, os melhores soldados da Europa guerreira batidos por uma quase multidão mal armada, que pelejava aos gritos de: *Viva a nação!*

Valmy foi a consolidação militar da República, aurora e presságio das vitórias que tornaram o nome francês odioso entre as populações de tanto país conquistado, do Niemen ao Tejo; Valmy foi o acaso feliz que decidiu da sorte da monarquia, ali vencida. Feliz? Nefasto acontecimento? Eles que o festejaram com monumento e discursos congratulatórios, lá o sabem. Para mim os problemas da história são complicados demais, para que me atreva a criticar a sua solução.

Fora de França há muitos que não acham que o triunfo da revolução fosse uma coisa útil, nem necessária. E demonstra-se até, que daí proveio para o desenvolvimento da raça latina e quiçá das vizinhas do Ocidente um certo atraso, pelas convulsões políticas, pelo incêndio de ódios internacionais, que se ateou na Europa, pelo consequente regime da brutalidade militar, que absorveu as forças vivas das nações durante longos anos e as exauriu para os trabalhos mais úteis da vida pacífica. Pode-se dizer que tudo isso são afirmações improváveis e da má origem, de estrangeiros e... que *sapo de fora não ronca.*

Mas, em França mesmo, há gente de dentro que vota contra a revolução. Desde o 14 de julho deste ano, já quatorze câmaras sindicais do trabalho responderam ao convite do *maire* de Saint-Nazaire, para tomarem parte nas cerimônias da festa nacional, que, depois de uma reunião na Bolsa do Trabalho, fora resolvido deixar-se à *burguesia*, única que auferiu vantagens da tomada da Bastilha, o cuidado de festejar esse acontecimento, cuja data lhe é tão cara. E mais, que:

"Considerando-se hoje tão lesados como em 1789;

"Declaram abster-se de toda a manifestação republicana e não reconhecer como festa senão o 1º de Maio, dia escolhido pelos trabalhadores do mundo inteiro para formular as suas reivindicações e chorar os seus mortos de Fourmies."

A 22 de setembro, quando solenizou-se o centenário da primeira República, da república de Valmy (que, por sinal, não se batizou república no mesmo dia, nem em cem anos chegou ainda a viver cinquenta), repetiram-se as manifestações desfavoráveis, ainda que menos sensíveis, no meio da quase indiferença geral. Em Paris o povo acudiu à passagem dos dois cortejos históricos, menos interessantes que os dos nossos carnavais aí no Rio, embora mais caros e pretensiosos. Mas, *badauderie* à parte, não houve movimento de entusiasmo senão oficial: embandeirou-se menos, dançou-se menos, bebeu-se menos. Por sinal que o cólera apenas teve uma fraca recrudescência, que não durou. Muita gente aproveitou o feriado para ir passear no campo, aos últimos raios do sol de verão.

Sem fazer aqui filosofias inoportunas, parece-me uma coisa de profundo alcance esta reserva antipática do *quarto estado*. O que se soleniza a 14 de julho e a 22 de setembro, são as datas simbólicas da libertação das peias do antigo regime, é o princípio da liberdade em si. E o que querem as reivindicações do moderno espírito social, é a reorganização do trabalho como dantes, em sindicatos, jurandas e corporações, é a renegação da obra custosa que um século não bastou para consolidar.

A reação pelo povo é a história sabida, mas a seleção conservadora, deliberadamente e a frio, é matéria para cogitações profundas. E pensar que é a Escola Normal que determina este movimento irresistível, e que os trabalhos de Taine sobre a revolução e as dinamizações dos seus discípulos vão fazer mais do que a propaganda dos partidos políticos para a reconsideração do Grande Erro!...

Os discursos e mensagens dos realistas e pretendentes do príncipe Napoleão (uma mensagem reivindicando a data de 22 de setembro de 1792 para a dinastia plebiscitária dos Napoleões), do conde d'Haussonville (discurso político em Montauban, resenha dos acontecimentos no moribundo partido orléanista, respeitosa contestação à encíclica conciliadora de Leão XIII, censura à desanimada demissão do marquês de Breteuil, exposição do programa da monarquia liberal-socialista, etc., etc.) e a carta do conde de Paris têm sido o fundo das discussões políticas entre os jornais durante a semana.

A carta do conde de Paris tem o defeito da sua origem, muito diretamente interessada na pendência, para não falsear a discussão com argumentos que traem o personalismo excessivo de um pretendente ao poder. Não podendo congratular-se com o seu povo por ocasião da declaração da República, congratula-se pelo 20 de setembro: "Valmy! data gloriosa que brilha, pura e sem mancha, entre as matanças do começo de setembro e o decreto de 21." É uma falta de lógica, que vem da necessidade, pouco clara para os profanos, de congratularem-se por alguma coisa os chefes de partido com o *seu* povo. Mas uma reflexão faz o conde de Paris, que não pode ser mais judiciosa: "Parece que querem fazer esquecer que os progressos morais e materiais dos últimos cem anos se estenderam igualmente a outros povos da Europa, que, entretanto, não passaram pelas mesmas vicissitudes políticas." Esse esquecimento é a obcecação dos homens de sistema, não é má fé. Quem nunca foi injusto contra os adversários na menos interessada das discussões?

Mas uma reflexão me acode ao considerar tanta comemoração, tanta festa de centenários, tanta exposição retrospectiva, tanto desenterrar de mortos, tanto remexer de cinzas do passado, que nos vão branqueando – é que nós somos uma geração de modernos, que nos consideramos muito pouco, para assim termos os olhos sempre postos no passado... Será este o começo da nova era religiosa sucedendo às desilusões materialistas do regime da ciência orgulhosa? Então é, como a outra, como religião de desalento, porque de confiança em si e de esperança no futuro vive o homem, e não de recordações.

E outra – muito menos séria – é que nós os brasileiros nos metemos em república e adotamos o 14 de julho por festa nacional, quando já a República não se apresenta aos pensadores como a primeira das preocupações, como a forma essencial dos governos liberais, e quando a crítica histórica contesta a utilidade e a necessidade da Revolução, e o proletariado, bem ou mal doutrinado, considera-se espoliado por ela. É caso para não ficarmos contentes com os diretores do nosso capital social (e moral, um pouco), se, mudando as coisas por cá, nós continuarmos a usar as da moda velha em ideias e representações.

Domício da Gama
Paris, 1º de outubro de 1892

79
De Paris

(04 de Novembro de 1892)

Sumário. As exéquias de Renan. A questão do Pantheon. Xavier Marmier e os alfarrabistas. Um legado amável. A questão do duelo. Bem-aventurados os mansos...

No dia 7 de outubro realizaram-se as exéquias públicas de Renan com a pompa oficial que lhe cabia pelas funções que exercera em vida, e com o sentimento inspirado pela grandeza da obra deixada por ele. Os discursos pronunciados sobre seu caixão em nome do Governo, do Colégio de França e da Academia não adiantaram ideia sobre tudo o que já a imprensa diária tinha dito de elogioso para a sua memória. E, findos os discursos, mal escutados pela multidão que se apertava em torno do morto ilustre, exposto no pátio de honra do Colégio de França, transformado para a circunstância em capela ardente, partiram os representantes dos corpos constituídos, os figurões do funcionalismo oficial convocado para a cerimônia, e o cortejo fúnebre pôs-se a caminho do cemitério Montmartre, unicamente acompanhado pela tropa e pelos amigos mais chegados.

Às 3 horas da tarde encerrava-se o corpo no jazigo da família, depois dos últimos tiros das salvas de cerimônia. E na mesma tarde começava a discussão na imprensa sobre o projeto de traslação para o Pantheon dos restos mortais de Renan, Michelet e Quinet, que será apresentado às câmaras, logo que estas se abrirem. Discutiram-se merecimentos, compararam-se valores pessoais, contestaram-se títulos à gratidão nacional, aproveitou-se a ocasião para afirmar princípios que não vêm ao caso, e com o ardor da discussão não se chegou a saber se os grandes homens a quem a pátria é reconhecida, têm de ser sepultados em pessoa nas criptas tumulares do Pantheon, ou se basta, para glorificação das suas memórias, que lhes sejam erigidos monumentos nas naves do belo templo hoje pagão, que por memória dos tempos que passaram ainda, conserva a grande cruz de bronze rematando o zimbório.

Parece na verdade que esses triunfos póstumos não vão sem uma certa perturbação da paz devida aos mortos.

Não há grandeza contemporânea que não seja azedamente contestada.

As apoteoses aos mortos do dia carecem da unanimidade do respeito nacional. Depois, quando o povo se acostumou a repetir um nome ligado a uma grande obra, então sim...

Quem não dará lugar a discussões destas é o velho Xavier Marmier, que se enterra hoje. Nasceu em 1809 o acadêmico autor de umas notícias de viagens pelo mundo inteiro, muito pouco interessantes.

É possível que essas viagens literárias lhe tenham sido úteis, pelo preço que lhe pagaram por elas os livreiros: para a humanidade certamente não foram. Xavier Marmier viajou com ideias feitas, e ideias francesas, exclusivas e muito especiais. Além disso, era um espírito fechado e curto. O que é que podia fazer sobre ele o espetáculo do mundo, senão diverti-lo?

A nós é que ele não diverte. As suas novelas exóticas, as suas narrativas de viagem são escritas numa língua correta e cinzenta, monótona e fria. Nem ideia, nem relevo. Não admira, pois, que ao cabo de um ano ele já pareça um morto de antes da guerra. Mesmo os jornalistas só se ocuparam durante três dias com a sua morte, por causa de um legado de mil francos que ele deixou por testamento aos alfarrabistas dos cais da margem esquerda, da ponte Real à de S. Miguel. Os mil francos são para um banquete que em memória dele darão os oitenta ou cem livreiros, ao ar livre da beira do Sena. É uma lembrança da estima do velho acadêmico, que contava entre as horas mais felizes da sua vida as que passou ao longo das caixas de alfarrábios, procurando edições interessantes e conversando com aquela boa gente. Dizia ele que aquilo lhe substituía as viagens que já não podia fazer. Compensação para quem se contenta facilmente, ou viaja de um modo muito particular...

O caso é que os *livreiros velhos* ficaram contentíssimos, e hoje seguem o cortejo fúnebre do bom homem Marmier, que a pedido seu não terá exéquias oficiais, nem enterro pomposo. O banquete será daqui a tempos, para não ter ares de ceia de funerais.

- Grande polêmica na imprensa a propósito de um duelo que não teve lugar entre dois jornalistas, porque um deles, tendo a escolha das armas e sendo bom atirador, exigiu que o outro se lhe apresentasse de frente, em vez de atirar perfilando o corpo, como é costume no duelo à pistola, em que se deviam trocar quatro balas. O Sr. Ledat reclamava essa condição para igualar as chances do tiro, pois que ele, não podendo voltar o pescoço, era obrigado a atirar de frente, ao passo que o Sr. René Maizeroy perfilava-se à vontade. As testemunhas do adversário não aceitaram tal condição, o duelo não teve lugar, o Ledat ficou muito triste com a ideia de que agora vai todo o mundo poder descompô-lo, sabendo que ele não atira senão de frente, e choveram interpretacões sobre praxes de duelos para equiparar chanças, engraçadas algumas, até que começaram os especialistas, mestres de armas, duelistas célebres e homens de espada e pistola a declarar, que vai sendo tempo de acabar com estes duelos por dá cá aquela palha, que os duelos tinham a sua razão de ser nos tempos em que andava toda a gente de espada à cinta, e, sendo mais violentos os costumes, era fácil puxá-la para liquidar pontos de honra e ofensas feitas, ali mesmo. O que hoje resta para justificar a continuação de um costume obsoleto, é o respeito ao que dirá o mundo, respeito da tradição que nenhum homem injuriado ou desafiado quer ser o primeiro a infringir.

São atos de conservantismo de uma sociedade que se dá por liberal e destituída de preconceitos. Mas pouco a pouco vai esmorecendo o prestígio dos costumes ilógicos, e a imitação dos vizinhos mais práticos acabará por modificar inteiramente o modo de viver em sociedade, e as próprias paixões terão manifestações menos violentas.

Talvez venha um tempo em que uma espada seja objeto de contemplações arqueológicas nos museus. Muita gente não saberá para o que terão servido facas tão grandes... Será então o reino dos mansos, que possuirão a terra.

Domício da Gama
Paris, 14 de outubro

80
De Paris

(11 de Novembro de 1892)

Sumário. O outono. A confiança no exército contra o perigo exterior. As reclamações e o perigo interior. A grève de Carmaux na câmara. Leroy-Beaulieu e o socialismo do Estado. Um déficit preenchido pelos velocipedistas.

Com o outono é a volta do campo, das praias, das águas, a reentrada dos estudantes, dos políticos, dos artistas: Paris revive. Os cozinheiros dos restaurantes cuidam dos seus pratos, os artistas dos teatros respeitam o seu público, os lojistas fingem crer que todos os fregueses são da terra: a estação dos ingleses e dos espanhóis está encerrada.

Com as primeiras chuvas hibernais o termômetro marca o regime das roupas de conforto, pesadas e sombrias.

Acendem-se as lareiras, restauram-se os carros fechados, recolhem-se as mesas dos terraços dos cafés, varrem-se para os esgotos as folhas mortas das árvores dos boulevards, e instalam-se à esquina das tavernas os fogareiros em que se assam castanhas; Paris se arruma para o frio, para a sombra, para a vida recolhida de inverno.

E, como quem não acha no conforto da sua casa razões para agitar-se, a gente de Paris discorre sossegadamente e sem paixão sobre os incidentes da vida social de lá de fora, sobre as conferências políticas e os programas eleitorais, sobre os congressos socialistas e as probabilidades das soluções de questões insolúveis nos países vizinhos ou longínquos. Longínquos todos são para esta nação forte e tranquila, preparada para a guerra e segura da paz. As vizinhanças perigosas afastam-se hoje à distância de todas as baionetas francesas postas ponta com ponta. Para este resultado de confiança e de calma, não parecem demais aos contribuintes o milhar e meio de milhões, que anualmente consomem os ministérios da guerra e da marinha. E como no ponto essencial da defesa nacional estão todas as políticas e todos os políticos de acordo, pode-se ter como útil esse perigo exterior que, pelo quase congraçamento de todos os partidos em torno da mesma ideia, amortece e reprime as maléficas dissensões latentes no interior. Há uma fábula de Esopo ou La Fontaine, em que um casal mal unido reconcilia-se diante do perigo, por um ladrão que lhes entra em casa, alta noite.

Somente o perigo exterior vai passando a ser uma espécie de papão com que os chefes políticos intimidam os revolucionários de dentro. E estes começam a perder o receio e a confiar muito, talvez demais, no trabalho dissolvente, que nas massas guerreiras dos vizinhos inimigos opera o espírito socialista e a indisciplina anarquista. As reclamações, justas ou ilegítimas, dos operários contra a má distribuição dos quinhões de bem-estar social, as incontentáveis exigências dos salariados contra os que os empregam sobem do fundo das minas à tribuna das câmaras legislativas num clamor temeroso de ódio e rancor.

A gente miserável persuadia-se que a burguesia riquíssima explora a massa operária [...][55] da fortuna pública, que algumas centenas de ricos detêm injustamente.

Outro não é o grito dos comunistas, que, sob designações várias, fomentam e provocam as greves que rebentam incessantemente em todos os cantos da França, em todas as regiões industriais e fabris onde quer que haja uma centena de operários a excitar contra os patrões espavoridos.

Noutro tempo o orgulho das vitórias militares conduziu a França a um desastre nacional. Agora a convicção de que são eles os únicos a não recear da miséria, porque sofrem da pletora de ouro porque a renda pública está quase ao par, pode levar os franceses a graves desacertos políticos e perturbar-lhes a economia doméstica ou arruiná-la de uma vez. No mesmo dia em que se reabriam as câmaras e ia discutir-se na dos deputados a questão embaraçosa de Carmaux, um artigo de Paul Leroy-Beaulieu nos *Débats* declarava calamitoso o estado financeiro de muitas companhias por ações, de meios de transporte, de iluminação elétrica e de bancos, aparentemente

55 Trecho ilegível no jornal; cinco linhas sobrepostas por fita adesiva.

prósperos: e pouco auspicioso para os capitalistas o emprego dos seus capitais em qualquer empresa dependente de um numeroso pessoal operário. A indústria ora estagnada, tende a periclitar, a produção agrícola nacional será brevemente a suficiente para obstar ao empobrecimento gradual do Estado, sob a ação combinada do menor rendimento dos impostos, do aumento incessante das despesas públicas. O economista apreensivo verifica a prosperidade atual revelada pelos algarismos dos orçamentos, mas não augura nada de bom da excessiva confiança dos homens do governo, que praticam o protecionismo em matéria comercial e o socialismo em matéria de organização do trabalho.

O caso da *grève* de Carmaux que há tantas semanas já nos azoina os ouvidos subiu por interpelação à câmara dos deputados, para ser resolvido pelo governo de modo menos lógico possível. Não sei se já se contou aqui que os mineiros da mina de Carmaux puseram-se em *grève* contra a companhia que os emprega, por ter esta despedido um operário de nome Calvignac, eleito *maire* da comuna e portanto tornado incompatível com o seu emprego de operário mecânico. Quiseram tomar a demissão do operário como uma vingança política e forçar a diretoria da companhia a readmiti-lo, com uma concessão de licença enquanto durasse o seu mandato eleitoral. Para isso usaram de pressões odiosas, que forçaram o governo a mandar guardar a mina e a sede da diretoria da companhia por forças da gendarmaria nacional. Já se vê que lá haviam de estar alguns deputados socialistas e radicais, que mais depressa aproveitam ocasiões como esta de lançar óleo na fogueira em que hão de arder as instituições da burguesia execrada. Foram esses que trouxeram a questão para a câmara. E o governo, que não ousara destituir o *maire* insubordinado de Carmaux (o Sr. Calvignac recusou mandar afixar uma circular do prefeito do departamento contra as patrulhas dos grevistas, que, a pretexto de manter a ordem, impediam os seus camaradas de voltar ao trabalho) achou melhor propor à companhia de Carmaux, que já tinha feito tantos sacrifícios para manter os seus direitos, que submetesse a questão a um arbitramento. Os senhores estão vendo a tirania dos proletários que começa. Quem tiver de tomar um empregado d'ora em diante terá de indagar previamente se ele não tem projetos de candidatura à *mairie* ou ao juizado de paz. Porque, em se manifestando a soberania do sufrágio universal, não há patrão que resista nem lei que obrigue o homem a largar o seu emprego, as despesas da duplicata correrão por conta da estúpida burguesia, que nunca fará sacrifícios bastantes para fazer esquecer o seu caráter odioso de parte pagante da sociedade.

O deputado barão Reille, um dos diretores da companhia, aceitou em princípio o arbitramento, em nome desta. O marquês de Solages, outro diretor, já tinha dado a sua demissão de deputado, para mostrar que na resistência da companhia à odiosa exigência dos grevistas não entrava nenhuma política. Sacrifício inútil: Calvignac será magistrado comunal e operário no gozo de uma licença ou a companhia se arruinará e mil e quinhentos mineiros viverão escassamente dos recursos que lhes distribuirá a caixa da *grève*, novos rendeiros do novo regime, que se anuncia pouco simpático.

E a câmara saltou por cima disto despreocupadamente, como quem não conta com o dia de amanhã. Assim vamos caminhando para a desorganização da disciplina, da ordem e da justiça. Mas o que querem que se faça pelo dia de amanhã, que ainda está tão longe, quando hoje ainda se tapa um *déficit* de dez milhões no orçamento (quem nos dera uma brincadeira assim!) com o lançamento de um imposto de dez francos sobre os velocípedes que por estas ruas e estradas andam se embaraçando pelas pernas da gente! Quem acha tão facilmente um meio de tapar rombos no orçamento pode lá pensar nos perigos que Leroy-Beaulieu prevê para a economia e as finanças particular e públicas da França! Das experiências do protecionismo e do socialismo do Estado nós vamos ver os resultados... tarde.

Domício da Gama
Paris, 20 de outubro

81
De Paris

(28 de Novembro de 1892)

Sumário. A solução da questão de Carmaux.
A lei sobre as candidaturas múltiplas. A segurança pública em Paris.
Ed. Drumont preso. Os mulatos de Béhanzin. A morte de Hervé.

A temerosa questão de Carmaux resolveu-se pacificamente, senão satisfatoriamente. Ninguém ficou contente, como acontece sempre que se reclama com ameaças alguma coisa que não é devida. Aqui todos sacrificaram um pouco dos seus direitos, para chegar a um chamado acordo. A companhia abaixou o seu topete de pagante, prometendo readmitir os mineiros condenados em polícia correcional por delitos de *grève*, exceção feita para os que já tinham maus antecedentes judiciários (e mesmo esses um conselheiro municipal desabusado prometeu admitir na sua exploração). Os grevistas aceitaram esse compromisso e voltaram aos trabalhos da mina, ao mesmo tempo que vinha a ordem de soltura aos presos anistiados pelo governo. E o governo, que foi quem mais sofreu, perdendo no seu prestígio o princípio da autoridade e da ordem, anistiou condenados por crimes contra o direito comum, depois de ter sido desrespeitado o seu arbitramento condescendente e comprometedor. Houve quem dissesse que não meteram nisso o presidente do conselho senão para o desmoralizar. Outros viram na contenda o primeiro conflito entre o novo regime (Burguesia) e o novíssimo (Proletariado), para a conquista da plenitude dos direitos deste último, a propósito dos embaraços que a Burguesia pretende opor ao exercício do sufrágio universal. Eu se fosse representante da Burguesia, diria que não vejo razão para que sejam os burgueses que paguem as despesas de representação do Proletariado sufragado pelo voto popular, que outra coisa não quer dizer a dispensa forçada para um eleito do sufrágio universal de comparecer na sua oficina, na sua loja, na sua mina, no lugar em que pelo seu trabalho se lhe paga um salário, enquanto dura o seu mandato eleitoral. E se o proletariado não tem meios de manter a sua representação, tanto pior para o eleitorado do quarto estado. Ou seja mais prudente antes de proceder a uma eleição, e, forçado a despesas reduzidas, escolha representantes que, pela sua atividade profícua e desinteresse pessoal, compensem os seus sacrifícios e façam honra ao seu mandato.[56]

Tanto mais quanto o número avulta consideravelmente dos que aspiram à honra de representar as novas camadas sociais no Parlamento e em todas as funções eletivas da vida social e política. E as concessões graciosas dos *detentores do capital* em favor dos que têm fome e sede se fazem todos os dias, por inspiração da caridade e do espírito de justiça ambientes, mais do que pelas reclamações cheias de ódio e de inveja. Só isso bastará para impedir a revolução.

- Mal o governo acabava de manifestar pelos considerandos de um arbitramento absurdo, o seu respeito quase religioso pelo livre exercício do sufrágio universal, distribuía-se na câmara um projeto revogando a lei de 18 de julho de 1889, sobre as candidaturas múltiplas. Essa lei votada com o fim de evitar os riscos que corria a República com o perigo dos plebiscitos por via do famoso sufrágio, foi o medo do boulangismo que a sugeriu. Agora ainda em nome da República, os autores do projeto que a revoga, dizem que "restringir o livre exercício da soberania do sufrágio universal, embaraçar estas manifestações, é violar o princípio fundamental do regime". Os autores do projeto chamam-se Gautier de Clagny e Brincard... nomes que têm graça. Fica a gente pensando em quem seria o primeiro plebiscitado. Bismarck diz que seria o primeiro general vitorioso, se a guerra se fizesse. E que é por isso que os republicanos não querem a guerra.

- Condenaram a quinze meses de prisão uma mulher chamada Anna Dubois, que a opinião pública acusa de ter matado o irmão e ainda não descobriram a identidade de uns pedaços de outra mulher que encontraram numa casa em construção na rua Botzaris, lá para as Buttes-Chaumont.

56 Há uma falha de coesão no último período; porém, foi ele mantido, como no jornal, sem alterações.

Começaram os medrosos a achar que a repressão do crime deixa a desejar em Paris. Em Londres também e em toda a parte em que há muita gente e onde o homem não presta atenção ao homem. Não há floresta que melhor esconda um criminoso do que a multidão humana.

- Eduardo Drumont, redator da *Libre Parole*, entrou anteontem para a prisão de Sainte-Pélagie, onde vai passar três meses em cumprimento da pena que lhe foi imposta pelo júri do Sena no processo por difamação que lhe intentou o Sr. Bordeau, hoje ministro da marinha.

Num gracioso artigo o jornalista condenado despediu-se do seu Paris de outono com muitas saudades e fez considerações melancólicas sobre a dureza da pena que o fere, sem anistia nem remissão possível, enquanto os agressores grevistas são postos na rua antes do tempo, só porque têm atrás da [...][57] políticos agindo.

O governo parece [...][58] homens e esperando reforços, que não chegarão talvez senão muito tarde, quando tiver começado a estação das águas e for impossível prolongar a campanha. Parece que as últimas instruções são que o coronel Dodds tome Kana (para o efeito moral) e que o país seja depois *razziado*, à volta da expedição mal preparada e mal ajudada. Verificou-se que os negros eram mais difíceis de vencer, porque há oficiais alemães nas fileiras daomeanas e falam até de *mestiços brasileiros* que entendam dessa quitanda de guerras (os senhores vão ver que os franceses ainda nos levam a mal essa extraordinária exportação de mulatos do Brasil para servirem de cabo de guerra ao rei Béhanzin).

O resultado da expedição será para os franceses a perda de muitos milhões e de muitas vidas e a volta de muitos soldados mutilados. Ainda agora chegam cento e tantos feridos a Marselha. Para os alemães o resultado é comercial: venda de pólvora e espingarda. E para os mulatos brasileiros é uma carreira nova que se abre...

57 Palavras prejudicadas por uso de fita adesiva no jornal.

58 Trecho comprometido por fita adesiva no jornal, num total de cinco linhas.

- O inventor da opereta-bufa, Florimond Ronger, mais conhecido pelo nome popularíssimo de Hervé, morreu ontem de um acesso de cólera que o sufocou, ao ler um artigo de jornal que o maltratava.

Hervé nascera em 1825, e desde 1810 quando aluno de harmonia no conservatório, fora organista no hospício de Bicêtre, onde viveu alguns anos, tratando com os alienados, ensinando-lhes música, organizando concertos com eles, e até dando representações teatrais em que os atores eram escolhidos entre os melhores dos pensionistas do estabelecimento. Parece que a privança com a gente desassisada deixou vestígios indeléveis no espírito do músico, que toda a sua vida foi um excêntrico de marca.

Em 1849 começou ele a aparecer com as pequenas operetas ou antes fantasias musicais de dois personagens, num teatrinho concerto, em que era diretor, autor e ator. Mas depois, não podendo transpor os limites das peças de dois personagens em que o encerrava o seu privilégio, Hervé fez-se tenor ligeiro e foi cantar pelas províncias. Quando voltou entrou para o Eldorado como regente de orquestra, depois de ter dado nos Délassements-Comiques o *Hussard Persecuté*, que foi um dos seus grandes sucessos.

E no Eldorado produziu abundantemente escrevendo toda a sorte de peças musicais: operetas, cançonetas, duos cômicos, de uma fantasia estrepitosa.

Já Offenbach, vindo da Alemanha e trabalhando no gênero criado por ele, sobre libretos menos extravagantes, fazia-lhe uma concorrência triunfante. *L'Œil Crevé* primeiro e *Petit Faust* algum tempo depois, fizeram Hervé sair da meia obscuridade a que o tinham reduzido os sucessos estrondosos do seu concorrente, e o seu nome deu a volta ao mundo.

Depois da guerra Hervé foi viver em Londres, onde passou longos anos compondo, escrevendo, cantando, trabalhando para os ingleses e para os franceses. Há canções bem agradáveis dele, que a Judie cantava na *Mam'selle Nitouche*, na *Roussotte*, na *Femme à papa*, com aquela graça maliciosa, pontuando as frases e sublinhando as palavras de segunda intenção, que ainda hoje possui a grande atriz do vaudeville novo.

O vaudeville, a comédia intercalada de coplas, fora batido em brecha pelo autor do *Petit Faust* nos seus primeiros trabalhos, e foi para o vaudeville que ele acabou escrevendo. A opereta definha e o vaudeville prospera. Será porque é este o gênero eminentemente francês?

Ultimamente Hervé voltou para a França e reapareceu em público com uma opereta, *Bacchanale*, que foi acolhida friamente pelo público e pela imprensa parisiense. Acharam que a sua extravagância em música não aparecia mais temperada por nenhuma originalidade ou faltaram os executantes, que noutros tempos teriam levado tudo de vencida num arranco de bravura e *d'entrain*? Não se sabe bem. Mudaram os tempos: a gente vai se afinando e tornando mais exigente. *Bacchanale* fez fiasco.

Hervé sentiu-se muito e manifestou o seu ressentimento por uma carta ao *Figaro*, em que se declarava um dos maiores compositores contemporâneos. O *Figaro* publicou a carta, como uma das coisas mais divertidas que tinha produzido o grande mestre da farsa musical. Ele, então, desatinou e afirmou a um repórter do *Écho de Paris* que Mozart, comparado com ele, é um pigmeu. Fizeram-lhe troça os jornalistas, e foi lendo um artigo que o discutia irreverentemente, que o criador da opereta-bufa, sufocado por um acesso de asma e de ira, morreu em alguns instantes.

Ficam doidos uns, morrem outros antes do tempo, vão acabando depressa estes levitas da alegria irônica francesa. Será castigo do céu, porque não se toque a rir na ilusão humana? Será um sinal dos tempos, dos tempos da tristeza que vão vir? A geração dos novos é tão séria! O desprezo pelo riso vai crescendo, como se cada um se escutasse e se sentisse viver, dolorosamente. Todos moralizam, filósofos, poetas e artigos. Uma obsessão de justiça faz de cada livro, de cada quadro, de cada canção um reclamo contra a distribuição atual dos quinhões de felicidade física ou moral. Desviados do seu destino os esforços da arte, acabaremos por concluir que a expressão das suas visões e sentimentos foi dada ao homem para que ele se queixasse de viver.

E francamente...

Domício da Gama

82
De Paris

(11 de Dezembro de 1892)

Sumário. A dinamite de novo. O governo, inculpado, pede leis repressivas e moções de confiança. O pânico. Uma sociedade perfeita. Nós, em comparação. Abismos mais ou menos fundos. Vizinhos que ninguém quer. O carrasco de Paris e o seu proprietário. A lei contra os estrangeiros e a confraternização dos povos.

Na quarta-feira 9 de novembro acharam uma panela de dinamite à porta do escritório da Companhia das Minas de Carmaux, na Avenida da Ópera. Um empregado do escritório e um agente de polícia carregaram a bomba, que pesava seis ou sete quilos, para o comissariado de polícia da rua des Bons-Enfants, atrás do Palais-Royal. Apenas lá tinham chegado, acompanhados por um inspetor que encontraram em caminho, o engenho destruidor rebentou, matando instantaneamente os dois portadores, o secretário do comissariado e outro agente que ali se achava e reduzindo a uma chaga viva e horrível o inspetor, que morreu na mesma tarde.

Dos outros mal se puderam reconhecer os restos estraçalhados e enegrecidos pela explosão.

Muitas horas depois, ao revolver os destroços do comissariado destruído, ainda se encontravam bocados de tripas enroladas nas arandelas de gás, pedaços de couro cabeludo, um calcanhar, ossos nus em fasquias, um trabalho de esmigalhamento prodigioso. A casa não caiu toda por ser uma daquelas sólidas construções do século XVII, que ainda restam no antigo quarteirão do Palais-Royal. Mas foi preciso especá-la, como fizeram à da rua de Clichy, para não vir abaixo.

Foi por toda a cidade um grande espanto e um clamor geral contra o governo que, pela sua inércia, pela sua fraqueza, consente que um grupo de loucos furiosos exerça a sua mania destruidora, matando criaturas inofensivas e aterrando um povo inteiro. Filiou-se a explosão da rua des Bons-

Enfants ao caso de Carmaux contra cujo diretor era dirigida a bomba. No mesmo dia interpelaram o governo na câmara.

O Sr. Loubet, presidente do conselho, que tão fraco se mostrou no seu arbitramento em favor dos grevistas, declarou que o governo estava disposto a ser firme. Como não é provável que apareça a gente contra a qual tenha de se exercer essa firmeza, a câmara acabou, depois de uma discussão desconexa, por votar uma ordem do dia unânime de indignação contra os anarquistas militantes, e outra, por grande maioria, de confiança na ação do governo para a repressão de crimes como este.

Distribuíram socorros às famílias das vítimas (todos eram casados, tinha filhos e eram, naturalmente, pobres), que foram enterrados com muitas honras, com ofício religioso na Notre-Dame, toda armada de preto, e discursos à beira da cova pelo presidente do conselho, presidente do conselho municipal e prefeito da polícia. Do cemitério foi o Sr. Loubet à câmara pedir outra moção de confiança e declarar que a proteção das classes conservadoras da nação não se faz tão eficazmente quanto seria para desejar porque o governo não dispõe de leis defensivas, suficientemente agressivas contra a propaganda subversiva do regime. E a câmara resolveu inscrever na sua ordem do dia para quarta-feira que vem um projeto de lei, que modifica certos pontos da lei de 1881 contra a imprensa.

Essa lei, que pune certas provocações não seguidas de efeito, não previu a provocação à destruição por meio de engenhos explosivos. O projeto, além disso, autoriza a apreensão dos escritos (e a prisão dos seus autores) que insuflarem o ódio dos descontentes, excitando-os ao saque, ao incêndio, à destruição dos bens e das vidas, e edita penas severas contra os autores de provocações dirigidas a militares com o fim de os desviar do seu dever.

Já há seis meses, por ocasião das explosões da rua de Clichy e do restaurante Véry, quando esse projeto foi apresentado pelo governo, a imprensa radical fez-lhe uma guerra implacável. Vão renascer as polêmicas adormecidas durante seis meses, e, em nome de um liberalismo que ninguém pode suportar, inaplicável, defender-se-á a liberdade do pensamento e da palavra, mesmo quando um e outra são ativamente criminosos.

E é muito natural que o governo, que não toma a iniciativa de nenhuma medida conservadora, que emprega toda a sua atenção em pressentir os movimentos da maioria ou dos grupos parlamentares valiosos, para dirigir a sua política nesse sentido, o governo, que faz caso principalmente da sua estabilidade ministerial, não queira descontentar o bulhento partido do Sr. Clemenceau e sacrifique um pouco dos elementos de firmeza e severidade que ele porventura contasse adquirir com a votação dessa lei de defesa social.

Verdade é que ainda na aplicação da lei, se fosse votada, não se poderia esperar muito de um governo que já perdeu tanto do seu prestígio numa questão de direito claro e irrecusável como foi a da *grève* de Carmaux.

Entretanto reaparecem as mistificações das cartas de ameaças contra os homens em evidência e lavra por toda a cidade o pânico das vizinhanças perigosas. Os moradores da casa em que está o escritório da companhia Carmaux reclamam o seu despejo. O barão Reille, diretor, já se obrigou a receber a correspondência no seu domicílio particular. Os magistrados não garantidos por arrendamentos recebem aviso dos proprietários para deixarem as suas casas. A polícia, quase toda empregada em guardar moradas assinaladas à destruição anarquista, diminui de vigilância nos seus outros misteres. Já ninguém fala da mulher cortada em pedaços, cuja identidade ainda não foi reconhecida e cujo assassino não apareceu. Todas as atenções convergem para os anarquistas.

Quando a gente lia aí nos colégios o folhetim do *Jornal*, que contava as maravilhas da sagacidade de Vidocq e de Monsieur Lecoq, levado pela imaginação de Boisgobey e de Gaboriau, atribuía um faro genial aos inspetores da polícia parisiense, a primeira do mundo. E ainda hoje há quem pense que a segurança pública sabe tudo e vigia tudo. Ora, nestes últimos tempos, os grandes crimes se têm sucedido – assassinato do general Seliverstsoff, da baronesa Dellard, atentados anarquistas e, anteriormente, segredos de nomes de Campi e de Prado – sem que nas devassas a polícia de Paris se mostre à altura da sua antiga legenda. Será porque os criminosos são mais inteligentes do que os homens de bem? Mas bem se podia tomar uma quadrilha de bandidos para a defesa da gente honesta e incauta. Nas ruínas dos castelos antigos os cicerones mostram as salas baixas onde se fechava a guarnição de mercenários sem fé nem lei, vigiada do alto pelos leais servidores do senhor, e que só se soltava, como matilha de cães ferozes contra inimigos à vista.

Deste espetáculo de perturbação e de desassossego eu tiro uma reflexão agradável para nós: é que muito tempo ainda se passará antes de nós termos uma civilização tão perfeita e completa, de movimentos tão serenos no maquinismo político e social, que a explosão inesperada de seis quilos de dinamite basta para alterar-lhe a marcha e fazer perder (temporariamente embora) a confiança nos seus destinos. Os franceses têm tanto medo de ver o país à beira do abismo...

Nós cá temos tido o nosso no fundo tantas vezes, que parece que já sabemos mergulhar e tomamos gosto pela ginástica de cambalhotas da borda para o fundo e de ascensões do fundo para a borda. Quem fizer a história das nossas revoluções explicará talvez essa nossa agilidade pelo caráter simiesco que nos atribuem os vizinhos e bons amigos.

Agora, também pode ser que o nosso abismo costumado seja uma simples baixada em comparação com o que os franceses preveem apreensivos – um despenhado de pesadelo com pontas de baioneta ao fundo.

Salutar apreensão, se trouxer medidas de segurança, que restaurem a confiança antiga, que tirem do espírito do parisiense alegre estas fumaças sufocantes de bombas homicidas. Já não passa um carro rodando surdamente sobre a calçada de madeira do boulevard sem que a gente pense em desabamentos de casas longe. E de noite os sonhos arquitetam dramas sobre acompanhamentos de portas que batem, de ruídos dos tacões dos vizinhos que entram tarde, conversas e cantos na rua, como música de tiros, imprecações e gemidos, o estrondo de uma matança pavorosa.

A única coisa engraçada no meio de todo o pânico é a questão suscitada pelo proprietário da casa em que vai morar o carrasco de Paris, para desfazer o arrendamento. Argumenta ele que ignorava a qualidade do seu futuro locatário antes da assinatura do contrato. Foi só depois de ter lido a assinatura que ele perguntou:

"- M. Deibler... seria o senhor.... o carrasco?

- Sou, respondeu *M. de Paris*, secamente".

E o pobre proprietário, estatelado, só pôde gaguejar:

"Ah! bigre! Ah! bigre..."

E vão demandar.

- Houve ultimamente em Lens na legião carbonífera do Norte, rixas de uma certa gravidade entre os mineiros franceses e os belgas.

Esses incidentes sugeriram a alguns deputados a ideia de um projeto de lei criando um imposto sobre os estrangeiros residentes em França e aí percebendo salário ou vencimentos de qualquer sorte.

Os argumentos apresentados pelo Sr. Thellier de Poncheville, autor da proposta, para justificá-la perante as câmaras e a opinião, derivam da desigualdade sensível das condições da concorrência para o trabalho entre os nacionais e os estrangeiros, desigualdade que consiste principalmente na dispensa para os últimos do serviço militar obrigatório.

Por isso, além da taxa das patentes e do imposto de residência, o autor do projeto de lei protecionista propõe mais uma taxa suplementar proporcional aos salários ou patentes para os estrangeiros que recusarem cumprir na Legião Estrangeira todas as obrigações militares dos franceses.

Pelo caminho que vão tomando as coisas, parece que tudo se fará para satisfazer as exigências do operário francês. Já a indústria reclamou contra a concorrência dos produtores similares estrangeiros e deu-se-lhe o protecionismo aduaneiro.

Agora o operário reclama contra a concorrência do braço estrangeiro e vão criar um importo que pese sobre a perniciosa diligência desse braço. Só o que eu não vejo é o caminho por onde se vai daqui para a livre concorrência do esforço humano na sonhada confraternização dos povos...

12 de novembro de 1892

Domício da Gama

83
De Paris

(23 de Dezembro de 1892)

Sumário. A tomada de Abomei. A morte do Cardeal Lavigerie. O discurso de Émile Ollivier na Academia.

A parte essencial da campanha do Dahomey pode considerar-se terminada. O general Dodds, comandante da coluna expedicionária, telegrafou ao ministro da marinha, que entrou em Abomei, abandonada sem combate pelo rei Béhanzin. A fuga do chefe negro é o único inconveniente para a reorganização provisória do seu reino.

Na falta de autorização sua, vão retalhar-lhe o território e reparti-lo em províncias, que serão umas incorporadas às possessões francesas de Bénin e outras submetidas ao protetorado francês (o que vem a dar na mesma). Quanto ao país dos Decamés, que já é amigo, dar-se-lhe-á por chefe o rei Toffa, com Porto Novo por capital (este Porto Novo é que me cheira a influência dos mulatos brasileiros, que dizem que por lá andaram dando água pela barba aos guerreiros franceses). Ao lado dos chefes entronizados nas três províncias, serão colocados residentes franceses, dependendo hierarquicamente do governador de Bénin.

Abertas estradas ligando Abomei a Uidá,[59] estabelecidas as sedes dos governos com as competentes guarnições militares e os portos aduaneiros em Uidá e Godomey, ficarão os homens políticos habilitados com um certo número de empregos na administração a distribuir pela inumerável legião dos orçamentívoros de menor importância. Ficará um Tonkin mais perto e relativamente barato para os cofres públicos.

O estúpido do Behanzin é que não compreenderá por que é que os franceses lhe foram fazer guerra em sua casa se não é para devastar-lhe o

59 No jornal, "Vidah".

país e levar-lhe a gente em servidão. Também não compreenderá a política do ministério da marinha que, em vez de mandar contra ele, desde o começo, forças numerosas que o esmagassem logo, esteve a mandar gente aos bocadinhos, a regatear soldados para que a guerra durasse e morressem tantos numa campanha que não valia a pena de heroísmos.

Herói ficou o general Dodds pela sua firmeza e tática militar na guerra de guerrilhas e pela modéstia das suas comunicações aos chefes hierárquicos, unicamente o estrito necessário, sem adjetivos nem espalhafato bélico, como um empregado que dá conta de uma missão ordinária. Vão oferecer-lhe uma espada de honra, recebê-lo-ão com festas, dar-lhe-ão um bom comando no continente branco. A menos que tenham medo da sua popularidade e que vejam nele um Boulanger provável. Têm tanto medo das personalidades militares estes anônimos impopulares do governo! Que, por fim de contas, não acham os senhores?... Não é bom brincar com armas: lá um dia o diabo fez fogo com uma tranca, diziam os sábios nossos antigos.

- No dia 26, pelas duas horas da madrugada, morreu em Túnis, o cardeal Lavigerie, arcebispo primaz da África, nomeado pelo papa administrador do vicariato de Túnis tanto no temporal como no espiritual. Era um dos poucos grandes vultos ainda vivos do último quartel deste século, um nome que representava uma personalidade considerável. Para muita gente ele não seria mais do que o personagem modelo do retrato de Bonnat: para o resto, para os que acompanham os trabalhadores no campo do progresso, ele era o conquistador espiritual da África, o homem das missões católicas, que organizou milícias religiosas, os Monges brancos primeiro, os Frades armados do Saara finalmente, encarregados uns e outros de abrir no deserto, para lá dos postos militares mais avançados, asilos para os escravos fugitivos. Assim livrava ele os negros do cativeiro primeiramente e do islamismo depois. E fazendo obra humana e cristã trabalhava pela França.

Era patriota, republicano, discutidor ardente e tinha a paixão das suas empresas. Nascera em Baiona em 1825, de raça misturada de bearnês e de vasconço, filho de um recebedor das alfândegas. Aluno de Saint Sulpice, ordenou-se padre e doutorou-se em teologia em Paris e foi professor de história eclesiástica na Sorbonne antes de ir para as missões da Síria, em seguida às matanças de cristãos naquele país. Voltando de lá foi para Roma servir como ouvidor *di rota* pela França.

Em 1863 foi nomeado bispo de Nancy e quatro anos depois passava para Alger mudado para ele em arcebispado. Aí fundou missões para o Sudão e o Saara e, a pedido do papa Pio IX, estendia-as para o interior da África (lago Nyanza, Tanganica, Congo) e estabelecia na Tripolitana e em Tânger os missionários de Argel.

No intervalo, fora por duas vezes candidato à assembleia nacional em 1871, nos departamentos dos Baixos-Pireneus e das Landes. Derrotado nas eleições, contentou-se com ser príncipe da igreja (desde 1882 teve o chapéu vermelho) e apóstolo africano.

É uma bela figura quase heroica, que desaparece, a desse filho de Biscaia, que a igreja não impediu de obedecer, como obedeceria através do século aos impulsos de uma atividade exuberante e impetuosa. As ocupações e encargos da vida eclesiástica, a disciplina cerebral do professor teólogo, a obediência e a renunciação mística do missionário da palavra divina, os negócios e a administração de uma vasta diocese não lhe tolheram o ânimo e a iniciativa de pregador e condutor de cruzada. Extenuado pelas moléstias do clima da África, carregado de anos, viram-no, não há ainda muitos anos, correr as capitais da Europa, solicitando os governos, reunindo congressos, estendendo a mão à multidão nas igrejas, a fim de congregar as boas vontades em favor da obra antiescravagista.

Impulsivo ou crente, era um grande e simpático homem.

- Na sessão pública anual da Academia Francesa, falou, após vinte e dois anos de silêncio, o antigo ministro do império Émile Ollivier, fazendo o elogio das pessoas a quem neste ano foram distribuídos os prêmios de virtude, o prêmio Montyon. Parece uma coisa tão simples fazer um discurso acadêmico, celebrando as virtudes dos humildes, que para isso basta ser da Academia. Mas ao homem de política vencida faz-se um delito até dessa última ambição de orador que não quer morrer murado no silencio e, depois de terem querido impedir que ele falasse por toda a sorte de recriminações e de injúrias de um rancor obsoleto, ainda acharam pretensioso e indiscreto o seu corretíssimo discurso.

Chamam a esta odiosa imposição a certos homens de serem as vítimas eternas de um erro coletivo, de um arrependimento, de um regime renegado, *exigência da consciência nacional.* Tanto a má fé política joga facilmente com grandes frases prestigiosas e tanto a intolerância dos possuidores do poder se disfarça com a hipócrita exibição de grandes sentimentos.

Domício da Gama

1893

84
De Paris

(29 de Janeiro de 1893)

Sumário. Crônica triste. Um mau fim para um bom princípio. Apreensões e incerteza. A renda pública em baixa. O frio e a miséria. Mais dois escândalos. A morte de Albert Delpit e de Amédée Guillemin.

Triste acabou o ano de 1892, inquieto começou este de 1893. Não há nada que possa consolar os homens públicos do descrédito que sobre a classe dirigente da nação lançou esta escandalosa devassa sobre corruptores e corruptos. Ninguém pode prever a solução que isto terá; se virão violências de rua, se virá simplesmente, e ainda para pior, o desânimo dos homens em servirem uma causa que não parece mais do que um monte de empresas desonestas, de ambições pessoais e ilegítimas.

Entretanto, bem tinha começado o ano para a República. Os partidos adversos iam pouco a pouco desarmando, como se o voto geral da nação reconhecesse o regime que uma minoria idealista em tempo lhe impôs.

O papa aconselhava o congraçamento e tirava ao partido monarquista o seu apoio moral. No seu juízo a legitimidade do poder cabia à representação republicana, que a França se atribuíra. Esse deslocamento de opinião não podia deixar de produzir as suas consequências.

Mas o governo da política oportunista confiou demais no seu prestígio. E uma série de erros acabou por provocar a suspeita geral de que os governantes atuais são desonestos ou pelo menos incapazes. O triunfo republicano durante a exposição de 1889, a destruição do boulangismo, as demonstrações simpáticas, fazendo prever uma aliança com a Rússia, o equilibramento das finanças nacionais manifestando-se pela cotação dos fundos públicos quase ao par e pelos *déficits* insignificantes, tudo desaparece diante da desmoralização governativa e parlamentar que um ministro imprudente provocou.

O primeiro alarma veio das explosões de dinamite. Depois a questão da *grève* de Carmaux em que o princípio da autoridade sofreu profundamente. Um arbitramento do presidente do conselho foi desrespeitado pelos mineiros e revogado pelo ministro das obras públicas, em plena câmara, diante do Sr. Loubet silencioso e resignado. Mas o governo continuava a governar; era o essencial. Foi preciso um movimento de impaciência, diante de uma discussão irritante, para que o tenaz ministério Loubet caísse na segunda batalha parlamentar do Panamá.

Um novo ministério, recomposto com os mesmos elementos do antigo, menos dois membros substituídos, não tem mostrado nem mais energia governativa, nem mais clareza e boa fé no seu programa.

Os tempos são calamitosos. O partido oportunista parece esgotado e em crise. O Sr. Freycinet, atacado e impelido pelos seus companheiros, não quer sair sozinho, talvez com medo de que lhe façam o mesmo que fizeram aos Srs. Rouvier e Jules Roche. O Sr. Floquet, presidente da câmara, não decidiu ainda se se apresenta à reeleição. E já se indica o Sr. Casimir-Perier como o seu sucessor e candidato à sucessão do presidente Carnot, na futura eleição.

Entretanto já se fala no despronunciamento dos parlamentares implicados no negócio dos cheques. E o Sr. Andrieux, o justiceiro, protesta desde já contra a tenção do governo embaraçado e declara que tomará a si a causa em justiça. Notem que Cornelius Herz, sempre por trás do antigo prefeito de polícia, sumiu-se de Londres. E dizem que vão riscá-lo do quadro da Legião de Honra.

Com todas as incertezas do dia de amanhã e as agitações e agonias da hora presente, os fundos públicos não se mostram muito seguros e as cotações da bolsa variam no mesmo dia até um ponto de diferença, a firmíssima renda francesa!

Fora da política não correm mais prósperos os tempos. Faz muito frio. O termômetro tem descido a 14° cent. abaixo de zero. Morre muita gente de frio e de fome. Todos os dias os jornais contam histórias tristíssimas de crianças encontradas mortas, de homens que caem inanimados à porta dos asilos noturnos cheios a transbordar e recusando abrigo a centenas de miseráveis todas as noites, de famílias pobres que se suicidam juntas. E a caridade pública não cessa, os ricos distribuem dinheiro como se os tempos estivessem próximos e os pobres não regateiam o seu auxílio aos mais pobres. A Assistência Pública recebe dinheiro aos milhões, presentes dos Rothchilds e outros judeus ricos; o conselho municipal reparte esmolas como se todos ali fossem Vicentes de Paulo e Francisco de Sales. Mas a miséria assoberba a caridade.

No rio de margens já coalhadas passam os cavaleiros brancos do gelo, que uma corrente rápida leva para o mar. A navegação interrompeu-se e das pontes só se ouve o ruído das lajes de gelo quebrando-se de encontro aos pegões, numa chiadeira seca. Mais dois dias de frio assim e o Sena coalha de todo. É a miséria para milhares de pessoas que dele vivem, marinheiros d'água doce, carregadores, empregados nos serviços da navegação fluvial. Os montes do socorro já começam a restituir aos pobres as roupas de agasalho empenhadas no verão. É a providência tardia que deixa a pneumonia levar muita gente antes de valer à mais robusta.

Agora os patinadores, esses gostam do tempo que lhes oferece durante mais de quinze dias resistentes e sólidas as toalhas dos lagos desde Vincennes até Versailles. Pelas ruas encontram-se grupos de pessoas com os patins dependurados ao pescoço, como troféus. Alguns vão almoçar no restaurant assim armados. Talvez esses não patinem para não desfazer a correção do trajo especial dessa ocupação da moda.

Na alta sociedade dois escândalos mais: a princesa de Sagan que demanda com os criados por pagamento de dinheiros que estes lhe adiantaram e Mme. Baillon, mulher do célebre professor de botânica, que aparece em juízo trazida pelos credores por dívidas e pelo marido em instância de divórcio. O Dr. Baillon ganha mil francos por mês; a mulher gastava sessenta mil por ano, tinha casa sua escondida do marido e figurava como rica. Só as reclamações dos credores fizeram o sábio sair da sua cegueira para o que se passava em torno dele.

Na livraria os livros de festas de gravuras e capas vistosas. No teatro peças de grande espetáculo ou reprises. Até a *Lisístrata* de Aristófanes, arranjada à francesa por Maurice Donnay, para o *Grand Théatre*, é uma *reprise*. Mas nela revelou-se ao grande público o fino poeta do *Chat-Noir*.

Albert Delpit, homem de letras, acaba de morrer, na idade de 44 anos incompletos. Embora não deixe uma grande obra, era um escritor estimado.

Nasceu em 1849 na Nova Orleans. Os pais o destinavam ao comércio. Em França, porém, o jovem Delpit entrou para a redação do *Mousquetaire* de Alexandre Dumas, e as letras o absorveram, as letras literárias. Foi dramaturgo e romancista e folhetinista com sucesso desigual. *Robert Pradel*, drama em 4 atos representado em 1873 no Odéon, [...][60] desde a primeira representação. Mas logo depois *Les Chevaliers de la Patrie*, no teatro Histórico, foram muito bem acolhidos. E ultimamente *Le fils de Coralie*, tirado do romance do mesmo nome, foi um grande duradouro sucesso no Ginásio, que o repõe em cena sempre que cai alguma peça nova.

Os seus numerosos romances, *La Vengeresse, Les Compagnons du Roi, Jean Nu Pieds, La famille Cavallier, La fille du Marquis, Passionément, Le dernier Gentilhomme, La Marquise, Les Mancroix, Solange de Croix Saint Luc, Belle Madame, Theresine, Disparu, Comme dans la vie,* prendem a atenção do leitor pela sua grande habilidade em tecer a intriga e desenrolar peripécias, com um calor de expressão comunicativo, resultante do choque dos sentimentos nobres e dos generosos pensamentos dos seus heróis.

Albert Delpit foi sempre um apaixonado, um irritado perene. Fez a guerra em 1870 como um herói e ganhou nela a Legião de Honra e a confirmação do seu ardor pelas grandes causas patrióticas. Por isso as suas polêmicas tomavam sempre um caráter agressivo que não raro o levava ao campo da honra. Foi assim, que, a propósito de uma drama de Coppée, ele botou-se em duelo e foi ferido pelo seu adversário, M. de Borda. Outra vez foi Alphonse Daudet que o feriu ainda por causa de um artigo de jornal. Depois bateu-se com Paul Alexis. E ainda ultimamente, na questão Brunetière – Baudelaire, mandou ele as suas testemunhas ao crítico da *Revue des Deux-Mondes*.

Essa exasperação da individualidade levou-o a um nervosismo que o consumiu e matou, ao cabo de cruéis padecimentos. Experimentou todos os remédios que a medicina pode aconselhar para acalmar essa superexcitação, menos o repouso. Os seus sucessos de livraria não o consolavam do

---

60 Palavra não impressa no jornal.

desdém dos críticos. As noites de insônia faziam-no sofrer tanto, que por vezes os vizinhos ouviam-lhe os gritos de desespero. O insucesso do drama *Passionément*, no Odéon, acabou de arrasá-lo. Entrou a narcotizar-se e o marasmo das drogas deprimentes apoderou-se dele. Há quatro dias entrou em agonia como uma lâmpada exausta de óleo. Perdeu o conhecimento até dos mais íntimos amigos e ontem extinguiu-se para sempre.

Morreu Amédée Guillemin, autor de tantos tratados de vulgarização científica, cujo sucesso dura inda ao cabo de quarto de século. Nascera em Pierre (Saône et Loire) em 1826 e desde a sua chegada a Paris em 1844 misturava-se aos agitadores liberais. Em 1851, enquanto o pai era guardado preso em Mazas, ele fazia-se professor livre. Depois em 1860 era redator de um jornal *La Savoie*, em Chambéry. Anexada aquela região, ele voltou para Paris onde Peyrat o empregou no *Avenir National* como cronista cientifico. Fornecia ao mesmo tempo artigos à *Revue Philosophique* e à *Morale Indépendante*.

Todos conhecem as obras de Amédée Guillemin sobre a física e a astronomia. O volume sobre o *Céu*, que ele publicou em 1865, foi traduzido ou copiado em quase todas as línguas, o hindustâni inclusive. Algumas delas são mais do que simples livros de vulgarização. O seu trabalho sobre os *Cometas* (1875) cheio de erudição e de vistas originais não fica mal na biblioteca de um verdadeiro astrônomo.

Guillemim era um homem especulativo e um republicano aferrado, ao mesmo tempo. Há gente que concilia coisas que parecem antagônicas, justamente por nunca carecerem de as experimentar.

Paris, 5 de janeiro de 1893.

Alameda nas redes sociais:
Site: www.alamedaeditorial.com.br
Facebook.com/alamedaeditorial/
Twitter.com/editoraalameda
Instagram.com/editora_alameda/

Esta obra foi impressa em São Paulo no outono de 2020. No texto foi utilizada a fonte Adobe Caslon Pro em corpo 10,8 e entrelinha de 15,8 pontos.